浙江省朗诵协会组织编写

ART OF RECITATION
EXAM TUTORIAL

朗诵艺术
考级教程

王福生 ◎主编

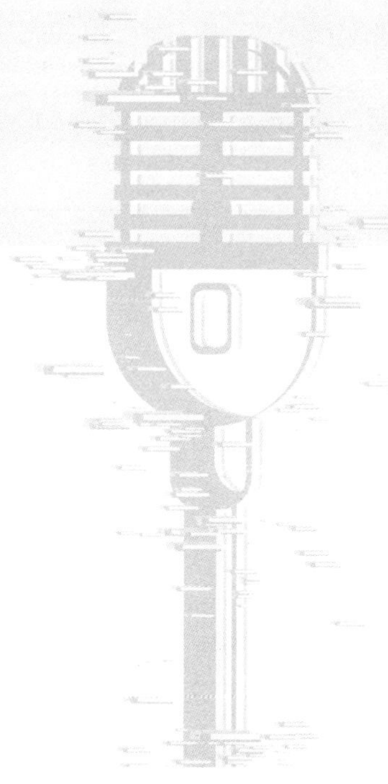

ZHEJIANG UNIVERSITY PRESS
浙江大学出版社
·杭州·

图书在版编目(CIP)数据

朗诵艺术考级教程 / 王福生主编. -- 杭州 ：浙江大学出版社，2025.1

ISBN 978-7-308-23418-4

Ⅰ. ①朗… Ⅱ. ①王… Ⅲ. ①朗诵—语言艺术—水平考试—教材 Ⅳ. ①H019

中国版本图书馆 CIP 数据核字(2022)第 245805 号

朗诵艺术考级教程

王福生　主编

责任编辑　柯华杰　赵　钰

责任校对　高士吟

封面设计　春天书装

出版发行　浙江大学出版社

（杭州市天目山路 148 号　邮政编码 310007）

（网址：http://www.zjupress.com）

排　　版　杭州朝曦图文设计有限公司

印　　刷　杭州捷派印务有限公司

开　　本　710mm×1000mm　1/8

印　　张　45.5

字　　数　737 千

版 印 次　2025 年 1 月第 1 版　2025 年 1 月第 1 次印刷

书　　号　ISBN 978-7-308-23418-4

定　　价　80.00 元

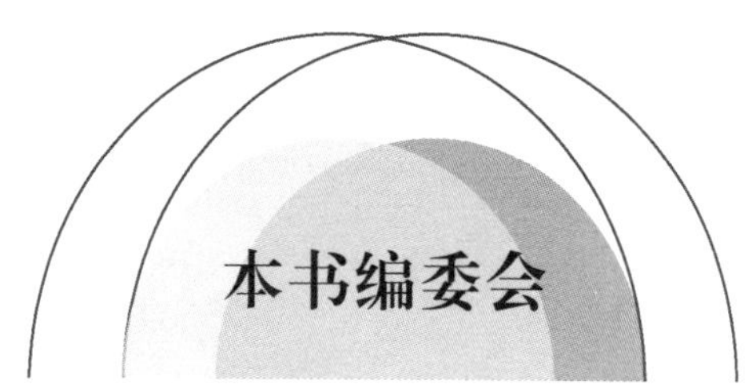

主　任： 刘忠虎

副主任： 王福生

成　员： 朱　力　彭远方　于　舸
王式琨　董海楠　姜天航

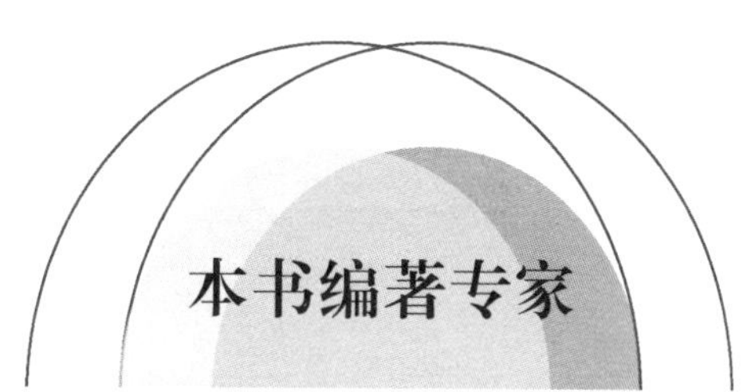

主　编： 王福生

副主编： 朱　力

成　员： 王一婷　李聪聪　彭远方
于　舸　孙　越　姜天航
郎　君　皇甫俊杰　乔英明

统　筹： 王式琨　董海楠

前　言

《朗诵艺术考级教程》是一本讲述朗诵基本理论并阐释各类文学作品朗诵艺术技法的教材。

这本教材，既有学理高度，又有术用深度，既有宏观的整体把握，又有个案的具体辨析，旁征博引，探幽寻微，给我们开辟了一条文学作品同朗诵艺术凝结、文字同声音汇聚的最佳途径，为广大朗诵爱好者和学习者指点迷津，做登堂入室的指南。

朗诵艺术在我国具有漫长的历史传承和深厚的社会基础，诵读经典是中国古代教育的重要内容和主要教学方式，是中华优秀传统文化重要的传承载体和有效的传播方式。朗诵艺术是朗诵者把无声的文字转化为有声语言的再度创作，注重凸显作品的思想情感，力求引起听众的共鸣。有声语言的表达是朗诵艺术的基础。

进入新时期以来，朗诵艺术蓬勃兴起，社会影响辐射面空前广泛，广大人民群众的朗诵热情不断提升。与此同时，朗诵审美标准不一，语言表达水平良莠不齐，优秀的范读作品和学习教材紧缺等问题也日益凸显。经常会有一些盲目跟从的考生参与朗诵艺术考级，他们对朗诵艺术专业知识及考级内容不甚了解，存在知识点模糊、对考纲不理解或理解不透彻等诸多问题。特别是有些教材中少儿朗诵的选篇过于成人化；少儿朗诵表现过于夸张，孩子们失去应有的童真童趣；成人朗诵浮于舞台形式，装腔作势、拿腔拿调……这些都促使我们担起责任，从教育教学的视角，建立一套权威、科学、实用的审美体系，编写一本内容规范、使用方便的考级教材，以考生为中心，找到一套言浅意深、行之有效的指导办法。帮助热爱朗诵的朋友建立正确的审美标准，学习普通话发音的常用方法，掌握朗诵艺术的基础知识，通过循序渐进的考级过程逐步提高其艺术语言表达能力，提升其朗诵艺术水平，为朗诵艺术教育事业发声献策。

为此，我们组织相关专家编撰了《朗诵艺术考级教程》(以下简称《教程》)。《教程》以《社会艺术水平考级管理办法》和《普通话水平测试等级标准》为依据，主要包括“大纲”“语音发声学习要点”“朗诵学习要点”“自选考级篇目”“抽选考级篇目”五部分内容。其中，“考级篇目”所选作品遵循《义务教育语文课程标准》和《普通高中语文教程标准》，选用了200篇古代诗文和250篇现代诗文。所选作品题材丰富多样，贴近生活和社会实际，如篇目中侧重选择了部编版《语文》课本的内容，尽量不给学龄段考生增加额外的课业负担。这些作品充分挖掘与诠释了中华优秀传统文化的内涵及现实意义，并具有朗朗上口、易于传诵的特点，使本教材不仅具有工具性的知识传递功能，也颇具人文性的教育价值，引领读者更好地熟悉诗词歌赋、亲近中华经典。

《教程》分为三个等级十个层级，其中一至四级为初级，五至七级为中级，八至十级为高级，根据朗诵艺术规律，科学地对朗诵艺术教育的理论和实践内容进行整体编排，由浅入深、循序渐进。一至十级内容每级相对独立，又和上下级相互关联，各级相互补充。考级篇目由短到长、由简入繁，学习要求上由低到高、由易到难，形成一套科学、实用的教程体系。

本教材还可以帮助朗诵爱好者们启迪心智、丰富思想，给广大读者提供了一方鸟瞰各类文学艺术作品和朗诵艺术专业精神传统的视窗，是朗诵艺术考级者陶冶情操、增进文学、艺术、朗读学、朗读美学和哲学等全方位修养的可心读物。考生翻开本教材的那一瞬间，将会体验到它是你生命中的一部分，是学以致用的宝库。在这本教材中，我们也像诗人一样，跟读者一起阅读、体味、分析、感悟；又像朗诵者一样，跟欣赏者一起理解、感受、击节、吟咏，可以从中获得多方面的美感享受。

诗歌和朗诵就像一对孪生姊妹，琅琅上口的诗歌，声情并茂的朗诵，一定会造就我们“诗歌大国”的更多经典。从这本教材里，我们会收获一些有益于人生的启迪，这是我们共同的希望。

朗诵艺术的爱好者，用您抒情、甜美的声音去创作一个又一个精美的画面吧！我们要不断充实文学艺术的思想，充实对朗诵艺术理解的内涵，以达到完美的、诗情画意般的、富于魅力的、使人产生快乐的语言艺术享受。

本教材不仅是朗诵艺术考生的培训指导教程，还可供朗诵艺术从业人员，以及对朗诵艺术专业感兴趣的人员自学使用。我们争取能够在前人的成果中汲取营养，在现实的考量中发现问题，在实践的基础上抽绎规律，在理论的起点上抓住要领。因此，我们的研究成果，力求摒弃虚无缥缈的空谈、脱离就事论事的偏狭，而是要求真务实、深入浅出。

这本教材强大的编者阵容，是本书出版发行的坚强后盾，他们主要为浙江传媒学院、浙江工业大学、杭州师范大学等高校的教授以及广播电视播音、主持领域的从业专家，他们不仅有丰富的教学经验，常年参与一线教学工作，也经常活跃在大型朗诵会的舞台上，有丰富的朗诵艺术实践经验。在此，谨向为本教材的编写、修订、出版提供大力支持的有关单位和付出辛勤劳动的专家学者及工作人员表示诚挚的感谢！在编写修订过程中，我们引用了部分资料，未能一一致谢，在此敬请谅解并表示感谢！由于时间仓促，本教程中还会有些疏漏，敬请广大朗诵爱好者、考生及读者理解、见谅！

编　者

2023 年

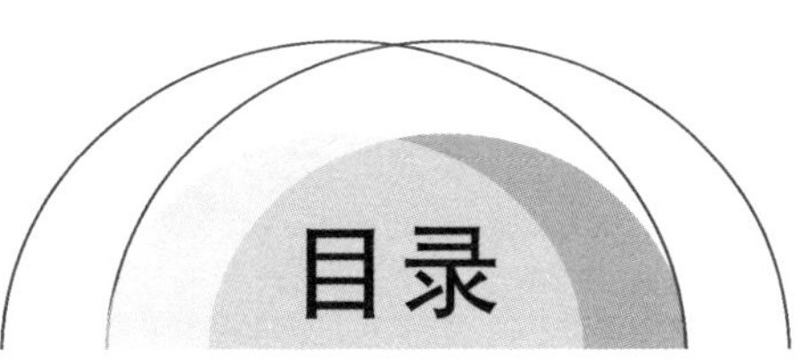

目录

初级

一级

二级

三级

四级

五级

六级

七级

高级

八级

九级

十级

大纲

一、考试概况

考试名称为“朗诵艺术水平等级考试”，通过考试认定考生的普通话朗诵艺术水平等级。

考试以口试方式进行。

二、考试对象

朗诵爱好者。

三、考试形式

朗诵艺术水平等级考试分为初级、中级、高级3个阶段，共10个级别。

考试以面试形式进行，取平均分作为最终成绩。

四、考试要求

考生自愿参加考试。

考生可根据自身语言表达基础选择相应等级参加考试。

考生原则上应逐级报考。初级（一级到四级）、中级（五级到七级）阶段考试成绩“优秀”的考生可以越一级报考，高级（八级到十级）阶段不能越级报考。

五、考试内容

考试分为“自选考级篇目”和“抽选考级篇目”两部分。“自选考级篇目”主要为现当代中外文学作品，“抽选考级篇目”主要为经典古诗文作品。

考生须从所报考相应等级的25篇“自选考级篇目”中选择一篇作品完成朗诵（必须脱稿），现场抽选相应报考等级20篇“抽选考级篇目”中的一篇作品完成朗诵（可不脱稿）。

六、等级评定

考试成绩满分为100分，90分及以上为“优秀”，70分及以上为“合格”，不足70分为“不合格”。

七、考核要点

【初级】

一级要求考生感情真挚，有较强的自信心和语言表达意识。本级重点考查考生的口齿清晰度以及对作品的初步理解。

二级要求考生对朗诵艺术有较强的兴趣，对作品有基本的理解力和感受力。本级重点考查考生的气息控制意识、表达意识、唇舌灵活度，以及对作品的理解能力。

三级要求考生在具备基本阅读理解能力的基础上，对朗诵语体有基本的认知和呈现能力。本级重点考查考生的语音规范程度、口腔控制能力、作品备稿能力以及对作品的基本感受能力。

四级要求考生具有对朗诵文本的基本分析和理解力，以感受力为基础，具备一定的语言表现力。本级重点考查考生的语音标准程度、喉部控制能力，以及作品的情景再现能力。

【中级】

五级要求考生具有对朗诵文本的深入分析、理解和感受能力，具有较强的语言表现力。本级在关注考生语音标准程度的基础上，重点考查共鸣控制能力和情感表现力。

六级要求考生在语音标准的基础上，具有较强的语言综合表现力和传播力。本级重点考查考生的声音弹性及朗诵表达中的对象意识。

七级要求考生在基本掌握艺术语言表达内部技巧（情景再现、内在语、对象感）的基础上，重点考查考生朗诵时外部技巧“停连”的处理艺术和综合表现力。

【高级】

八级要求考生在掌握艺术语言表达内部技巧（情景再现、内在语、对象感）和外部技巧（停连）的基础上，重点考查考生朗诵时外部技巧“重音”的处理艺术以及综合表现力和艺术感染力。

九级要求考生在掌握语言表达内部技巧（情景再现、内在语、对象感）、外部技巧（停连、重音）的基础上，重点考查考生朗诵时外部技巧“语气”的处理艺术以及综合表现力和艺术感染力。

十级要求考生在掌握语言表达内部技巧（情景再现、内在语、对象感）、外部技巧（停连、重音、语气）的基础上，重点考查考生朗诵时外部技巧“节奏”的处理艺术以及综合表现力和艺术感染力。

以上内容最终解释权归《朗诵艺术考级教程》编委会所有。

初级

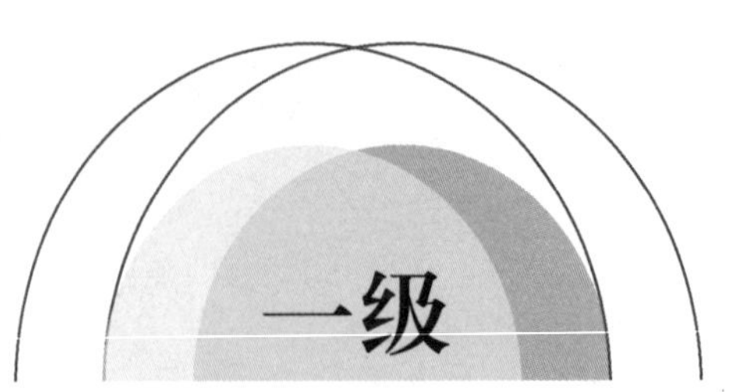

一级

朗诵艺术水平等级考试一级的考试人群主要为低龄段的小朋友，对于他们来说，朗诵学习是为了增强自信心，培养语言理解感受能力。这就需要小朋友对规范的普通话有认知，从小养成良好的普通话语音发声习惯，同时还要解放天性，提升表现力和表达欲，强化观察力和模仿力，逐渐形成基本的语言表达意识，从而更好地完成本级朗诵作品。

本级作品包括自选考级篇目25篇、抽选考级篇目20篇，由简单易懂、朗朗上口的儿歌、童谣、绕口令等组成，适宜低龄段小朋友学习朗诵。本级要求考生感情真挚，有较强的自信心和语言表达意识，重点考查考生的口齿清晰度以及对作品的初步理解。

为了帮助小朋友更好地识读作品内容，我们在一、二级中为训练材料、自选朗诵篇目和抽选朗诵篇目均加注了拼音。需要说明的是，本级学习教程中的拼音标注，除必读轻声音节外，一律只标本调，不标变调。

一 语音发声学习要点

（一）声母

声母是普通话音节中开头的辅音部分。声母在很大程度上决定了一个音节在发音时的准确度。所以，声母的发音一定要准确有力。我们可以通过声母的发音训练，不断提高小朋友的语音面貌。在普通话中有21个声母，它们分别是b、p、m、f、d、t、n、l、g、k、h、j、q、x、z、c、s、zh、ch、sh、r。

按声母的发音部位（气流受到阻碍的部位）分类，可以分为以下七类。

双唇阻：b、p、m

唇齿阻：f

舌尖前阻：z、c、s

舌尖中阻：d、t、n、l

舌尖后阻：zh、ch、sh、r

舌面阻：j、q、x

舌根阻：g、k、h

在本级中我们先来学习b、p、m、f、d、t、n、l、g、k、h的发音。

1. 学习要求

（1）识读能力：对于低龄段小朋友来说，准确地识读每一个声母、韵母是普通话语音学习的关键，家长或者老师要帮助小朋友认识声母、韵母，读准声母、韵母，为以后的语言学习打下坚实的基础。

（2）听辨能力：由于参考本级的小朋友年龄较小，发音不够准确在所难免，提高听辨能力尤为重要。多听正确的读音，逐步树立“标准”意识，具备准确辨识正确与错误发音的能力，进而逐步提高语音的准确度。

（3）语音鉴定：在学习中，要清楚自己的语音存在哪些问题。对于低龄段小朋友来说，自己很难判断出问题所在，这就需要有经验的专业老师进行鉴定，确定问题后才能够有针对性地进行语音矫正。

2.发音要领

(1)b、p、m、f 的发音及辨正

b(波)发音时上下唇自然闭拢，嘴角不要用力，力量只集中在双唇的中部，且双唇不要向内裹。发音时，双唇中部迅速而有力地突然打开，气流冲破阻碍，发出双唇不送气清塞音 b。

例字：
bā 八　bá 拔　bǎ 把　bà 罢
bāi 掰　bái 白　bǎi 百　bài 拜

例词：
bā bǎo 八宝　bǎo bèi 宝贝　bó bo 伯伯　bì bō 碧波
bǎi bù 摆布　bāo biǎn 褒贬　bēi bāo 背包　bēn bō 奔波

p(坡)发音时上下唇自然闭拢，嘴角不要用力，力量集中在双唇的中间部分，双唇不要向内裹。发音时，双唇中部迅速而有力地突然打开，并有一股明显的气流从唇的中部冲出，发出双唇送气清塞音 p。

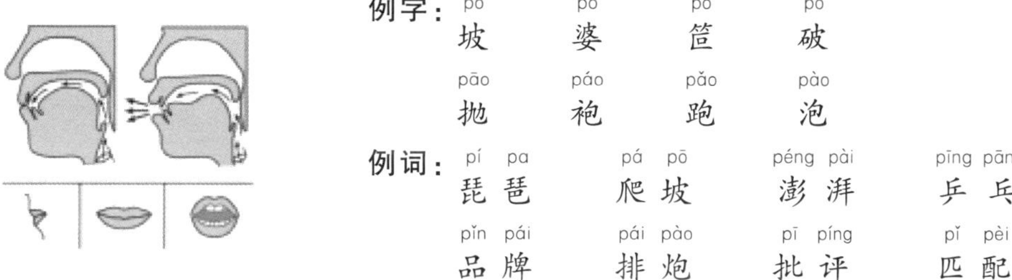

例字：
pō 坡　pó 婆　pǒ 笸　pò 破
pāo 抛　páo 袍　pǎo 跑　pào 泡

例词：
pí pa 琵琶　pá pō 爬坡　péng pài 澎湃　pīng pāng 乒乓
pǐn pái 品牌　pái pào 排炮　pī píng 批评　pǐ pèi 匹配

m(摸)发音时上下唇自然闭拢，不要向内裹唇，嘴角不要用力。发音时，声音和气息向上送入鼻腔，双唇打开，气流同时从鼻腔、口腔而出，声带颤动，发出双唇鼻音 m。

例字：
mā 妈　má 麻　mǎ 马　mà 骂
māo 猫　máo 毛　mǎo 卯　mào 帽

例词：
mā ma 妈妈　mài miáo 麦苗　mǎn miàn 满面　máng mù 盲目
máng máng 茫茫　mǎi mài 买卖　má mù 麻木　màn màn 慢慢

f(佛)发音时上齿抵在下唇内侧，而不是抵在下唇的唇面或唇的外侧，气息蓄积在成阻部位之后。发音时，唇齿间先打开一条缝隙，让气流从缝隙中摩擦通过，发出唇齿清擦音 f。

例字：
fā 发　fá 罚　fǎ 法　fà 珐
fēi 非　féi 肥　fěi 匪　fèi 费

例词：
fā fèn 发奋　fān fān 翻番　fǎn fāng 反方　fǎn fù 反复
fǎng fú 仿佛　fēng fān 风帆　fāng fǎ 方法　fēng fù 丰富

绕口令：

bǔ pò pí rù zi
补破皮褥子

bǔ pò pí rù zi bù rú bù bǔ pò pí rù zi
补破皮褥子不如不补破皮褥子。

bā bǎi biāo bīng
八百标兵

bā bǎi biāo bīng bèn běi pō
八百标兵奔北坡，
pào bīng bìng pái běi biān pǎo
炮兵并排北边跑。
pào bīng pà bǎ biāo bīng pèng
炮兵怕把标兵碰，
biāo bīng pà pèng pào bīng pào
标兵怕碰炮兵炮。

yī píng pén miàn
一平盆面

yī píng pén miàn lào yī píng pén bǐng
一平盆面，烙一平盆饼；
bǐng pèng pén pén pèng bǐng
饼碰盆，盆碰饼。

hóng fèng huáng
红凤凰

hóng fèng huáng fěn fèng huáng
红凤凰，粉凤凰，
hóng fěn fèng huáng fěn hóng fèng huáng
红粉凤凰，粉红凤凰，
huā fěn huā fèng huáng
花粉花凤凰。

bái miào de bái māo
白庙的白猫

bái miào wài dūn zhe yī zhī bái māo
白庙外蹲着一只白猫，
bái miào lǐ yǒu yī dǐng bái mào
白庙里有一顶白帽。
bái miào wài de bái māo kàn jiàn le bái mào
白庙外的白猫看见了白帽，
diāo zhe bái miào lǐ de bái mào pǎo chū le bái miào
叼着白庙里的白帽跑出了白庙。

（2）d、t、n、l 的发音及辨正

d、t、n、l 的发音为舌尖中阻，但发音方法略有不同。

d(得)发音时嘴微张，舌尖抵在上齿龈处。持阻时，气息蓄积在舌与硬腭之间。除阻时，舌尖用力从上齿龈处弹开，发出舌尖中不送气清塞音 d。

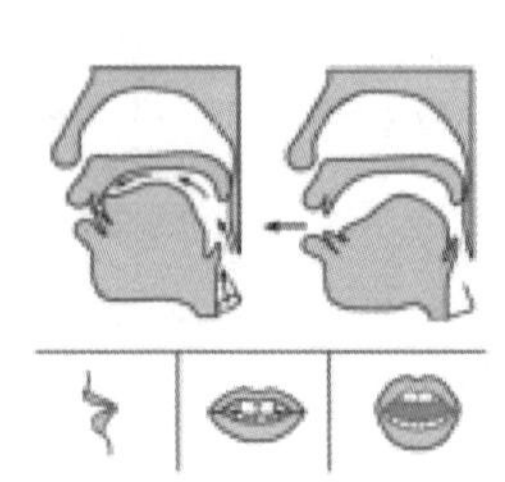

例字：
dā 搭　dá 达　dǎ 打　dà 大
dī 低　dí 敌　dǐ 底　dì 弟

例词：
dā dàng 搭挡　dá dàn 达旦　dài dòng 带动　dān dài 担待
dān dú 单独　dá dào 达到　dì diǎn 地点　diào dòng 调动

t(特)发音时嘴微张，舌尖抵在上齿龈。持阻时，气息蓄积在舌与硬腭之间。除阻时，舌尖用力从上齿龈处弹开，有一股较为明显的气流随之而出，发出舌尖中送气清塞音 t。

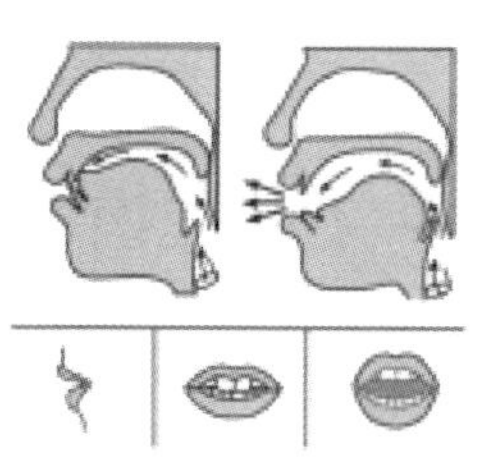

例字：

tū tú tǔ tù
秃 徒 土 兔

tāo táo tǎo tào
涛 逃 讨 套

例词：

tàn tǎo　tái tóu　tǎn tā　tān tú
探讨　抬头　坍塌　贪图

tán tǔ　tiān táng　tuī tuō　táo tài
谈吐　天堂　推脱　淘汰

n(讷)发音时嘴微张，舌尖抬起，贴在上齿龈处。除阻时，舌尖从上齿龈处弹开，声带颤动，气流和声音随着舌的动作向上从鼻腔而出，发出舌尖中鼻音 n。

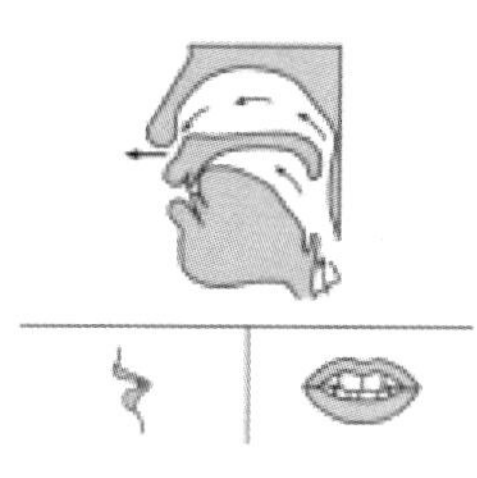

例字：

nī ní nǐ nì
妮 泥 你 腻

niū niú niǔ niù
妞 牛 扭 拗

例词：

nǎi nai　nǎi niú　nán nǚ　nán néng
奶奶　奶牛　男女　难能

nán nán　nán níng　néng nai　niú nǎn
喃喃　南宁　能耐　牛腩

l(勒)发音时嘴微张，舌尖抬起，抵在上齿龈中部。除阻时，舌尖从上向前下方落下，声带颤动，气流和声音从舌的两边通过，发出舌尖中边音 l。

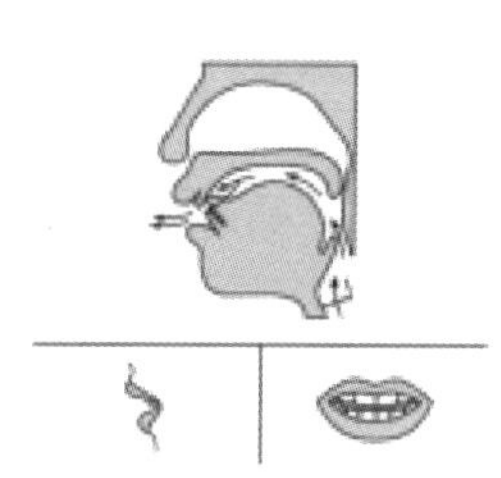

例字：

lā lá lǎ là
拉 旯 喇 腊

liāo liáo liǎo liào
撩 聊 了 料

例词：

lǎng lǎng　lā liàn　lái lín　lái lì
朗朗　拉链　来临　来历

lán lù　lì liàng　lián luò　liú lǎn
拦路　力量　联络　浏览

绕口令：

dǎ tè dào
打特盗

diào dào dí dǎo dǎ tè dào
调到敌岛打特盗，

tè dào tài diāo tóu duǎn dāo
特盗太刁投短刀，

dǎng tuī dǐng dǎ duǎn dāo diào
挡推顶打短刀掉，

tà dào dé dāo dào dǎ dǎo
踏盗得刀盗打倒。

bái shí tǎ
白石塔

bái shí tǎ　bái shí dā
白石塔，白石搭，

bái shí dā bái tǎ　bái tǎ bái shí dā
白石搭白塔，白塔白石搭，

dā hǎo bái shí tǎ　bái tǎ bái yòu dà
搭好白石塔，白塔白又大。

niú láng liàn liú niáng
牛郎恋刘娘

niú láng nián nián liàn liú niáng
牛郎年年恋刘娘，
liú niáng lián lián niàn niú láng
刘娘连连念牛郎；
niú láng liàn liú niáng
牛郎恋刘娘，
liú niáng niàn niú láng
刘娘念牛郎，
láng liàn niáng lái niáng niàn láng
郎恋娘来娘念郎。

lǎo lóng hé lǎo nóng
老龙和老农

lǎo lóng nǎo nù nào lǎo nóng
老龙恼怒闹老农，
lǎo nóng nǎo nù nào lǎo lóng
老农恼怒闹老龙，
nóng nù lóng nǎo nóng gèng nù
农怒龙恼农更怒，
lóng nǎo nóng nù lóng pà nóng
龙恼农怒龙怕农。

mǎn lǎn nán
满、懒、难

xué xí jiù pà mǎn lǎn nán
学习就怕满、懒、难，
xīn lǐ yǒu le mǎn lǎn nán
心里有了满、懒、难，
bù kàn bù zuān jiù bù qián
不看不钻，就不前。
xīn lǐ diū diào mǎn lǎn nán
心里丢掉满、懒、难，
yǒng bù zì mǎn biān xué biān gàn
永不自满边学边干，
mǎ yǐ yě néng bān tài shān
蚂蚁也能搬泰山。

(3)g、k、h的发音及辨正

g、k、h是舌根音，位置比较靠后，因此容易产生喉音过重和声音不够明亮的缺陷。为了使声音清晰悦耳，根据宽音窄发，窄音宽发，前音后发，后音前发的基本原则，舌根音g、k、h的发音位置应当向前移，移至舌面后部为宜，也就是在软腭和硬腭交界处。

g(歌)发音时嘴微张，舌面后部隆起，抵在硬腭的后部，形成阻碍。除阻时，舌面后部用力弹开，发出舌面后不送气清塞音g。

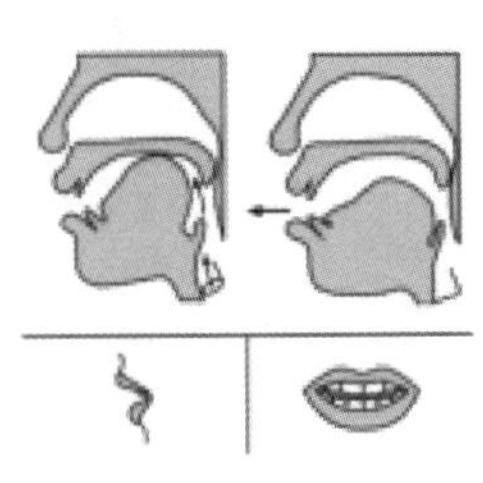

例字：
guō 郭　guó 国　guǒ 果　guò 过
gē 哥　gé 隔　gě 葛　gè 个

例词：
gèn gǔ 亘古　gǎi gé 改革　gǎi guān 改观　gān gē 干戈
gān guǒ 干果　gāng gāng 刚刚　gù gōng 故宫　gē ge 哥哥

k(科)发音时嘴微张,舌面后部抬起,抵在硬腭后部,形成阻碍。除阻时,舌面后部用力弹开,有一股较强气流随之冲破阻碍,发出舌面后送气清塞音 k。

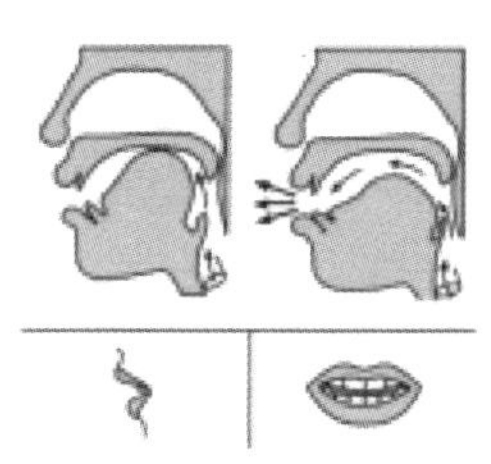

例字:

kē 科　ké 咳　kě 渴　kè 课

kāi 开　kāi 楷　kǎo 考　kào 靠

例词:

kāi kè 开课　kāi kěn 开垦　kāi kǎo 开考　kāi kuò 开阔

kè kǔ 刻苦　kuàng kè 旷课　kě kào 可靠　kāi kǒu 开口

h(喝)发音时嘴微张,舌面后部隆起,与硬腭后部靠近,形成缝隙。除阻时,舌基本不动,气流从缝隙间摩擦通过,发出舌面后清擦音 h。

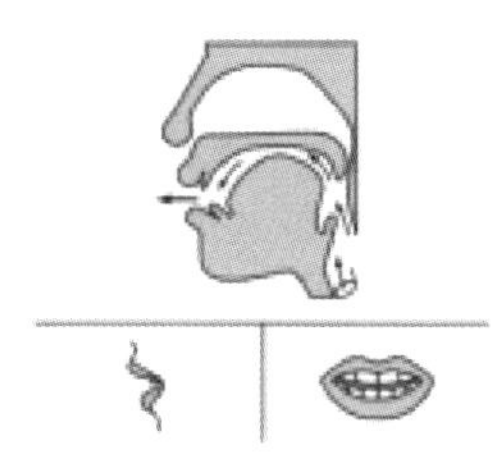

例字:

hāi 嗨　hái 孩　hǎi 海　hài 亥

hān 酣　hán 含　hǎn 喊　hàn 汉

例词:

hān hòu 憨厚　hán hèn 含恨　hán hu 含糊　hán hùn 含混

háng huà 行话　hǎo huài 好坏　hē hù 呵护　huà huà 画画

绕口令:

gē kuà guā kuāng guò kuān gōu
哥挎瓜筐过宽沟

gē kuà guā kuāng guò kuān gōu
哥挎瓜筐过宽沟,
gǎn kuài guò gōu kàn guài gǒu
赶快过沟看怪狗,
guāng kàn guài gǒu guā kuāng kòu
光看怪狗瓜筐扣,
guā gǔn kuāng kōng gē guài gǒu
瓜滚筐空哥怪狗。

gē ge zhuō gē
哥哥捉鸽

gē ge guò hé zhuō gè gē
哥哥过河捉个鸽,
huí jiā gē gē lái qǐng kè
回家割鸽来请客,
kè rén chī gē chēng gē ròu
客人吃鸽称鸽肉,
gē ge qǐng kè lè hē hē
哥哥请客乐呵呵。

hēi huà féi yǔ huī huà féi
黑化肥与灰化肥

hēi huà féi fā huī huì huī fā
黑化肥发灰会挥发;
huī huà féi fā huī huì fā hēi
灰化肥发挥会发黑。

画花也是花
(huà huā yě shì huā)

画上盛开一朵花，
(huà shàng shèng kāi yī duǒ huā)
花朵开花花非花。
(huā duǒ kāi huā huā fēi huā)
花非花朵花，
(huā fēi huā duǒ huā)
花是画上花。
(huā shì huà shàng huā)
画上花开花，
(huà shàng huā kāi huā)
画花也是花。
(huà huā yě shì huā)

(二)唇舌力度训练

普通话学习对唇舌控制有着较高要求，因此唇舌力度的训练必不可少。小朋友在学习普通话朗诵之前要进行一些必要的训练，下面我们一同来学习口部操。

喷：双唇紧闭，将唇的力量集中于后中纵线1/3的部位，唇齿相依，不裹唇，阻挡气流，然后突然连续喷气出声，发出“噗噗噗”的声响。60次，60秒。

咧：双唇闭紧尽力向前噘起，然后将嘴角用力向两边伸展，再慢慢收回来，反复进行。10次，20秒。

撇：双唇闭紧后向前噘起，然后向左歪、向右歪、向上抬、向下压。10次(左、右为一次)，30秒。

绕：双唇闭紧向前噘起，用嘴唇顺时针画圆，再逆时针画圆。8×8拍，30秒。

刮舌：舌尖抵下齿背，舌体贴住齿背，随着张嘴，用上门齿齿沿刮舌叶、舌面，使舌面能逐渐上挺隆起，然后，将舌面后移向上贴住硬腭前部，感觉舌面向头顶上部百会穴的位置立起来。这一练习对于打开后声腔和纠正尖音、增加舌面隆起的力量很有效。口腔开度不好，舌面音j、q、x发音有问题的小朋友可以多多练习。20次，20秒。

顶舌：闭唇，用舌尖顶住左内颊、用力顶，使左面部外侧鼓出一个包，顶得越鼓越好，然后用同样的方法顶右内颊，一左一右交替、反复练习。30次，30秒。

伸舌：将舌伸出唇外，舌体集中、舌尖向前、向左右、向上下尽力伸展。这一练习主要使舌体和舌尖能集中用力。20次，20秒。

绕舌：闭唇，把舌尖伸到齿前唇后，向顺时针方向环绕360度，然后向逆时针方向环绕360度，交替进行。8×8拍，1分钟。

立舌：将舌尖向后贴住左侧槽牙齿背，然后将舌沿齿背推至门齿中缝，使舌尖向右侧力翻，然后做相反方向的练习。这一练习对于改进边音l的发音有益。10次，30秒。

弹舌：舌尖抵住硬腭，然后突然弹开，有节奏地发出“哒哒哒”的声响，声音干净明亮集中。持续30秒。

二 朗诵学习要点

(一)朗诵前的准备

1. 准确识读，理解文字

无论是儿歌、童谣还是绕口令，小朋友都需要在家长或者老师的帮助下，通过学习拼音来准确识读作品中的每一个字词，理解字词在句子中的含义。

如：唐代诗人王维的五言绝句《鹿柴》，在本诗中“柴”字不读作“chái”而是读作“zhài”，通“寨”，意为用树木围成的栅栏。

对于一些生字、多音字，小朋友要在家长或者老师的帮助下学会使用字典等工具书来查找、学习，并结合作品内容，确定生字、多音字在作品中的读音，以便准确表达。

2. 音节夸张，声音洪亮

小朋友在朗诵时往往会出现音量过小、吐字含糊的情况，我们不妨把每一个字读得慢一些、夸张一些，同时找到与相距较远的人讲话的感觉，使读出来的每一个字都响亮饱满、清晰准确。

3. 理解记忆，准确背诵

理解是记忆的基础，理解记忆是建立在对内容理解基础上的记忆。在自选篇目（背诵）部分，小朋友一定要先理解作品，弄懂作品的意思，只有理解了，朗诵时才会有真情实感的流露，而不是僵化的死记硬背。

如：自选考级篇目《春天到》

chūn tiān dào chūn tiān dào
春天到，春天到，
dì shàngzhǎng chū xiǎo lǜ cǎo
地上长出小绿草，
huā ér xiāng niǎo ér jiào
花儿香，鸟儿叫，
chūn tiān chūn tiān duō měi hǎo
春天春天多美好。

在朗诵这篇作品之前，可以带小朋友去公园、郊外进行一次春游，让小朋友真实地感受到春的气息，看到“地上长出的小绿草”，闻到“花儿香”，听见“鸟儿叫”，这些真切的感受与体验，可以让小朋友更好地记忆和生动地表达这篇作品。

（二）如何理解作品

理解作品是朗诵表达的基础。如果没有准确细致地理解作品，朗诵出来的作品将是空洞的，没有感情色彩的。所以，理解作品的训练是小朋友学习朗诵、体会语言美感、建立语言审美的重要环节。如何更好地帮助小朋友进行理解训练呢？

可以尝试以下几种方法。

1. 以兴趣为主导

爱因斯坦曾说：“兴趣是最好的老师。”对于小朋友来说更是这样。当他们听到特别喜欢的故事或者看到特别喜欢的动漫时，就会产生极大的兴趣。我们可以以此为切入点，选择小朋友特别感兴趣的小故事等作品进行训练，这样可以达到事半功倍的效果。

2. 以演带讲，以讲带诵，讲诵结合

我们可以将作品中的情景、画面还原成小故事，让小朋友成为故事中的主人公，使小朋友获得真实、生动的体验。这时小朋友会对作品有更好的理解，可以将这种体验经历讲述出来，然后再结合词义和句义，形成朗诵的基本语感。

3. 强化语感培养

语感，是比较直接、迅速地感受语言文字的能力，是语文水平的重要组成部分。它是对语言文字分析、理解、体会、吸收全过程的高度浓缩。语感是一种经验色彩很浓的能力，其中牵涉到学习经验、生活经验、心理经验、情感经验，包含着理解能力、判断能力、联想能力等诸多因素。

对于小朋友来说，可以通过词语、句子和篇章的训练，让小朋友摆脱以字为单位的思维模式，逐步养成以词、词组、短句为单位的思维方式，尝试将语言与内心想法联系在一起，也可以通过绘画、场景体验等方式，生动直观地进行感受训练，提高感受力。

4. 捕捉真实反映

小朋友在朗诵作品时，往往会有一些内心生发出来的、自然的、未经修饰的、真实的情感反应。我们应该准确及时地捕捉这些真实的反应，并把这些反应与日常口语和文学作品联系在一起，让语言表达在真情实感的引领下，变得更有色彩。

（三）朗诵的创作

1. 作品的选择

为低龄段小朋友选择朗诵作品时，需考虑他们的年龄特点、认知能力和行为能力，尽量选择短小精悍、通俗易懂、朗朗上口、趣味化、情节化、形象化的充满童真童趣的作品，切不可以成人视角选择令小朋友难以理解、难以驾驭的作品。

2. 服装的选择

服装、饰品、化妆、造型……一切外部修饰都是为朗诵内容服务的。在朗诵比赛或者表演中，时常会看到一些小朋友化着浓妆，身着拖地长裙、露脐背心和小热裤等奇装异服。这种既不符合小朋友年龄特点，又与朗诵内容毫无关联的着装，不应当出现在朗诵艺术水平等级考试中。为孩子选择的服装，须简洁、大方、得体，体现该年龄段孩子应有的纯真和童趣。

3. 舞台展现

朗诵创作过程中，除了有声语言表达以外，眼神、表情以及手势动作等肢体语言也是表达感情的方式。在朗诵艺术水平等级考试中，可以使用恰当合理的肢体语言，但不要过度追求舞台呈现，甚至戏剧化，以免给人矫揉造作之感。

练习材料：小朋友先识读作品，再进行理解朗诵。

yǒng é
咏鹅

táng luò bīn wáng
［唐］骆宾王

é é é qū xiàng xiàng tiān gē
鹅，鹅，鹅，曲项向天歌。
bái máo fú lǜ shuǐ hóng zhǎng bō qīng bō
白毛浮绿水，红掌拨清波。

yǒng liǔ
咏柳

táng hè zhī zhāng
［唐］贺知章

bì yù zhuāng chéng yī shù gāo
碧玉妆成一树高，
wàn tiáo chuí xià lǜ sī tāo
万条垂下绿丝绦。
bù zhī xì yè shuí cái chū
不知细叶谁裁出，
èr yuè chūn fēng sì jiǎn dāo
二月春风似剪刀。

dà nán guā
大南瓜

lǎo nǎi nai shōu nán guā
老奶奶，收南瓜，
nán guā tián nán guā dà
南瓜甜，南瓜大，
ná bù dòng bào bù xià
拿不动，抱不下，
zǒu lái yī ge xiǎo wá wa
走来一个小娃娃，
lā zhe xiǎo chē xiào hā hā
拉着小车笑哈哈。
bāng zhù nǎi nai sòng nán guā
帮助奶奶送南瓜。

bù wá wa
布娃娃

bù wá wa
布娃娃，
dà dà de yǎn jīng
大大的眼睛，
hēi tóu fa
黑头发，
yī tiān dào wǎn xiào hā hā
一天到晚笑哈哈，
yòu gān jìng lái yòu tīng huà
又干净来又听话，
wǒ lái bào bao nǐ
我来抱抱你，
zuò nǐ de hǎo mā ma
做你的好妈妈。

训练提示：

1. 语言表达要生动活泼。
2. 可以通过游戏、情景模拟，帮助小朋友理解作品。

三 自选考级篇目

chūn tiān dào
1. 春天到

chūn tiān dào chūn tiān dào
春天到，春天到，
dì shàng zhǎng chū xiǎo lǜ cǎo
地上长出小绿草，
huā ér xiāng niǎo ér jiào
花儿香，鸟儿叫，
chūn tiān chūn tiān duō měi hǎo
春天春天多美好。

xià tiān dào
2. 夏天到

xià tiān dào xià tiān dào
夏天到，夏天到，
shù shàng zhī liǎo zhī zhī jiào
树上知了吱吱叫，
xiǎo qīng tíng zài fēi pǎo
小蜻蜓，在飞跑，
tài yáng gōng gong mī mī xiào
太阳公公咪咪笑。

qiū tiān dào
3. 秋天到

qiū tiān dào qiū tiān dào
秋天到，秋天到，
tián lǐ de zhuāng jia fēng shōu le
田里的庄稼丰收了。
fēng ér chuī yè ér piāo
风儿吹，叶儿飘，
qiū tiān jǐng sè zhēn zhèng hǎo
秋天景色真正好。

dōng tiān dào
4. 冬天到

dōng tiān dào dōng tiān dào
冬天到，冬天到，
shù shàng dì shàng quán bái le
树上地上全白了。
xuě huā fēi luò shù shāo
雪花飞，落树梢，
huān huān xǐ xǐ nián lái dào
欢欢喜喜年来到。

shù de biàn huà
5. 树的变化

chūn tiān dà shù fā xīn yá
春天大树发新芽，
xià tiān dà shù kāi hóng huā
夏天大树开红花。
qiū tiān běi fēng hū lā lā
秋天北风呼啦啦，
dōng tiān niǎo ér jiù bān jiā
冬天鸟儿就搬家。

xiǎo yǔ diǎn
6. 小雨点

xiǎo yǔ diǎn shā shā shā
小雨点，沙沙沙，
luò zài huā yuán lǐ
落在花园里，
huā ér lè de zhāng kāi zuǐ
花儿乐得张开嘴。
luò zài yú chí lǐ
落在鱼池里，
yú ér lè de yáo wěi ba
鱼儿乐得摇尾巴。

bù dǎo wēng
7.不倒翁

bù dǎo wēng mī mī xiào
不倒翁，咪咪笑。
zuò zài nà lǐ bù shuì jiào
坐在那里不睡觉。
qīng qīng yòng shǒu tuī yī tuī
轻轻用手推一推，
tā jiù chòng nǐ zuǒ yòu yáo
它就冲你左右摇。

wán jù wán jù wǒ ài nǐ
8.玩具玩具我爱你

xiǎo wán jù wǒ ài nǐ
小玩具，我爱你，
tiān tiān gēn wǒ zuò yóu xì
天天跟我做游戏，
qīng qīng ná qīng qīng fàng
轻轻拿，轻轻放，
wán hǎo bǎ nǐ fàng zhěng qí
玩好把你放整齐。

yáng guāng
9.阳光

yáng guāng zài chuāng shàng pá zhe
阳光，在窗上爬着。
yáng guāng zài huā shàng xiào zhe
阳光，在花上笑着。
yáng guāng zài xī shàng tiào zhe
阳光，在溪上跳着。
yáng guāng zài mā ma yǎn lǐ shǎn zhe
阳光，在妈妈眼里闪着。

kuài lè de jiā
10.快乐的家

wǒ yǒu yī gè kuài lè de jiā
我有一个快乐的家，
yǒu bà ba yǒu mā ma
有爸爸，有妈妈，
hái yǒu wǒ zhè ge xiǎo wá wa
还有我这个小娃娃，
qīn qīn rè rè zài yī qǐ
亲亲热热在一起，
wǒ men dōu ài zhè ge jiā
我们都爱这个家。

xiǎo kē dǒu
11.小蝌蚪

xiǎo kē dǒu xiǎo wěi ba
小蝌蚪，小尾巴，
yóu lái yóu qù zhǎo mā ma
游来游去找妈妈，
mā ma mā ma nǐ zài nǎ
妈妈妈妈你在哪？

lái la lái la wǒ lái la
来啦来啦我来啦，
lái le yī zhī dà qīng wā
来了一只大青蛙。

qì chē gū lu zhuàn ya zhuàn
12.汽车轱辘转呀转

xiǎo qì chē ya dī dī jiào
小汽车呀滴滴叫，
dài zhe wǒ ya xiàng qián pǎo
带着我呀向前跑。
qì chē gū lu zhuàn ya zhuàn
汽车轱辘转呀转，
yī zhí zhuàn dào yòu ér yuán
一直转到幼儿园。

guā wá wa
13.瓜娃娃

xiǎo wá wa qù mǎi guā
小娃娃,去买瓜，
mǎi le dōng guā hé xī guā
买了冬瓜和西瓜，
tián guā nán guā xiǎo huáng guā
甜瓜南瓜小黄瓜，
kǔ guā cài guā hā mì guā
苦瓜菜瓜哈蜜瓜，
quán bù dài huí jiā
全部带回家。

yǒu lǐ mào de hǎo bǎo bao
14.有礼貌的好宝宝

hǎo bǎo bao yǒu lǐ mào
好宝宝,有礼貌，
jìn yuán jiù jiào lǎo shī zǎo
进园就叫“老师早”,
huí jiā jiào shēng mā ma hǎo
回家叫声“妈妈好”,
dà jiā dōu shuō hǎo bǎo bao
大家都说好宝宝。

xīn nián hǎo
15.新年好

xīn nián hǎo ya xīn nián hǎo ya
新年好呀,新年好呀，
zhù hè dà jiā xīn nián hǎo
祝贺大家,新年好，
wǒ men chàng gē wǒ men tiào wǔ
我们唱歌,我们跳舞，
zhù hè dà jiā xīn nián hǎo
祝贺大家新年好。

16. 小牙刷

xiǎo yá shuā

xiǎo yá shuā, shǒu zhōng ná,
小牙刷，手中拿，
zǎo wǎn dōu yào shuā shuā yá。
早晚都要刷刷牙。
zāng dōng xi, dōu shuā diào,
脏东西，都刷掉，
mǎn zuǐ xiǎo yá bái huā huā。
满嘴小牙白花花。

17. 两条鱼

liǎng tiáo yú

yī tiáo yú, shuǐ lǐ yóu,
一条鱼，水里游，
gū gū dān dān zài fā chóu,
孤孤单单在发愁，
liǎng tiáo yú, shuǐ lǐ yóu,
两条鱼，水里游，
kuài kuài huó huó zuò péng you。
快快活活做朋友。

18. 洗手

xǐ shǒu

huā huā liú shuǐ qīng yòu qīng,
哗哗流水清又清，
xǐ xǐ xiǎo shǒu jiǎng wèishēng,
洗洗小手讲卫生，
dà jiā shēn chū shǒu ér bǐ yī bǐ,
大家伸出手儿比一比，
kàn kān shuí de zuì gān jìng。
看看谁的最干净。

19. 小脚大脚

xiǎo jiǎo dà jiǎo

yī èr yī, zǒu ya zǒu,
一二一，走呀走，
mā ma bǎo bao shǒu lā shǒu。
妈妈宝宝手拉手。
xiàng zuǒ zǒu, xiàng yòu zǒu,
向左走，向右走，
yī èr yī èr qí bù zǒu。
一二一二齐步走。

20. 数星星

shǔ xīng xing

tiān shàng xīng xīng liàng jīng jīng,
天上星星亮晶晶，
yī shǎn yī shǎn zhǎ yǎn jing,
一闪一闪眨眼睛，
yī kē liǎng kē sān sì kē,
一颗两颗三四颗，
shǔ lái shǔ qù shǔ bù qīng。
数来数去数不清。

21. 客人来到我们家

kè rén lái dào wǒ men jiā
客人来到我们家，
wǒ gěi kè rén dào bēi chá
我给客人倒杯茶。
kè rén xiào zhe bǎ wǒ kuā
客人笑着把我夸，
mā ma jiàn le lè hā hā
妈妈见了乐哈哈。

22. 梨宝宝

qiū tiān dào le zhēn rè nao
秋天到了真热闹。
lí shù jié chū lí bǎo bao
梨树结出梨宝宝。
lí bǎo bao men jiàn le wǒ
梨宝宝们见了我，
gè gè zhēng zhe ràng wǒ bào
个个争着让我抱。

23. 好朋友

liǎng zhī xiǎo gǒu jiàn le miàn
两只小狗见了面，
hù xiāng qīn qin bí zi jiān
互相亲亲鼻子尖；
liǎng zhī xiǎo yā jiàn le miàn
两只小鸭见了面，
wěi ba yáo yáo tóu diǎn diǎn
尾巴摇摇头点点；
liǎng gè wá wa jiàn le miàn
两个娃娃见了面，
qīn qīn rè rè bǎ shǒu qiān
亲亲热热把手牵。

24. 小溪流

xiǎo xī liú xiǎo xī liú
小溪流，小溪流，
chàng zhe gē ér kuài kuài zǒu
唱着歌儿快快走。
shān gōng gong wèn tā lèi bù lèi
山公公问他累不累？
xiǎo xī dīng dōng yáo yáo tóu
小溪叮咚摇摇头。
chàng zhe tiào zhe bèn dà hǎi
唱着跳着奔大海，
wǔ zhe làng huā fān gēn dou
舞着浪花翻跟斗。

qī gè hǎo xiōng dì
25. 七个好兄弟

duō lai mī fā suō lā xī
哆 咪 咪 发 唆 拉 西，
wǒ men qī gè hǎo xiōng dì
我 们 七 个 好 兄 弟。
yǒu de shēng yīn gāo
有 的 声 音 高，
yǒu de shēng yīn dī
有 的 声 音 低。
tiān tiān péi zhe xiǎo péng you
天 天 陪 着 小 朋 友，
chàng chàng tiào tiào zuò yóu xì
唱 唱 跳 跳 做 游 戏。

四 抽选考级篇目

yǒng é
1. 咏鹅

táng luò bīn wáng
[唐]骆宾王

é é é qū xiàng xiàng tiān gē
鹅，鹅，鹅，曲 项 向 天 歌。
bái máo fú lǜ shuǐ hóng zhǎng bō qīng bō
白 毛 浮 绿 水，红 掌 拨 清 波。

yǒng liǔ
2. 咏柳

táng hè zhī zhāng
[唐]贺知章

bì yù zhuāng chéng yī shù gāo wàn tiáo chuí xià lǜ sī tāo
碧 玉 妆 成 一 树 高，万 条 垂 下 绿 丝 绦。
bù zhī xì yè shuí cái chū èr yuè chūn fēng sì jiǎn dāo
不 知 细 叶 谁 裁 出，二 月 春 风 似 剪 刀。

mǐn nóng èr shǒu qí yī
3. 悯农二首·其一

táng lǐ shēn
[唐]李绅

chūn zhòng yī lì sù qiū shōu wàn kē zǐ
春 种 一 粒 粟，秋 收 万 颗 子。
sì hǎi wú xián tián nóng fū yóu è sǐ
四 海 无 闲 田，农 夫 犹 饿 死。

mǐn nóng èr shǒu qí èr
4. 悯农二首·其二

táng lǐ shēn
[唐]李绅

chú hé rì dāng wǔ hàn dī hé xià tǔ
锄 禾 日 当 午，汗 滴 禾 下 土。
shuí zhī pán zhōng cān lì lì jiē xīn kǔ
谁 知 盘 中 餐，粒 粒 皆 辛 苦。

jìng yè sī
5.静夜思

táng lǐ bái
[唐]李白

chuáng qián míng yuè guāng yí shì dì shàng shuāng
床前明月光，疑是地上霜。
jǔ tóu wàng míng yuè dī tóu sī gù xiāng
举头望明月，低头思故乡。

dēng guàn què lóu
6.登鹳雀楼

táng wáng zhī huàn
[唐]王之涣

bái rì yī shān jìn huáng hé rù hǎi liú
白日依山尽，黄河入海流。
yù qióng qiān lǐ mù gèng shàng yī céng lóu
欲穷千里目，更上一层楼。

yóu zǐ yín
7.游子吟

táng mèng jiāo
[唐]孟郊

cí mǔ shǒu zhōng xiàn yóu zǐ shēn shàng yī
慈母手中线，游子身上衣。
lín xíng mì mì féng yì kǒng chí chí guī
临行密密缝，意恐迟迟归。
shuí yán cùn cǎo xīn bào dé sān chūn huī
谁言寸草心，报得三春晖。

huí xiāng ǒu shū èr shǒu qí yī
8.回乡偶书二首·其一

táng hè zhī zhāng
[唐]贺知章

shào xiǎo lí jiā lǎo dà huí xiāng yīn wú gǎi bìn máo shuāi
少小离家老大回，乡音无改鬓毛衰。
ér tóng xiāng jiàn bù xiāng shí xiào wèn kè cóng hé chù lái
儿童相见不相识，笑问客从何处来。

shān cūn yǒng huái
9.山村咏怀

sòng shào yōng
[宋]邵雍

yī qù èr sān lǐ yān cūn sì wǔ jiā
一去二三里，烟村四五家。
tíng tái liù qī zuò bā jiǔ shí zhī huā
亭台六七座，八九十枝花。

jué jù
10.绝句

táng dù fǔ
[唐]杜甫

liǎng gè huáng lí míng cuì liǔ yī háng bái lù shàng qīng tiān
两个黄鹂鸣翠柳，一行白鹭上青天。
chuāng hán xī lǐng qiān qiū xuě mén bó dōng wú wàn lǐ chuán
窗含西岭千秋雪，门泊东吴万里船。

lù zhài
11. 鹿柴

táng wáng wéi
[唐]王维

kōng shān bù jiàn rén dàn wén rén yǔ xiǎng
空山不见人，但闻人语响。
fǎn jǐng rù shēn lín fù zhào qīng tái shàng
返景入深林，复照青苔上。

wàng lú shān pù bù
12. 望庐山瀑布

táng lǐ bái
[唐]李白

rì zhào xiāng lú shēng zǐ yān yáo kàn pù bù guà qián chuān
日照香炉生紫烟，遥看瀑布挂前川。
fēi liú zhí xià sān qiān chǐ yí shì yín hé luò jiǔ tiān
飞流直下三千尺，疑是银河落九天。

xún yǐn zhě bù yù
13. 寻隐者不遇

táng jiǎ dǎo
[唐]贾岛

sōng xià wèn tóng zǐ yán shī cǎi yào qù
松下问童子，言师采药去。
zhǐ zài cǐ shān zhōng yún shēn bù zhī chù
只在此山中，云深不知处。

jiāng xuě
14. 江雪

táng liǔ zōng yuán
[唐]柳宗元

qiān shān niǎo fēi jué wàn jìng rén zōng miè
千山鸟飞绝，万径人踪灭。
gū zhōu suō lì wēng dú diào hán jiāng xuě
孤舟蓑笠翁，独钓寒江雪。

xiǎo chū jìng cí sì sòng lín zǐ fāng
15. 晓出净慈寺送林子方

sòng yáng wàn lǐ
[宋]杨万里

bì jìng xī hú liù yuè zhōng fēng guāng bù yǔ sì shí tóng
毕竟西湖六月中，风光不与四时同。
jiē tiān lián yè wú qióng bì yìng rì hé huā bié yàng hóng
接天莲叶无穷碧，映日荷花别样红。

sù jiàn dé jiāng
16. 宿建德江

táng mèng hào rán
[唐]孟浩然

yí zhōu bó yān zhǔ rì mù kè chóu xīn
移舟泊烟渚，日暮客愁新。
yě kuàng tiān dī shù jiāng qīng yuè jìn rén
野旷天低树，江清月近人。

tí qiū jiāng dú diào tú
17.题秋江独钓图

qīng wáng shì zhēn
[清]王士祯

yī suō yī lì yī piān zhōu yī zhàng sī guān yī cùn gōu
一蓑一笠一扁舟，一丈丝纶一寸钩。
yī qǔ gāo gē yī zūn jiǔ yī rén dú diào yī jiāng qiū
一曲高歌一樽酒，一人独钓一江秋。

sòng bié
18.送别

táng wáng wéi
[唐]王维

shān zhōng xiāng sòng bà rì mù yǎn chái fēi
山中相送罢，日暮掩柴扉。
chūn cǎo míng nián lù wáng sūn guī bù guī
春草明年绿，王孙归不归。

chūn xiǎo
19.春晓

táng mèng hào rán
[唐]孟浩然

chūn mián bù jué xiǎo chù chù wén tí niǎo
春眠不觉晓，处处闻啼鸟。
yè lái fēng yǔ shēng huā luò zhī duō shǎo
夜来风雨声，花落知多少。

wèn liú shí jiǔ
20.问刘十九

táng bái jū yì
[唐]白居易

lù yǐ xīn pēi jiǔ hóng ní xiǎo huǒ lú
绿蚁新醅酒，红泥小火炉。
wǎn lái tiān yù xuě néng yǐn yī bēi wú
晚来天欲雪，能饮一杯无？

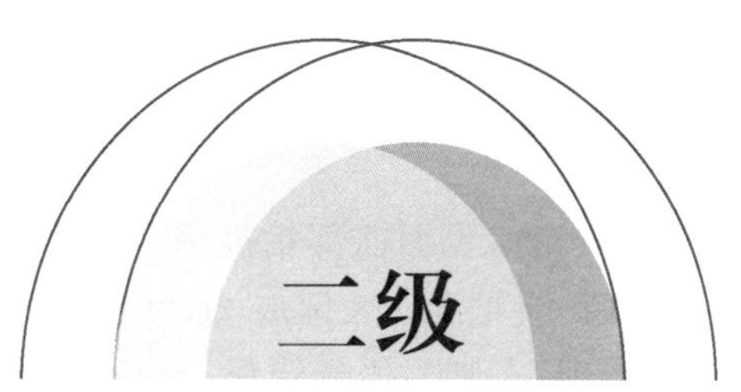

二级

在朗诵艺术水平等级考试二级的考前学习中，除了掌握发声技巧、养成良好的语音发声习惯以外，还要培养对朗诵艺术的兴趣和热情。这就需要小朋友在认知和熟悉标准普通话语音发声要领、形成基础的朗诵意识的同时，逐渐积累生活中的体验感，努力加深对作品的理解和感受。在学习和训练中，鼓励孩子释放天性，勇于展现自我。在帮助小朋友更好地完成本级作品的同时，也使孩子在记忆力、专注力、沟通能力等方面得到提升。

本级的作品包括自选考级篇目25篇、抽选考级篇目20篇，由简单易懂、朗朗上口的儿歌、童谣、绕口令、绝句、现代短诗等组成，适宜低龄段小朋友学习朗诵。本级要求考生对朗诵艺术有较强的兴趣，对作品有基本的理解力和感受力，重点考查考生的气息控制意识、表达意识、唇舌灵活度以及对作品的理解能力。

一 语音发声学习要点

(一)声母

声母的主要特点是，发音时气流在口腔中要分别受到某种阻碍。可以说，声母发音过程是气流形成阻碍和解除阻碍的过程。

按声母的发音方法(发音时形成阻碍和解除阻碍的方法)分类，可以分为以下五组：

①塞音：b、p、d、t、g、k(6个)

②擦音：f、h、s、sh、r、x(6个)

③塞擦音：z、c、zh、ch、j、q(6个)

④边音：l(1个)

⑤鼻音：m、n(2个)

在一级的学习中，我们知道了声母中的b、p、m、f、d、t、n、l、g、k、h的发音要领，本级我们将学习声母中j、q、x、z、c、s、zh、ch、sh、r的发音。

1. 学习要求

(1)正确发音：对于参加二级考试的小朋友来说，除了要准确地识读每一个声母、韵母之外，还要做到发准字音，家长或者老师要帮助小朋友纠正错误的发音方式，培养正确的发音习惯。

(2)主动听辨：听辨能力在各级别的朗诵训练中都是很重要的。要鼓励小朋友，既要动口说，也要倾耳听；既要仔细观察，也要善于模仿。通过平时多听、多看、多练和日常积累，可以帮助小朋友提高辨别发音正确与否的能力，从而发现自己的发音问题，便于及时自我纠正。

(3)自主练习：要形成规范的语音面貌、养成良好的发声习惯，只凭一时的练习是不够的，不要以功利性的应试态度对待朗诵艺术水平等级考试，而要以学习朗诵、展示成果、提升能力为目的，在日常生活中养成“张口即练”的习惯。小朋友不论在生活、学习还是游戏时，不论在家里、幼儿园还是其他场合，只要有语言交流时，都要注意自己的发音，思考发声是否正确。

2. 发音要领

(1)j、q、x 的发音及辨正

j、q、x 为舌面音。发音时，舌尖抵住下齿背，舌面前部抬高隆起，紧贴或接近硬腭。需要特别注意的是，受部分地区方音的影响，有人在发舌面音时，会把 j、q、x 读成 zi、ci、si，就是我们常说的“尖音”。有人误以为尖音是声音妩媚、发嗲娇弱、优美好听的表现，实则为语音错误。纠正尖音的关键是调整舌头发力的位置，变舌尖用力为舌面用力。

j(鸡)嘴微张，舌尖抵在下齿背，舌面前部挺起与硬腭前部接触形成阻碍。除阻时，舌面向下闪出一条窄缝，气流从窄缝中摩擦通过，发出舌面前不送气清塞擦音 j。

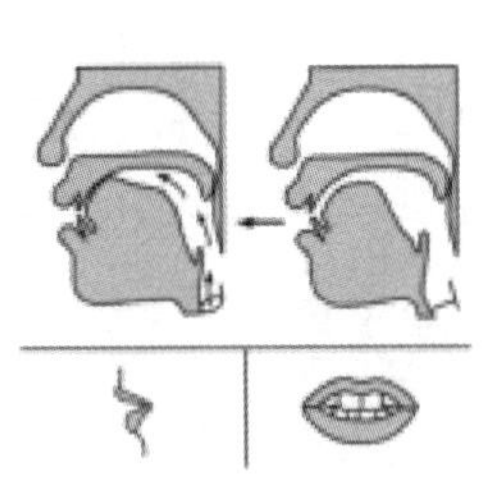

例字： 机(jī) 及(jí) 挤(jǐ) 剂(jì)
交(jiāo) 嚼(jiáo) 脚(jiǎo) 较(jiào)

例词： 击节(jī jié) 基金(jī jīn) 机件(jī jiàn) 肌腱(jī jiàn)
积极(jī jí) 几级(jǐ jí) 及笄(jí jī) 寂寂(jì jì)

q(七)嘴微张，舌尖抵在下齿背后，舌面前部挺起与硬腭前部接触。除阻时，舌面弹开一条窄缝，有一股较强气流从窄缝中摩擦通过，发出舌面前送气清塞擦音 q。

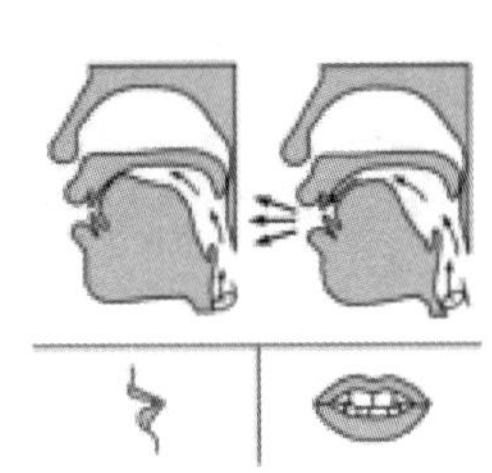

例字： 柒(qī) 祁(qí) 乞(qǐ) 器(qì)
敲(qiāo) 瞧(qiáo) 巧(qiǎo) 翘(qiào)

例词： 七窍(qī qiào) 七巧(qī qiǎo) 凄切(qī qiè) 乞求(qǐ qiú)
崎岖(qí qū) 奇趣(qí qù) 求取(qiú qǔ) 恰恰(qià qià)

x(西)嘴微张，舌尖抵在下齿背后，舌面前部挺起与硬腭前部接近形成一条缝隙。发音时，气从缝隙中摩擦通过，发出舌面前清擦音 x。

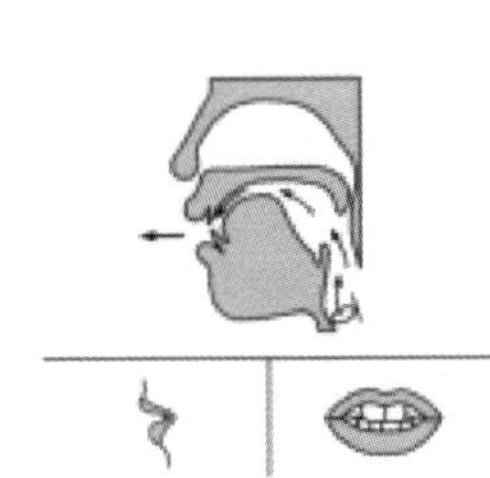

例字： 希(xī) 习(xí) 洗(xǐ) 系(xì)
敲(qiāo) 仙(xiān) 闲(xián) 显(xiǎn) 现(xiàn)

例词： 西夏(xī xià) 息息(xī xī) 膝下(xī xià) 嬉戏(xī xì)
嬉笑(xī xiào) 习性(xí xìng) 嘻嘻(xī xī) 休息(xiū xi)

绕口令：

贾家与夏家(jiǎ jiā yǔ xià jiā)

贾家有女初出嫁，(jiǎ jiā yǒu nǚ chū chū jià)
嫁到夏家学养虾，(jià dào xià jiā xué yǎng xiā)
喂养的对虾个头儿大，(wèi yǎng de duì xiā gè tóu tóur dà)
卖到市场直加价。(mài dào shì chǎng zhí jiā jià)
贾家爹爹会养鸭，(jiǎ jiā diē die huì yǎng yā)

yā zi suī féi shāng zhuāng jia
鸭子虽肥伤庄稼。
lín lǐ chǎo jià bù róng qià
邻里吵架不融洽，
jiǎ jiā yě xué yǎng duì xiā
贾家也学养对虾。

xī xì xī
熙戏犀

xī xī xī xǐ xī xì
西溪犀，喜嬉戏。
xí xī xī xī xié xī xǐ
席熙夕夕携犀徙，
xí xī xì xì xí xǐ xī
席熙细细习洗犀。
xī xī xī xì xí xī
犀吸溪，戏袭熙。
xí xī xī xī xī xī xì
席熙嘻嘻希息戏。
xī xī sī sī xǐ xí xī
惜犀嘶嘶喜袭熙。

(2)z、c、s 的发音及辨正

z(资)嘴微张，舌尖前端抵在下齿背后，其稍后部为隆起与上齿龈前接触形成阻碍。发音时，与上齿龈前端闪开一条窄缝，让气流从中摩擦通过，发出舌尖前不送气清塞擦音 z。

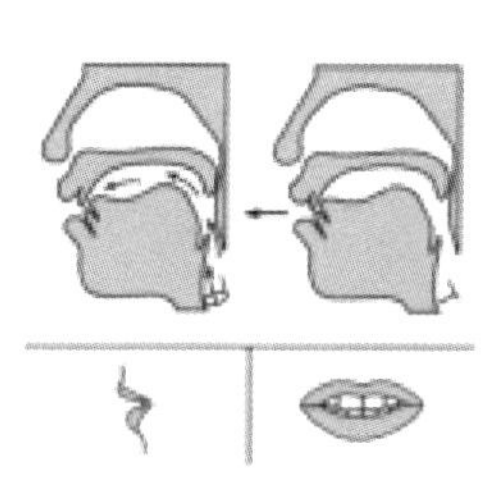

例字：
zá zǎ zāi zǎi
砸 咋 栽 宰
zài zān zǎo zào
在 簪 早 噪

例词：
zā zuǐ zá zì zǎi zi zài zào
咂嘴 杂字 崽子 再 造
zǒng zé zài zuò zāi zāng zì zài
总则 在座 栽脏 自在

c(疵)嘴微张，舌尖前端抵在下齿背后，其稍后部为隆起与上齿龈前接触形成阻碍。发音时，与上齿龈前之间闪开一条窄缝，有一股较强气流从中摩擦通过，发出舌尖前送气清塞擦音 c。

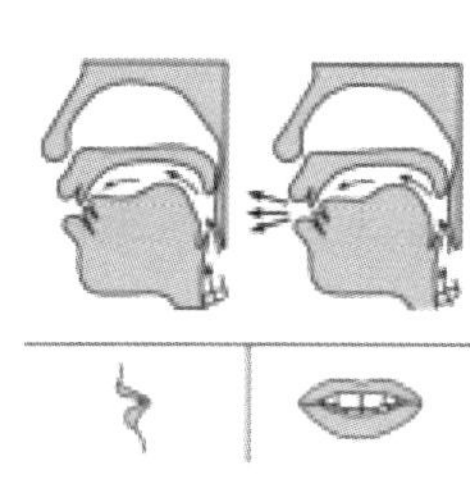

例字：
cā cāi cái cǎi
擦 猜 财 彩
cài cān cán cù
菜 餐 残 醋

例词：
cāi cè cán cún cāng cù cǎo cóng
猜测 残存 仓促 草丛
cēn cī cái chǎn cǎo cóng cǎo chǎng
参差 财产 草丛 草场

s(斯)嘴微张，舌尖前端抵在下齿背后，其稍后部位隆起与上齿龈前接近形成缝隙。发音时，气流从缝隙中摩擦通过，发出舌尖前清擦音 s。

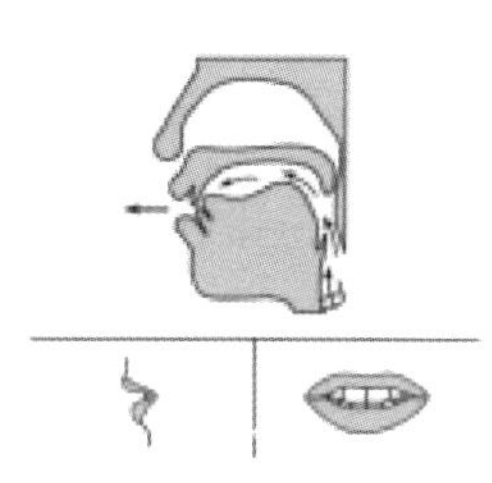

例字：
sā sǎ sà sāi
仨 洒 飒 腮
sài sān sàn sù
赛 三 散 速

例词：
sǎ sǎo sǎ sǎ sà sà sān sī
洒扫 洒洒 飒飒 三思
sān suì sù sù sù sòng sè sè
三岁 速速 诉讼 瑟瑟

绕口令：

sì shí sì gè zì hé cí
四十四个字和词

sì shí sì gè zì hé cí
四十四个字和词，
zǔ chéng yī shǒu zǐ cí sī de rào kǒu cí
组成一首子、词、丝的绕口词。
táo zi lǐ zi lí zi lì zi
桃子、李子、梨子、栗子、
jú zi shì zi bīn zi zhēn zi
桔子、柿子、槟子、榛子，
zāi mǎn yuàn zi cūn zi hé zhài zi
栽满院子、村子和寨子。
míng cí dòng cí shù cí liàng cí
名词、动词、数词、量词、
dài cí fù cí zhù cí lián cí
代词、副词、助词、连词，
zǔ chéng yǔ cí shī cí hé chàng cí
组成语词、诗词和唱词。
cán sī shēng sī shú sī sāo sī
蚕丝、生丝、熟丝、缫丝、
rǎn sī shài sī fǎng sī zhī sī
染丝、晒丝、纺丝、织丝，
zì zhì cū sī xì sī rén zào sī
自制粗丝、细丝、人造丝。

cāo chǎng de shù
操场的树

cāo chǎng qián miàn yǒu sān shí sān kē sāng shù
操场前面有三十三棵桑树，
cāo chǎng hòu miàn yǒu sì shí sì kē zǎo shù
操场后面有四十四棵枣树，
zhāng sān bǎ sān shí sān kē sāng shù rèn zuò zǎo shù
张三把三十三棵桑树认作枣树，
zhào sì bǎ sì shí sì kē zǎo shù rèn zuò sāng shù
赵四把四十四棵枣树认作桑树。

(3)zh、ch、sh、r 的发音及辨正

zh(之)嘴微张，舌尖抬起抵在硬腭前端。发音时，舌尖微微弹开一条小缝，让气流从缝隙中摩擦通过，发出舌尖后不送气清塞擦音 zh。

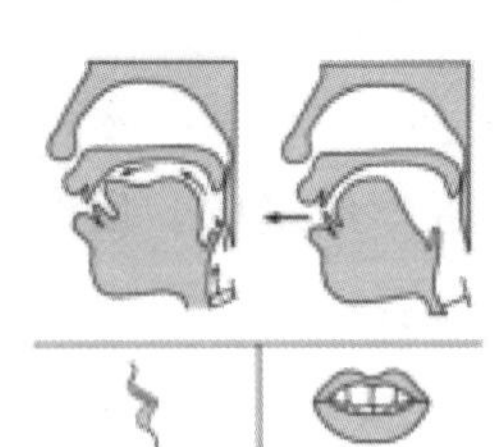

例字：
zhā 渣　zhá 闸　zhǎ 眨　zhà 炸
zhāi 斋　zhái 宅　zhǎi 窄　zhài 寨

例词：
zhā zhēn 扎针　zhài zhǔ 寨主　zhǎn zhuǎn 辗转　zhàn zhù 站住
zhāo zhì 招致　zhēn zhì 真挚　zhǐ zhèng 指正　zhuā zhù 抓住

ch(吃)嘴微张，舌尖抬起抵在硬腭前端。出字时，舌尖与硬腭之间弹开一条窄缝，同时有一股较强的气流从中擦过，发出舌尖后送气清塞擦音 ch。

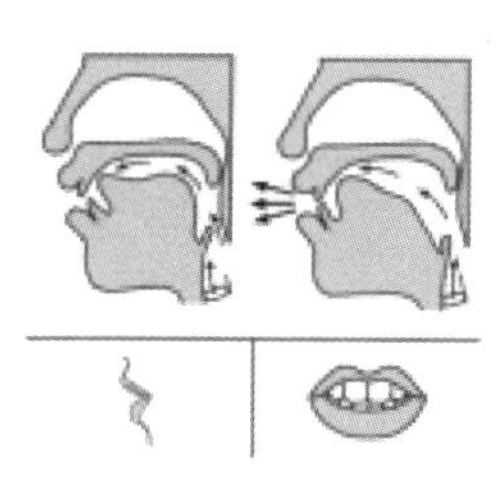

例字：

chā chá chà chāi
插 茶 差 拆

chái chān chán chàn
柴 掺 缠 颤

例词：

chā chē　chā chí　chā chì　chá chǎng
叉车　差池　插翅　茶厂

chá chǔ　chá chū　chá chóng　chá chéng
查处　查出　查重　茶城

sh(诗)嘴微张，舌尖抬起与硬腭前端形成一条窄的缝隙。发音时，气流从缝隙中摩擦通过，发出舌尖后清擦音 sh。

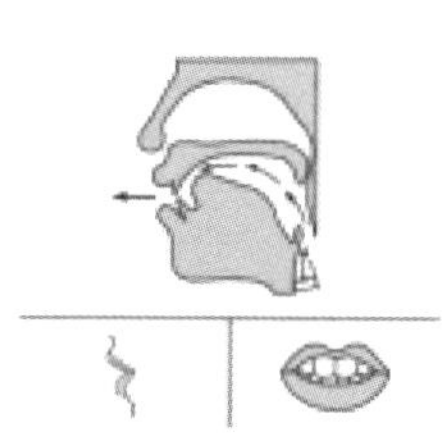

例字：

shā shá shǎ shà
沙 啥 傻 厦

shāi shài shān shǎn
筛 晒 山 闪

例词：

shā shāng　shà shí　shǎn shēn　shǎn shī
杀伤　霎时　闪身　闪失

shǎn shuò　shān shuǐ　shàn shí　shān shù
闪烁　山水　膳食　杉树

r(日)嘴微张，舌尖抬起并略卷与硬腭前端接近，形成一条缝隙。发音时，声带颤动，气流从缝隙中摩擦通过，发出舌尖后浊擦音 r。

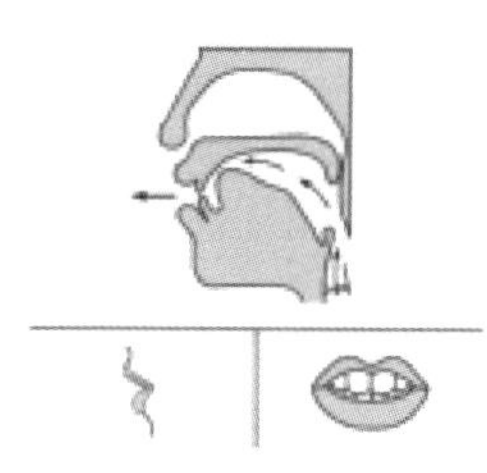

例字：

rán rǎn rāng ràng
然 冉 嚷 让

ráo rǎo rào rú
饶 扰 绕 如

例词：

rāng rāng　rén rén　rěn ràng　rěn rǔ
嚷嚷　人人　忍让　忍辱

rěn rǎn　rǎn rǎn　rǎo rǎng　róng rù
荏苒　冉冉　扰攘　融入

绕口令：

zhī dào bù zhī dào
知道不知道

rèn shi cóng shí jiàn shǐ
认识从实践始，

shí jiàn chū zhēn zhī
实践出真知。

zhī dào jiù shì zhī dào
知道就是知道，

bù zhī dào jiù shì bù zhī dào
不知道就是不知道。

bù yào zhī dào shuō bù zhī dào
不要知道说不知道，

yě bù yào bù zhī dào zhuāng zhī dào
也不要不知道装知道。

lǎo lǎo shí shí shí shì qiú shì
老老实实，实事求是。

yī dìng yào zuò dào bù zhé bù kòu de zhēn zhī dào
一定要做到不折不扣的真知道。

shǐ lǎo shī
史老师

shǐ lǎo shī, jiǎng shí shì,
史老师,讲时事,
cháng xué shí shì zhǎng zhī shi。
常学时事长知识。
shí shì xué xí kàn bào zhǐ,
时事学习看报纸,
bào zhǐ dēng de shì shí shì,
报纸登的是时事,
cháng kàn bào zhǐ yào duō sī,
常看报纸要多思,
xīn lǐ zhuāng zhe tiān xià shì。
心里装着天下事。

(二)科学用气发声

科学的发声训练方法是通向朗诵艺术的必经之路。发声训练是指在心理状态积极(不紧张),各发声器官的生理机能相对放松、稳定的情况下,逐步进行的一种训练。科学发声首先要了解发音、发声原理,掌握科学的发音发声要领;其次,要重视基础训练,万丈高楼平地起,做任何事情都要有一个循序渐进的过程,不能操之过急,否则只会使声音训练不扎实,基础不牢固,经不起长期考验,没有持久性。

1.发声的三项基础

(1)物理基础(声学基础):声音的四要素

音高:声音的高低,取决于声波的频率。

音强:声音的强弱,取决于声波的振幅。

音长:声音的长短,取决于发声体的振动时间。

音色:声音的本质,取决于声波的含量。

(2)生理基础:人类发声的四个系统

动力系统:由肺、气管、胸廓、膈肌、腹肌等与呼吸有关的器官构成,提供使声带发声振动的动力——气息。

声源系统:由喉和声带等器官构成,是发声振动体。

成音系统:由唇、舌、齿、腭等器官构成,是能够形成语音的部位,它们的不同接触,就形成了各种各样的元音和辅音。

共鸣系统:由咽腔、口腔、胸腔、头腔等器官构成,是扩音系统。

(3)心理基础

语言编码系统、神经指挥系统、反馈系统(体内反馈、体外反馈)、听觉判断系统。

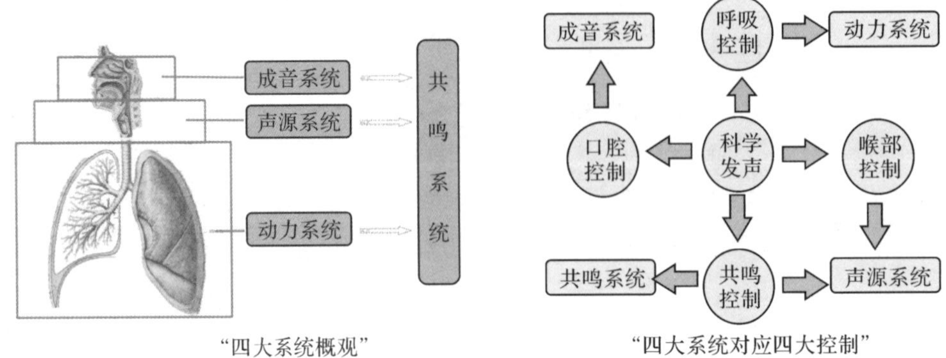

“四大系统概观”　“四大系统对应四大控制”

2.朗诵发声的特点及要求

朗诵发声的特点:以实声为主的虚实结合,声音清晰圆润;声音变化幅度较大,层次丰富,表情达意准确;

接近口语用声，状态自如，声音流畅。

朗诵发声的要求：准确规范，清晰流畅；圆润集中，朴实明朗；刚柔并济，虚实结合；色彩丰富，变化自如。

朗诵发声的总体要领：气息下沉，喉部放松；不僵不挤，声音贯通；字音轻弹，如珠如流；气随情动，声随情走。

3.气息控制

在朗诵发声的过程中，气息是动力。声音的强弱、高低、长短以及共鸣的运用与呼出气流的速度、流量、压力都有直接的关系。能否正确用气，对语音的准确性、吐字清晰度和语言表现力都有直接影响。用正确的呼吸方法推动声带发出的声音，不仅洪亮有力、优美圆润，而且清晰持久、情绪饱满充沛。通过训练，我们可以控制气息的深浅、多少、快慢及长短。气息运用如果能做到“深、匀、通、活”，将为朗诵提供强有力的动力保证。

在朗诵创作中，气随情动，声随情出，气生于情而融于声。情是内涵，是主导；声是形式，是载体；气是动力，是桥梁。也就是说，只有在呼吸得到控制的基础上，才能谈到声音的控制。因此，要使声音能自如地表情达意，必须学会呼吸的控制与运用。

(1)常见的呼吸方法

①胸式呼吸法

又称锁骨式呼吸法，其特点为吸气时肩头上耸，上胸部上抬，上胸部胸围有所增加，肋骨下缘胸廓周围径基本不变，膈肌基本不参加呼吸运动。吸入及呼出气流量小少，呼气发声时呼出气流较弱，而且呼出气流强度变化较小且难以控制。从发声角度分析，采用胸式呼吸时声音往往较尖细、换气频繁，声音强度不大，声音位置较高。

②腹式呼吸法

其特点为吸气时腹部明显凸起，腹围明显增大，主要靠膈肌升降完成呼吸运动，而胸廓周围径基本不变。腹式呼吸法吸入气流量较多，呼气发声时呼出气流量较多，呼出气流强度、流量有一定幅度的变化，从发声角度分析，采用腹式呼吸时声音往往显得深、重、低、沉。

③胸腹联合式呼吸

指胸、腹所有呼吸器官都参与了呼吸运动，使胸廓、横膈膜及腹部肌肉控制呼吸的能力得到合作，不但扩大胸廓的周围径而且扩大胸腔的上下径，因而能吸入足够的气息，气息容量大。另外，由于能够稳定地保持住两肋及横膈膜的张力和来自小腹的收缩力量所形成的均衡对抗，有利于形成对声音的支持力量。这种呼吸方法的优点在于：气量大，进气无声，速度快；容易控制气息，能够达到稳健的语言状态；对气息深浅、多少和快慢的控制，有利于感情的表达；有利于嗓音的保护。因此朗诵时，通常采用胸腹联合式呼吸法。

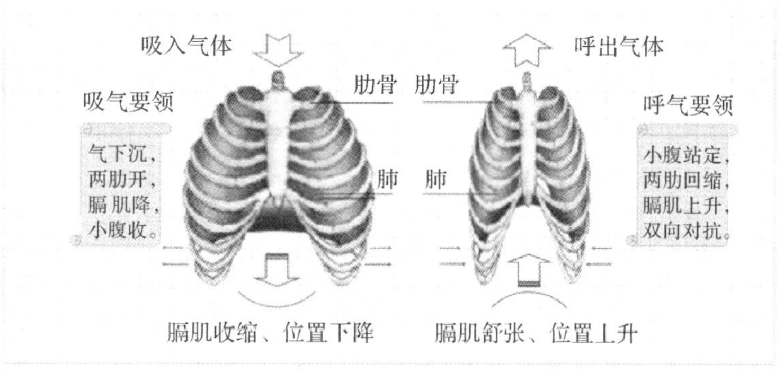

胸腹联合呼吸动作要领

(2)胸腹联合式呼吸法的要领

胸腹联合式呼吸总的感觉应该是：随着气流从口鼻同时吸入，两肋向内侧张开，同时腰腹肌的收缩感，以牵制膈肌与两肋使其不能回弹，随着气流缓缓呼出，小腹逐渐放松，但最后仍要有控制的感觉。而膈肌和两肋则在这种控制的感觉下，逐渐恢复自然状态。在发声状态中，腹肌控制的强弱随着思想感情的运动在不停地运动和变化。掌握胸腹联合式呼吸法，关键在于抓住符合要领的实际感觉，并且需要在反复的练习中加强和稳定这种感觉。

胸腹式联合呼吸可分为吸气和呼气两个阶段。

吸气要领：口鼻同时吸气，吸入肺底，两肋打开，肩膀放松，腹壁“站定”，腰带渐紧。

吸气要求：吸气无声，吸气到位。

呼气要领：保持腹肌收缩感，气流缓缓呼出，小腹逐渐放松，保持控制感。

呼气要求：呼出的气息均匀、稳劲而持久。快吸慢呼为训练重点；锻炼呼气的持久力，一般要求一口气的呼气发声可持续30～40秒；训练呼气与发声挂钩；掌握发声时呼气的调节方法。

换气方法：

①正常换气；

②偷气——换气时不着痕迹，在听众未能察觉中换气；

③就气——听感上有停顿，但实际不换气，用体内余气完成后面内容，确保意思不断；

④抢气——应情感和内容表达的需要，不顾及有没有杂音，明抢气口。

---

(3)朗诵时对气息控制的总体要求

气息的深浅、多少、快慢，应视朗诵时作品的内容、情感和实际需要来灵活运用，但“深、通、匀、活”是对于气息控制的总体要求。

①深：气息下沉，不提、不浅。气息深可以防止朗诵声音发飘、发虚。

②匀：发声时气息均匀持久。气息匀，强调的是控制呼气的力量，而不是前强后弱，或忽大忽小，或虽然很气足但是气短。

③通：气息在胸腔里运动没有任何障碍。喉不紧，胸不憋，声音不在喉部卡住，也不在胸部憋住。

④活：指根据感情的需要，气息位置深浅、气流量大小、气息运动速度快慢有变化，而且变化灵活。气息达到活的程度必须有气息的深、通、匀做基础，通过大量情感色彩丰富、状态多样的句段、古诗词、现代诗、散文等材料的练习方能做到。

(4)呼吸肌群的训练

呼吸肌的力量和灵活度是使呼吸控制达到“自动化”运动的物质条件。呼吸的控制归根结底是来源于控制动力系统肌肉群的控制。

腹肌的锻炼：

①四肢卷曲运动：取仰卧位，平躺于瑜伽垫上，双脚并拢向上抬起，与此同时，双臂伸展蜷曲向上，四肢在空中相遇，双手尽量贴近双脚脚踝，该动作重复20秒钟。

②平坐蜷曲运动：坐在垫子上，双手交叉放于胸前，双脚并拢；准备好后，双腿抬起，上身向前，脖子回缩，呈蜷曲状；而后上身微微后仰，双腿伸直，重复上一个动作。该动作持续20秒。

③双肘对接运动：仰卧位，双手抱头，先右腿90度上曲，同时利用腹部力量向上抬左肘，尽量用左肘碰触右腿膝盖；然后放下右腿（不要完全着地，与地面保持距离），抬左腿，以右肘碰触左腿膝盖。该动作重复20秒。

④双脚错摆运动：仰卧于瑜伽垫上，双臂放于身体两侧，双腿抬起，交叉上下摆动，头部微微抬起。该动作要点是要靠腹部力量带动腿部。该动作持续20秒。

⑤坐姿收腿抱膝：直角坐于瑜伽垫，双腿伸直抬起离地面约30厘米，上身后仰约30度，双臂侧平举。开始时屈膝，利用腹部力量将上体向前，双臂自然抱膝。抱膝时吐气，还原时吸气。该动作持续20秒。

⑥仰卧卷腹：平躺于瑜伽垫，双腿自然弯曲，双手放于头后部，开始时利用腹部的力量卷腹，两眼平视前方。注意力集中在上腹部，注意不是做仰卧起坐，不用坐起来。该动作持续20秒。

---

(5)控制膈肌能力的锻炼

①膈肌弹发

第一步,深吸气后,发出一个扎实的“hei”音。要求喉部、下巴松弛,想象这两个器官不存在一样不用力,舌根在发 h 时,有前送弹动感;而胸前剑突下有显著的向上弹动感。在弹发“hei”时,必须注意膈肌的弹动与发声要协调同步。刚开始的时候,气与声可能会提前,先出气后发声;也可能会恰恰相反,声音发出来了、气却没有弹出;或是气弹出却没有用在发声上;也有可能会出现气弹了而声音仍是用嗓子喊出来的等。这些对初学朗诵的人来说是很常见的,小朋友千万不要着急,一遍一遍反复试验。

需要注意:一是控制膈肌正确的上弹,既不是上腹部向外挺(这样气不是外弹、而是内吞),也不是上腹部向内挤;二是喉头部位一定要松弛,气弹出才可能发出“hei”音,否则气与声会脱节,声音从嗓子里挤出来;三是由于小朋友初学朗诵,控制膈肌的意识才刚刚树立,控制能力还比较弱,在开始练膈肌弹发时,发出的“hei”音并不强。但弹发出准确的“hei”音,才会是音高稍低、圆润集中、松弛宽厚的声音。

第二步,在膈肌单声弹发状态稳定的情况下,增加连续弹发“hei”音的次数,连发 2 个、3 个、4 个……直至可以一连发 7～8 个“hei”音。连续弹发时,要注意给气的力量应该均匀,发出的“hei”音也需要保持一定的音量、音高,音色应始终一致。在连续弹发时,还应注意将膈肌的气量控制集中到弹发的瞬间,而在弹发间隔时,膈肌要迅速放松还原。如果不放松,膈肌越弹越紧张,最终会因无气可弹而力竭。只有弹发后的迅速放松才能使气不断地进入、弹出,也有利于膈肌再次积蓄气量弹发。

第三步,坚持第二步连续弹发训练,数日后会获得“自动”进气的感觉,当可以无限制地连续发出稳定的“hei”音时,就可以进行第三步训练:由慢到快、稳劲轻巧地连续弹发“hei”音,最后达到控制自如的程度。

第四步,在第三步的基础上,做改变音高、音量、音色、音长的隔肌弹发练习。

②膈肌弹发喊操口令

一口气弹发“1、2、3、4”,换气后接着弹发“2、2、3、4”,再换气接着弹发“3、2、3、4”“4、2、3、4”……延续下去。注意吸气时膈肌放松下降和弹发时有意识地控制;同时,弹发的数字要饱满、圆润、干脆、有力度。

(6)胸腹联合式呼吸控制状态训练

①慢吸慢呼训练:缓缓降气吸入肺底,呼气时,撮口做吹尘状或小瓶发声状,将气缓缓“吹”出,要求气流均匀、缓慢、量小而集中。

发单元音延长音:ɑ——o——e——i——u——ü

数数练习:1——2——3——4——5……

绕口令练习:出东门,过大桥,大桥底下一树枣,拿着竿子去打枣,青的多红的少。一个枣两个枣三个枣四个枣五个枣六个枣七个枣八个枣九个枣十个枣,十个枣九个枣八个枣七个枣六个枣五个枣四个枣三个枣两个枣一个枣,这是一段绕口令,一气说完才算好。

②慢吸快呼训练:保持慢吸的正确状态吸气之后,用一口气尽量说又多又快的话,可以用简单重复的绕口令来练习。

吃葡萄不吐葡萄皮。

班干部不管班干部。

出租车司机开出租车。

铺皮褥子不如不铺皮褥子。

③快吸快呼训练:保持慢吸时的基本状态,只是将慢慢吸气改为,在不经意间一张嘴一瞬间就吸气到位,就像突然在远处发现了你要找的人,准备喊他的瞬间突然吸气。可通过快板、戏曲、曲艺的贯口段子来练习,要求呼吸控制急而不促、快而不乱、长而不喘。

例:臣说到,真正的好马,马头就是“王”,要正要方;眼睛是“丞相”,要神要亮;脊背骨是“将军”,要硬要强;肚子是“城池”,要宽要张;四条腿是“王的命令”,要快要长;两耳像劈开的竹管,尖而刚;皮毛像太阳下的缎子,闪亮光。这样的马,不乱吃,不乱动,骑上去,它不狂奔、不乱跑。但是在宽阔的草原上,它驰骋起来,千里万里,像风也似的飞过。在它眼里,没有不能到的地方。这才真是生死可以相托的好马。

二 朗诵学习要点

(一)抓住重点词语

在上一级的学习要求中,我们希望小朋友首先要学习和认识作品中的所有文字,理解词语在作品中的意思,并学会用工具书查生词、查词义。在本级的学习中,希望小朋友继续保持以上学习习惯。同时,新的学习目标要求小朋友读完一句话后,要明白这句话中哪个词语是最重要的。在父母、老师的帮助下,一起来准确找出重点词。找到准确词语后,小朋友需要努力理解和体会这个词在句子中的含义和作用,感受它的思想感情。

(二)初步了解声调及平仄音韵

朗诵古诗文的时候,尤其是唐诗中的律诗和绝句,要求小朋友学会运用四声:阴平、阳平、上声、去声。同时初步了解诗词的音韵,认识平仄之分。

什么是平仄呢?古人将汉字分为平、上、去、入四种声调,仄声包括上去入三调,古之入声字读音在普通话中已基本消失。现在,平声分为阴平和阳平,与上声、去声构成了现在的"四声"。

由于现代汉语中许多字音已不同于古音,如果过于拘泥古诗的格律,对于小朋友来说,学习起来难度太大。所以笼统来说,小朋友只要记住:一声(阴平)、二声(阳平)为平,三声(上声)、四声(去声)为仄。

平仄的读法概括地说,就是平长仄短、平缓仄急,平声拖长音节,仄声声停气不停,缩短发音。平仄相替,节奏方出,由此形成了汉语的音韵美。为了便于区分,小朋友可以在老师和家长的帮助下,用"—"表示平声,用"|"表示仄声。看到标注,就能由字音读出高低长短、升降缓急了。

例:

在朗诵的时候,小朋友不能只读字音,还要注意词语的关系,同时应注意句末的停顿,发音要圆润饱满,归音到位。

(三)用声音表达不同情绪和角色

小朋友在朗诵古诗、现代诗歌以及寓言故事的时候要学会用声音表达情绪,尝试着把自己理解的喜、怒、哀、乐等不同情绪用声音表达出来。

在这里可以给小朋友一个小诀窍:利用自己的面部表情来带动不同情绪的声音变化。表现开心的情绪时,你的面部表情一定是笑的;表现伤心难过的情绪时,你的眉头一定是紧缩的,嘴角是下挂的。利用表情来表达情绪,从而带动塑造不同情绪的声音状态。

此外,不同的角色也可以用不同的声音来呈现。了解情感态度和角色定位才是声音变化的内在原因。例如,妈妈说话和小朋友说话,角色定位不同,情感态度和声音变化也一定是不同的。妈妈的语重心长和孩子的活泼可爱如何巧妙区分,小朋友可以试着从生活中去寻找答案。父母和老师也可以本色出演,帮助其理解。

练习材料:小朋友先讲解诗歌再朗诵,注意体会诗歌描写的情境和画面。

wàng tiān mén shān
望天门山

táng lǐ bái
［唐］李白

tiān mén zhōng duàn chǔ jiāng kāi
天门中断楚江开，

bì shuǐ dōng liú zhì cǐ huí
碧水东流至此回。

liǎng àn qīng shān xiāng duì chū
两岸青山相对出，

gū fān yī piàn rì biān lái
孤帆一片日边来。

训练提示：

1. 增强对词语的理解和感受。
2. 学习用自然大方的语言将诗歌意境表达出来。

三 自选考级篇目

yá bāo
1. 芽苞

chūn tiān dào le
春天到了，

tiān qì nuǎn huo le
天气暖和了。

kuài diǎn chū lái ba xiǎo yá bāo
快点出来吧小芽苞，

bié zhǐ lù chū gè xiǎo tóu
别只露出个小头，

shù pí wài miàn duō měi
树皮外面多美。

kuài diǎn chū lái ba
快点出来吧，

tài yáng huì gěi nǐ chuān shàng lǜ yī
太阳会给你穿上绿衣，

chūn fēng huì sòng gěi nǐ tián tián de lù dī
春风会送给你甜甜的露滴。

yuè liang
2. 月亮

tiān shàng yuè liang yuán yòu yuán
天上月亮圆又圆，

zhào zài hǎi lǐ xiàng yù pán
照在海里像玉盘。

yī qún yú ér yóu guò lái
一群鱼儿游过来，

yù pán suì chéng liǎng sān piàn
玉盘碎成两三片。

yú ér xià dé kuài táo kāi
鱼儿吓得快逃开，

yī zhí táo dào yán shí biān
一直逃到岩石边。

huí guò tóu lái kàn yī kàn
回过头来看一看，
yuè liang hái shì yuán yòu yuán
月亮还是圆又圆。

xīng xing hé huā
3.星星和花

wǒ zuì xǐ huan xià tiān
我最喜欢夏天——
mǎn dì de xiān huā
满地的鲜花：
zhè lǐ yī duǒ
这里一朵，
nà lǐ yī duǒ
那里一朵，
zhēn bǐ tiān shàng de xīng xing hái duō
真比天上的星星还多。
dào le yè wǎn
到了夜晚，
huā ér shuì le
花儿睡了，
wǒ shǔ zhe mǎn tiān de xīng xing
我数着满天的星星：
zhè lǐ yī kē
这里一颗，
nà lǐ yī kē
那里一颗，
yòu bǐ dì shàng de huā ér hái duō
又比地上的花儿还多

yǒu xíng zhuàng de jié rì
4.有形状的节日

dì di shuō jié rì shì yǒu xíng zhuàng de
弟弟说节日是有形状的。
shén me xíng zhuàng
“什么形状？”
zhōng qiū jié shì yuán xíng de
“中秋节是圆形的，
duān wǔ jié shì sān jiǎo xíng de
端午节是三角形的，
chūn jié shì cháng fāng xíng de
春节是长方形的。”
zěn me shuō
“怎么说？”
zhōng qiū jié chī yuè bing
“中秋节吃月饼，
duān wǔ jié chī zòng zi
端午节吃粽子。”
nà chūn jié chī shén me
“那春节吃什么？”
chūn jié ná hóng bāo
“春节拿红包！”
duì ya
对呀！
tiān cái dì di
天才弟弟！

5. 妈妈的爱
mā ma de ài

mā ma de ài
妈妈的爱，
xiàng wǒ jiā de shuǐ lóng tóu
像我家的水龙头，
guān jǐn le
关紧了，
tā hái shì liú
它还是流。
yī dī shuǐ kàn bú jiàn
一滴水，看不见，
liǎng dī shuǐ yě kàn bù jiàn
两滴水，也看不见；
shuǐ mǎn le
水满了，
wǒ kàn jiàn le
我看见了，
wǒ kàn jiàn le mā ma de ài
我看见了妈妈的爱。
mā ma de ài hào shēn o
妈妈的爱好深哦！

6. 泉水与河水
quán shuǐ yǔ hé shuǐ

quán shuǐ dào le hé lǐ
泉水到了河里，
xǔ duō péng you huān yíng tā
许多朋友欢迎他。
tài yáng guāng pāi pai tā de bèi
太阳光拍拍他的背。
bái é dào hé lǐ kàn tā
白鹅到河里看他。
xiǎo yú hé tā yī tóng wán
小鱼和他一同玩。
yòu yǒu bù shǎo de huā cǎo
又有不少的花草，
dōu duì tā diǎn tóu
都对他点头。
quán shuǐ shuō
泉水说：
zhè lǐ hǎo péng you hěn duō
“这里好朋友很多，
wǒ zài zhè lǐ zhù yī xià ba
我在这里住一下吧。”

7. 云朵养水滴
yún duǒ yǎng shuǐ dī

yún ya yún
云呀云，
wǒ wèn nǐ
我问你，
nǐ wèi shén me bù xià yǔ
你为什么不下雨？
yún duǒ shuō
云朵说：

bié zháo jí
“别着急，
wǒ zài tiān shàng yǎng shuǐ dī
我在天上养水滴，
děng dào shuǐ dī yǎng dà le
等到水滴养大了，
pī li pā lā jiù xià le
噼里啪啦就下了。”

jú zi mǎ tóu
8.橘子码头

xī yáng yī yàng yán sè de jú zi
夕阳一样颜色的橘子
shì yī gè xiǎo xiǎo de
是一个小小的
bì fēng de mǎ tóu
避风的码头
xiǎo chuán yī yàng de jú bàn
小船一样的橘瓣
yī zhī jǐn āi zhe yī zhī
一只紧挨着一只
bó kào zài lǐ miàn
泊靠在里面
jú zi de mǎ tóu lǐ
橘子的码头里
yǐ méi yǒu le duō yú de kōng jiān
已没有了多余的空间
hái shèng xià yī zhī xiǎo chuán
还剩下一只小船
zài yè kōng zhōng piāo zhe
在夜空中飘着
piāo chéng le yuè yá
飘成了月牙

xīng xing hé pú gōng yīng
9.星星和蒲公英

lán lán de tiān kōng shēn bú jiàn dǐ
蓝蓝的天空深不见底，
jiù xiàng xiǎo shí tou chén zài dà hǎi lǐ
就像小石头沉在大海里，
yī zhí děng dào yè mù jiàng lín
一直等到夜幕降临，
bái tiān de xīng xing yǎn jing kàn bù jiàn
白天的星星 眼睛看不见。
kàn bù jiàn tā què zài nà lǐ
看不见它却在那里，
yǒu xiē dōng xī wǒ men kàn bù jiàn
有些东西我们看不见。
gān kū sàn luò de pú gōngyīng
干枯散落的蒲公英，
mò mò duǒ zài wǎ fèng lǐ
默默躲在瓦缝里，
yī zhí děng dào chūn tiān lái lín
一直等到春天来临，
tā qiáng jiàn de gēn yǎn jing kàn bù jiàn
它强健的根 眼睛看不见。

kàn bù jiàn tā què zài nà lǐ
看不见它却在那里，
yǒu xiē dōng xi wǒ men kàn bù jiàn
有些东西我们看不见。

lù zhū
10. 露珠

shuí dōu bù yào gào su hǎo ma
谁都不要告诉好吗？
qīng chén tíng yuàn de jiǎo luò lǐ
清晨庭院的角落里，
huā ér qiāo qiāo diào yǎn lèi de shì
花儿悄悄掉眼泪的事。
wàn yī zhè shì shuō chū qù le
万一这事说出去了，
chuán dào mì fēng de ěr duo lǐ
传到蜜蜂的耳朵里，
tā huì xiàng zuò le kuī xīn shì yī yàng
它会像做了亏心事一样，
fēi huí qù huán fēng mì ba
飞回去还蜂蜜吧。

lán jīng líng zhī gē
11. 蓝精灵之歌

zài shān de nà biān hǎi de nà biān
在山的那边海的那边，
yǒu yī qún lán jīng líng
有一群蓝精灵，
tā men huó pō yòu cōng míng
他们活泼又聪明，
tā men tiáo pí yòu líng mǐn
他们调皮又灵敏，
tā men zì yóu zì zài shēng huó zài nà
他们自由自在生活在那
lǜ sè de dà sēn lín
绿色的大森林，
tā men shàn liáng yǒng gǎn xiāng hù dōu guān xīn
他们善良勇敢相互都关心。
ò kě ài de lán jīng líng
哦，可爱的蓝精灵！
ò kě ài de lán jīng líng
哦，可爱的蓝精灵！
tā men qí xīn hé lì kāi dòng nǎo jīn
他们齐心合力开动脑筋，
dòu bài le gē gē wū
斗败了格格巫，
tā men chàng gē tiào wǔ kuài lè duō huān xīn
他们唱歌跳舞快乐多欢欣！

zhòng tài yáng
12. 种太阳

wǒ yǒu yī gè měi lì de yuàn wàng
我有一个美丽的愿望
zhǎng dà yǐ hòu néng bō zhòng tài yáng
长大以后能播种太阳

bō zhòng yī kē yī kē jiù gòu le
播种一颗一颗就够了
huì jié chū xǔ duō de xǔ duō de tài yáng
会结出许多的许多的太阳
yī kē sòng gěi nán jí
一颗送给南极
yī kē sòng gěi běi bīng yáng
一颗送给北冰洋
yī kē guà zài dōng tiān
一颗挂在冬天
yī kē guà zài wǎn shang
一颗挂在晚上
dào nà ge shí hòu shì jiè měi ge jiǎo luò
到那个时候世界每个角落
dōu huì biàn de wēn nuǎn yòu míng liàng
都会变得温暖又明亮

chūn tiān zài nǎ lǐ
13.春天在哪里

chūn tiān zài nǎ lǐ ya
春天在哪里呀？
chūn tiān zài nǎ lǐ
春天在哪里？
chūn tiān zài nà qīng cuì de shān lín lǐ
春天在那青翠的山林里。
zhè lǐ yǒu hóng huā ya
这里有红花呀，
zhè lǐ yǒu lǜ cǎo
这里有绿草，
hái yǒu nà huì chàng gē de xiǎo huáng lí
还有那会唱歌的小黄鹂。
chūn tiān zài nǎ lǐ ya
春天在哪里呀？
chūn tiān zài nǎ lǐ
春天在哪里？
chūn tiān zài nà xiǎo péng you de yǎn jing lǐ
春天在那小朋友的眼睛里。
kàn jiàn hóng de huā ya
看见红的花呀，
kàn jiàn lǜ de cǎo
看见绿的草，
hái yǒu nà huì chàng gē de xiǎo huáng lí
还有那会唱歌的小黄鹂。
chūn tiān zài xiǎo péng yǒu yǎn jing lǐ
春天在小朋友眼睛里
hái yǒu nà huì chàng gē de xiǎo huáng lí
还有那会唱歌的小黄鹂

shì shàng zhǐ yǒu mā ma hǎo
14.世上只有妈妈好

shì shàng zhǐ yǒu mā ma hǎo
世上只有妈妈好，
yǒu mā de hái zi xiàng kuài bǎo
有妈的孩子像块宝，
tóu jìn mā ma de huái bào
投进妈妈的怀抱，

xìng fú xiǎng bù liǎo
幸福享不了。
shì shàng zhǐ yǒu mā ma hǎo
世上只有妈妈好，
méi mā de hái zi xiàng gēn cǎo
没妈的孩子像根草，
lí kāi mā ma de huái bào
离开妈妈的怀抱，
xìng fú nǎ lǐ zhǎo
幸福哪里找？

wō niú yǔ huáng lí niǎo
15.蜗牛与黄鹂鸟

ā mén ā qián yī kē pú táo shù
阿门阿前一棵葡萄树
ā nèn ā nèn lǜ de gāng fā yá
阿嫩阿嫩绿地刚发芽
wō niú bēi zhe nà zhòng zhòng de ké ya
蜗牛背着那重重的壳呀
yī bù yī bù de wǎng shàng pá
一步一步地往上爬
ā shù ā shàng liǎng zhī huáng lí niǎo
阿树阿上两只黄鹂鸟
ā xī ā xī hā hā zài xiào tā
阿嘻阿嘻哈哈在笑它
pú táo chéng shú hái zǎo dé hěn na
葡萄成熟还早得很呐
xiàn zài shàng lái gàn shén me
现在上来干什么
ā huáng ā huáng lí ér bú yào xiào
阿黄阿黄鹂儿不要笑
děng wǒ pá shàng tā jiù chéng shú liǎo
等我爬上它就成熟了

xiǎo gōng jī hé xiǎo yā zi
16.小公鸡和小鸭子

xiǎo gōng jī hé xiǎo yā zi yī qǐ chū qù wán xiǎo gōng jī zài cǎo dì lǐ zhǎo dào xǔ duō chóng zi chī xiǎo yā zi
小公鸡和小鸭子一起出去玩，小公鸡在草地里找到许多虫子吃，小鸭子
zhuō bù dào chóng zi xiǎo gōng jī jiù jiāng zhuō dào de chóng zi fēn gěi xiǎo yā zi tā men zǒu dào hé biān hòu xiǎo yā zi
捉不到虫子，小公鸡就将捉到的虫子分给小鸭子；它们走到河边后，小鸭子
xià hé zhuō yú xiǎo gōng jī yě tōu tōu gēn zhe xià qu jié guǒ nì shuǐ le zuì hòu xiǎo yā zi yóu dào xiǎo gōng jī páng
下河捉鱼，小公鸡也偷偷跟着下去，结果溺水了，最后小鸭子，游到小公鸡旁
biān ràng xiǎo gōng jī zuò zài zì jǐ de bèi shàng jiù le xiǎo gōng jī
边，让小公鸡坐在自己的背上，救了小公鸡。

xiǎo hóu bāi yù mǐ
17.小猴掰玉米

yǒu yī tiān yī zhī xiǎo hóu zi xià shān lái zhǎo chī de tā zǒu dào yī kuài yù mǐ dì lǐ kàn jiàn yù mǐ jié de
有一天，一只小猴子下山来找吃的。它走到一块玉米地里。看见玉米结得
yòu dà yòu duō fēi cháng gāo xìng jiù bāi le yī gè káng zhe wǎng qián zǒu zǒu zhe zǒu zhe zǒu dào yī kē táo shù xià
又大又多，非常高兴，就掰了一个，扛着往前走。走着走着，走到一棵桃树下，
tā tái qǐ tóu kàn jiàn mǎn shù de táo zi yòu dà yòu hóng fēi cháng gāo xìng jiù bǎ yù mǐ rēng diào le pá shàng shù qù
它抬起头，看见满树的桃子又大又红，非常高兴，就把玉米扔掉了，爬上树去
zhāi le jǐ gè táo zi
摘了几个桃子。

18. 笨狼阿灰

笨狼阿灰经常想歪点子欺负其他小动物，还得意洋洋。

这一天，笨狼阿灰又吓唬小公鸡，说要吃掉它。小公鸡请求阿灰晚上再来，笨狼同意了。小动物们知道了，一起来帮小公鸡想办法。

大家在小公鸡的家里布置了一些特别的陷阱。小狗说：小公鸡，这下你可不用害怕了。笨狼阿灰一走进小公鸡家就掉进了陷阱里，大家高兴得拍手称快。

19. 蚱蜢与猫头鹰

一只猫头鹰每到晚上才出来吃东西，白天就睡觉。

有一天，正当它睡得很香时，被一只蚱蜢的声音吵醒了，它没法入睡，便急切地请求蚱蜢停止叫声。蚱蜢却根本不理它，仍然叫个不停。猫头鹰越不断地请求，蚱蜢反而越叫得响。猫头鹰被弄得无可奈何，烦燥不安。

突然他想到一个好计策，便对蚱蜢说："听到你动听的歌声，我已睡不着了。你的歌声如同阿波罗神的七弦琴一样动听。我将把青春女神赫柏刚送给我的仙酒拿出来，痛痛快快地畅饮一场。你若不反对，就请上来一起喝吧。"蚱蜢这时正很渴，又被这赞美辞弄得高兴得忘乎所以，什么也没想就急忙地飞了上去。结果，猫头鹰从洞中冲出来，把蚱蜢弄死了。

20. 圣母的小酒杯

从前，一辆装满酒的车陷在路上了，车夫使尽了全身力气，车子仍是纹丝不动地陷着。

这时圣母恰巧从这里经过，她看到这可怜的人被难住了，便对他说："我又累又渴，给我一杯酒，我会把你的车子弄出来的。""我很乐意，"车夫回答道："可我手头没有杯子来给你斟酒呀！"于是圣母摘下了一朵带红条的小白花，给了马车夫，这花叫野旋花，很像一只玻璃杯。车夫斟上满满一杯酒，圣母喝完后，车子就出来了，车夫可以继续赶路了。

从此这种小花便一直被人称作"圣母的小酒杯"。

21.老鼠嫁女

老鼠家里办喜事，老鼠姑娘要出嫁。女儿嫁给谁？鼠妈妈问鼠爸爸。爸爸是个老糊涂，他说：“谁最厉害我们就把女儿嫁给他。”

爸爸去找太阳，太阳说：“乌云有时候会遮住我，乌云比我厉害多了。”

爸爸又去找乌云，乌云说：“我也不是最厉害的，大风有时会吹散我，大风比我厉害多了。”

爸爸又去找大风，大风说：“遇到围墙我就出不去了，围墙比我厉害多了。”

爸爸又去找围墙，围墙说：“老鼠会在我身上打洞，老鼠比我厉害多了。”

太阳怕乌云，乌云怕大风，大风怕围墙，围墙怕老鼠，老鼠怕谁呀？爸爸乐得笑哈哈：“原来猫最神气，女儿应该嫁给猫呀。”

于是，敲敲打打打打敲敲，老鼠女儿坐上了花轿，一抬就抬进了老猫的家。

老鼠爸爸，老鼠妈妈，第二天来看女儿。咦，女儿不见啦！

女儿在哪里？女儿在哪里？猫咪说我怕别人欺负她，把它藏在我的肚子里了。

22.犀牛与朋友

犀牛不喜欢交朋友，它总是独来独往，可是这一天一只小鸟飞到了犀牛的背上，犀牛和小鸟成为了朋友。

一只犀牛很孤独，他不爱交朋友，就爱独来独往。谁惹火了他，他就用那只尖尖的角顶谁，吓得谁也不敢和他玩。犀牛背上是一条条的褶纹。褶纹里长了不少虫子。犀牛痒得无法忍受，他的尖角对付不了自己背上的小虫，难受得在地上打滚儿。犀牛的脾气也更烦躁了。一只小鸟试着接近犀牛，她大胆地落在犀牛背上，啄起犀牛褶纹里的小虫子。犀牛起先对小鸟竟敢落在自己背上感到愤怒，但不一会儿就平息了自己的愤怒，变得很温柔很高兴了。因为小鸟捉掉了虫子，让犀牛感到很舒服。从此，犀牛和小鸟交起了朋友。

犀牛终于懂得，每个人都需要朋友。朋友——就是热情的帮助。犀牛再也不孤独了。

23.蚂蚁与屎壳郎

夏天，别的动物都悠闲地生活，只有蚂蚁在田里跑来跑去，搜集小麦和大麦，给自己贮存冬季吃的食物。

屎壳郎惊奇地问他为何这般勤劳。蚂蚁当时什么也没说。

冬天来了，大雨冲掉了牛粪，饥饿的屎壳郎，走到蚂蚁那里乞食，蚂蚁对他说："喂，伙计，如果当时在我劳动时，你不是批评我，而是也去做工，现在就不会忍饥挨饿了。"

这是说，尽管风云变化万千，未雨绸缪的人都能避免灾难。

24.小山羊补桥洞

村口小桥上有块桥板已经腐朽了，中间烂了一个大洞。小猴每次过桥都无奈地摇摇头："桥都烂到这种程度了，也没有谁修修！"小兔每次也都是失望的口气："唉，真不像话，这桥怎么没人管？"大家每天过河时，都要发一通议论，然而却没有谁动手修一下。到外婆家做客的小山羊不声不响地找来一块木板，然后把桥洞补好了。

老山羊爷爷感动地说："小山羊真是个热心的孩子，大家要是都像他一样就好了！"小猴不服气地说："补桥洞这样的小事，大家都会做，没什么了不起！"

小兔也跟着说："这样的小事大家都能做，不足挂齿！"老山羊爷爷叹了一口气："唉，补个桥洞确实很简单，可为何你们光动嘴不动手？有时候，做好事的确很容易，难的是自觉自愿地去做。"

25.乌龟与鹰

从前，森林里住着一只乌龟，他在地上过着无忧无虑的日子。

有一天他看见老鹰在空中飞翔，心想：要是我也能飞就好了。

于是就对老鹰说："老鹰，你怎么能飞得这么高啊？"

老鹰说："因为我有一双羽翼丰满的翅膀啊！"

乌龟羡慕地说："我很想飞，你能教教我吗？"

老鹰说："你没有翅膀怎么飞呀？"

乌龟说："你抓着我飞上天空，然后把我放开，我跟着你飞！"

lǎo yīng bù xíng nǐ méi yǒu chì bǎng nǐ fēi bù qǐ lái de
老鹰："不行，你没有翅膀，你飞不起来的！"

wū guī yǐ wéi lǎo yīng zài piàn zì jǐ wū guī bù tíng qǐng qiú lǎo yīng shuō hǎo huà
乌龟以为老鹰在骗自己，乌龟不停请求老鹰，说好话。

zuì hòu lǎo yīng dā ying tā zhuā zhù tā fēi dào le tiān kōng
最后，老鹰答应他，抓住他飞到了天空。

guò le yī huìr wū guī jué zhe fēi qǐ lái hěn róng yì a yú shì dà hǎn fàng kāi wǒ ba
过了一会儿，乌龟觉着飞起来很容易啊，于是大喊："放开我吧！"

lǎo yīng shuō bù xíng nǐ huì bèi shuāi sǐ de
老鹰说："不行，你会被摔死的！"

wū guī shuō fàng kāi wǒ ba wǒ jué zhe wǒ néng fēi qǐ lái de
乌龟说："放开我吧，我觉着我能飞起来的！"

yú shì lǎo yīng jiù bǎ zhuǎ zi fàng kāi le
于是老鹰就把爪子放开了。

wū guī hái lái bu jí shuō huà yī xià zǐ jiù diào zài le dì shàng shuāi sǐ le
乌龟还来不及说话一下子就掉在了地上，摔死了。

四 抽选考级篇目

huì chóng chūn jiāng xiǎo jǐng
1.惠崇春江晓景

sòng sū shì
［宋］苏轼

zhú wài táo huā sān liǎng zhī chūn jiāng shuǐ nuǎn yā xiān zhī
竹外桃花三两枝，春江水暖鸭先知。

lóu hāo mǎn dì lú yá duǎn zhèng shì hé tún yù shàng shí
蒌蒿满地芦芽短，正是河豚欲上时。

xiāng cūn sì yuè
2.乡村四月

sòng wēng juàn
［宋］翁卷

lǜ biàn shān yuán bái mǎn chuān zǐ guī shēng lǐ yǔ rú yān
绿遍山原白满川，子规声里雨如烟。

xiāng cūn sì yuè xián rén shǎo cái liǎo cán sāng yòu chā tián
乡村四月闲人少，才了蚕桑又插田。

cūn jū
3.村居

qīng gāo dǐng
［清］高鼎

cǎo zhǎng yīng fēi èr yuè tiān fú dī yáng liǔ zuì chūn yān
草长莺飞二月天，拂堤杨柳醉春烟。

ér tóng sàn xué guī lái zǎo máng chèn dōng fēng fàng zhǐ yuān
儿童散学归来早，忙趁东风放纸鸢。

zǎo fā bái dì chéng
4.早发白帝城

táng lǐ bái
［唐］李白

zhāo cí bái dì cǎi yún jiān qiān lǐ jiāng líng yī rì huán
朝辞白帝彩云间，千里江陵一日还。

liǎng àn yuán shēng tí bú zhù qīng zhōu yǐ guò wàn chóng shān
两岸猿声啼不住，轻舟已过万重山。

xiǎo chí
5. 小池

sòng yáng wàn lǐ
［宋］杨万里

quán yǎn wú shēng xī xì liú, shù yīn zhào shuǐ ài qíng róu.
泉眼无声惜细流，树阴照水爱晴柔。
xiǎo hé cái lù jiān jiān jiǎo, zǎo yǒu qīng tíng lì shàng tóu.
小荷才露尖尖角，早有蜻蜓立上头。

chú zhōu xī jiàn
6. 滁州西涧

táng wéi yìng wù
［唐］韦应物

dú lián yōu cǎo jiàn biān shēng, shàng yǒu huáng lí shēn shù míng.
独怜幽草涧边生，上有黄鹂深树鸣。
chūn cháo dài yǔ wǎn lái jí, yě dù wú rén zhōu zì héng.
春潮带雨晚来急，野渡无人舟自横。

xiǎo ér chuí diào
7. 小儿垂钓

táng hú lìng néng
［唐］胡令能

péng tóu zhì zǐ xué chuí lún, cè zuò méi tái cǎo yìng shēn.
蓬头稚子学垂纶，侧坐莓苔草映身。
lù rén jiè wèn yáo zhāo shǒu, pà dé yú jīng bù yìng rén.
路人借问遥招手，怕得鱼惊不应人。

chì lè gē
8. 敕勒歌

běi cháo mín gē
［北朝民歌］

chì lè chuān, yīn shān xià. tiān sì qióng lú, lǒng gài sì yě.
敕勒川，阴山下。天似穹庐，笼盖四野。
tiān cāng cāng, yě máng máng. fēng chuī cǎo dī xiàn niú yáng.
天苍苍，野茫茫。风吹草低见牛羊。

chí shàng
9. 池上

táng bái jū yì
［唐］白居易

xiǎo wá chēng xiǎo tǐng, tōu cǎi bái lián huí. bù jiě cáng zōng jì, fú píng yī dào kāi.
小娃撑小艇，偷采白莲回。不解藏踪迹，浮萍一道开。

fēng
10. 蜂

táng luó yǐn
［唐］罗隐

bù lùn píng dì yǔ shān jiān, wú xiàn fēng guāng jìn bèi zhàn.
不论平地与山尖，无限风光尽被占。
cǎi dé bǎi huā chéng mì hòu, wèi shuí xīn kǔ wèi shuí tián?
采得百花成蜜后，为谁辛苦为谁甜？

11. 清明
qīng míng

[唐]杜牧
táng dù mù

清明时节雨纷纷，路上行人欲断魂。
qīng míng shí jié yǔ fēn fēn lù shàng xíng rén yù duàn hún

借问酒家何处有？牧童遥指杏花村。
jiè wèn jiǔ jiā hé chù yǒu mù tóng yáo zhǐ xìng huā cūn

12. 渔歌子
yú gē zǐ

[唐]张志和
táng zhāng zhì hé

西塞山前白鹭飞，桃花流水鳜鱼肥。
xī sài shān qián bái lù fēi táo huā liú shuǐ guì yú féi

青箬笠，绿蓑衣，斜风细雨不须归。
qīng ruò lì lù suō yī xié fēng xì yǔ bù xū guī

13. 夜宿山寺
yè sù shān sì

[唐]李白
táng lǐ bái

危楼高百尺，手可摘星辰。
wēi lóu gāo bǎi chǐ shǒu kě zhāi xīng chén

不敢高声语，恐惊天上人。
bù gǎn gāo shēng yǔ kǒng jīng tiān shàng rén

14. 元日
yuán rì

[宋]王安石
sòng wáng ān shí

爆竹声中一岁除，春风送暖入屠苏。
bào zhú shēng zhōng yī suì chú chūn fēng sòng nuǎn rù tú sū

千门万户曈曈日，总把新桃换旧符。
qiān mén wàn hù tóng tóng rì zǒng bǎ xīn táo huàn jiù fú

15. 题都城南庄
tí dū chéng nán zhuāng

[唐]崔护
táng cuī hù

去年今日此门中，人面桃花相映红。
qù nián jīn rì cǐ mén zhōng rén miàn táo huā xiāng yìng hóng

人面不知何处去，桃花依旧笑春风。
rén miàn bù zhī hé chù qù táo huā yī jiù xiào chūn fēng

16. 观书有感
guān shū yǒu gǎn

[宋]朱熹
sòng zhū xī

半亩方塘一鉴开，天光云影共徘徊。
bàn mǔ fāng táng yī jiàn kāi tiān guāng yún yǐng gòng pái huái

问渠那得清如许？为有源头活水来。
wèn qú nǎ dé qīng rú xǔ wèi yǒu yuán tóu huó shuǐ lái

bái yún quán
17. 白云泉

táng bái jū yì
［唐］白居易

tiān píng shān shàng bái yún quán yún zì wú xīn shuǐ zì xián
天平山上白云泉，云自无心水自闲。
hé bì bēn chōng shān xià qù gèng tiān bō làng xiàng rén jiān
何必奔冲山下去，更添波浪向人间。

wàng dòng tíng
18. 望洞庭

táng liú yǔ xī
［唐］刘禹锡

hú guāng qiū yuè liǎng xiāng hé tán miàn wú fēng jìng wèi mó
湖光秋月两相和，潭面无风镜未磨。
yáo wàng dòng tíng shān shuǐ cuì bái yín pán lǐ yī qīng luó
遥望洞庭山水翠，白银盘里一青螺。

jiǔ yuè jiǔ rì yì shān dōng xiōng dì
19. 九月九日忆山东兄弟

táng wáng wéi
［唐］王维

dú zài yì xiāng wéi yì kè měi féng jiā jié bèi sī qīn
独在异乡为异客，每逢佳节倍思亲。
yáo zhī xiōng dì dēng gāo chù biàn chā zhū yú shǎo yī rén
遥知兄弟登高处，遍插茱萸少一人。

sòng yuán èr shǐ ān xī
20. 送元二使安西

táng wáng wéi
［唐］王维

wèi chéng zhāo yǔ yì qīng chén kè shè qīng qīng liǔ sè xīn
渭城朝雨浥轻尘，客舍青青柳色新。
quàn jūn gèng jìn yī bēi jiǔ xī chū yáng guān wú gù rén
劝君更尽一杯酒，西出阳关无故人。

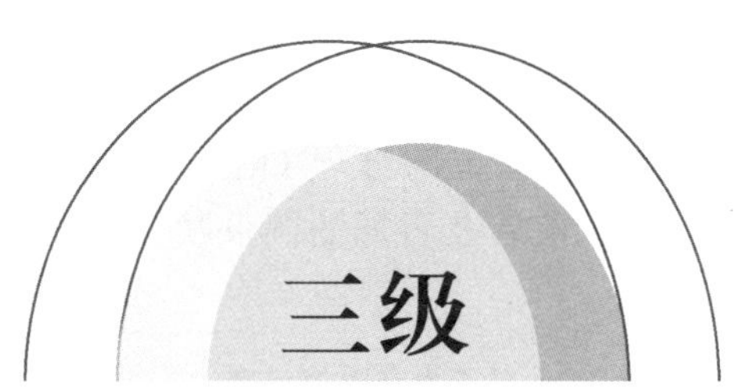

三级

参加朗诵艺术水平等级考试三级的考生需要在本级的学习中，学会基本的用气发声和口腔控制方法，掌握韵母中的单元音韵母，学会在朗诵前如何备稿等基本技能。培养考生们标准的普通话语音发音，养成良好的普通话语音习惯，提高文学作品的理解能力和情感表达能力，逐步强化考生们对语言表达的敏感度，从而更好地完成本级作品的朗诵。

本级的作品包括自选考级篇目25篇、抽选考级篇目20篇，由格律诗、现代诗歌、散文、寓言故事、经典少儿歌曲的歌词等组成。本级要求考生在具备基本阅读理解能力的基础上，对朗诵语体有基本的认知和呈现能力，重点考查考生的语音规范程度、口腔控制能力、作品备稿能力以及对作品的基本感受能力。

一 语音发声学习要点

在前两级的学习中，我们系统性地学习了声母的发音要领和科学发声中的气息控制，从本级开始我们将进入韵母和口腔控制的学习。

(一)韵母

按汉语语音学的传统分析方法，把音节中声母以后的部分叫韵母。韵母由单元音或者复合元音充当，普通话中有39个韵母。韵母的主要组成部分是元音，但单元音不等于韵母。韵母至少有一个元音，也可以由两个元音或者三个元音组成。韵母中也可以有辅音，韵母中的辅音总是处在韵尾。普通话中只有两个鼻辅音[n]和[ng]可以做韵尾。

韵母可以分为三部分，即：韵头、韵腹和韵尾，又可以分别叫作介音(头音)、主要元音和尾音。韵母由单元音充当的，这个元音就是韵腹。由两个或三个元音充当韵母时，其中口腔开度最大，声音最响亮的那个元音是韵腹。韵腹前面的元音是韵头，后面的元音或辅音是韵尾。并不是每个韵母都具备韵头、韵尾这两部分，有些韵母没有韵头，有些韵母没有韵尾，而韵腹是韵母的主要成分，韵母可以没有韵头或韵尾，但是不可以没有韵腹。

根据韵母内部结构中音素的成分以及性质，通常把普通话韵母分成三大类。

单韵母，由一个单元音构成的韵母叫单韵母。

复韵母，由两个或三个元音构成的韵母叫复韵母。

鼻韵母，由一个或两个元音和鼻辅音n或ng构成的韵母叫鼻韵母。

根据韵母开头元音的发音口形的特点，可以把普通话韵母分为四类，俗称“四呼”。

开口呼韵母，韵母不是i、u、ü或不以i、u、ü开头的韵母属于开口呼。

齐齿呼韵母，韵母是i或以i开头的韵母属于齐齿呼。

合口呼韵母，韵母是u或以u开头的韵母属于合口呼。

撮口呼韵母，韵母是ü或以ü头的韵母属于撮口呼。

(二)单韵母

单韵母是由单元音充当的韵母。在普通话中单韵母有 10 个,分别是:舌面元音韵母即普通元音 7 个,ɑ、o、e、ê、i、u、ü;特殊元音韵母 3 个,其中有舌尖元音韵母－i(前)、－i(后)和卷舌元音韵母 er。舌面元音发音时,起主要作用的是舌面,由有舌位的高低、前后及唇形的圆展决定它的音色。描述舌面元音发音条件可以用舌面元音舌位图来表示。

单元发音要领简表

分类 / 舌位前后 / 唇形 / 舌位高低(口腔开闭)	舌面元音					舌尖元音		卷舌元音
	前		央	后		前	后	央
	展	圆		展	圆			
高(闭)	i	ü			u			
半高(半闭)				e	o	－i	－i	
中(中)								er
半低(半开)	ê							
低(开)		ɑ						

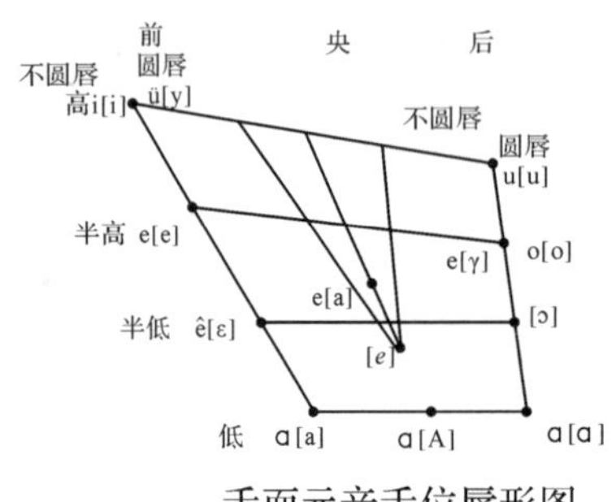

舌面元音舌位唇形图

接下来,我们重点学习单韵母中的 6 个普通元音 ɑ、o、e、i、u、ü 和 1 个特殊元音 er。

ɑ(阿)央低不圆唇元音。发音时,嘴自然张开,舌自然放松在口腔的最低处。发音时,气流均匀地流出,声带颤动,声音响亮,发出不圆唇元音 ɑ。

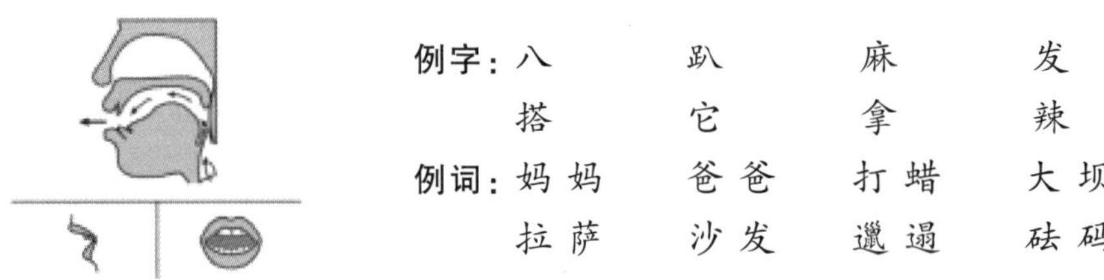

例字: 八 趴 麻 发
搭 它 拿 辣

例词: 妈妈 爸爸 打蜡 大坝
拉萨 沙发 邋遢 砝码

绕口令:

白石塔

白石塔,白石搭,白石搭白塔,白塔白石搭,搭好白石塔,白塔白又大。

o(哦)后半高圆唇元音。发音时,上下唇自然拢圆后不动,舌向后缩,舌面后部与软腭相对应。发音时,气流均匀地通过声带振动,发出圆唇元音 o。

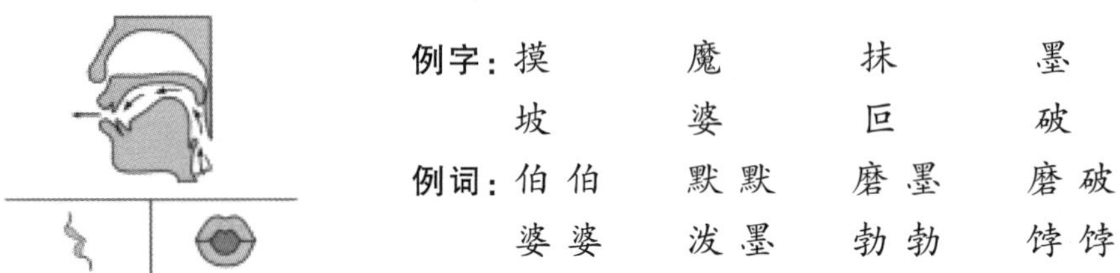

例字: 摸 魔 抹 墨
坡 婆 叵 破

例词: 伯伯 默默 磨墨 磨破
婆婆 泼墨 勃勃 饽饽

绕口令：

伯伯和饽饽

张伯伯、李伯伯，饽饽铺里买饽饽，
张伯伯买了个饽饽大，李伯伯买了个大饽饽，
拿回家里给婆婆，婆婆又去比饽饽，
也不知张伯伯买的饽饽大，还是李伯伯买的大饽饽。

e(饿)后半高不圆唇元音。发音时，口腔半开，嘴角略展。发音时，舌微微后缩，舌面后部稍隆起与软腭相对应，声带振动，发出不圆唇元音 e。

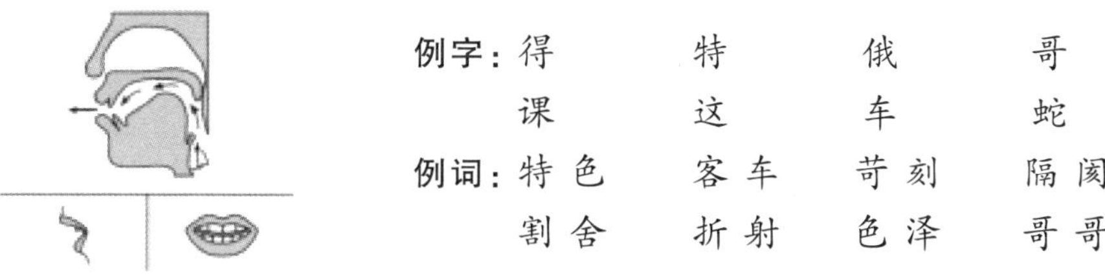

例字： 得　特　俄　哥
课　这　车　蛇

例词： 特色　客车　苛刻　隔阂
割舍　折射　色泽　哥哥

绕口令：

鹅

坡上立着一只鹅，坡下就是一条河，
宽宽的河，肥肥的鹅，
鹅要过河，河要渡鹅，
不知是鹅要过河，还是河要渡鹅？

i(医)前高不圆唇元音。发音时，嘴微张，唇向两侧展开成扁平形，舌尖轻抵下齿背后。舌面前部挺起与硬腭前端形成较窄缝隙，气流从缝隙中通过，声带振动，发出不圆唇元音 i。

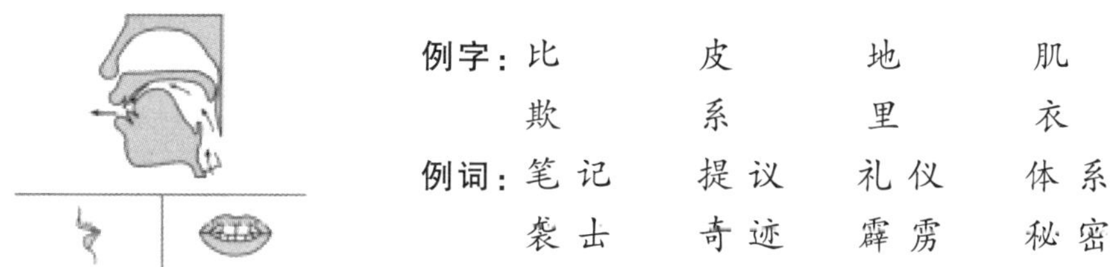

例字： 比　皮　地　肌
欺　系　里　衣

例词： 笔记　提议　礼仪　体系
袭击　奇迹　霹雳　秘密

绕口令：

漆匠和锡匠

七巷一个漆匠，西巷一个锡匠，
七巷漆匠用了西巷锡匠的锡，
西巷锡匠拿了七巷漆匠的漆，
七巷漆匠气西巷锡匠用了漆，
西巷锡匠讥七巷漆匠拿了锡。
请问漆匠和锡匠谁拿的锡？
谁用谁的漆？

u(乌)后高圆唇元音。发音时，双唇拢成小圆形，并向前微撮。发音时，舌略向后缩，舌面后部与软腭前部相对应，声带振动，气流均匀通过，发出圆唇元音 u。

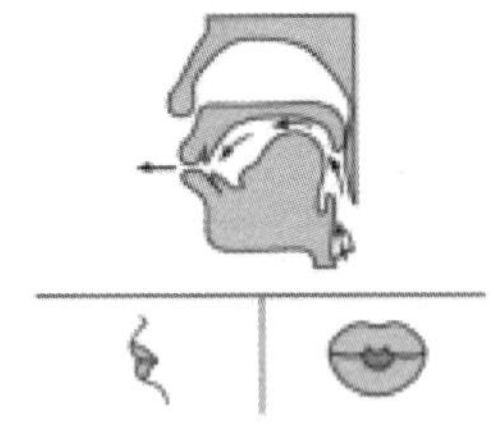

例字：不　补　铺　普
　　　夫　府　赋　母
例词：补助　互助　故土　部署
　　　出租　初步　督促　路途

绕口令：

吴素夫

吴素夫，无父母，
素夫诉苦不孤独，
吴素夫，要互助，
不入互助无出路。

ü(迂)前高圆唇元音。发音时，双唇向前撮成小圆，舌尖抵在下齿背后。舌面前部挺起与硬腭前端形成缝隙，声带振动，气流均匀通过，发出圆唇元音 ü。也可以发前高元音 i 时，将双唇撮成小圆就是 ü，这个办法很容易掌握。

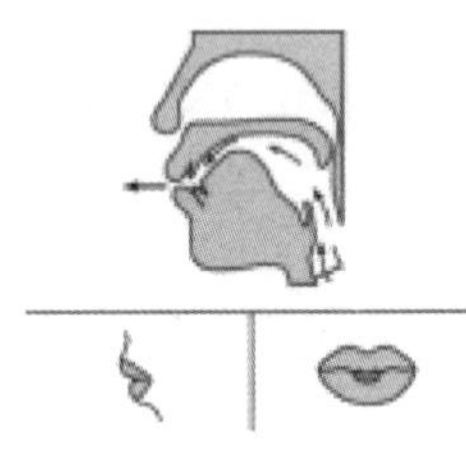

例字：女　吕　绿　居
　　　局　举　巨　区
例词：女婿　旅居　吕剧　区域
　　　须臾　初步　序曲　语句

绕口令：

红鲤鱼与绿鲤鱼与驴

红鲤鱼家有头小绿驴叫李屡屡，
绿鲤鱼家有头小红驴叫吕里里，
红鲤鱼说他家的李屡屡要比绿鲤鱼家的吕里里绿，
绿鲤鱼说他家的吕里里要比红鲤鱼家的李屡屡红，
不知是红鲤鱼比绿鲤鱼的驴绿，
还是绿鲤鱼比红鲤鱼的驴红！

er(儿)卷舌元音。发音时，嘴微张，舌前部抬起，舌尖向后略卷与硬腭形成缝隙。发音时声带振动，发出卷舌元音 er。

提示：er 音节下的汉字实际读音应分为两类：①数词“二”的读音应为[ar]；②其余汉字读音均为[ər]。

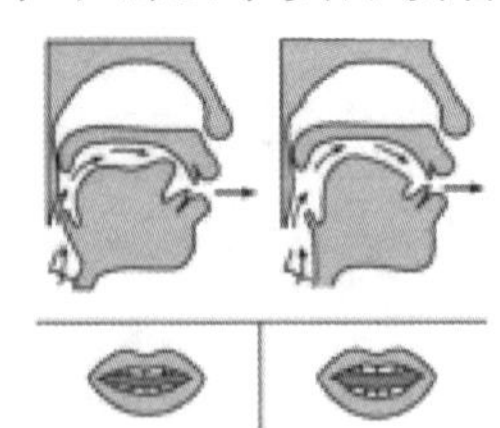

例字：二　儿　而　尔
例词：而且　儿女　儿戏　耳朵
　　　洱海　二胡　耳目　而今

绕口令：

二胡与儿歌

二叔儿子拉二胡，二姨女儿练儿歌，
儿歌练了十二天，二胡拉了二十年，
二舅听了二胡拍拍手，二姑听了儿歌点点头，
也不知是儿歌练了二十天好听，
还是二胡拉了二十年悦耳。

（三）口腔控制

口腔控制，是指为使语音准确清晰、声音圆润集中，而对口腔各发音器官的发音动作进行的适度调节。它包括一系列动作要领，主要有提颧肌、打牙关、挺软腭、松下巴，以及吐字归音中的唇舌动作要领。

1. 为什么要加强口腔控制

加强口腔控制是保证发声质量的关键。不仅在朗诵时，在有声语言创作中，向受众传达信息时声音圆润悦耳也非常重要。什么样的声音是“圆润悦耳”的呢？就是在字音准确清晰的基础上，饱满而润泽，能够让人愉悦的声音。中华民族说唱艺术中形容圆润的吐字为“吐字如珠”，这种说法形象地勾画出字音的圆润与吐字动作之间的密切关系。朗诵的吐字与生活语言的吐字相比，在规范的基础上更加错落有致，该强则强，当弱则弱。字与字、词与词之间不是同等对待，需要突出的音节，其发音时间较长、吐字也比较工整；而那些不需要突出的音节则弱化、吐字也相对松散些。正是这种丰富灵动的吐字变化，配合声音的抑扬起伏，构成了富于变化的、生动的朗诵语言，表达出人们多样的思想和丰富的感情色彩。因此，作为一种基本功，考生应该掌握正确的口腔控制及吐字归音的方法。

2. 吐字要求

朗诵对的吐字要求，可以归纳为以下几点：字音要清晰、准确，吐字要圆润，声音要集中，表达要流畅。

字音准确、清晰和发音部位、发音方法、唇形、舌位以及语音语调的标准规范密不可分，前者需要较好的口腔控制能力，后者需要对语音语调有准确的学习认识。

吐字圆润，要求我们在吐字过程中，通过较好的口腔控制，保持较丰富的泛音共鸣，使声音悦耳动听。

声音集中，需要在发声过程中相关的发音器官力量要相对集中。此外，在发声过程中要使自己的声音有目标、有距离感，加强对象感和交流感也是使声音集中的必要条件。声音是有“能量”的，声音越集中，能量越汇聚、越有磁性、越有穿透力。

表达流畅，强调在吐字过程中“圆润如串珠”，而不是只有圆润却形如散珠，那样的表达是机械的，较好的口腔控制可使表达轻快流畅。

3. 咬字和咬字器官

由肺呼出的气流通过声带发出声音，经咽腔到达口腔，在口腔内受到各种节制而形成了不同的字音，这个节制的过程叫作咬字。口腔内对声音起节制作用的各个部位，就是咬字器官。它包括双唇、舌，舌又分为舌尖、舌中和舌根，以及上下齿、上下齿龈、上腭（包括硬软腭）和下颌。其中唇和舌在形成字音的过程中动作最积极，起的作用最大。

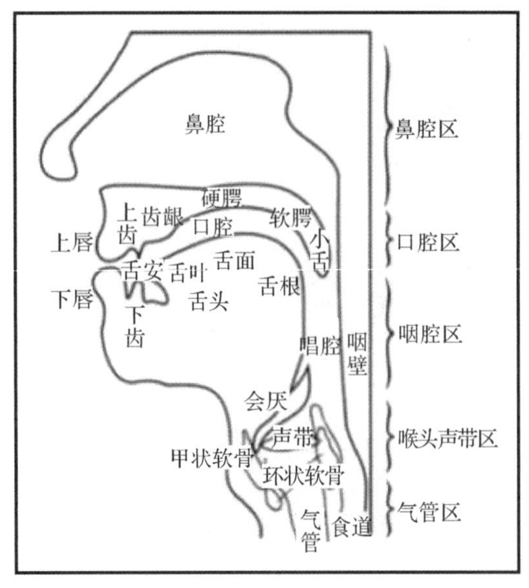

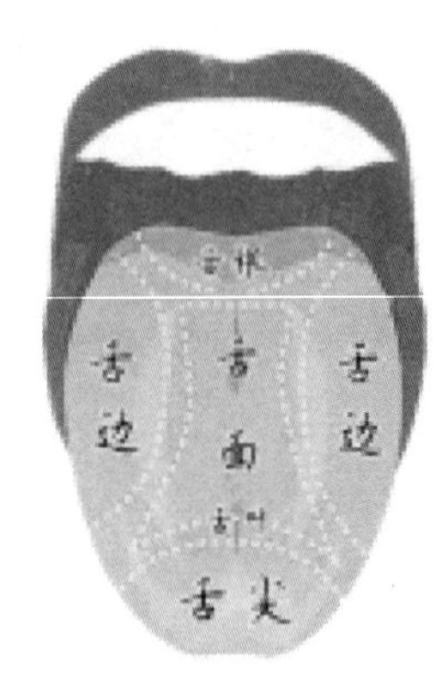

发音器官纵侧面示意图

口腔可分为上下两大部分，上部的软腭能升能降，以阻塞或是打开鼻腔通道，改变口咽部的形态。

口腔下部有能灵活运动的舌，舌与口腔上部可以形成各种阻碍，同时舌高点又使口腔分为前后两个腔体。舌的形状的变化可以使口腔的形状发生变化。

口腔最前端是开闭、展撮自如的上下唇，这是声音的出口。

齿，主要是指牙关，即上下颌关节的运动，它能使口腔开和合，直接关系到口腔的开度及口腔容积。在吐字发声的过程中上下颌关节（即牙关）起的作用很大。由于口腔中各咬字器官的活动，使口腔能灵活地变换形状和容积，造成不同的元音音色，而它们对呼出的气流构成的各种阻碍又形成了不同的辅音，构成一个个音节。

咬字器官是一个协调动作的整体，各部位相互关联，但它们之间又各有分工，在吐字过程中起着不同的作用。

考生要通过“发音器官纵侧面示意图”找准自己软、硬腭的位置，因为在接下来的朗诵学习中，这个部位极其关键。

4. 吐字归音的要领

(1)什么是吐字归音

吐字归音是口腔控制的重要一环，也是朗诵的基本功之一。吐字清晰是起码要求，字正腔圆是从艺术审美的角度对吐字归音提出的具体要求。吐字归音需要把握出字、立字、归音的要领。

(2)什么是“出字、立字、归音”

音节发音的“头、腹、尾”之说是吐字归音理论的精髓，它将一个音节分为字头、字腹、字尾三部分。汉语普通话的字音由“声、韵、调”构成，这里所说的“字头、字腹、字尾”就是除声调之外，声母、韵母构成的前、中、后三部分，因此字头就相当于声母或声母加韵头（介音）；字腹相当于韵腹；字尾相当于韵母部分的尾巴。

比如说“变”(bian)这个音，可以分为字头(bi)，字腹(a)，字尾(n)，当然，还有一些特殊情况：

比如“阿”(a)这个音只有一个元音，是一个无字头和字尾的音。比如“得”(de)字就是一个有字头、字腹，却没有字尾的音。但是汉语中无论缺什么，都不会缺少一个元音，汉语中，一个音节，最少要有一个元音。为了让大家理解更准确，可见下表：

<table>
<tr><td rowspan="2">结构
例字</td><td rowspan="2">声母</td><td colspan="3">韵母</td></tr>
<tr><td>韵头</td><td>韵腹</td><td>韵尾</td></tr>
<tr><td></td><td colspan="2">字头</td><td>字腹</td><td>字尾</td></tr>
<tr><td>响</td><td>x</td><td>i</td><td>a</td><td>ng</td></tr>
</table>

续 表

结构/例字	声母	韵母		
		韵头	韵腹	韵尾
	字头		字腹	字尾
头	t		o	u
说	sh		u	o
我		w	o	

(3)吐字归音要求

吐字发声过程中，力求做到字头、字腹、字尾浑然一体，三者发音时长均匀，不要拖腔甩调。

出字，是在吐字发声过程中对字头的处理，要做到叼住字头，出字有力。字头是一个字的头部，它发音的好坏影响着整个字音的质量。咬住字头也就是声母的成阻和除阻阶段，这个过程不可满嘴用力，力量要集中在相应部位的中纵线上。

立字，是吐字发声过程中对字腹的处理。要做到字腹拉开，立字饱满，洪亮灵动。字腹是韵母当中的主要元音，在整个音节中是最突出、最明显的，因此立字要求口腔开度要大，给元音足够的混响空间。需要强调的是，立字不能理解为立住不动，字腹处在字音的中间位置，多数时候起到前后承接作用，因此字腹的发音是在滑动中完成的。

归音，是指吐字发声过程中对字尾的处理。归音要做到弱收到位，趋势明显。生活语言中，由于不用特别强调归音或者不用归音特别到位就可以听清对方所传达的信息，所以经常会出现元音归音鼻化来代替鼻韵母的鼻尾音或者归音不到位的现象。在朗诵中，要将每个字尾的尾音归到应该到达的位置。由于字尾是发音的最后一个步骤，所以要有明显的结束趋势，因此在口腔动程和声音强度上都要有减弱的趋势。

5."枣核形"字音

"枣核形"是对吐字过程的形象描述，它是对头、腹、尾俱全的音节吐字状态而言的：字头叼住弹出，字腹拉开立起，字尾到位弱收，合起来成为一个"两头小、中间大"的枣核形。它涉及吐字时音节各部分的口腔开合及所占时值的长短。具体来说就是"咬住字头，立住字腹，收归字尾"这三个吐字归音状态在口腔内部共同作用之后，所形成的口腔空间(见下图)。

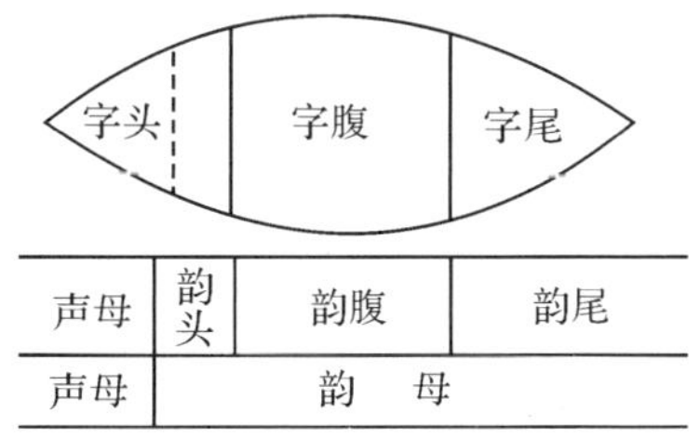

需要注意的是，枣核形本身是一个整体，是在发音过程中咬字器官互相协调、在滑动中完成的，而不是对字音的机械分割，整个字音发音过程要有滑动感、整体感。事实上，声音是没有形状的，但在脑海中始终保持枣核形的意念，有助于我们在练习发音的时候，把握口腔内部各部分的控制。同时，枣核形也不是一成不变的，而是随语流中音节的疏密、情感的变换而进行或圆一些、或扁一些、或大、或小、或长、或短等改变的。

吐字归音与其他发声技巧一样，是为表情达意服务的，要根据具体内容、形式的不同而灵活运用，不能本末倒置，为求"枣核形"的完整破坏发声的自然流动。

例：

例字：	咬	枣	饱	老
	败	债	塞	在
	间	剪	眼	脸
例词：	赛道	百年	连环	潦草
	长老	一早	小鸟	吵闹

6.咬字器官互相配合的要领

吐字是否清晰除去先天因素之外，与后天的锻炼也有密切的关系。口腔控制的技巧就是控制辅音、元音的发音技巧，只有经过持续不懈地锻炼，才能做到吐字清晰有力。

字音主要是由咬字器官配合发出的，因此要熟悉咬字器官并学会控制咬字器官。咬字器官的互相配合有如下几个要领需要掌握。

(1)打开口腔

朗诵时的发声比生活语言口腔开度要大，打开口腔要有提起上腭的感觉，同时下巴要放松，上腭的提起和下巴的放松，可以适当加大口腔容积，为字音的拉开、立起创造条件。这个状态是通过提颧肌，打牙关，挺软腭，松下巴来实现的。

提颧肌：面部有咬肌、颧大肌、眼轮匝肌等。提颧肌中提的是颧大肌、颧小肌，它们向上提起带动口部肌肉，使得上唇和上齿相互依靠，唇齿相依使唇的运动有了依托，较之于松颧噘唇、唇齿分离更容易把握咬字的力度，同时，鼻孔有向两翼微张感。提颧肌对提高声音的亮度和字音的清晰度都有明显作用。需要注意的是，提颧肌不是提笑肌。提笑肌在横向用力时使用，如呲牙咧嘴地笑；提颧肌在纵向用力时使用，如哈哈大笑。

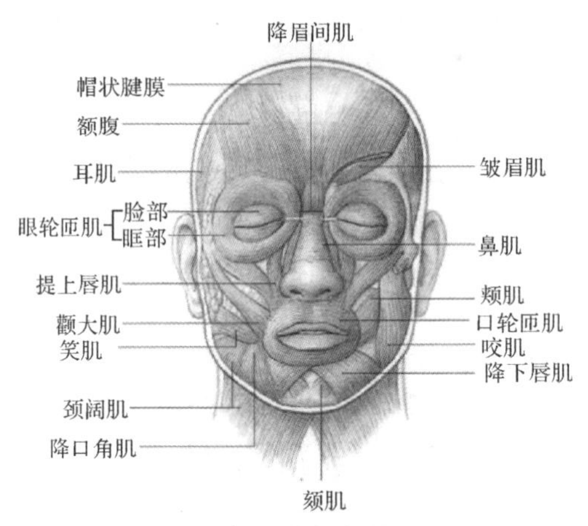

面部肌群示意图

打牙关：牙指的是咀嚼的大牙，即后槽牙；齿指的是前面门牙；牙关是上下颌之间的关节。打牙关是抬起上腭的中部动作，要使上下槽牙在咬字时有一定的距离，尤其双侧上后槽牙应始终保持向上提起的感觉。打牙关不是张大嘴巴，打开的是后槽牙，下颌关节能够灵活自如地运动。在吐字时适当的增加上下颌间的开度，不仅可以丰富口腔共鸣，还可以使咬字位置适中、力量稳健，其作用是非常明显的。

挺软腭：舌尖向上触碰硬腭，向后延伸至软软的位置是软腭；挺起找小舌头(悬雍垂)向上提、软腭两边向小舌头集中靠拢的感觉。不说话时，软腭松软下垂，平时说话很少有人有意识地将它挺起。挺软腭既可以加大口腔后部空间、改善音色，也能缩小鼻咽入口、避免声音大量灌入鼻腔而造成鼻音。挺软腭能够在一定程度上纠正乡音。可以用夸张吸气和半打哈欠来体会软腭挺起的状态，适度保持这种状态去发音，可能会听到与平时不同的声音效果。此外，有些字，如“好”(hao)，发音时可以明显感觉到口腔后部的开度较大，用它去带其他音节的发音也会收到较好的效果。

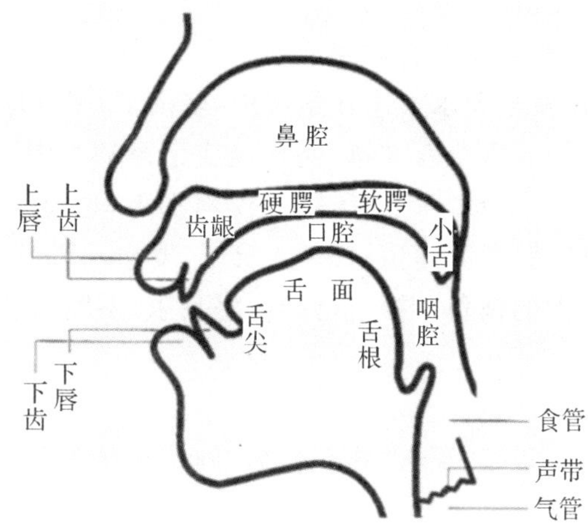

松下巴：发音时下巴不主动用力，被动开合。试一试闭口啃苹果，上齿向下咬苹果，下巴不主动参与，也可以通过发 u、ü 音来体会下巴的松弛。

(2)力量集中

咬字器官力量的集中是使声音集中的重要一环，而咬字器官力量的集中主要表现在唇和舌上。唇的力量要集中到唇的内缘，集中到唇中央三分之一处。唇的力量分散是造成字音散的主要原因。

声音散、缺乏力度、字音含混不清，唇舌无力是最主要的原因。而发声时唇舌不用力又是当前生活语言发声中的时髦通病。在朗诵的咬字训练中，我们必须认识到双唇是发声的最后一道关口，唇的力量集中，双唇贴住上下齿不但可以改善面部形象，还可以减少因双唇松弛形成唇齿间的腔体造成的湍流，使声音干净、明亮集中。

舌的力量集中，首先在发音过程中舌体要取收势，力量要集中在舌的前后中纵线上；另外无论是发辅音还是发元音，舌的有关部位力量集中，成阻部位要呈点状接触而不是片状接触，声音才能集中，如果力量分散，声音也就散了。

在普通话所有音素中，除去辅音中的双唇音 b、p、m 和唇齿音 f 以外，都与舌的运动有关，而在音节中更是全部都有舌积极的活动。从这个角度看，对舌部运动的控制是吐字中最重要的一环。除了采用念绕口令来加强舌部运动锻炼以外，口部操中的立舌、转舌、弹舌、顶腮、刮舌等都是加强舌部力量的有效办法。

(3)明确声音发出的路线和字音着力位置

声音应该沿软腭、硬腭的中纵线推到硬腭的前部，这条中纵线就是声音发出的路线。硬腭的前部就是字音的着力位置。声挂前腭是这种感觉的集中概括：由喉发出的声束经咽腔沿上腭中纵线前行，向硬腭前部流动冲击，从而使字音有挂在硬腭前部的感觉，并由上唇以上的部位透出口腔。这样发出的声音集中、明朗、润泽、穿透力强，发音省力。

 二 朗诵学习要点

“凡事预则立，不预则废。”朗诵前的准备工作是非常必要的。对稿件的准备，简称备稿。一篇作品没有备稿就仓促上阵或者临时抱佛脚，可能会面临很多意想不到的情况和问题，小到生字、多音字误读，大到创作背景和现实意义错误等。所以，在朗诵一篇作品之前，必须要认真备稿。所谓备稿，有两方面的含义：一是广义备稿，一是狭义备稿。

(一)广义备稿

所谓广义备稿，指的是朗诵者平时的学习积累，是对掌握作品、表达作品的思想文化基础及语言基本功的锤炼，实质上反映朗诵者的修养。朗诵一篇作品，不是字音不读错，语句没有磕巴，就是将这篇作品朗诵好

了。在朗诵时，朗诵者的理解力、感受力、想象力、表现力、对稿件的驾驭能力、对语言形式的审美能力等，都跟朗诵者在日常生活、学习中的实践和积累有着紧密联系。

“腹有诗书气自华”，广义的备稿就是要求大家在学习中，多读书、多动脑，既要博览群书，又要勤于写作，在学习和阅读中遇到一些触动人心的故事或者文章，还要养成记录的习惯，反复揣摩其中情感，从而锻炼自己对情感的感知力。在生活中要做一个会观察的人，既要观察别人，也要学会观察自己。观察别人，要学会“将心比心”，假如一个人哭了，要体会哭者的心情；一个人笑了，要自己设身处地地感受到他为什么开心。观察自己，要学会打开第三视角，用别人的视角审视自己的喜怒哀乐，不断使自己的情感变得细腻。

(二)狭义备稿

如果说“广义备稿”是日常的点滴积累，那么“狭义备稿”则是具体的创作准备。“狭义备稿”就是针对要朗诵作品的文本进行具体认真的准备。

朗诵是有声语言的创作，需要对文本内容有基本的了解和把握。不仅要看懂、明白作品的内容，还需要结合作者的创作背景，尽可能吃透作品的精神内涵，争取做到把文本根据自己的理解化为自己要说的话。这样才能在朗诵的有声语言创作过程中，避免只是见字出声、语言呆板生涩、平淡苍白。

如何对朗诵的文本做具体准备呢？

(三)备稿的方法——备稿六步

面对一篇朗诵作品的文本，如何进行准备呢？张颂先生在《中国播音学》里提出了“备稿六步”，从方法和原则上提出了明确的要求，我们借用在朗诵的备稿过程中。

这“六步”分别为：划分层次、概括主题、联系背景、明确目的、分清主次、把握基调。

1. 划分层次：朗诵中常见的文体是诗歌，有些作者在创作文本时已经将层次划分得清晰明了了，朗诵者只需要弄清楚每个层次之间的关系即可。对于那些没有分层、分段的诗歌或其他体裁的文本，朗诵者需要根据文本的内容和自己的理解进行层次的划分。要弄明白文本整体上有多少部分，每个部分中一共有多少段落，这些段落可以归并为几个层次，每个层次中又可以分出几个小层次，即先说什么，后说什么，接着再说什么，最后说什么，这都是必须弄清楚的。

2. 概括主题：所有的文本都会有一个“中心思想”，多么精致的描写都是这一中心思想的散发和辐射。概括主题一定要精准，不能够模棱两可、含糊其词。朗诵时，要时刻围绕这一中心思想进行情感的表达。

3. 联系背景：这里所说的背景包括三个方面，即“历史背景”“写作背景”“朗诵背景”。“历史背景”即了解文本写作的时间，是否涉及历史中发生的“人、事、物”。“写作背景”即了解作者撰写文本时所处的境况、心情、立意。“朗诵背景”是要了解当下朗诵这篇作品的现实意义。清楚地掌握这些背景，才能更深刻地理解消化文本内涵。

4. 明确目的：朗诵是有目的的有声语言创作。“目的”一定是有针对性的，对于朗诵创作而言，“目的”作用的对象就是受众，那这个“目的”就是朗诵者想传达给受众什么样的内容和内涵。比如，想通过这篇作品传达你的愤怒还是欢欣？让受众听到这篇文稿是备受振奋还是伤心流泪？这就是需要在朗诵创作前明确的目的。

5. 分清主次：文本的不同部分、不同层次、不同段落，都不会是同等重要的，总是会有重要些的，有次要些的，有更为重要的，有更为次要的。分清主次就是要将这些不同的重要程度标记出来，在创作中恰如其分地表达出来。

6. 把握基调：基调，指朗诵中总的感情色彩和分量。比如，有的昂扬有力，有的深沉坚定，有的豪情舒展，有的细腻清新，有的悲愤凝重，有的喜悦明快，有的热情赞扬，有的愤怒批判等。它既是朗诵者的基本感受、基本情绪、基本态度、基本心态，也是文本内容的情感基调，二者可以有所不同，但是基本上是趋于一致的。基调在一篇作品中不是一成不变的，需要根据内容来确立，比如在该悲伤的地方悲伤，该欢快的地方欢快，该抒情的时候大胆抒情。

例：

假如我是一只鸟，
我也应该用嘶哑的喉咙歌唱：
这被暴风雨所打击着的土地，
这永远汹涌着我们的悲愤的河流，
这无止息地吹刮着的激怒的风，
和那来自林间的无比温柔的黎明……
——然后我死了，
连羽毛也腐烂在土地里面。
为什么我的眼里常含泪水？
因为我对这土地爱得深沉……

——艾青《我爱这土地》

第一步：划分层次

艾青的这首诗可以划分为三层。

第一层从“假如我是一只鸟”到“这被暴风雨所打击着的土地”。诗人舍弃人的思维语言，借用鸟的简单朴素的语言倾泻他对国土的情感，充满土地情结的激越歌声由此响起。

第二层倾吐土地情结。从“这永远汹涌着我们的悲愤的河流”到“连羽毛也腐烂在土地里面”。艾青魂牵梦绕地爱着的土地，是布满痛苦、躯体上有太多凝结成块的流不动的悲愤的土地。当时日寇连续攻占了华北、华东、华南等广大地区，所到之处疯狂肆虐，草菅人命。诗人在这一段用超凡脱俗、悲壮高尚的语言倾吐了自己的土地情结。

第三层升华土地情结。第三层为“为什么我的眼里常含泪水？因为我对这土地爱得深沉……”二句。诗人由借鸟抒情转入直抒胸臆，用一问一答的形式，表达了他太“深沉”太强烈的土地之爱，此种情绪已经难以诉诸语言，只能凝成晶莹的泪水。全诗在这问答中达到高潮，那炽热、真挚的爱国情怀，留下不尽的余韵。

第二步：概括主题

作者对祖国的挚爱和对侵略者的憎恨。

第三步：联系背景

《我爱这土地》写于 1938 年 11 月 17 日，发表于同年 12 月桂林出版的《十日文萃》。1938 年 10 月，武汉失守，日本侵略者的铁蹄猖狂地践踏中国大地。作者和当时文艺界许多人士一同撤出武汉，汇集于桂林。作者满怀对祖国的挚爱和对侵略者的仇恨便写下了这首诗。

第四步：明确目的

朗诵之前，要明确自己朗诵的目的是什么。首先要传递作者的主题思想，以及作者在作品中融入的深厚感情。其次加入自己对作品的理解，表达出自己的心理情感活动。最后将所表达情感准确地传递给受众。

第五步：分清主次

找准广义上的主次和狭义上的主次。广义上的主要的、重点的，是这篇作品的主旨要表达什么，即“作者对祖国的挚爱和对侵略者的憎恨”。狭义上的重点要划分停连，找准重音，准确传达作品情感。

第六步：把握基调

由作品的创作背景、作品主题我们可以分析出，这首诗的感情基调是深沉、热情、悲怆的，在细微处也可以根据自己的理解有不同的处理，在朗诵时也要找准这一基调。

巩固练习：

1987 年 4 月 5 日，是个令人难忘的日子。

这一天，碧空如洗，万里无云。在北京天坛公园植树的人群里，83 岁高龄的邓小平爷爷格外引人注目。

只见他手握铁锹，兴致勃勃地挖着树坑，额头已经满是汗珠，仍不肯休息。

一个树坑挖好了。邓爷爷精心地挑选了一棵苗壮的柏树苗，小心地移入树坑，又挥锹填了几锹土。他站到了几步之外仔细看看，觉得不是很直，连声说："不行，不行！"他又走上前把树苗扶正。

一棵绿油油的小柏树栽好了，就像战士一样笔直地站在那里。邓爷爷的脸上露出了满意的笑容。

今天，邓小平爷爷亲手栽种的柏树已经长大了，成了天坛公园一处美丽的风景。

——《人民日报》《邓小平爷爷植树》

简析：

第一步：通读文章，掌握文章总体布局，进行层次的划分。可知一二段交代事情的时间、地点、人物，可划分为第一层。二三四段主要描写邓小平爷爷植树的过程及结果，可划分为第二层。最后一段时间线有变化，回到了当下，是对文章的总结升华，可划分为第三层。

如果划分得再细一点，第一层又可以分为两小层。第一段为一层，将人们带入到历史时空，第二段为第二层，由历史时空去到彼时彼刻，即"过去进行时"。

同样第二层也可以划分为两小层。三四段为一层，第五段为一层。三四段主要写邓小平爷爷植树的过程，第五段描写树终于栽好了。

第二步：通过全文总结，概括文章主旨：邓小平爷爷对于植树绿化非常重视，做事一丝不苟。

第三步：联系文章背景，邓小平爷爷曾说："植树绿化要世世代代传下去！"在北京天坛公园，邓小平爷爷亲手栽种的松柏，带着老人的希冀和心愿茁壮成长。"小平树"已成了天坛公园的一道风景。

第四步：明确自己朗诵这篇文章，是为了体现邓小平爷爷对于植树绿化的重视和做事一丝不苟的精神，并且感染受众认识明白这一道理。

第五步：根据文本内容和自己的理解进行层次重点和语句停练重音的划分。

第六步：朗诵本文，要读得平实，读出对邓小平爷爷的崇敬之情，关键是体会邓小平爷爷在植树过程中表现出的严肃认真的态度和一丝不苟的精神。另外，从邓小平爷爷的行动中，领会植树绿化的重要意义。

（四）"备稿六步"辨析

考生们在学习过程中，并不一定严格按照以上所讲"六步"顺序来备稿，要根据不同的文本体裁有所侧重。例如"诗歌"无论是现代诗还是古诗词，层次划分相对容易，背景内涵较难领会，此时便要将备稿的着重点放在联系背景上。再如"寓言故事"内容通俗易懂，需要朗诵者将其中寓意表达到位，那么此时寓言故事的"主题"概括就显得格外重要。总之，"备稿六步"是朗诵备稿的一项全方位技能，在实际运用过程中，考生要具体情况具体分析。

三 自选考级篇目

1. 我爱这土地

艾　青

假如我是一只鸟，
我也应该用嘶哑的喉咙歌唱：
这被暴风雨所打击着的土地，
这永远汹涌着我们的悲愤的河流，
这无止息地吹刮着的激怒的风，
和那来自林间的无比温柔的黎明……
——然后我死了，
连羽毛也腐烂在土地里面。
为什么我的眼里常含泪水？
因为我对这土地爱得深沉……

2. 断　章

卞之琳

你站在桥上看风景，
看风景人在楼上看你。
明月装饰了你的窗子，
你装饰了别人的梦。

3. 四季风

高洪波

夏天的风很轻
它踏在荷叶上
连露珠都没碰落
秋天的风很重
它站在高粱上
把田野都压红了
冬天的风很硬
它刚踩上小河
小河就结了冰
春天的风很软
刚一碰到柳枝
柳絮就满天飞了

4. 瀑　布

叶圣陶

还没看见瀑布，
先听见瀑布的声音，
好像叠叠的浪涌上岸滩，
又像阵阵的风吹过松林。
山路忽然一转，
啊，望见了瀑布的全身！
这般景象没法比喻，
千丈青山衬着一道白银。
站在瀑布脚下仰望，
好伟大呀，一座珍珠的屏！
时时吹来一阵风，
把它吹得如烟，如雾，如尘。

5. 如果我是一片雪花

金　波

如果我是一片雪花，
我飘落到什么地方去呢？
飘到小河里，

变成一滴水，
和小鱼小虾游戏？
飘到广场上，
去堆胖雪人，
望着你笑眯眯？
我飘落在妈妈的脸上，
亲亲她，
然后就快乐地融化。

6. 小花的信念

顾　城

在山石组成的路上
浮起一片小花
它们用金黄的微笑
来回报石头的冷遇
它们相信
最后，石头也会发芽
也会粗糙地微笑
在阳光与树影间
露出善良的牙齿

7. 初　春

王宜振

春天的毛毛雨，
洗得小树发亮，
一些新芽，像鸟嘴，
啄得小树发痒。
泥土里拱出两片新叶，
说是浅绿，更是鹅黄；
像两只闪闪烁烁的眼睛，
望着新鲜的世界痴痴畅想。
捡起一粒石子，抛出去，
会变成一只蝴蝶展翅飞翔；
掀开一页书，贴耳倾听，
能听到每个字都变成蜜蜂歌唱。
一只只蝌蚪游在池塘，
像美人的雀斑一样漂亮；
夏天来了，定有一片蛙鸣，
在房前屋后低吟浅唱。

8.静静的夜

李少白

小鸟睡着了
大树还醒着
它轻轻地摇啊摇
摇得鸟宝宝梦里笑
鱼儿睡着了
小溪还醒着
它叮咚叮咚唱呀唱
唱着那支古老的歌谣
星星睡着了
月亮还醒着
它在云朵中悄悄穿行
照看的星宝宝真不少
娃娃睡着了
妈妈还醒着
她握住孩子挥舞的小手
帮他把梦中的妖怪赶跑

9.雨　后

冰　心

嫩绿的树梢闪着金光，
广场上成了一片海洋！
水里一群赤脚的孩子，
快乐得好像神仙一样。
小哥哥使劲地踩着水，
把水花儿溅起多高。
他喊："妹，小心，滑！"
说着自己就滑了一跤！
他拍拍水淋淋的泥裤子，
嘴里说："糟糕——糟糕！"
而他通红欢喜的脸上
却发射出兴奋和骄傲。
小妹妹撅着两条短粗的小辫，
紧紧跟在这泥裤子后面，
她咬着唇儿
提着裙儿
轻轻地小心地跑，
心里却希望自己
也摔这么痛快的一跤！

10. 小石头

〔日〕金子美玲

昨天摔着了
娃娃，
今天绊着了
驮马，
明天会有谁
经过呢？
乡下的小路上，
小石头
在红红的夕阳下
满不在乎的模样。

11. 快乐的节日

管　桦

小鸟在前面带路，
风儿吹向我们。
我们像春天一样，
来到花园里，
来到草地上。
鲜艳的红领巾，
美丽的衣裳，
像许多花儿开放。
跳啊跳啊跳啊，
亲爱的叔叔阿姨们，
同我们一起过呀过个快乐的节日！
感谢亲爱的祖国，
让我们自由地成长。
我们像小鸟一样，
等身上的羽毛长得丰满，
就勇敢地向着高空去飞翔，
飞向我们的理想。
跳啊跳啊跳啊，
亲爱的叔叔阿姨们，
同我们一起过呀过个快乐的节日！

12. 每当我走过老师窗前

金　哲

静静的深夜群星在闪耀，
老师的房间彻夜明亮。
每当我轻轻走过您窗前，
明亮的灯光照耀我心房。

啊，每当想起您，
敬爱的好老师，
一阵阵暖流心中激荡。
培育新一代辛勤的园丁，
今天深夜啊灯光仍在亮。
呕心沥血您在写教材，
高大的身影映在您窗上。
啊，每当想起您，
敬爱的好老师，
一阵阵暖流心中激荡。
新长征路上老师立新功，
一群群接班人茁壮成长。
肩负祖国希望奔向四方，
您总是含泪深情凝望。
啊，每当想起您，
敬爱的好老师，
一阵阵暖流心中激荡。

13. 让我们荡起双桨

乔 羽

让我们荡起双桨，
小船儿推开波浪，
海面倒映着美丽的白塔，
四周环绕着绿树红墙。
小船儿轻轻飘荡在水中，
迎面吹来了凉爽的风。
红领巾迎着太阳，
阳光洒在海面上，
水中鱼儿望着我们，
悄悄地听我们愉快歌唱。
小船儿轻轻飘荡在水中，
迎面吹来了凉爽的风。
做完了一天的功课，
我们来尽情欢乐，
我问你亲爱的伙伴，
谁给我们安排下幸福的生活？
小船儿轻轻飘荡在水中，
迎面吹来了凉爽的风。

14. 外婆的澎湖湾

叶佳修

晚风轻拂澎湖湾，白浪逐沙滩，
没有椰林缀斜阳，只是一片海蓝蓝。
坐在门前的矮墙上，一遍遍怀想，
也是黄昏的沙滩上，有着脚印两对半。
那是外婆拄着杖，将我手轻轻挽。
踩着薄暮走向余晖，暖暖的澎湖湾。
一个脚印是笑语一串，消磨许多时光，
直到夜色吞没我俩，在回家的路上。
澎湖湾，澎湖湾，
外婆的澎湖湾，有我许多的童年幻想，
阳光、沙滩、海浪、仙人掌，
还有一位老船长
澎湖湾，澎湖湾，
外婆的澎湖湾，有我许多的童年幻想，
阳光、沙滩、
海浪、仙人掌，
还有一位老船长。

15. 虫儿飞

林　夕

黑黑的天空低垂，
亮亮的繁星相随，
虫儿飞，
虫儿飞，
你在思念谁。
天上的星星流泪，
地上的玫瑰枯萎，
冷风吹，
冷风吹，
只要有你陪。
虫儿飞，
花儿睡，
一双又一对才美。
不怕天黑，
只怕心碎，
不管累不累，
也不管东南西北。

16. 河边的苹果

一位老和尚，他身边聚拢着一帮虔诚的弟子。这一天，他嘱咐弟子每人去南山打一担柴回来。弟子们匆匆行至离山不远的河边，人人目瞪口呆。只见洪水从山上奔泻而下，无论如何也休想渡河打柴了。无功而返，弟子们都有些垂头丧气。唯独一个小和尚与师父坦然相对。师父问其故，小和尚从怀中掏出一个苹果，递给师父说，过不了河，打不了柴，见河边有棵苹果树，我就顺手把树上唯一的一个苹果摘来了。后来，这位小和尚成了师父的衣钵传人。

河边的苹果心得：世上有走不完的路，也有过不了的河。过不了的河掉头而回，也是一种智慧。但真正的智慧还要在河边做一件事情，放飞思想的风筝，摘下一个苹果。历览古今，抱定这样一种生活信念的人，最终都实现了人生的突围和超越。

17. 怕吃苦的猩猩

猩猩见人神通广大，又会造屋，又会种田，还会做衣，生活得很幸福，便向人求教道："我跟你们一样有五官、手脚，有没有办法让我也能变成和你们一样聪明能干？"人答道："有哇！"猩猩说："那请你教我吧！"人说："那好。首先你得锻炼站立起来，解放手，学会用手去做事情。经过长期的刻苦的锻炼养成习惯后，你再来找我。"猩猩听了，第二天就开始照人说的那样去做。但站立了一会，就累得全身酸疼。猩猩想："我这才站了一会就累得够呛，要长期这样下去，那不要把我累死！算了，这还不如我过去那样生活得舒适、自在！"从此，猩猩还是照样生活。由此，变成人那样聪明、能干也永远只能是梦想。

18. 不听劝告的小兔子

一天，天气晴朗，阳光明媚。小兔子捧着一大摞书跑到木头桩旁，不管三七二十一地看了起来。它双手托着下巴，看得津津有味。

过了一会儿，它又换了个姿势——直接躺在地上看书。山羊爷爷看见了焦急地说："孩子，躺着看书对眼睛不好，眼睛会近视的。"小兔子就当没听见，满不在乎地说："不会的，我的眼睛好着呢，不会近视的！"山羊爷爷叹了口气走了，边走边说："不听老人言，吃亏在眼前，早晚得后悔呀！"

过了一会儿，小兔子重新选了个光线最亮的地方看书。小鹿哥哥看见了，特地跑过来提醒小兔子说："不能在阳光太强烈的地方看书，对眼睛不好。"小兔子有点不耐烦了，敷衍地说："好的，我记住了。你忙你的去吧"小鹿哥哥走后，小兔并没有一点儿改变。

小兔子一连好几天都这样看书。一天早上，它起床后发现眼前的一切都很模糊。没办法，它只能去配眼镜。戴上厚厚的眼镜后，小兔子感到非常后悔，如果一早就听它们的劝告就不会近视了。

19. 老海龟的悲剧

海岛的沙滩上，有一只巨大的海龟。它晒着温暖的太阳，慢慢地爬动着，感到十分惬意。

有一只小海鸥飞来，停歇在海龟的背上问：

"老爷爷，您多大年纪了？"

"不大不小，整整100岁。"海龟慢吞吞地说。

"呀！您这么大年纪，一定到过许多许多地方吧？一定有很大很大本领吧？您……"好奇的小海鸥，连珠炮似的发问道。

老海龟来神儿了，它伸长脖子，昂起头，微微晃动着，夸耀地说：

"这个吗，太平洋我是游遍了；荒凉的小岛我全蹓跶过；最深的海底我也曾去观过光。至于我神通广大的本领，说起来准让你羡慕得流口水……"

海龟正说得泡沫四溅，小海鸥忽然惊恐地飞开了。一个汉子走过来，用力把海龟翻个四脚朝天。那汉子走开时笑着说：

“现在我没空儿，过半天再搬你上船去。”

老海龟知道大事不好，只等着倒霉啦。小海鸥见老海龟仰面躺着不动，飞过来吃惊地说道：

“神通广大的老爷爷啊，您就这么等着别人弄走吗？”

老海龟听了，惭愧地用两只前脚遮住了自己的脸。

20. 鸬鹚与鸭子

鸬鹚与鸭子在湖面上相遇了。

鸬鹚一个猛子扎下去，不一会儿嘴里就叼着一条活蹦乱跳的鱼浮出水面，然后津津有味地吃着。

鸭子在旁边看见后，馋得直吞口水，它也想尝尝鱼的味道。看到鸬鹚刚才轻轻松松就捉到了鱼，鸭子也想试试。

鸭子扇了扇翅膀，学着鸬鹚的样子，一头向水里扎去。可是水的浮力太大了，鸭子只扎下去半米深，就感觉再也下沉不了了。鸭子不甘心，又试了一次，可结果还是跟刚才一样。鸭子想：这么费劲！那我就在这半米深的水里捉鱼吧。鸭子游了一大圈，却连一个鱼的影子都没看到。于是，鸭子游向鸬鹚，向鸬鹚请教：“你能捉到鱼，我怎么就捉不到呢？”

鸬鹚刚刚吃完一条鱼，它清了清嗓子，说：“要想捉到鱼，就必须深深地潜入湖底，像你这样浮在表面，怎么能捉到鱼呢？”

鸭子惭愧地点了点头。

21. 黄山奇石

于永正

闻名中外的黄山风景区在我国安徽省南部。那里景色秀丽神奇，尤其是那些怪石，有趣极了。

就说“仙桃石”吧，它好像从天上飞下来的一个大桃子，落在山顶的石盘上。

在一座陡峭的山峰上，有一只“猴子”。它两只胳膊抱着腿，一动不动地蹲在山头，望着翻滚的云海，这就是有趣的“猴子观海”。

“仙人指路”就更有趣了！远远望去，那巨石真像一位仙人站在高高的山峰上，伸着手臂指向前方。

每当太阳升起，有座山峰上的几块巨石，就变成了一只金光闪闪的雄鸡。它伸着脖子，对着天都峰不住地啼叫。不用说，这就是著名的“金鸡叫天都”了。

黄山的奇石还有很多，像“天狗望月”“狮子抢球”“仙女弹琴”。那些叫不出名字的奇形怪状的岩石，正等你去给它们起名字呢！

22. 日月潭

吴壮达

日月潭是我国台湾省最大的一个湖。它在台中附近的高山上。那里群山环绕，树木茂盛，周围有许多名胜古迹。

日月潭很深，湖水碧绿。湖中央有个美丽的小岛，叫光化岛。小岛把湖水分成两半，北边像圆圆的太阳，叫日潭；南边像弯弯的月亮，叫月潭。

清晨，湖面上飘着薄薄的雾。天边的晨星和山上的点点灯光，隐隐约约地倒映在湖水中。

中午，太阳高照，整个日月潭的美景和周围的建筑，都清晰地展现在眼前。要是下起蒙蒙细雨，日月潭好像披上轻纱，周围的景物一片朦胧，就像童话中的仙境。

日月潭风光秀丽，吸引了许许多多的中外游客。

23. 葡萄沟

权宽浮

新疆吐鲁番有个地方叫葡萄沟。那里出产水果。五月有杏子，七八月有香梨、蜜桃、沙果，到九十月份，人们最喜爱的葡萄成熟了。

葡萄种在山坡的梯田上。茂密的枝叶向四面展开，就像搭起了一个个绿色的凉棚。到了秋季，葡萄一大串一大串挂在绿叶底下，有红的、白的、紫的、暗红的、淡绿的，五光十色，美丽极了。要是这时候你到葡萄沟去，热情好客的维吾尔族老乡，准会摘下最甜的葡萄，让你吃个够。

收下来的葡萄有的运到城市去，有的运到阴房里制成葡萄干。阴房修在山坡上，样子很像碉堡，四周留着许多小孔，里面钉着许多木架子。成串的葡萄挂在架子上，利用流动的热空气，把水分蒸发掉，就成了葡萄干。这里生产的葡萄干颜色鲜，味道甜，非常有名。

葡萄沟真是个好地方。

24. 找春天

经绍珍

春天来了！春天来了！

我们几个孩子脱掉棉袄，冲出家门，奔向田野，去寻找春天。

春天像个害羞的小姑娘，遮遮掩掩，躲躲藏藏。我们仔细地找哇，找哇。

小草从地下探出头来，那是春天的眉毛吧？

早开的野花一朵两朵，那是春天的眼睛吧？

树木吐出点点嫩芽，那是春天的音符吧？

解冻的小溪叮叮咚咚，那是春天的琴声吧？

春天来了！我们看到了她，我们听到了她，我们闻到了她，我们触到了她。她在柳枝上荡秋千，在风筝尾巴上摇啊摇；她在喜鹊、杜鹃嘴里叫，在桃花、杏花枝头笑……

25. 邓小平爷爷植树

《人民日报》

1987 年 4 月 5 日，是个令人难忘的日子。

这一天，碧空如洗，万里无云。在北京天坛公园植树的人群里，83 岁高龄的邓小平爷爷格外引人注目。只见他手握铁锹，兴致勃勃地挖着树坑，额头已经满是汗珠，仍不肯休息。

一个树坑挖好了。邓爷爷精心地挑选了一棵茁壮的柏树苗，小心地移入树坑，又挥锹填了几锹土。他站到了几步之外仔细看看，觉得不是很直，连声说："不行，不行！"他又走上前把树苗扶正。

一棵绿油油的小柏树栽好了，就像战士一样笔直地站在那里。邓爷爷的脸上露出了满意的笑容。

今天，邓小平爷爷亲手栽种的柏树已经长大了，成了天坛公园一处美丽的风景。

四 抽选考级篇目

1. 夜书所见

［宋］叶绍翁

萧萧梧叶送寒声，江上秋风动客情。
知有儿童挑促织，夜深篱落一灯明。

2. 赠汪伦

［唐］李　白

李白乘舟将欲行，忽闻岸上踏歌声。
桃花潭水深千尺，不及汪伦送我情。

3. 竹里馆

［唐］王　维

独坐幽篁里，弹琴复长啸。
深林人不知，明月来相照。

4. 风

［唐］李　峤

解落三秋叶，能开二月花。
过江千尺浪，入竹万竿斜。

5. 江　南

《汉乐府》

江南可采莲，
莲叶何田田。
鱼戏莲叶间。
鱼戏莲叶东，
鱼戏莲叶西，
鱼戏莲叶南，
鱼戏莲叶北。

6. 山　行

［唐］杜　牧

远上寒山石径斜，白云生处有人家。
停车坐爱枫林晚，霜叶红于二月花。

7. 饮湖上初晴后雨二首・其二

［宋］苏　轼

水光潋滟晴方好，山色空濛雨亦奇。
欲把西湖比西子，淡妆浓抹总相宜。

8. 江上渔者

［宋］范仲淹

江上往来人，但爱鲈鱼美。
君看一叶舟，出没风波里。

9. 浪淘沙·其一

［唐］刘禹锡

九曲黄河万里沙，浪淘风簸自天涯。
如今直上银河去，同到牵牛织女家。

10. 春夜喜雨

［唐］杜　甫

好雨知时节，当春乃发生。
随风潜入夜，润物细无声。
野径云俱黑，江船火独明。
晓看红湿处，花重锦官城。

11. 枫桥夜泊

［唐］张　继

月落乌啼霜满天，江枫渔火对愁眠。
姑苏城外寒山寺，夜半钟声到客船。

12. 泊船瓜洲

［宋］王安石

京口瓜洲一水间，钟山只隔数重山。
春风又绿江南岸，明月何时照我还？

13. 江南春

［唐］杜　牧

千里莺啼绿映红，水村山郭酒旗风。
南朝四百八十寺，多少楼台烟雨中。

14. 梅　花

［宋］王安石

墙角数枝梅，凌寒独自开。
遥知不是雪，为有暗香来。

15. 书湖阴先生壁

［宋］王安石

茅檐长扫净无苔，花木成畦手自栽。
一水护田将绿绕，两山排闼送青来。

16. 登飞来峰

［北］王安石

飞来山上千寻塔，闻说鸡鸣见日升。
不畏浮云遮望眼，自缘身在最高层。

17. 石灰吟

［明］于　谦

千锤万凿出深山，烈火焚烧若等闲。
粉骨碎身浑不怕，要留清白在人间。

18. 竹　石

［清］郑　燮

咬定青山不放松，立根原在破岩中。
千磨万击还坚劲，任尔东西南北风。

19. 春　日

［宋］朱　熹

胜日寻芳泗水滨，无边光景一时新。
等闲识得东风面，万紫千红总是春。

20. 晓出净慈寺送林子方

［宋］杨万里

毕竟西湖六月中，风光不与四时同。
接天莲叶无穷碧，映日荷花别样红。

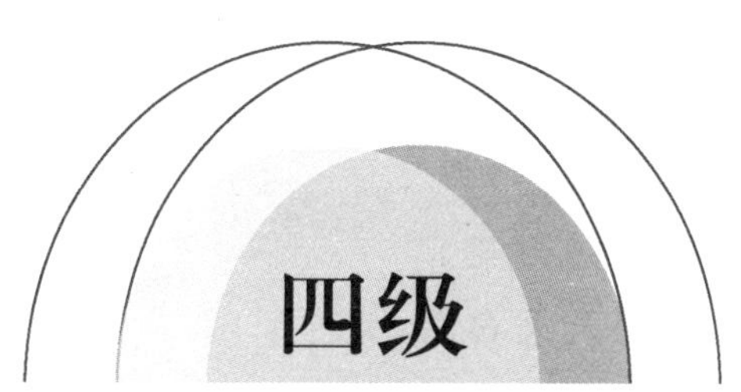

四级

对于参加朗诵艺术水平考试四级的考生而言，朗诵学习要进入更加深入的阶段了，在这一级中需要考生夯实语音基础，侧重情感的抒发与表达，提升朗诵的感染力和表现力，加深对文本的分析与理解，更准确地表情达意，从而完成本级朗诵作品。

本级的作品包括自选考级篇目 25 篇、抽选考级篇目 20 篇，由经典古诗词、现代诗歌和散文等组成。本级要求考生具有对朗诵文本的基本分析和理解力，以感受力为基础，具备一定的语言表现力。本级重点考查考生的语音标准程度、喉部控制能力，以及作品的情景再现能力。

一 语音发声学习要点

(一)复韵母

通过三级中单元韵母的学习，相信考生已经基本掌握了单元音韵母的发音要领，在这一级中我们要更深入地学习由多个元音组合而成的韵母——复韵母。

复韵母由复元音构成，又叫“复元音韵母”，是由两个或三个元音复合而成的音。它不是两个或三个元音的简单相加，和单韵母比较，单韵母发音时发音器官各部位不能变化，音色始终如一；而复韵母发音时，舌位移动，音色随着唇形、舌位和口腔的开合发生了变化。

普通话中把两个元音复合而成的韵母称二合复韵母，三个元音复合而成的韵母称三合复韵母。二合复韵母又分前响和后响复韵母，三合复韵母则称为中响复韵母。

普通话 13 个复韵母中二合复韵母有 9 个，其中前响二合复韵母有 4 个：ai、ei、ao、ou；后响二合复韵母有 5 个：ia、ie、ua、uo、üe；中响三合复韵母有 4 个：io、iou、uai、uei。

按照《汉语拼音方案》拼写规则的规定，三合复韵母 iou 和 uei 在拼写时可以简化为 iu 和 ui。这里我们需要明确，拼写时可以省略，发音时绝不能省略，下面我们来看看具体的发音。

1. 二合复韵母的发音

ai(爱)二合前响复韵母。发音时，口腔自然张开，舌尖抵在下齿背后，舌面由前 a 的低位向前 i 的高位移动隆起，双唇由开变半关，发出前响复合音 ai。

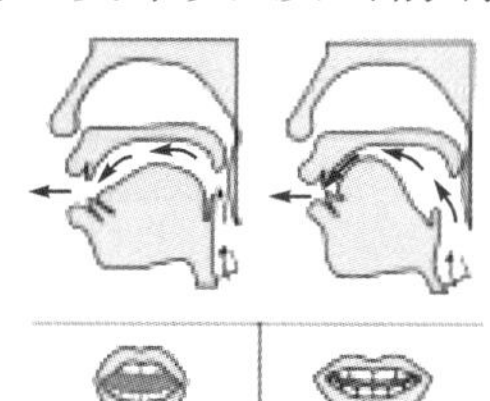

例字： 哀　柴　皑　爱　
海　碍　白　彩

例词： 爱戴　白菜　买卖　拍卖
彩排　灾害　海带　开采

绕口令：

晒白菜

大柴和小柴，
帮助爷爷晒白菜，
大柴晒的是大白菜，
小柴晒的是小白菜。
大柴晒了四十四斤四两大白菜，
小柴晒了三十三斤三两小白菜，
大柴和小柴，
一共晒了七十七斤七两大大小小的白菜。

ei(诶)二合前响复韵母。发音时，双唇微展，舌尖抵在下齿背后，舌面由前央 e 的低位相接近 i 的高位移动隆起，口腔开度变小，发出前响复合音 ei。

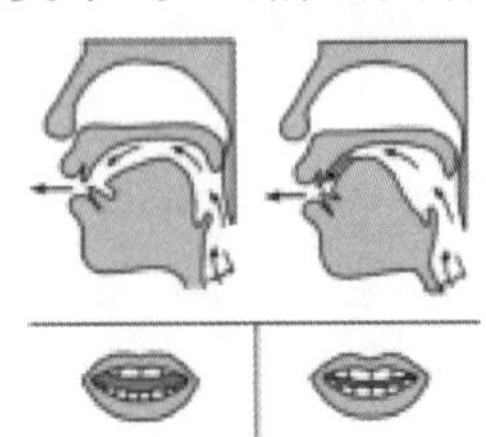

例字：	黑	非	伟	倍
	陪	雷	类	内
例词：	肥美	配备	贝类	非得
	飞贼	蓓蕾	妹妹	北非

绕口令：

贝贝和菲菲

贝贝飞纸飞机，
菲菲要贝贝的纸飞机，
贝贝不给菲菲自己的纸飞机，
贝贝教菲菲自己做能飞的纸飞机。

ao(奥)二合前响复韵母。发音时，嘴自然张开。舌头后缩，舌面后部由后 ɑ 向 o 滑动，双唇由开形拢成圆形，发出前响复合音 ao。

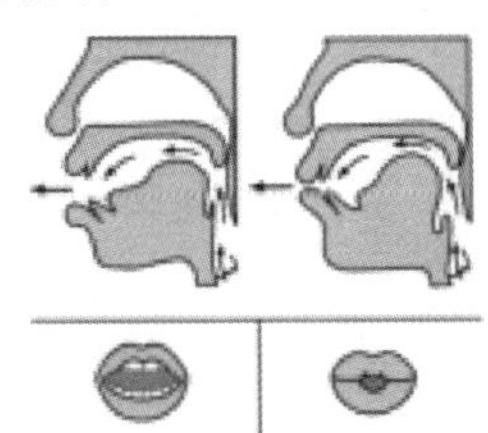

例字：	涛	抛	跑	好
	陶	老	脑	吵
例词：	报告	号召	高超	草包
	操劳	草帽	高傲	高烧

绕口令：

扔草帽

隔着墙头扔草帽，
也不知草帽套老头儿，
也不知老头儿套草帽。

毛毛和涛涛

跳高又练跑，
毛毛教涛涛练跑，
涛涛教毛毛跳高，
毛毛学会了跳高，
涛涛学会了练跑。

ou(欧)二合前响复韵母。发音时，双唇拢成圆形，舌头后缩，舌面后部由 o 向后高 u 的方向抬起，双唇收拢，由大圆变成小圆，发出前响复合音 ou。ou 韵的 o 比单元音 o 舌位高得多，也稍偏中央。

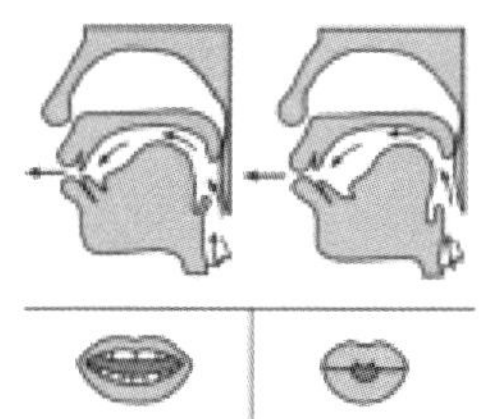

例字：	某	否	兜	抖
	豆	偷	头	透
例词：	口头	守候	收购	绸缪
	喉头	后头	漏斗	口授

ia(丫)二合后响复韵母。发音时，嘴微张，略展唇，舌位由 i 向 a 移动，即舌面前部先隆起在 i 的位置向上滑动落下，口腔开度由窄变宽，发出后响复合音 ia。

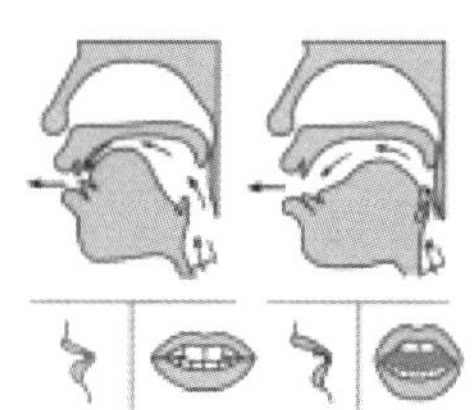

例字：	压	牙	哑	亚
	家	夹	假	嫁
例词：	加价	假牙	加压	掐架
	恰恰	下架	下家	下牙

ie(椰)二合后响复韵母。发音时，嘴微张，唇略展，舌尖抵在下齿背后，舌面前部先隆起在 i 的位置上，然后向 e 的低位落下，它的落程比 ia 小。口腔开度由窄变宽，发出后响复合音 ie。

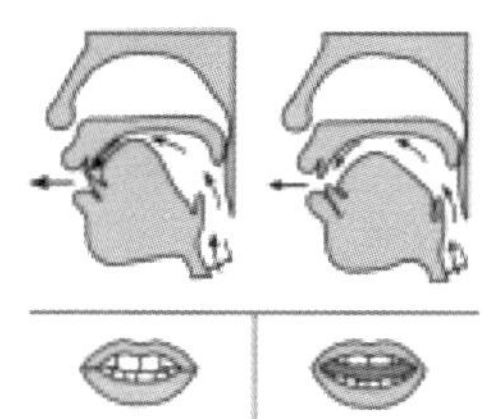

例字：	噎	爷	野	业
	接	节	姐	借
例词：	姐姐	结业	贴切	歇业
	谢谢	趔趄	界别	冶铁

绕口令：

茄　子

姐姐借刀切茄子，
去把儿去叶儿斜切丝，
切好茄子烧茄子，
炒茄子、蒸茄子，还有一碗焖茄子。

ua(哇)二合后响复韵母。发音时，双唇撮圆，舌头向后微缩，舌面后部先微微隆起在后高 u 的位置上，然后向中央低 a 的方向落下，双唇张开，口腔开度变大发出后响复合音 ua。

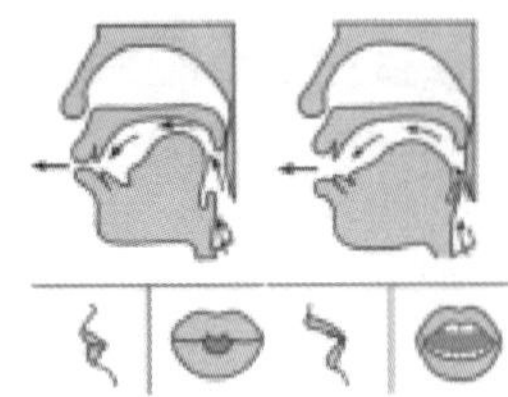

例字：挖　娃　瓦　袜
花　华　画　刷

例词：娃娃　画画　耍滑　唰唰
花袜　刮花　挂画　哗哗

绕口令：

胖娃娃

一个胖娃娃，
画了三个大花活蛤蟆；
三个胖娃娃，
画不出一个大花活蛤蟆。
画不出一个大花活蛤蟆的三个胖娃娃，
真不如画了三个大花活蛤蟆的一个胖娃娃。

uo(窝)二合后响复韵母。发音时，双唇拢成圆形，舌头向后微缩，舌面后部先微微隆起在后高 u 的位置上，再落下，双唇扩开，口型有小圆变成大圆，发出后响复合音 uo。

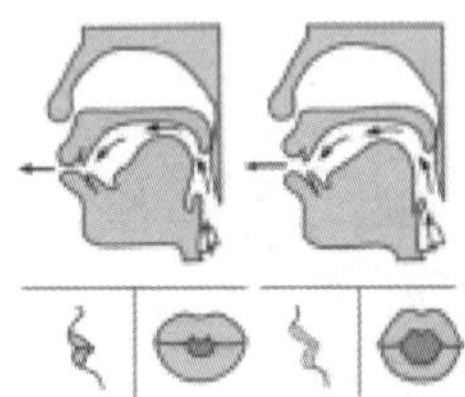

例字：多　夺　躲　剁
拖　驮　妥　拓

例词：窝火　蹉跎　错落　堕落
过火　国货　过错　硕果

绕口令：

狼打柴　狗烧火

狼打柴，狗烧火，
猫儿上炕捏窝窝，
雀儿飞来蒸饽饽。

üe(约)二合后响复韵母。发音时，撮双唇，舌尖轻抵在下齿背后，舌面前部先隆起在前高元音 ü 的位置上，然后向前中元音 e 的方向落下，双唇随之打开，发出后响复合音 üe。

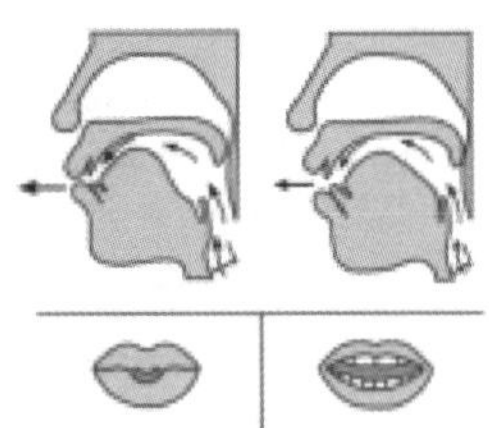

例字：越　薛　虐　略
却　学　雪　血

例词：约略　雀跃　月缺　决绝
血月　乐阙　戏谑　雪夜

绕口令：

真　绝

真绝，真绝，真叫绝，
皓月当空下大雪，
麻雀游泳不飞跃，
鹊巢鸠占鹊喜悦。

2.三合复韵母的发音

iao(妖)三合中响复韵母。发音时,嘴微张,唇略展,舌位由前高元音 i 向后低元音 a 的方向落下,接着再向后高元音 o 的方向抬起。口形同时有一个由展到开再到合的过程,最后圆唇合到 o 形上,发出中响复合音 iao。

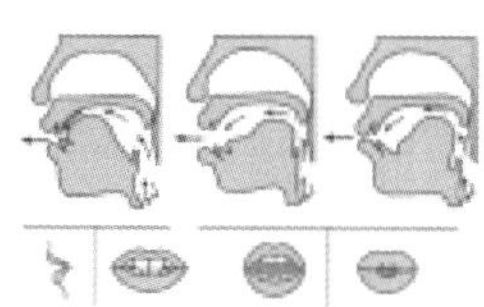

例字:	腰	尧	咬	要
	喵	苗	秒	妙
例词:	鳔 胶	吊 桥	吊 销	吊 孝
	教 条	脚 镣	娇 小	叫 嚣

绕口令:

鸟看表

水上漂着一只表,
表上落着一只鸟。
鸟看表,表瞪鸟,
鸟不认识表,
表也不认识鸟。

iou(优)三合中响复韵母。嘴微张,唇略展,舌位由前高元音 i 处,向后低元音 o,紧接着再向后高元音 u 方向移动抬起。唇形由展变圆,发出中响复合音 iou。

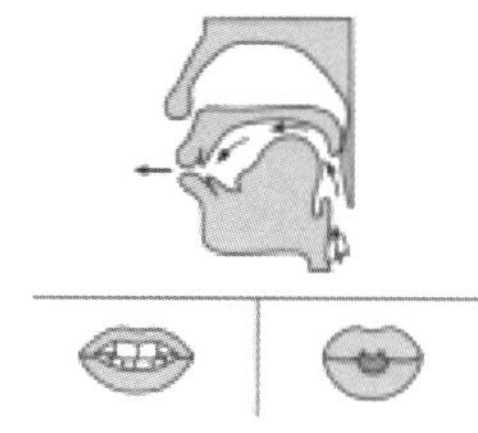

例字:	忧	尤	友	右
	溜	刘	柳	六
例词:	悠 久	优 秀	妞 妞	牛 油
	流 油	琉 球	久 留	绣 球

绕口令:

酒换油

一葫芦酒,九两六。
一葫芦油,六两九。
六两九的油,要换九两六的酒,
九两六的酒,不换六两九的油。

uai(歪)三合中响复韵母。发音时,双唇撮住,舌位由后高元音 u 向前低元音 a 方向移动接着再向前高元音 i 方向抬起。双唇打开,最后再变成展形,发出中响复合音 uai。

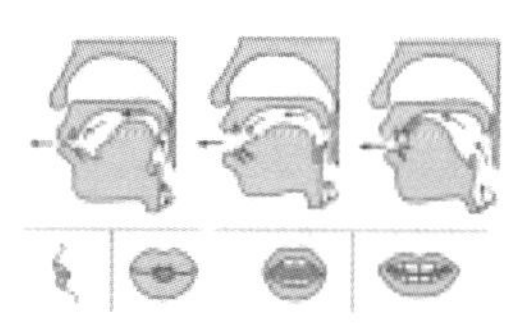

例字:	摔	甩	帅	乖
	拐	怪	歪	外
例词:	怀 揣	外 踝	摔 坏	外 快
	踩 坏	甩 开	拐 卖	外 交

绕口令：

槐树槐

槐树槐，槐树槐，
槐树底下搭戏台，
人家的姑娘都来了，
我家的姑娘还不来。
说着说着就来了，
骑着驴，打着伞，
歪着脑袋上戏台。

uei(微)三合中响复韵母。发音时，双唇撮住，舌位由后高元音 u 开始，向前低元音 e 方向移动，接着迅速抬起到前高元音 i 处。唇形同时由撮状变成展形，发出中响复合音 uei。

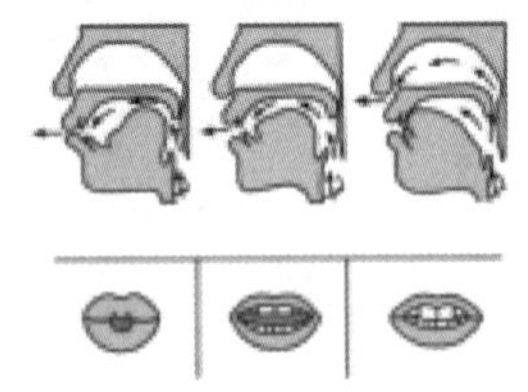

例字： 堆　对　吹　灰
威　维　伟　为

例词： 回归　归队　荟萃　魁伟
鬼祟　回味　灰心　因为

绕口令：

接　水

威威、伟伟和卫卫，
拿着水杯去接水。
威威让伟伟，伟伟让卫卫，
卫卫让威威，没人先接水。
一二三，排好队，一个一个来接水。

3.复韵母发音要注意的问题

(1)复韵母发音时口腔要有动程。动程是指复合元音发音过程中舌位和唇形的连续移动变化。动程幅度不要太大，音素过渡要自然、平滑、连贯，要有整体感。

(2)发复韵母时，韵头 i、u、ü 起音要柔和，过渡要准确、自然。韵腹 ɑ、o、ê 要清楚响亮，有力度。韵尾要收住。

(3)iɑ、ie、uɑ、uo、üe、iɑo、iou、uɑi、uei 这些音自成音节时，i、u 要换写成半元音 y、w，üe 写成 yue。半元音 y、w 发音时带有摩擦成分区别于 i、u。ie、üe 中的 e 不是韵母 e，而是 ê，为了书写方便去掉了上面的符号，音色还是 ê。

(二)喉部控制

1.喉头和声带的生理特性

喉头和声带是人类发音器官的重要组成部分，是声源，通常人们称之为“嗓子”。每个人的嗓音条件各不相同，都需要通过训练掌握正确的发声方法。声音色彩的变化很大程度上取决于声带的不同活动状态，取决于各发音器官运作协调与否。朗诵创作中运用的虚实结合的声音就是靠喉部控制来实现的。喉部及声带的松紧影响着声音色彩层次及共鸣的运用。有成就的朗诵艺术家并不是因为他一定具备天生的优质嗓音条件，而是在于他运用声音的能力比较强、方法恰当。而没有经过发声训练的人喉部控制的问题就多一些。如发声时，喉部容易用力紧张、捏挤嗓子、压喉等。声带是比较娇嫩的，如果发声方法正确，可以提高它的适应能力和发音能力，改善音色；如果使用方法不恰当，则容易出现声音嘶哑，声带边缘不齐，长小结、息肉或病变。因此，我们要了解和掌握喉部发音机制，科学地使用它，以保证喉部的健康。

（1）喉头

喉头上接咽部，下连气管。上部略呈三角形，下部呈圆形，由软骨作支架，通过骨关节韧带及喉部各肌肉互相联结，共同构成一个上下连通的活动小室，声带就长在小室里。

①喉部软骨的构造

喉软骨主要有五块：甲状软骨、环状软骨、杓状软骨（一对）及会厌软骨。

甲状软骨是喉软骨中最大的一块，外形像盾甲，位于环状软骨的上前方，构成喉的前壁。就像一本打开的书。“书背”就是甲状软骨角，男性呈 50°～90°，女性呈 80°～114°，也称“喉结”。甲状软骨板后侧的两个下角通过环甲关节与环状软骨相联。

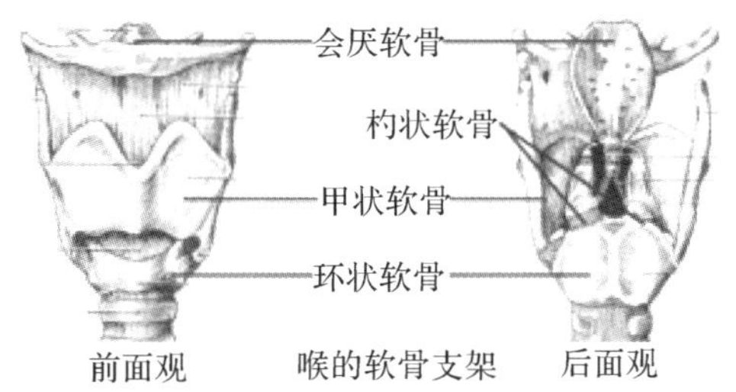

喉的软骨支架

环状软骨是喉的基础软骨，在喉部的底部下接气管，形状像一枚指环前窄后宽，上面通过关节与甲状软骨及杓状软骨相连。

杓状软骨（发声学上称披裂软骨）左、右各一块，呈不规则的三面锥体形，位于环状软骨后上部的喉部支架内，构成环杓关节。底前角是声带突，一对声带就附着在这里，杓状软骨有两块，可以灵活转动，对声门的开闭起着关键作用。

会厌软骨通过韧带附于甲状软骨。它主要负责吞咽时遮蔽喉口以避免食物误入气管。在呼吸发声时则打开。

②喉部肌肉

喉部肌肉是负责声门开合、松紧的，包括环甲肌、甲杓肌、环杓后肌、环杓侧肌和杓肌五部分。

环甲肌：又叫“声带外张肌”，是甲状软骨和环状软骨中间相连的肌肉。它收缩时，甲状软骨前倾，声带被拉长、拉紧，它主要是控制声带的紧张度。

甲杓机：又叫“声带肌”，甲杓内肌长在声带内，也就是声带的本体，又叫声带肌。前端附在甲状软骨板交角内面，后端附着在杓状软骨声带突。收缩时，声带缩短并彼此接近，所以也叫声带内张肌。主要用来调节声带的紧张度。

环杓后肌：又叫“声门外展肌”起于环状软骨后部，止于同侧杓状软骨的肌突，收缩时使声带突向外转动，声门开大。

环杓侧肌：起于环状软骨的外侧，止于同侧杓状软骨的肌突，收缩时使声考突向外转动，使声门前部变窄或闭合。

杓肌：又叫“声门闭合肌”它附着于两个杓状软骨的后面，收缩时使两个杓状软骨靠近，声门后部闭合。

环杓侧肌和杓肌都称为“声门闭合肌”。

（2）声带

声带是人体发声的振动体，它的振动状态直接影响发音的质量。声带位于喉室中央，是两条长短宽窄一致、左右并列对称的富有弹性的纤维质薄膜，性质像韧带，正常情况下呈瓷白色。

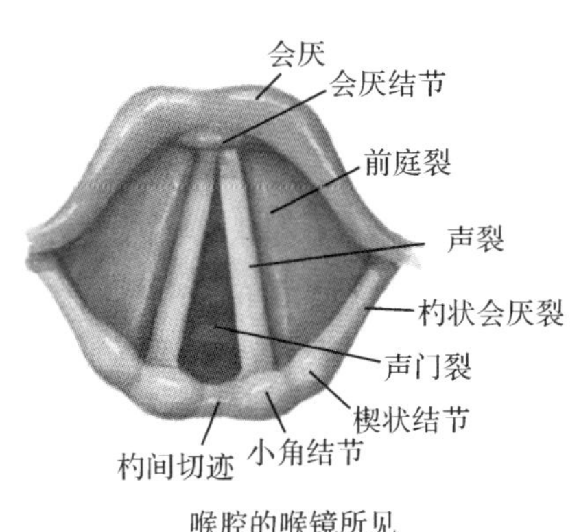

喉腔的喉镜所见

声带由声带肌和声韧带组成。声带的前端互相联结固定在甲状软骨内面，不能分开；后端分别挂在两条杓状软骨的声带突上，可以起承转合。杓状软骨活动时，牵动声带左右运动，声带就被拉紧、放松、变薄、变厚，全部振动或部分振动，声门就可以开启、关闭。

“声门”就是声带中间的通道。发音时声门紧密闭合，声带振动发出的是乐音性质的明亮实声；声门轻松闭合或半闭合，声带振动以乐音成分为主带有部分气流摩擦音，发出的是柔和的虚实声；声门开度略大，声带振动的乐音成分小于气流摩擦音是虚声；发音时声带不振动，完全是气流摩擦音，那就是气声的发音状态。

人在发低音时，主要由声带肌控制，声带肌收缩变短，声音变低。发高音时，主要由环甲肌控制，它收缩时甲状软骨倾斜使声带拉长偏紧，声音变高。发中音时依靠两组肌肉对抗的方式控制。

2.喉部控制训练

我们知道发声是气息冲击声带振动的结果。气流的强弱和声音高低及响度的大小有着密不可分的关系。发高音、响音的时候，需要用强而有力的气流才能实现。气流越强，声带靠拢得越紧，声带挡气的力量就越大，声音听上去比较生硬，声带容易疲劳。发低音时，气流的需求量也很大，只是由于发低音时声带不是靠得很紧，只稍稍接触，降低了声带挡气的作用，有一部分气息漏掉了，声音听上去就显得暗、音量弱。而发中音时，气流的强弱和声带松紧的配合很好，声带靠拢得既不像高音那么紧，也不像低音那么松，气流的强弱也比较适中，所以声音听起来就能够持久、悦耳，嗓子也不容易疲劳。因而我们在训练喉部控制的时候，一定要考虑到喉部肌肉的松紧和气息的协同动作，发出圆润优美、富于弹性的声音。

(1)喉部控制的方法

①放松喉部

喉部放松的目的是声带可以自如地振动，发出丰富悦耳的乐音。我们从喉部的构造中可以知道，声带处于喉室中央，它振动发声时必然受到外面喉头的限制，受到喉部肌肉即环甲肌、甲杓肌、环杓后肌、环杓侧肌、杓肌的影响。一旦这些“声带外张肌”“声带肌”“声门外展肌”“声门闭合肌”非常紧张，彼此连动收缩，就妨碍了声带的正常发声，声音听起来就觉得紧、窄，甚至发颤。有的人为了追求声音的厚度不惜压低喉头，使得声音生硬、虚假、干涩，缺乏表现力和美感。对于朗诵者来说，声音形象的好坏很大程度上取决于声带和喉头松弛的程度。放松喉部用较小气息使声带振动，可以大大改善声音的质量，提高发声效率。但是放松并不等于声带失去应有的张力，而是要学会用吸气的感觉去放松喉头，使喉部有上下松开的感觉，两声带轻松靠拢，而不是紧紧闭合，这样发出的声音音色介于实声与虚声之间，既不像实声那么尖锐，也不像虚声那样飘。它比实声柔和，又比虚声结实。让人觉得喉部没有用力的负担，能较长时间发出圆润的声音而不显疲劳。而且音色丰满、柔和，泛音丰富，声音虚实变化自如，富于弹性。总之，放松喉部的结果是使声带有一个良好的发声环境，可以发出虚实声，这种虚实声较接近于日常谈话的发音状态，听来亲切自然。

②调节气息减缓声带的承受力

对于用声的人来说，最重要的一点是要以气托声。有控制的气息是使声带轻松、稳定工作的基础。我们在发声训练过程中，经常会出现这样两种现象：一种是声、气脱节，一种是发高音时扯着嗓子喊。要解决这些问题，就要注意喉部与气息控制的配合，要注意掌握以下几个原则：

第一，呼出的气流形成一定的密度才能在声门下造成适当的压力。呼气量小了密度不够，声音就不扎实，或者声音在“嗓子眼”里出不来。

第二，要根据表达的需要来控制气息的流量和流速。气息如果失控，无节制地外溢，喉部自然要紧缩来节制气流，从而造成嗓子的捏挤、声带的疲劳，加重喉部的负担。

第三，普通话最有特点之处是它有四个声调，每个音节的高低升降，都要求声带在气息的压力下作相应的调节。比如去声字，声音从高到低，声带由紧而松，气息容易控制不好，一下就泄出去，造成声“劈”或调值不到位。发上声字的时候，尤其在上声音变为21调时，声音最低，声带最松，如果气息托不住，很容易使声音“噎住”或调值不到位。所以在字词训练的时候，一定要注意气息与喉部控制的平衡。

第四，发音时，气息与声带在时间上要协调配合好，气到声门闭，不能有早晚。如果吸气方法不正确，发音动作不协调，声门先闭，要冲开声门就要增加气息压力，造成喉部紧张，声音直而且费力。如果气流先到声门再闭，就容易漏气，发音效率低，声音不干净发沙。所以在发音的时候，尤其要注意开始发音时的状态，音节起音时要协调好气息与声带的配合，这样才能完整地发好每个音节。

(2)喉部放松的训练方法

①发气泡音。气泡音是喉部发出的微弱的颤音，对于锻炼声带振动的平衡，增加声带肌的力量都是有效的。发音的时候两条声带微微靠拢，用轻微的气息振动声带，那声音就像空气在水中起泡儿一样。发音的时候，口腔和喉部的肌肉要放松，呼吸状态要正确，气息较缓，只要能吹动声带振动就行。发音时可结合元音 ɑ 和 i 来练习。发 ɑ 和 i 的气泡音时，口腔开合对声带振动的均匀度非常有意义。气泡音练习时间不用太长，但一定要均匀，气泡不能时大时小，时有时无，一定要一个泡连着一个泡，否则就失去了意义。

②用较弱的气流发 ü 时，喉部也没什么负担，发 lü(绿)这个音延长 ü 时，很容易找到 ü 的气泡音。

③用鼻音 m 进行哼鸣练习。哼鸣练习可以使两片声带靠得更紧些。气流的冲击力量比气泡音更强，乐音成分多，发 m 哼鸣延长时感觉软腭下垂，鼻腔通路打开、双唇闭，上下牙没碰到一起、双唇在发音时均衡紧张振动，在气流的作用下有麻酥感，同时口鼻联合共鸣，声音悦耳。可以结合气息的强弱，使声音从高到低、从弱渐强，体现出发声练习的综合效果。

3.加强基本功训练，提高喉的发声能力

朗诵作为一门语言艺术，也很强调“生活”“自然”，但这绝非生活的原形照搬，而是以纯熟技巧为前提的返璞归真，是艺术的自然。不经严格的基本功训练，没有超乎一般人的发声能力，是不可能取得满意的发声效果的。

在进行发声能力训练之前，应首先认识自己的嗓音条件。在生活中，人们的嗓音使用大多带有相当强的主观性。比如，喜欢高音的人就一味用高调门儿说话，喜欢低音的人就刻意压低声音。不顾及自身条件和现有发声能力的主观追求，不仅盲目而且危险，轻则使发声运动受限，声音色彩单调、造作，重则影响喉部健康，使声带受损。

在对声音类型有所认识的基础上，就可以进行提高喉的发声能力的训练，主要应训练音高的变化、音强的变化以及音色的变化。其中音色变化可集中在虚实、明暗对比的变化上进行。

(1)音高变化的训练

音高变化的训练是为了扩展音域。作为朗诵者只依赖于自然发声能力所展现的音域是不能适应朗诵表达需要的。经训练，朗诵者音高变化幅度应达到一个半八度到两个八度左右。但训练应把重心放在中声区偏低的部分，逐渐向高、向低扩展。

①螺旋式上绕、下绕练习：用 ɑ 或 i 音，从说话的自然音高中的某一个音开始，持续发音，逐渐“环行上绕”即向高音扩展，而后再由刚才达到的、力所能及的高音逐渐“环行下绕”，周而复始，循序渐进。

②阶梯式升高、降低练习：首先可用单一元音或单一音节，从说话第次升高或降低。练习时要注意分辨说与唱的区别，避免发出唱声。

在单元音、单音节的练习之后，可以扩展到语句练习，即在保持合理语势情况下，整体提高或降低音调。这种练习也是依照音阶的感觉，逐次升高或降低，周而复始，循序渐进。训练时应注意呼吸控制的配合。

(2)音强变化的训练

音强变化的训练是为了提高对音量大小变化的控制能力。

音强变化训练可采用以下方法：设想不同的听众人数，设想不同的交流距离，采用不同的表达方式。进行这项训练时，应避免用抽象的命令，可以先用格律诗来练习，而后再向其他类型作品过渡。音强变化的训练并不要求绝对值的训练，但要求相对的有层次的变化。在发高音、强音时，以及低音、弱音时要加强呼吸控制以保证发声器官的健康，保证发声质量。

①音域扩展练习

通过向声音高低两个方向扩展，加大音域范围，对于发音偏高的考生，应着重向低音方向发展；发音偏低的考生，应着重向高音方向扩展。

扩展高音：

首先将自己发出的舒适的中音定为起始音高，发单元音 a、o、e、i、u、ü 的延长音，然后音高逐级上升。音高升高时应当循序渐进，一个新音高发得轻松自如时再往上升，不可急于求成，以免损害发声器官。发高音时应避免过亮的实声，尽量使用柔和的音色。

扩展低音：

首先将自己发出的舒适的中音定为起始音高，发单元音 a、o、e、i、u、ü 的延长音，然后音高逐级降低。音高降低时应当循序渐进，一个新音高发得轻松自如时再往下降。练习时，尽量避免声门闭合过紧的喉音，应做到声带放松，使用柔和的音色，这样可避免对喉的伤害。

②确定适当音高

由高到低，分几个高度朗诵下面语段，然后进行比较，找出自己满意的、适合于朗诵的音高，把这一高度与自己习惯使用的音高比较，看看是否存在习惯性发声偏高或偏低的问题。根据自己的问题，确定进一步的练习内容。

运用音高变化朗诵下面这首诗歌，注意音高的高低起伏变化。

例：

为人进出的门紧锁着，
为狗爬走的洞敞开着，
一个声音高叫着：
爬出来吧，给你自由！
我渴望自由，
但也深知道——
人的躯体哪能由狗的洞子爬出！
我只能期待着，
那一天——
地下的火冲腾，
把这活棺材和我一齐烧掉，
我应该在烈火和热血中得到永生。

——叶挺《囚歌》

(3)音色变化的训练

朗诵中所要表达的思想感情是千变万化的，作为朗诵载体的声音又是可听可感的，因而理应有与之相适应的色彩变化。声音色彩变化最主要的表现为虚实变化。就生理机制而言，实声是声带较为紧密靠拢时发出的声音，虚声是声带较为松弛，声门适度开启时发出的声音。丰富的虚实变化与多层次的音高、音量、音长的变化配合，便形成了多姿多彩的声音样式。应该明确，朗诵创作是“以实为主，虚实结合”的音色为基本色彩声音的，所有音色的变化，都是在此基础上的变化形式，“以实为主，虚实结合”的音色，使听众感到结实又不过分明亮，柔和又不显虚空。这种音色是在声带张弛适度的情况下发出的。

“以实为主，虚实结合”的音色可以通过如下方法获得：

第一步：在音高、音量比较自然和“宽窄”适度的情况下，发出实声的 a 或 i 的长音。

第二步：基本状态不变，只稍稍放松气力，在带有少许“回音”感的情况下，再次发音。此时，便是“以实为主，虚实结合”的音色。

在取得基本音色的确定印象之后，再进行多层次虚实对比变化练习。

①对比练习

单元音对比，如：

ɑ(实)——ɑ(虚)　　i(实)——i(虚)
ɑ(虚)——ɑ(实)　　i(虚)——i(实)
ɑ(实)——i(虚)　　i(实)——ɑ(虚)

语词对比,如:

啊(实)——啊(虚)　　啊(虚)——啊(实)
大地(实)——大地(虚)　　大地(虚)——大地(实)
大地啊(实)——大地啊(虚)　　大地啊(虚)——大地啊(实)

②过渡练习

单元音过渡,如:

ɑ(实)→ɑ(虚)
ɑ(虚)→ɑ(实)
ɑ(实)→ɑ(虚)→ɑ(实)
ɑ(虚)→ɑ(实)→ɑ(虚)

语词过渡,如:

大(实)→地(实虚)→啊(虚)
大(虚)→地(虚实)→啊(实)

③综合运用练习

以思想感情运动幅度较大的文学作品,如诗歌、散文为练习材料较为适宜。根据内容及思想感情表达的需要,具体设计运用虚实音色的变化。如:

横看　成岭　侧　成峰,
(实虚)→(虚实)→(虚)→(虚实)
远近　高低　各　不同。
(虚实)→(实)→(虚)→(实)
不识　庐山　真　面目,
(实虚)→(虚)→(实)→(虚)
只缘　身在　此　山中。
(虚实)→(实虚)→(虚)→(实)

以上的举例只是粗线条的,其中的微妙变化需要在朗诵时根据思想感情的变化和“朗诵场”的实际情况进行调整。一篇作品朗诵时,绝非一种固定的样式,一定是色彩纷呈的。而基本功训练却往往是刻板、单调且漫长的,但恰恰是日积月累得来的扎实的基本功,才使朗诵技巧得以丰富和纯熟。

音色的变化最直接地反映出思想感情的运动状况。因此在做有文本朗诵的练习时,首先要加深对内容的理解,思想感情运动到什么程度,音色变化到什么程度,切不可以声造情,虚情假意,虚声假气。每个人都应有自己的理解,当然也就有自己的表达方式,音色的变化决不能强求一律。

④根据要求,用不同音色朗诵下面各段文字

注意音色应与要求一致,有单一音色发声习惯的考生尤其要注意不同音色控制的持久性。通过练习来矫正不良发声习惯,形成能自如变化的发声能力。

(偏实、明亮音色)

真好!朋友送我一对珍珠鸟。放在一个简易的竹条编成的笼子里,笼内还有一卷干草,那是小鸟儿舒适又温暖的巢。

(偏虚、稍暗音色)

一天夜晚,他在幽静的小路上散步,听到断断续续的钢琴声从一所茅屋里传出来,弹的正是他的曲子。

（偏实、稍明亮音色）

威尼斯的小艇有二三十英尺长，又窄又深，有点像独木舟。船头和船艄向上翘起，像挂在天边的新月。行动轻快灵活，仿佛田沟里的水蛇。

（根据感情和意境变化，用不同音色朗诵）

不久，鲁滨逊和星期五又从吃人的土人那里救出两个人，一个是星期五的父亲，一个是航海遇难的欧洲人。星期五父子团聚，非常快活，鲁滨逊也有说不出的高兴。

到了第28年，一天早晨，突然有一只英国大船经过孤岛，鲁滨逊既高兴又惊奇。这只船上有些凶恶的水手企图伤害船长，夺取大船。当双方相持不下的时候，鲁滨逊和星期五赶到船上，他们与船长联合打败了那些叛徒，还把一些坏人留在岛上，以示惩罚。

二 朗诵学习要点

从本级开始，我们要进一步学习朗诵的技巧。与大多数有声艺术语言创作一样，在朗诵时我们常用的技巧有两大类，分别是内部技巧和外部技巧，其中内部技巧包括：情景再现、内在语、对象感；外部技巧包括：停连、重音、语气、节奏。本级我们要学习的是朗诵内部技巧中的情景再现。

（一）什么是情景再现

在朗诵创作中，朗诵者的想象力是朗诵者进行再创作的前提。朗诵者要有想象力。想象是人脑对已储存的表象进行加工改造，形成新形象的心理过程。

想象分为两种：创造想象和再造想象。创造想象是指在不依据现成的描述而独立地创造新形象的过程，它具有首创性、独立性和新颖性。如诗人创作诗篇，作家构思小说情节、人物形象，工程师设计楼房、桥梁等。再造想象是依据词语描述或图表描绘，在人脑中产生新形象的过程。再造想象是创造在现实中已经有的、别人知道的、可是自己从未感知过的事物的新形象。比如，朗诵“霜叶红于二月花”的诗句，朗诵者和听众脑海中出现了满山的枫叶在秋季红似春花的景象。由于个体间的知识经验、兴趣爱好、个性差异，对同样的描述提示会再造出各不相同的形象，如1000个人看了小说《阿Q正传》，头脑中会有1000个不同的阿Q形象，因此，再造想象也有创造性成分。朗诵者的想象具有再造想象的特点。在创作过程中，朗诵者需要通过想象，把文本描写变成连续活动的画面，并接受由此带来的刺激，引发朗诵者与文本相一致的情感，同时也使受众受到感染和启迪。

朗诵者的想象不能任意驰骋，必须以文本提供的材料为原型。文本已经规定了想象的目的、性质、范围和任务，那么朗诵者只能依据现成的文字描述展开想象，保证想象既符合文本内容的需要，又符合受众视听的需要。朗诵者为完成对文本的开掘和驾驭，顺利地实现朗诵目的，必须运用再造想象去调动情感，使思想感情进入到应有的运动状态。这种再造想象有着自己鲜明的特点，“情景再现”是朗诵者再造想象特点的恰当概括。

文本中的人物、事件、情节、场面、景物和情绪等，在朗诵者的脑海里不断浮现，形成连续活动的画面，这画面带有朗诵者的感受、态度和感情，带有文本自身所蕴含的作者的感受、态度、感情及朗诵者因此而产生的评价体验的“映象”。朗诵者从对文本的理解和感受中，不但感受到了内中的形象——“景”，而且感受到了内中的神采——“情”，从而达到了情景交融的境界，这个过程就是“情景再现”。

（二）情景再现的步骤

“情景”就是稿件中所要表达的感情和场景，“再现”是利用有声语言，将情景再一次地展现出来，其中“再”字是重点。情景再现以情为主。脑海里有了活动的画面，这只是第一步。最为关键的是，伴随着画面的展现引发相应的感情、态度，更好地为实现朗诵目的服务，这是“情景再现”这一技巧的目的所在。

运用情景再现激发感情，必须通过朗诵者的积极反应，其过程可分为四个步骤。

1.理清头绪

拿到文本，经过备稿六步的理解感受后，还要从情景再现的角度去理清头绪。那连续活动的画面开头是什么？接下去怎么变化？以后又如何发展变化？结果是怎样的？哪些是横向扩展，是怎样扩展的，详细到什么程度？哪些是“特写镜头”，哪些是“远景”，哪些是“近景”，是由近及远，还是由远及近。对于这些，朗诵者要做到心中有数。

2.设身处地

要求朗诵者把文本所叙述、描写的内容，作为亲眼所见、亲耳所闻、亲身所历的事情，设身处地、置身其中，进入到具体的事件、场景中去。设身处地的目的主要是为了获得现场感，感受到现场的环境，感受到现场的氛围，时刻感到“我就在”，这对于情景再现是极为有利的。

文本中的情景，有朗诵者亲身经历过的，也有朗诵者没有经历过的。一个人的亲身经历毕竟有限，人们对世间的事物很难做到事事皆知。因此，朗诵者要借助于现代化的手段，开阔视野，增加自己的见识。通过观察、体验、分析、积累等方式，不断提高自己设身处地的能力，为下一步触景生情打下基础。

3.触景生情

文本中的人物、事件、情节、场面、景物、情绪等不断在朗诵者的脑海里浮现，对于每一个画面，朗诵者必须做出积极的反应，主动地接受画面的刺激，获得具体感受，做出准确判断，给以客观评价，以引发饱满、细腻的情感。

触景生情是情景再现的核心。朗诵创作中特别强调积极的反应，要求朗诵者在毫无准备的情况下，因一个具体的“景”的刺激，马上就能激发起符合文本需要的具体的“情”。要求朗诵者要在刹那间调动起全部经验积累、张开全部认知神经达到“顿悟”。这种极高的要求只有通过刻苦训练才能达到。

4.现身说法

稿件中的情景不断浮现在朗诵者的脑海中，脑海里活动的画面和与之相应的感情不断融合、变化，丰富着稿件的语言文字。通过朗诵者的消化吸收，加工制作，“溢于言表”，使受众在体会到文本中情景的同时，受到启迪和感染。既然文本中的情景始终“我就在”，那么把这情景再现的过程转述出来，正是朗诵者的责任。

(三)情景再现的应用

1.必须以朗诵目的为中心，不要“为情景再现而情景再现”。朗诵者脑海里浮现的画面，只能是为文本主题和朗诵目的服务的。体现朗诵目的的地方，情景要详细展开，次要的地方要一带而过。那种为了把文本朗诵“活”，就不顾朗诵目的、不放过任何“情景再现”机会的朗诵是不足取的，这种貌似“活”的朗诵将会导致对文本精神实质的背离。

2.必须产生于具体感受中，感受是把文本转化为有声语言的关键环节。正是因为有了感受，朗诵者才能从内心主动接受、容纳、消化文本的多层次刺激，让情感犹如喷泉一般地涌出。感受是由理解到表达的桥梁。无视感受、轻视感受，有可能对文本无动于衷，这样往往会使情景再现的过程有景无情。缺乏感受或感受肤浅，就不可能产生饱满、细腻的感情，传达不出文本的精神实质。

3.训练案例分析。

情景再现是一种想象联想活动，这种活动需要以深刻的理解、丰富的感要为基础。它不是任意驰骋的，必须以符合文本的需要为前提，以稿件中提供的材料为原型。下面我们以《乡愁》为例，按照情景再现的四个步骤，分析其整个过程。

小时候，
乡愁是一枚小小的邮票，
我在这头，
母亲在那头；
长大后，
乡愁是一张窄窄的船票，
我在这头，
新娘在那头；
后来啊，
乡愁是一方矮矮的坟墓，
我在外头，
母亲在里头；
而现在，
乡愁是一湾浅浅的海峡，
我在这头，
大陆在那头。

——余光中《乡愁》

第一步：理清头绪

经过备稿六步的理解感受之后，我们来看看《乡愁》怎样开头、如何变化、怎样发展、结果怎样，看看哪里是重点的特写、哪里是简单勾勒。这些都应在我们脑海中形成连续、活动的画面。

《乡愁》是现代诗人余光中所创作的一首现代诗歌，诗中通过“小时候”“长大后”“后来啊”“而现在”这几个时序语贯串全诗，借邮票、船票、海峡这些实物，把抽象的乡愁具体化。概括了诗人漫长的生活历程和对祖国的绵绵思恋，流露出诗人深沉的历史感。

余光中从亲历的生活中选取了“邮票”“船票”“坟墓”“海峡”四个意象来寄寓情感：

小时候—邮票—母子深情（浓烈）
长大后—船票—夫妻恩爱（热烈）
后来啊—坟墓—生离死别（悲痛）
而现在—海峡—思乡念国（深沉）

第二步：设身处地

我们借助想象和联想，把《乡愁》所叙述、描写的内容都转化为亲眼所见、亲耳所闻、甚至亲身所历的事情。我们要从诗人给我们营造的事件和场面中获得现场感，时时刻刻感觉到“我就在”，真切感受到现场的环境、气氛、转换、变化。

余光中的祖籍是福建永春，他于1949年离开大陆去了台湾，由于当时台湾和大陆长时间的隔绝，余光中多年没有回过大陆。他一直思念亲人，渴望回到大陆与亲人团聚，在强烈的思乡之情中，于1972年在台北厦门街的旧居内写下了这首诗。

我们需要设想自己生活在异乡，体会思念家乡的感觉，尤其离家久远那种思乡的情感尤为强烈，特别是夜深人静时更是难以入睡。有首歌曲叫《想家的心情》，由王慧敏作词，可以借助其中的两句歌词来想象具体的场景：“想家的心情，是母亲倚栏凝望的眼睛；想家的心情，是游子凭窗凝眸的憧憬；想家的心情，谁都体会得到，谁也说不清。”

再进一步感受那些远离祖国、漂泊在外的游子，特别是台湾同胞，由于海峡的阻隔，他们有家难回，那是真正的“愁”、真正的痛。带着这样的设身处地的联想，再一起走进浓情似雾的乡愁世界，一起去倾听余光中的内心呼唤。

第三步:触景生情

触景生情是情景再现的核心,朗诵创作中特别强调积极的反应。脑海里不断浮现着画面的同时,我们要时时做出积极的内心反应,要主动接受画面的刺激,获得具体感受,引发饱满、细腻的感情。

不同的稿件会让我们有不同的情感体验。有的文章让我们振奋,有的文章让我们感动,有的文章让我们感慨。这篇《乡愁》让我们产生了什么样的情感体验呢?

情是这世上极抽象的词汇,总是有着,却又总是看不见,总需借一些物象才能捕捉到它。在思乡愁情袭来时,"月"成了中国人的最爱,由"月"而勾出的诗便多了起来。而余光中对着悬挂了无数个日夜的思乡的明月,却浮现出"邮票""船票""坟墓""海峡"四个意象于读者眼前。当我们感念"天涯共此时"的一刹那,这四个意象果真让人觉得,故乡就在眼前——更近了,也似乎更远了——若隐若现,若即若离……这真的便是我们每个人心中的"乡愁"了。

"乡愁"是痛苦的。"我在这头,母亲在那头""我在这头,新娘在那头"。"母亲",现在又多加一个"爱人",随着岁月的迁移,与故乡有关的思念也在逐渐地增多、加重。不论是生养的血缘,还是缠绵的爱恋,当它终归化为亲情的时候,当这亲情生生地被空间拉远了的时候,愁苦便牵肠挂肚、魂牵梦萦……然而,毕竟这时的愁苦还可排解。"小小的邮票""窄窄的船票"终可传去我们彼此的思念,并最终拉近这空间上的距离。于是,在诗中,愁苦里我们享受到了幸运与幸福……

岁月在更迭,乡愁在加深。而当乡愁化作"一方矮矮的坟墓"之时,痛苦中又隐现幸福的"乡愁"里,却变得肝肠寸断、撕心裂肺。明明是"矮矮的",明明是近在咫尺,但"我在外头,母亲在里头",生死两茫茫,在这只需稍稍抬起脚便可逾越的"一方矮矮的坟墓"前,生与死的墙却是那样的高,那般的厚,触目可及的"近"却又是那样遥不可及的"远"。余光中竟让读这诗的每个人一下子又想到了自己——或是若干年前,或是若干年后,那个立于坟前的人定然就是我们自己。无须刻意,一幕又一幕便溢了出来,仿佛与"小小的邮票"和"窄窄的船票"相关的记忆瞬间四溢而出,占据了每一颗此刻均已早就变得空荡荡的心。这是无法接受与承受的,然而生老病死,轮回使然,这人力所不能及的自然之法则又迫使我们不得不接受,也不得不承受。尽管带着剧烈的疼痛,但当乡愁化作"一方矮矮的坟墓"的时候,人力已显得微薄,天命却又是那样得威严无法抗拒。

尽管无法如"小时候""长大后"那样得以排解而幸福,但这愁苦毕竟该顺理成章地被自然释怀。如果说这种乡愁之苦也可排解的话,那当它化作"一湾浅浅的海峡"时,便无论如何也没有办法去排解、消逝掉了,更是无法接受和承受了。

不错,与"坟墓"这一意象幻化而出的那个"乡愁"相比,二者何其相似啊。同样是近在咫尺,却又同样远隔天涯;"矮矮的""浅浅的",同样举步可越,却又是同样无缘亲近。但这又分明是不同的。生死的时序自然非人力可改变,但这眼前的相隔岂是上天的安排!当我们捶胸顿足地痛恨于双手无法使距离拉近时,却又为何亲手残忍地人为拉远着这上天原本已拉近的距离!自然的运转,体现的是深沉与威严。人力的对抗却体现着可憎与愚昧。面对这样的乡愁,这苦与痛,分明伴生着强烈的困惑与愤懑……

第四步:现身说法

《乡愁》中的情景在朗诵者脑海里连续地、不断地再现出来,这些画面和与之相应的感情不断融合着、变化着,经过自己的消化吸收,加工制作,然后"溢于言表",让受众听明白、感受到。这就是情景再现的"动于衷"和"形于外"的过程。

既然稿件中的情景始终"我就在",那么,把这情景再现的过程转述出来,正是朗诵者的责任。在前三步完成后,那种向人们诉说的愿望就更强烈了。我们从情感的角度出发,"小时候""长大后""后来""现在"……随时间的前移,伴随成长的变迁,这条与生命牵系的线,竟串联起了"我"生命中全部的"乡愁"。我们的语言刺激了受众,受众会跟着我们的朗诵一起进入到情节当中,从而达到情景交融的境地。受众觉得朗诵者仿佛是在讲述自己的亲身经历,从而受到朗诵者的感染和启迪,进而付诸行动。

自选考级篇目

1. 乡　愁

余光中

小时候，
乡愁是一枚小小的邮票，
我在这头，
母亲在那头；
长大后，
乡愁是一张窄窄的船票，
我在这头，
新娘在那头；
后来啊，
乡愁是一方矮矮的坟墓，
我在外头，
母亲在里头；
而现在，
乡愁是一湾浅浅的海峡，
我在这头，
大陆在那头。

2. 从前慢

木　心

记得早先少年时
大家诚诚恳恳
说一句　是一句
清早上火车站
长街黑暗无行人
卖豆浆的小店冒着热气
从前的日色变得慢
车，马，邮件都慢
一生只够爱一个人
从前的锁也好看
钥匙精美有样子
你锁了　人家就懂了

3. 囚　歌

叶　挺

为人进出的门紧锁着，
为狗爬走的洞敞开着，
一个声音高叫着：

爬出来吧，给你自由！
我渴望自由，
但也深知道——
人的躯体哪能由狗的洞子爬出！
我只能期待着，
那一天——
地下的火冲腾，
把这活棺材和我一齐烧掉，
我应该在烈火和热血中得到永生。

4. 希　望

艾　青

梦的朋友
幻想的姊妹
原是自己的影子
却老走在你前面
像光一样无形
像风一样不安定
她和你之间
始终有距离
像窗外的飞鸟
像天上的流云
像河边的蝴蝶
既狡猾而美丽
你上去，她就飞
你不理她，她撵你
她永远陪伴你
一直到你终止呼吸

5. 偶　然

徐志摩

我是天空里的一片云，
偶尔投影在你的波心——
你不必讶异，
更无须欢喜——
在转瞬间消灭了踪影。
你我相逢在黑夜的海上，
你有你的，我有我的，方向；
你记得也好，
最好你忘掉，
在这交会时互放的光亮！

6.烦　忧

戴望舒

说是寂寞的秋的清愁，
说是辽远的海的相思。
假如有人问我的烦忧，
我不敢说出你的名字。
我不敢说出你的名字，
假如有人问我的烦忧：
说是辽远的海的相思，
说是寂寞的秋的清愁。

7.青　春

席慕蓉

所有的结局都已写好，
所有的泪水也都已启程，
却忽然忘了是怎么样的一个开始，
在那个古老的不再回来的夏日。
无论我如何地去追索，
年轻的你只如云影掠过，
而你微笑的面容极浅极淡，
逐渐隐没在日落后的群岚。
遂翻开那发黄的扉页，
命运将它装订得极为拙劣，
含着泪　我一读再读，
却不得不承认，
青春是一本太仓促的书。

8.梦与诗

胡　适

都是平常经验，
都是平常影象，
偶然涌到梦中来，
变幻出多少新奇花样！
都是平常情感，
都是平常言语，
偶然碰着个诗人，
变幻出多少新奇诗句！
醉过才知酒浓，
爱过才知情重；——
你不能做我的诗，
正如我不能做你的梦。

9. 错　误

郑愁予

我打江南走过
那等在季节里的容颜如莲花的开落
东风不来，三月的柳絮不飞
你的心如小小的寂寞的城
恰若青石的街道向晚
跫音不响，三月的春帷不揭
你的心是小小的窗扉紧掩
我达达的马蹄是美丽的错误
我不是归人，是个过客……

10. 假如生活欺骗了你

〔俄〕普希金

假如生活欺骗了你，
不要悲伤，不要心急！
忧郁的日子里须要镇静：
相信吧，快乐的日子将会来临！
心儿永远向往着未来；
现在却常是忧郁：
一切都是瞬息，
一切都将会过去；
而那过去了的，
就会成为亲切的怀恋。

11. 生如夏花（节选）

〔印度〕泰戈尔

我听见回声，来自山谷和心间
以寂寞的镰刀收割空旷的灵魂
不断地重复决绝，又重复幸福
终有绿洲摇曳在沙漠
我相信自己
生来如同璀璨的夏日之花
不凋不败，妖冶如火
承受心跳的负荷和呼吸的累赘
乐此不疲
我听见音乐，来自月光和胴体
辅极端的诱饵捕获飘渺的唯美
一生充盈着激烈，又充盈着纯然
总有回忆贯穿于世间
我相信自己
死时如同静美的秋日落叶

不盛不乱，姿态如烟
即便枯萎也保留丰肌清骨的傲然
玄之又玄

12. 草原上升起不落的太阳

美丽其格

蓝蓝的天上白云飘，
白云下面马儿跑，
挥动鞭儿响四方，
百鸟齐飞翔。
要是有人来问我，
这是什么地方？
我就骄傲地告诉他，
这是我的家乡。
这里的人们爱和平，
也热爱家乡，
歌唱自己的新生活，
歌唱共产党。
毛主席共产党，
抚育我们成长，
草原上升起不落的太阳。

13. 我爱祖国的蓝天

阎　肃

我爱祖国的蓝天，
晴空万里阳光灿烂，
白云为我铺大道，
东风送我飞向前，
金色的朝霞在我身边飞舞，
脚下是一片锦绣河山。
啊，水兵爱大海，
骑兵爱草原；
要问飞行员爱什么，
我爱祖国的蓝天。
我爱祖国的蓝天，
云海茫茫一望无边；
春雷为我敲战鼓，
红日照我把敌歼。
美丽的长虹搭起彩门，
迎接着战鹰胜利凯旋。
啊！水兵爱大海，

骑兵爱草原。
要问飞行员爱什么，
我爱祖国的蓝天。

14. 我爱这蓝色的海洋

胡宝善

我爱这蓝色的海洋，
祖国的海疆壮丽宽广，
我爱海岸耸立的山峰，
俯瞰着海面像哨兵一样。
啊！
海军战士红心向党，
严阵以待紧握钢枪，
我守卫在海防线上，
保卫着祖国无尚荣光。
我爱这蓝色的海洋，
祖国的海疆有丰富的宝藏，
我爱晴朗辽阔的海空，
英雄的战鹰在展翅飞翔。
啊！
穿云雾破海浪，
海空战士胸有朝阳，
我守卫在海防线上，
保卫着祖国无尚荣光。
我爱这蓝色的海洋，
矫健的海燕在暴风雨里成长，
我爱大海的惊涛骇浪，
把我们锻炼得无比坚强。
啊！
战舰奔驰劈涛斩浪，
毛主席挥手指引航向，
我守卫在海防线上，
保卫着祖国无尚荣光。

15. 我们的生活充满阳光

秦志钰

幸福的花儿心中开放，
爱情的歌儿随风飘荡；
我们的心儿飞向远方，
憧憬那美好的革命理想。
我们的生活充满阳光
并蒂的花儿竞相开放，

比翼的鸟儿展翅飞翔;
迎着那长征路上战斗的风雨,
为祖国贡献出青春和力量。
啊,亲爱的人啊携手前进,
我们的生活充满阳光!

16. 少年闰土(节选)

鲁 迅

深蓝的天空中挂着一轮金黄的圆月,下面是海边的沙地,都种着一望无际的碧绿的西瓜。其间有一个十一二岁的少年,项带银圈,手捏一柄钢叉,向一匹猹用力地刺去。那猹却将身一扭,反从他的胯下逃走了。

这少年便是闰土。我认识他时,也不过十多岁,离现在将有三十年了;那时我的父亲还在世,家景也好,我正是一个少爷。那一年,我家是一件大祭祀的值年。这祭祀,说是三十多年才能轮到一回,所以很郑重。正月里供像,供品很多,祭器很讲究,拜的人也很多,祭器也很要防偷去。我家只有一个忙月,忙不过来,他便对父亲说,可以叫他的儿子闰土来管祭器的。

我的父亲允许了;我也很高兴,因为我早听到闰土这名字,而且知道他和我仿佛年纪,闰月生的,五行缺土,所以他的父亲叫他闰土。他是能装弶捉小鸟雀的。

17. 月光曲(节选)

佚 名

两百多年前,德国有个音乐家叫贝多芬,他谱写了许多著名的乐曲。其中有一首著名的钢琴曲叫《月光曲》,传说是这样谱成的。

有一年秋天,贝多芬去各地旅行演出,来到莱茵河边的一个小镇。一天夜晚,他在幽静的小路上散步,听到断断续续的钢琴声从一所小茅屋里传出来,弹的正是他自己的曲子。

贝多芬走近茅屋,琴声忽然停了,屋子里有人在谈话。一个姑娘说:“这首曲子多难弹啊!我只听别人弹过几次,总是记不住该怎样弹。要是能听一听贝多芬自己是怎样弹的,那该有多好哇!”一个男的说:“是啊,可是音乐会的入场券太贵了,咱们又太穷。”姑娘说:“哥哥,你别难过,我不过说说罢了。”

贝多芬听到这里,推开门,轻轻地走了进去。茅屋里点着一支蜡烛。在微弱的烛光下,男的正在做皮鞋。窗前有架旧钢琴,前面坐着一个十六七岁的姑娘,脸很清秀,可是眼睛失明了。

皮鞋匠看见进来个陌生人,站起来问:“先生,您找谁?您走错了吧?”贝多芬说:“不,我是来弹一首曲子给这位姑娘听的。”

18. 珍珠鸟(节选)

冯骥才

真好!朋友送我一对珍珠鸟。放在一个简易的竹条编成的笼子里,笼内还有一卷干草,那是小鸟儿舒适又温暖的巢。

有人说,这是一种怕人的鸟。

我把它挂在窗前。那儿还有一大盆异常茂盛的法国吊兰。我便用吊兰长长的、串生着小绿叶的垂蔓蒙盖在鸟笼上,它们就像躲进深幽的丛林一样安全;从中传出的笛儿般又细又亮的叫声,也就格外轻松自在了。

阳光从窗外射入,透过这里,吊兰那些无数指甲状的小叶,一半成了黑影,一半被照透,如同碧玉,斑斑驳驳,生意葱茏。小鸟的影子就在这中间隐约闪动,看不完整,有时连笼子也看不出,却见它们可爱的鲜红小嘴儿从绿叶中伸出来。

我很少扒开叶蔓瞧它们，它们便渐渐敢伸出小脑袋瞅瞅我。我们就这样一点点熟悉了。三个月后，那一团越发繁茂的绿蔓里边，发出一种尖细又娇嫩的鸣叫。我猜到，是它们有了雏儿。我呢，决不掀开叶片往里看，连添食加水时也不睁大好奇的眼去惊动它们。过不多久，忽然有一个更小的脑袋从叶间探出来。哟，雏儿！正是这小家伙！它小，就能轻易地由疏格的笼子钻出身。瞧，多么像它的父母：红嘴红脚，灰蓝色的毛，只是后背还没生出珍珠似的圆圆的白点；它好肥，整个身子好像一个蓬松的球儿。

19. 落花生（节选）

老　舍

我是个谦卑的人。但是，口袋里装上四个铜板的落花生，一边走一边吃，我开始觉得比秦始皇还骄傲。假若有人问我："你要是作了皇上，你怎么享受呢？"简直的不必思索，我就答得出："派四个大臣拿着两块钱的铜子，爱买多少花生吃就买多少！"

什么东西都有个幸与不幸。不知道为什么瓜子比花生的名气大。你说，凭良心说，瓜子有什么吃头？它夹你的舌头，塞你的牙，激起你的怒气——因为一咬就碎；就是幸而没碎，也不过是那么小小的一片，不解饿，没味道，劳民伤财，布尔乔亚！你看落花生：大大方方的，浅白麻子，细腰，曲线美。这还只是看外貌。弄开看：一胎儿两个或者三个粉红的胖小子。脱去粉红的衫儿，象牙色的豆瓣一对对的抱着，上边儿还结着吻。那个光滑，那个水灵，那个香喷喷的，碰到牙上那个干松酥软！白嘴吃也好，就酒喝也好，放在舌上当槟榔含着也好。写文章的时候，三四个花生可以代替一支香烟，而且有益无损。

种类还多呢：大花生、小花生、大花生米、小花生米，糖饯的、炒的、煮的、炸的，各有各的风味，而且都好吃。下雨阴天，煮上些小花生，放点盐；来四两玫瑰露；够作好几首诗的。

20. 宝葫芦的秘密（节选）

张天翼

至于宝葫芦的故事，那我从小就知道了。那是我奶奶讲给我听的。奶奶每逢要求我干什么，她就得给我讲个故事。这是我们的规矩。

"乖小葆，来，奶奶给你洗个脚。"奶奶总是一面撵我，一面招手。

"我不干，我怕烫。"我总是一面溜开，一面摆手。

"不烫啊。冷了好一会儿了。"

"那，我怕冷。"

奶奶撵上了我，说洗脚水刚好不烫也不冷，非洗不可。

这我只好让步。不过我有一个条件："你爱洗就让你洗。你可得讲个故事。"就这么着，奶奶讲了个宝葫芦的故事。

"好小葆，别动！"奶奶刚给我洗了脚，忽然又提出一个新的要求来，"让我给你剪一剪……"

什么！剪脚指甲啊？那不行！我光着脚丫，一下地就跑。可是胳膊给奶奶拽住了。没有办法。不过我得提出我的条件："那，非得讲故事。"于是奶奶又讲了一个——又是宝葫芦的故事。

21. 为中华之崛起而读书（节选）

陈　沚

12岁那年，周恩来离开家乡，来到了东北。当时的东北，是帝国主义列强在华争夺的焦点。他在沈阳下了车，前来接他的伯父指着一片繁华、热闹的地方，对他说："没事可不要到那个地方去玩啊!"

"为什么?"周恩来不解地问。

"那是外国租界地,惹出麻烦来可就糟了,没处说理去!"

"那又是为什么呢?"周恩来打破砂锅问到底。

"为什么? 中华不振啊!"伯父叹了口气,没有再说什么。

不久,周恩来进了东关模范学校读书。他始终忘不了大伯接他时说的话,经常想:"租界地是什么样的? 为什么中国人不能去那儿,而外国人却可以住在那里? 这不是中国的土地吗……"一连串的问题使周恩来迷惑不解,好奇心驱使着他,一定要亲自去看个究竟。

一个风和日丽的星期天,周恩来背着大伯,约了一个要好的同学闯进了租界。嘿! 这一带果真和别处大不相同:一条条街道灯红酒绿,热闹非凡,街道两旁行走的大多是黄头发、白皮肤、大鼻子的外国人和耀武扬威的巡警。

22. 祖父的园子(节选)

萧　红

呼兰河这小城里住着我的祖父。

我出生的时候,祖父已经六十多岁了,我到四五岁,祖父就快七十了。

我家有一个大园子,这园子里蜂子、蝴蝶、蜻蜓、蚂蚱,样样都有。蝴蝶有白蝴蝶、黄蝴蝶。这种蝴蝶极小,不太好看。好看的是大红蝴蝶,满身带着金粉。

蜻蜓是金的,蚂蚱是绿的。蜜蜂则嗡嗡地飞着,满身绒毛,落到一朵花上,胖圆圆的就跟一个小毛球似的不动了。

……

祖父整天都在院子里边,我也跟着他在里面转。祖父戴一顶大草帽,我戴一顶小草帽。祖父栽花,我就栽花;祖父拔草,我就拔草。祖父种小白菜的时候,我就在后边,用脚把那下了种的土窝一个个地溜平。其实,不过是东一脚西一脚地瞎闹。有时不单没有盖上菜种,反而把它踢飞了。

祖父铲地,我也铲地。因为我太小,拿不动锄头杆,祖父就把锄头杆拔下来,让我单拿着那个锄头的"头"来铲。其实哪里是铲,不过是伏在地上,用锄头乱钩一阵。我认不得哪个是苗,哪个是草,往往把谷穗当做野草割掉,把狗尾草当做谷穗留着。

23. 威尼斯小艇(节选)

〔美〕马克·吐温

威尼斯是世界闻名的水上城市,河道纵横交错,小艇成了主要的交通工具,等于大街上的汽车。

威尼斯的小艇有二三十英尺长,又窄又深,有点像独木舟。船头和船艄向上翘起,像挂在天边的新月。行动轻快灵活,仿佛田沟里的水蛇。

我们坐在船舱里,皮垫子软软的像沙发一般。小艇穿过一座座形式不同的石桥,我们打开窗帘,望望耸立在两岸的古建筑,跟来往的船只打招呼,有说不完的情趣。

船夫的驾驶技术特别好。行船的速度极快,来往船只很多,他操纵自如,毫不手忙脚乱。不管怎么拥挤,他总能左拐右拐地挤过去。遇到极窄的地方,他总能平稳地穿过,而且速度非常快,还能作急转弯。两边的建筑飞一般地往后倒退,我们的眼睛忙极了,不知看哪一处好。

24. 鲁宾逊漂流记(节选)

〔英〕丹尼尔·笛福

一天,鲁滨逊在沙滩上,发现了人类的脚印和几堆人骨头。经过仔细考察,他发现附近的海上,住着吃人的土人。他非常害怕，只好格外地当心防备。有一天，他听见一阵骚乱声，接着发现一群吃人的土人驾着独木船，带着两个俘虏，来到荒岛的沙滩上，看样子要把这两个人活活吃掉。他们燃起火炬，敲锣打鼓，呐喊跳舞。鲁滨逊正在惊慌，只见其中被缚的一个人，忽然挣脱了束缚，向鲁滨逊这边跑来，鲁滨逊可怜这个人的遭遇，完全忘记了害怕，他冲上去"砰！砰！"几枪，就把那群土人吓跑了。

那逃来的人也是土人，不过是另一族的，鲁滨逊救了他，替他取了个名字叫星期五。教他说话，叫他帮着做事，两人也渐渐可以谈话了。有了星期五，鲁滨逊是何等的快活啊！

不久，鲁滨逊和星期五又从吃人的土人那里救出两个人，一个是星期五的父亲，一个是航海遇难的欧洲人。星期五父子团聚，非常快活，鲁滨逊也有说不出的高兴。

到了第28年，一天早晨，突然有一只英国大船经过孤岛，鲁滨逊既高兴又惊奇。这只船上有些凶恶的水手企图伤害船长，夺取大船。当双方相持不下的时候，鲁滨逊和星期五赶到船上，他们与船长联合打败了那些叛徒，还把一些坏人留在岛上，以示惩罚。

25. 尼尔斯骑鹅旅游记(节选)

〔瑞典〕塞尔玛·拉格洛夫

他站在镜子前面闭上眼睛，过了好几分钟才睁开。当时他估计怪样子肯定消失了。可是怪样子并没有消失，他仍然像刚才一样小。从别的方面看，他和以前完全一样。他那淡黄的头发、鼻子上的雀斑、皮裤和袜子上的补丁都和过去一模一样，只不过变得很小很小罢了。

他发现，光那样站着等待是无济于事的，一定得想别的办法。他觉得最聪明的做法就是去找小狐仙讲和。

他忽然想起，曾听母亲讲过，小狐仙平时都是住在牛棚里的。他立刻决定到那里去看看是否能找到他。幸好房门半开着，不然他还够不到锁无法开门呢，而现在他没碰到任何障碍就跑出去了。

门廊外面那块破槲木板上有一只麻雀在跳来跳去。他一看见男孩就叫了起来："叽叽，叽叽，快看放鹅娃尼尔斯！快看拇指大的小人儿！快看拇指大的小人儿尼尔斯·豪尔耶松！"

四 抽选考级篇目

1. 暮江吟

[唐] 白居易

一道残阳铺水中，半江瑟瑟半江红。
可怜九月初三夜，露似真珠月似弓。

2. 题西林壁

[宋] 苏　轼

横看成岭侧成峰，远近高低各不同。
不识庐山真面目，只缘身在此山中。

3. 雪　梅

[宋] 卢　钺

梅雪争春未肯降，骚人阁笔费评章。
梅须逊雪三分白，雪却输梅一段香。

4. 出塞二首 · 其一

［唐］王昌龄

秦时明月汉时关，万里长征人未还。
但使龙城飞将在，不教胡马度阴山。

5. 凉州词二首 · 其一

［唐］王　翰

葡萄美酒夜光杯，欲饮琵琶马上催。
醉卧沙场君莫笑，古来征战几人回？

6. 夏日绝句

［宋］李清照

生当作人杰，死亦为鬼雄。
至今思项羽，不肯过江东。

7. 四时田园杂兴 · 其二十五

［宋］范成大

梅子金黄杏子肥，麦花雪白菜花稀。
日长篱落无人过，惟有蜻蜓蛱蝶飞。

8. 宿新市徐公店

［宋］杨万里

篱落疏疏一径深，树头新绿未成阴。
儿童急走追黄蝶，飞入菜花无处寻。

9. 芙蓉楼送辛渐

［唐］王昌龄

寒雨连江夜入吴，平明送客楚山孤。
洛阳亲友如相问，一片冰心在玉壶。

10. 塞下曲

［唐］卢　纶

月黑雁飞高，单于夜遁逃。
欲将轻骑逐，大雪满弓刀。

11. 墨　梅

［元］王　冕

我家洗砚池头树，朵朵花开淡墨痕。
不要人夸好颜色，只留清气满乾坤。

12. 题临安邸

［宋］林　升

山外青山楼外楼，西湖歌舞几时休？
暖风熏得游人醉，直把杭州作汴州。

13. 六月二十七日望湖楼醉书

［宋］苏　轼

黑云翻墨未遮山，白雨跳珠乱入船。
卷地风来忽吹散，望湖楼下水如天。

14. 江南逢李龟年

［唐］杜　甫

岐王宅里寻常见，崔九堂前几度闻。
正是江南好风景，落花时节又逢君。

15. 观书有感

［南宋］朱　熹

半亩方塘一鉴开，天光云影共徘徊。
问渠那得清如许？为有源头活水来。

16. 竹枝词·山桃红花满上头

［唐］刘禹锡

山桃红花满上头，蜀江春水拍山流。
花红易衰似郎意，水流无限似侬愁。

17. 从军行·其四

［唐］王昌龄

青海长云暗雪山，孤城遥望玉门关。
黄沙百战穿金甲，不破楼兰终不还。

18. 秋　夕

［唐］杜　牧

银烛秋光冷画屏，轻罗小扇扑流萤。
天阶夜色凉如水，坐看牵牛织女星。

19. 己亥杂诗（其五）

［清］龚自珍

浩荡离愁白日斜，吟鞭东指即天涯。
落红不是无情物，化作春泥更护花。

20. 晓出净慈寺送林子方

［宋］杨万里

毕竟西湖六月中，风光不与四时同。
接天莲叶无穷碧，映日荷花别样红。

中级

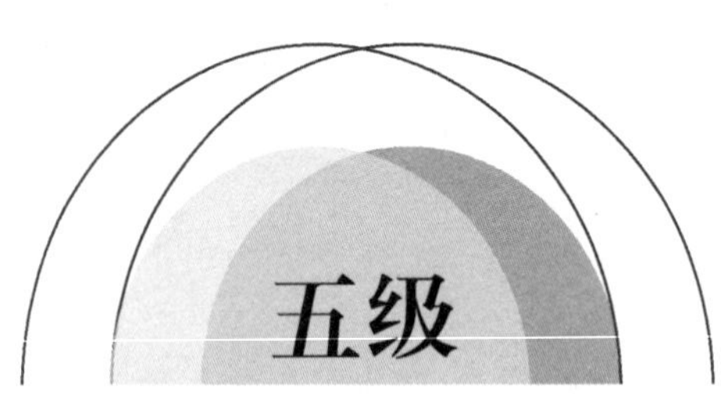

五级

对于朗诵艺术水平等级考试五级的考生来说，朗诵学习不仅是为了增强自信心，培养语言理解感受能力，更需要大家在尽量掌握标准的普通话发音，养成良好的普通话习惯的基础上，使表达更有内涵，声音也更动听。同时借助自身理解能力的提升，在对作品内容的把握上展示自己的朗诵表现力，逐渐形成从内容出发积极传达美感的语言表达意识，不仅更好地完成本级朗诵作品，更为朗诵表达树立正确的观念打下坚实的基础。

本级的作品包括自选考级篇目 25 篇，抽选考级篇目 20 篇，以经典格律诗、现代诗歌、经典歌词、散文等组成。本级要求考生具有对朗诵文本的深入分析、理解和感受能力，具有较强的语言表现力。本级在关注考生语音标准程度的基础上，重点考查共鸣控制能力和情感表现力。

一 语音发声学习要点

(一)鼻韵母

我们通过前面的学习已经知道韵母是汉语音节中声母后面的部分。而且韵母主要是由元音构成的，其中由辅音 n 或 ng 作韵尾的韵母，我们称作鼻韵母。普通话语音中有 39 个韵母。其中 23 个由元音充当，16 个由元音附带鼻辅音韵尾构成。按韵母的结构特点，一般把韵母分为三类，即：单韵母、复韵母、鼻韵母。

鼻韵母关系到发音的准确、饱满和圆润。所以说好普通话，朗诵时声音好听，与鼻韵母发音准确到位有很大关系。生活中有很多人在鼻韵母发音上存在问题，或者不到位、或者分不清。所以，了解、认识以及规范鼻韵母发音也具有很重要的现实意义。

1. 构成与数量

鼻韵母的构成是元音音素与辅音音素共同的组合，如，an、eng。所以韵母的范围比元音广，由一个或两个元音后面带上鼻辅音 n 或 ng 构成的鼻韵母一共有 16 个。

根据鼻辅音 n、ng 的构成分为两类：

(1)带舌尖鼻音 n 的鼻韵母称前鼻音，共 8 个：an、ian、uan、üan、en、in、uen、ün。

(2)带舌根鼻音 ng 的鼻韵母称后鼻音，共 8 个：ang、eng、ing、iang、ong、iong、uang、ueng。

2. 鼻韵母的发音

(1)鼻韵母的发音特点

鼻韵母的发音是发音器官由元音状态向鼻音发音状态变化，最后完全变鼻音的发音过程。带鼻音的韵母顾名思义韵母的发音带有明显的鼻音色彩。因为鼻腔的空间比口腔要小，所以，发音的时候要有意识地让气息停留的时间相对延长才可能做得准确，并容易获得良好的声音效果。

鼻韵母发音时，软腭抬起堵塞鼻腔通道，主要元音发全后，舌的前部或后部逐渐抬起堵塞口腔通路，放松软腭，让气流颤动声带从鼻腔流出而成鼻音。由于跟在元音后面构成鼻音的鼻辅音在口腔的位置不同，一个在前，一个在后，所以又分前鼻音（舌尖鼻音）和后鼻音（舌根鼻音）。

前鼻音发音要将舌尖抵住上齿龈，不能收到两齿间，后鼻音发音时要抬起舌根并使之接触软硬腭的交界处。

如图所示：

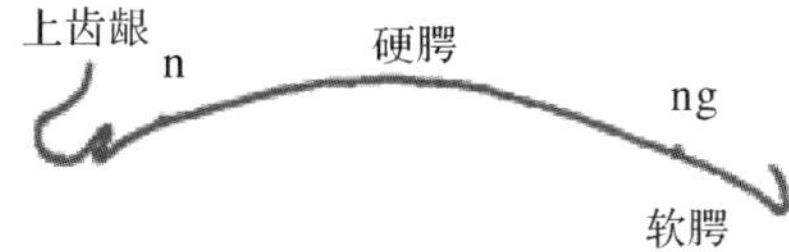

（2）鼻韵母的发音要领

①发 n 时，舌尖抵住上齿龈，舌前部与上齿龈部闭合，同时软腭下垂，让气流从鼻腔出来，同时声带颤动，发出声音。

②发 ng 时，舌后部挺起抵向软腭，让气流从鼻腔出来，同时声带颤动，发出声音，可以用打哈欠到最后一刻时舌的状态来体会。

（3）鼻韵母发音要求

①鼻韵母发音，是发音器官由元音发音状态向鼻音的发音状态逐渐变化，最后完全变为鼻音的发音过程。发音时由软腭抬起，堵塞鼻腔通路，而逐渐将舌的前部或后部抬起堵塞口腔通路，放松软腭，让气流从鼻腔流出发出鼻音。

②鼻韵母发音是由元音向鼻音发音变化，但开始发元音时，要挺起软腭，不能鼻化。如：安全。

（4）鼻韵母发音练习

an（安）前鼻音韵母

发音时，先把口腔开到最大，舌位在最低点的元音 ɑ 充分发出，声音干净清晰。然后舌尖举向上齿龈，舌前部与上齿龈部闭合，同时软腭下垂，让气流从鼻腔出来，声带颤动，发出声音。

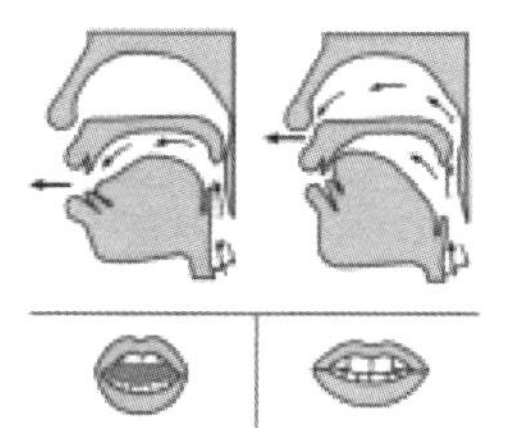

例字： 安　板　盘　曼
梵　赞　蛋　男

例词： 黯然　斑斓　蹒跚　漫谈
反感　赞叹　烂漫　参展

en（恩）前鼻音韵母

发音时，口腔半闭，让口腔开度比高元音 i 稍大一点，舌略向后高缩，把半高元音 e 充分发好。然后舌尖举向上齿龈，舌前部与上齿龈部闭合，同时软腭下垂，让气流从鼻腔出来，声带颤动，发出声音。

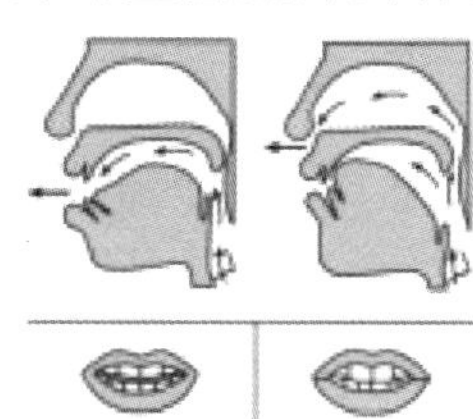

例字： 恩　本　盆　门
分　怎　岑　森

例词： 恩人　本分　门诊　粉尘
振奋　沉闷　沉稳　深沉

in（音）前鼻音韵母

发音时，口腔开度较小，展唇，把高元音 i 充分发好，声音干净清晰。然后舌尖举向上齿龈，舌前部与上齿龈部闭合，同时软腭下垂，让气流从鼻腔出来，声带颤动，发出声音。

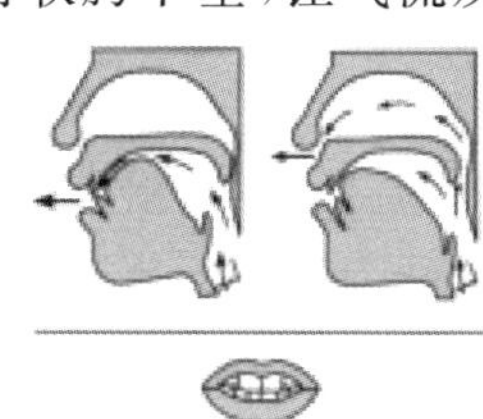

例字： 新　亲　音　民
您　进　斌　拼

例词： 彬彬　拼音　仅仅　金银
濒临　全银　贫民　薪金

ün(晕)前鼻音韵母

发音时,口腔基本上处于闭合状态,开度较小,同时撮唇,把前高元音 ü 充分发好,声音干净清晰。然后舌尖举向上齿龈,舌前部与上齿龈部闭合,同时软腭下垂,让气流从鼻腔出来,声带颤动,发出声音。

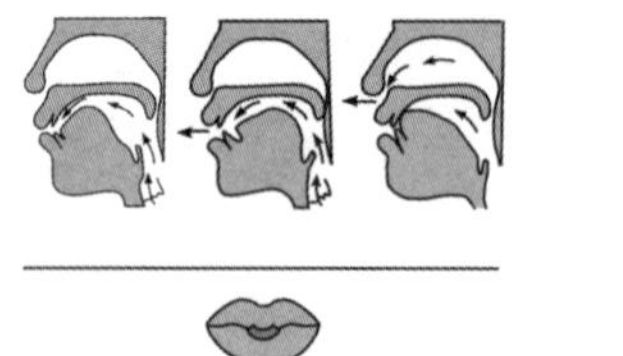

例字:晕　云　允　韵
　　　熏　寻　训　军

例词:菌群　逡巡　均匀　军训
　　　芸芸　熏熏　晕晕　寻讯

ian(烟)前鼻音韵母

发音时,口开度较小,展唇急速把高元音 i 发出,声音干净。随后迅速把口腔向 a 的位置过渡(但不要完全到 a),然后舌尖举向上齿龈,舌前部与上齿龈部闭合,同时软腭下垂,让气流从鼻腔出来,声带颤动,发出声音。(注意韵头高元音的 i 音必须短促!)

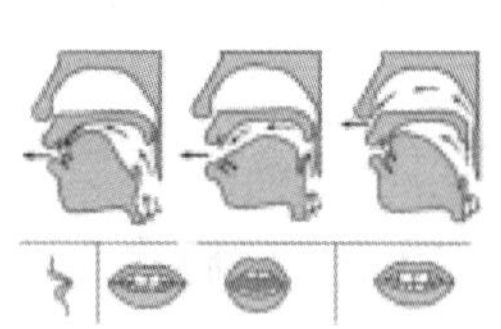

例字:烟　言　眼　艳
　　　颠　点　电　边

例词:天边　脸面　电线　检验
　　　延年　便笺　艰险　变迁

uan(湾)前鼻音韵母

发音时,口腔基本上处于闭合状态,开度极小,撮唇把后高元音 u 发出,随后迅速把口腔开到最大,把舌位在最低点的元音 a 拼合发出,然后舌尖举向上齿龈,舌前部与上齿龈部闭合,同时软腭下垂,让气流从鼻腔出来,声带颤动,发出声音。(注意韵头后高元音的 u 音必须短促!)

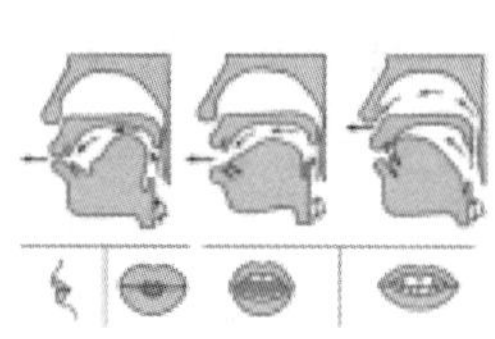

例字:弯　完　晚　万
　　　欢　还　缓　换

例词:婉转　酸软　万贯　传唤
　　　转弯　贯穿　宦官　乱窜

üan(冤)前鼻音韵母

发音时,口腔基本上处于闭合状态,开度极小,撮唇把前高元音 ü 发出,随后迅速把口腔开到最大,把舌位在最低点的元音 a 拼合发出,然后舌尖举向上齿龈,舌前部与上齿龈部闭合,同时软腭下垂,让气流从鼻腔出来,声带颤动,发出声音。(注意韵头前高元音的 ü 音必须短促!)

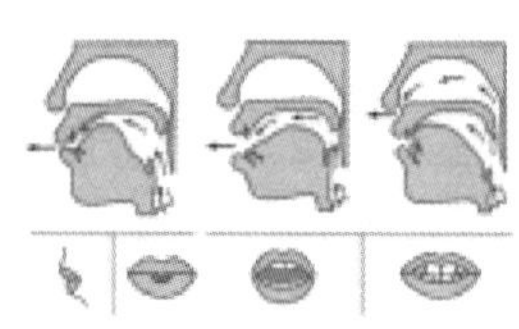

例字:渊　源　远　愿
　　　全　娟　原　玄

例词:全员　轩辕　源泉　圆圈
　　　全院　渊源　全权　圈圈

uen(瘟)前鼻音韵母

发音时,口腔开度较小,撮唇把后高元音 u 发出,随后迅速展唇,并保持口腔开度,把前舌面放低一些,把半高元音 e 发好。然后舌尖举向上齿龈,舌前部与上齿龈部闭合,同时软腭下垂,让气流从鼻腔出来,声带颤动,发出声音。(注意韵头高元音的 u 音必须短促!)

注:拼音简化后,uen 写作 un,但发音还应该按照 uen 来发。

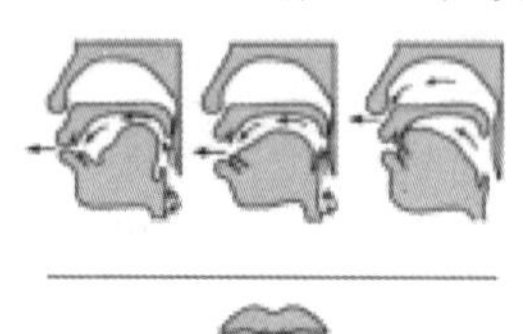

例字:温　文　稳　问
　　　村　存　忖　寸

例词:温润　温存　温顺　困顿
　　　春笋　昆仑　混沌　谆谆

练习前鼻音韵母还可以利用一些窍门,比如找紧跟其后的字是 d/t/n/l 开头的词语进行练习,如“进度、信念、阴天、温度、今年”等;

ang(肮)后鼻音韵母

发音时，口腔开到最大，先把舌位在最低点的元音 a 充分发出，声音干净清晰。然后舌后部拱起抵向软腭，让气流从鼻腔出来，同时声带颤动，发出声音。

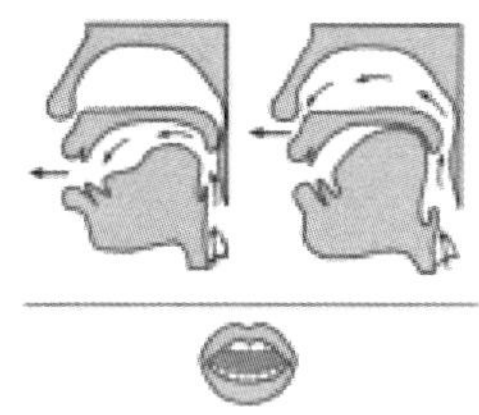

例字：帮　棒　胖　忙
　　　方　房　访　放
例词：肮脏　帮忙　彷徨　方丈
　　　商行　行当　苍茫　廊坊

eng(怦)后鼻音韵母

发音时，口腔半开，开度比高元音 i 稍大一点，舌位放低一些，唇要向两侧展开，把半高元音 e 充分发好。然后舌后部拱起抵向软腭，让气流从鼻腔出来，同时声带颤动，发出声音。

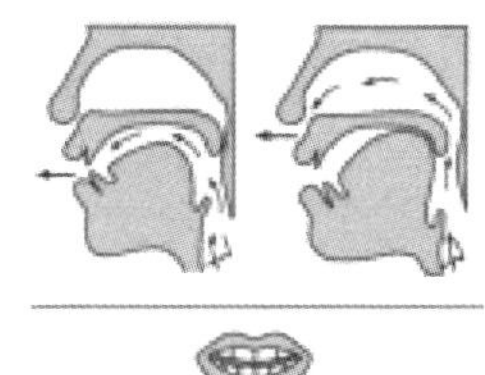

例字：崩　蹦　鹏　碰
　　　风　冯　讽　凤
例词：鹏程　萌生　丰登　乘胜
　　　逞能　省城　更正　吭声

ing(鹰)后鼻音韵母

发音时，口腔开度较小，展唇把高元音 i 充分发好，声音干净清晰。然后舌后部拱起抵向软腭，软腭放松，让气流从鼻腔出来，同时声带颤动，发出声音。

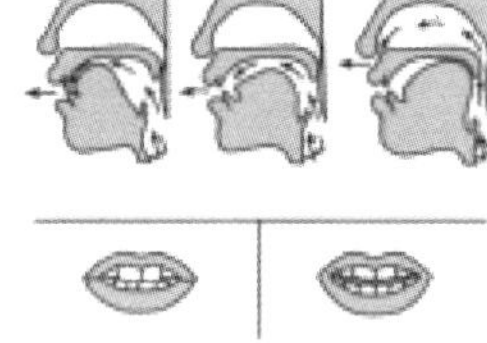

例字：英　赢　影　硬
　　　清　擎　请　庆
例词：英明　冰凌　影星　并行
　　　叮咛　姓名　聆听　精明

iang(殃)后鼻音韵母

发音时，先让口腔开度较小，展唇把高元音 i 发出，随后迅速把口腔开到最大，把舌位在最低点的元音 a 发出，声音干净清晰。然后舌后部拱起举向软腭，让气流从鼻腔出来，同时声带颤动，发出声音。（注意韵头高元音的 i 音必须短促！）

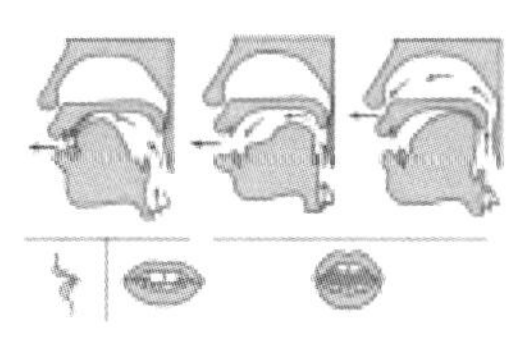

例字：央　阳　痒　样
　　　枪　强　抢　炝
例词：洋相　向阳　踉跄　想象
　　　响亮　香江　强项　粮饷

ong(空)后鼻音韵母

发音时，口腔半闭，圆唇，半高元音 o 近乎 u（舌位略低于 u）。然后舌后部拱起抵向软硬颚交界处，让气流从鼻腔出来，同时声带颤动，发出声音。

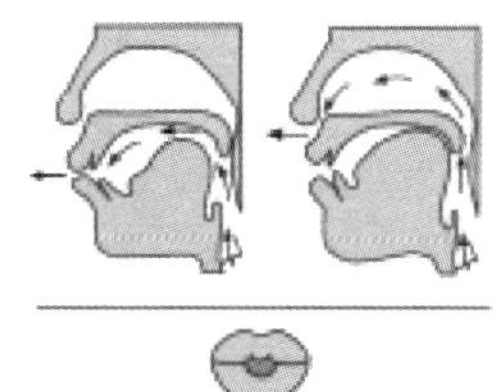

例字：宫　巩　共　葱
　　　从　宗　总　纵
例词：总统　从容　公共　松动
　　　共同　冲动　溶洞　笼统

iong(拥)后鼻音韵母

发音时，口腔开度较小，前舌面较高，唇形撮圆，近似于 ü 的发音。然后舌后部高拱向软硬颚交界处，让气流从鼻腔出来，同时声带颤动，发出声音。

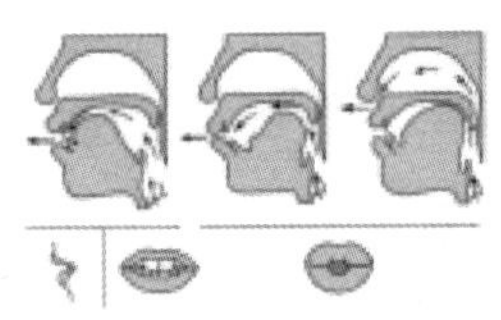

例字：拥　永　用　凶
熊　窘　迥　穷
例词：炯炯　穷凶　汹涌　熊熊
用具　用于　琼剧　窘迫

uang(汪)后鼻音韵母

发音时，口腔基本上处于闭合状态，开度极小，撮唇把高元音 u 发出后，迅速把口腔开到最大，把舌位在最低点的元音 a 发出，声音干净清晰。然后舌后部拱起抵向软腭，让气流从鼻腔出来，同时声带颤动，发出声音。(注意韵头高元音的 u 音必须短促！)

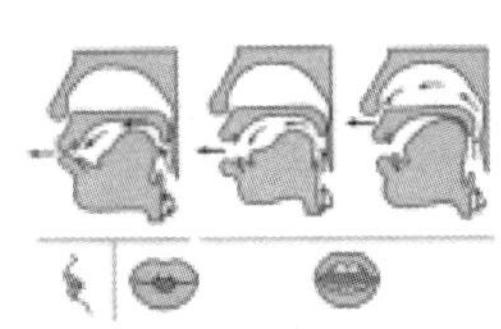

例字：汪　王　网　旺
窗　床　闯　创
例词：双簧　网状　装潢　状况
光芒　狂妄　窗框　黄庄

ueng(翁)后鼻音韵母

发音时让口腔基本上处于闭合状态，开度极小，撮唇、舌位后缩把高元音 u 发出后，迅速把唇向两侧展开，发好半高元音 e。然后舌后部高举拱向软腭，让气流从鼻腔出来，同时声带颤动，发出声音。(注意韵头高元音的 u 音必须短促！)练习时，舌根不离软腭，口型保持 e 音的张开状，让声音延长。

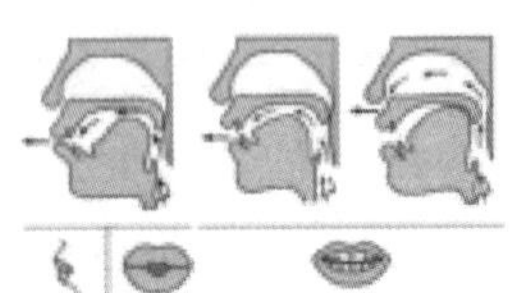

例字：翁　蓊　瓮
例词：嗡嗡　瓮城　蓊郁　老翁

练习后鼻韵的窍门是，找紧跟其后的字是 g/k/h 开头的词语，如“兴高采烈、精干、苹果、性格、更改、成果、光辉、更换”等进行练习，找到正确的舌位，然后加强练习。

3. 前后鼻韵辨析

有些人静态发音还可以基本正确。但是在朗诵中常常不能做到并即刻分辨前后鼻韵从而导致发音不准确，这种情况，一般会有以下两个问题：

一是舌位前后移动速度不够。这是舌头力量不够，需要加强舌的力量练习。

二是有些人见到文字不能迅速反应出相应的声音形式。对字形和拼音的配合反应无法适应文字到语音的快速转换。如“信誉高(发音成 xing yu gao)，质量好”闹出了大笑话。

(1)区分前鼻韵字和后鼻韵字的方法

首先要能快速反应分清前后鼻韵的字，才能发音准确。

①可以根据字的偏旁进行类推。

如：辨别记忆鼻韵母 an 和 ang：

反——饭　返　贩　版　板　扳　阪　坂
半——伴　绊　拌　跘　判　叛　畔(“胖”除外)
方——房　访　放　防　芳　纺　仿　彷　肪　坊
昌——唱　倡　猖　娼　菖　阊　鲳
亢——抗　炕　航　杭　吭　伉

如：辨别记忆 en、eng 与 in、ing：

真——镇　稹　缜　填　慎
更——梗　哽　埂　鲠
今——矜　衿　妗　琴　吟
生——胜　笙　牲　性　姓

②利用普通话声母与韵母的拼合规律来辨记。

普通话中 uang 不与 z/c/s/d/t/n/l 相拼，所以“钻、窜、篡、蹿、汆、算、酸、狻、短、段、锻、湍、卵、挛、脔、孪”等均为前鼻韵字。

普通话中(除“嫩”以外)d/t/n/l 不拼 en，所以“等、瞪、澄、蹬、腾、誊、幐、能、愣、棱”都是后鼻韵。

普通话中(除“您”以外)d/t/n 不拼 in，所以“鼎、锭、霆、艇、汀、町、佞、狞、泞”等都是后鼻韵。

③利用声母韵母的拼合口型特点来辨记。如：

元音＋辅音 n(前口腔发音)

口型大：an　ian　uan　üan

口型小：in　en　uen　ün

元音＋辅音 ng(后口腔发音)

口型大：ang　iang　uang　ong

口型小：ing　eng　ueng　iong

(2)前后鼻韵混合双音节词语练习

①这些音节只要第一个字前鼻韵到位，因为第二个字声母发音多在唇、舌尖或舌面，相对容易发音到位。要注意的问题是需要前鼻韵的韵母发音要有口型和声音：

群众　运用　清贫　运动　怎能　心境　远近

赞成　聘用　信封　宣称　金簪　分量　恩情

②下面的音节要注意后鼻韵的韵尾的发音要有口型和声音。打开口腔的动作要明显，鼻韵的声音需要很清晰。然后再发第二个音节。

仍然　枉然　登门　评选　诚恳　捆绑　风扇

封山　称赞　生产　封建　反光　空前　增产

横心　相反　命运　往年　朗润　领衔　通讯

中间　病菌　清算　领先　碰见　档案　送信

诚恳　宁静　僧人　奉劝　相信　中选　山峰

(3)前后鼻韵母音节对比强化练习

①鼻韵母词语对比练习

an、ang

担心——当心　产房——厂房

反问——访问　山口——伤口

烂漫——浪漫　开饭——开放

三十——丧失　实战——师长

ian、iang

试验——式样　鲜花——香花

仙姑——香菇　老年——老娘

浅显——抢险　坚硬——僵硬

廉价——粮价　简历——奖励

uan、uang

晚年——往年　关节——光洁

专车——装车　机关——激光

栓剂——双击　隐患——一晃

奉还——凤凰　晚年——往年

en、eng

沉积——乘机	陈旧——成就
申明——声明	清真——清蒸
绅士——声势	真挚——争执
终身——钟声	粉刺——讽刺

in、ing

亲生——轻声	金银——晶莹
贫民——平民	临时——零食
禁地——境地	频繁——平凡
弹琴——谈情	民心——明星

uen、ueng、ong

春分——冲锋	浑水——洪水
炖肉——冻肉	余温——渔翁
乡村——香葱	轮子——笼子
吞并——通病	汶川——蓊郁

ün、iong

群像——穷乡	勋章——胸章
熏鸡——雄鸡	运费——用肥
人群——人穷	音讯——英雄
公允——公用	循恶——凶恶

②鼻韵母绕口令练习

an

红饭碗，黄饭碗，红饭碗盛满饭碗，黄饭碗盛半饭碗；黄饭碗添半饭碗，就像红饭碗一样满饭碗。

an ian üan

男演员、女演员，同台演戏说方言。男演员说吴方言，女演员说闽南言。男演员演远东旅行飞行员，女演员演鲁迅文学研究员。研究员，飞行员，吴方言，闽南言，你说男女演员演得全不全。

an ang

长江上有船，船上有床，床上有床单，床单上躺着创新班的班长。创新班的班长躺在床单上，床单铺在床上，床放在船上，船漂在长江上。

ün

蓝天上是片片白云，草原上银色的羊群。近处看，这是羊群，那是白云；远处看，分不清哪是白云，哪是羊群。

ang iang

千里家书只为墙，让他三尺又何妨。长城万里今犹在，不见当年秦始皇。康熙年间张宰相，撑船肚量树榜样。遇到争执想一想，安徽桐城六尺巷。

ang uang

希望是心灵的金鸟，拍打着梦幻般的翅膀，它总是追着阳光飞翔，在通往未来的路上歌唱。它不会在风雨前敛翅，但可能在风雨中跌伤，即使跌伤了也会腾空而起，它的生命永远不会死亡。

en eng

天上一个盆，地上一个棚。盆碰棚，棚碰盆，棚倒了，盆碎了，是棚赔盆，还是盆赔棚？

老彭拿着一个盆，路过老陈住的棚，盆碰棚，棚碰盆，棚倒盆碎棚压盆。老陈要赔老彭的盆，老彭不要老陈来赔盆，老陈要陪老彭去补盆，老彭帮着老陈来修棚。

陈庄城通郑庄城，郑庄城通陈庄城。陈庄城和郑庄城，两庄城墙都有门。陈庄城进郑庄人，郑庄门进陈庄人，请问陈郑两庄门，各进哪庄人？

真冷、真冷、真正冷，冷冰冰，冰冰冷，人人都说冷，猛的一阵风，更冷。说冷也不冷，人能战胜风，更能战胜冷。

in

隔墙听见人分银，不知道多少人分多少银。只听见人说，人人分半斤银余银四两，人人分四两银余银半斤。

ing

天上七颗星树上七只鹰。梁上七个钉，台上七盏灯。拿扇扇了灯，用手拔了钉，举枪打了鹰，乌云盖了星。

in ing

生身亲母亲，谨请您就寝，请您心宁静，身心很要紧，新星伴明月，银光澄清清。尽是清静镜，警铃不要惊，您请我进来，进来敬母亲。

in ing ün

小金学拼音没尽心，小芹练播音没信心。小金小芹是近邻，坐在一起来谈心，小金下定决心辛勤学拼音，小芹走出阴影全心练播音。心心相印齐努力，考上大学去军训。身着军装进军营，训练场上比输赢。

ong ing eng

东洞庭，西洞庭，洞庭山上一条藤，藤条顶上挂铜铃，风吹藤动铜铃响，风停藤定铜铃静。

ing eng

高高山上一老僧，身穿衲头几千层。若问老僧的年高迈，曾记得黄河九澄清。五百年前清一澄，一共四千五百冬。老僧大徒弟名叫青头愣，二徒弟名叫愣头青，三徒弟名叫僧三点，四徒弟名叫点三僧，五徒弟名叫蹦葫芦把儿，六徒弟名叫把儿葫芦蹦，七徒弟名叫风随化，八徒弟名叫化随风。老师傅教给他们八宗艺，八仙过海，各显其能：青头愣会打磬，愣头青会撞钟。僧三点会吹管，点三僧会捧笙。蹦葫芦把儿会打鼓，把儿葫芦蹦会念经。风随化他会扫地，这个化随风他会点灯。老师傅叫他们换一换，要想换过来万不可能。这个愣头青他打不了这青头愣的磬，青头愣就撞不了愣头青的钟。点三僧吹不了这僧三点的管，这个僧三点捧不了点三僧的笙。把儿葫芦蹦打不了蹦葫芦把儿的鼓，蹦葫芦把儿他念不了把儿葫芦蹦的经。化随风他扫不了这风随化的地，那个风随化他点不了化随风的灯。

掌握鼻韵母的发音非常重要，不仅关系到普通话是否标准，而且关系到声音质量、朗诵的表现力。

(二)共鸣控制

讲解韵母发音的时候提到口腔共鸣。那么，什么是共鸣呢？怎么才能获得共鸣？如何进行共鸣控制？

所谓共鸣，是一个物体的振动频率和另一个物体的频率一致的时候便会发生共振，形成共鸣。它可以扩大声音及其质感。人体语音的发声过程中，也能够因为共鸣，而使声音有很大的改变。人体发声的基本原理和过程是：气流通过的时候，声带的两片肌肉因不断闭合的动作而产生微弱的声音。这如同我们双手击掌的时候会产生声音的现象一样。声带闭合发出的微弱的声音随着气流呼出到口腔外。在这个过程中，气流携带的声音经过了喉腔、咽腔、口腔、鼻腔等。这个气流携带的微弱声音在经过这一系列通道的时候都发生着或大或小的共鸣，随后在空气中传导，直到我们的耳朵接收到这个空气中的继续振动的声波，最后成为我们听到的语音的声音。作为语音的声音，是我们人体主动动作而形成的。所以，有意识的控制和调节我们发音的某些共鸣器官就可以改变声音的质量，获得更好的声音效果。

1. 什么是共鸣

共鸣：一种物体受另一种物体振波的影响而随之发生同频率振动叫作共鸣。共鸣的产生有三个要素，分别是：

①声源的振动波；

②有一个以上受振体；

③声波相合或叫和声关系。

2. 人体的各共鸣器官及作用：

朗诵基本应是以口腔共鸣为主，以胸腔共鸣为基础，以鼻腔共鸣为辅助的整体共鸣。

人体的共鸣器官：喉腔、咽腔、口腔、胸腔、鼻腔。

(1)喉腔

喉是人体发声系统中最具代表性的器官，肺呼出的气流通过喉部时，使喉内的声带发生振动，形成供共鸣器官调制成不同语音和色彩的原始物质材料——原音。

在发声的时候，由于喉肌肌群的积极活动，使喉室扩张形成空间，它是音波经过的第一个共鸣体。它下有声带，上有假声带，主要体现在喉器的正确控制和恰当的配合上。压喉、提喉、颈肌僵持都会使喉室的空间发生根本性变化。它是其他所有腔体引起共鸣的前提和必要条件，也是上、下部共鸣贯通的关节点和纽带。

如果把人的发声系统比作一件乐器，喉器就是这件乐器中起振动作用的琴弦或簧片。

发声时，由大脑发出指令，通过生物电的脉冲传达给喉部和呼吸器官，在喉肌的作用下，两条声带由开向中线拉紧闭拢，同时肺内空气在呼气肌的作用下受到挤压，沿气管上行，在声门下形成压力，这个压力大于声带闭合力时，气息便将声带冲开，在被冲开的瞬间，声门下的压力迅速下降，同时，由于喉肌自身的弹力和喉肌的作用，声门又回复至原来的关闭状态，声门下的压力再次升高，冲开声门，就这样声门产生了开→闭→开→闭……的周而复始，空气产生了疏→密→疏→密……的变化，即声波也就形成了。

由声带振动而形成的声音叫作“喉原音”，但未经过声道作用之前，音量极小。

(2)咽腔和口腔共鸣

口腔和咽腔在喉腔的上部，鼻腔的下部：咽腔又分为喉咽、口咽、鼻咽。

咽腔和口腔共同组成一个可灵活变化的空间体，这些器官的活动就形成了宽、窄、前、后、大、小等不同的共鸣腔体，也就形成了不同的元音。

咽腔的作用是使声音有韧度(柔、坚)，避免尖、亮、横。

我们朗诵主要是以口腔共鸣为主。口腔是形成语声的最主要的共鸣腔。在发声的过程中声波从喉腔出来透出口外要经过两个转弯处，即口咽后上部和硬腭前部，这也是控制共鸣的两个内感区，对声音的圆润、集中、明朗等弹性变化特别重要。

(3)胸腔共鸣

声带发出的音波，有一部分是低频部分(即拉长声带以上的声管道，使声波频率低，振幅大)，可以传至胸腔中引起共鸣，发出低沉、宽厚、深广的音色，善于表现深沉、庄严的情绪。我们也常管它叫作低音共鸣器。

胸腔作用：声音的基座，作为“底座”的共鸣，避免声音虚、飘，使高音得到支撑(庄重、严肃、大方、朴实，给人一种权威感)。

(4)鼻腔共鸣

鼻腔是一个空间容积较大的腔体，发鼻辅音时，阻断口腔通道，声音从鼻腔透出，同时声波通过硬腭骨传导的方式在鼻空间产生共鸣。发音时，带有微量鼻腔共鸣能使声音柔和而有光彩，发音省力(可以体会轻微感冒时的发声现象)。鼻韵母的发音，就是给鼻腔共鸣创造条件。

鼻腔共鸣可以起到美化润色、挖掘声能的作用。

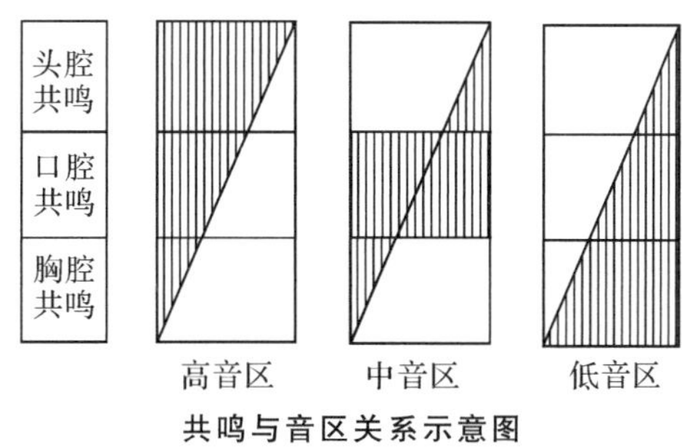

共鸣与音区关系示意图

3. 共鸣训练的意义和作用

(1)共鸣训练可使声能加大:人的发声器官和共鸣器官受大脑神经的支配,可以说它是一部主动乐器。通过有术的共鸣训练,可以使发声能力得到挖掘,使声音得以扩大和加强,不但清晰而且能传得远。

(2)共鸣训练美化、润色声音:共鸣可产生更为丰富的泛音,使声音得以美化和润色。声音经过共鸣器的二度放大,在空气密度、强度、湿度不变的情况下,泛音又因共鸣腔的形状大小、口腔黏膜和肌肉弹性的不同而改变。所以,美化、润色声音的最好途径就是通过调节共鸣来实现。

(3)共鸣保护声带,减轻其负担:科学的发声方法应该把着眼点和着力点放在发挥共鸣器官的作用上,用最小的力量发出最响、最美的声音,减轻气息对声带的摩擦力和压力,从而减轻声带的负担,使之持久而不易疲乏。

4. 共鸣训练的方法和要求

科学的发声方法,除了要学会气息的控制之外,还应该学会科学、有机、合理地控制和调节共鸣,使我们的声音高而不尖不乍,低而不混不浊,中而不白不涩,达到明朗、圆润、集中而有光彩。

(1)体会声音的共鸣是一个意念中的整体感觉。要在精神松弛的情况下才能体味出来。同时不允许有任何烦恼等情绪。练声就是要寻找精神入静的地步,稳定自己的情绪,保持一种高兴、愉悦、畅快的感觉。这种状态能使大脑皮层保持积极状态,随时能捕捉到发声共鸣中的微妙感觉。精神紧张是朗诵者的大忌,它是失败的根源。萎靡不振绝不可取,它往往造成拖沓、松垮、懈怠。所以,保持精神松弛、稳定积极是十分必要的。

(2)胸、颈、背、面部松弛。这是精神松弛具体到身体各部分的落实。发音的整体感觉是:一根弹性声柱,有胸部的支持垂直向上,到口咽处流向前方,“挂”于硬腭前部,透出口外。这就要求背直而舒展,颈不要前探或后坐,颈前部肌肉也是放松的。胸部要放松,不要故意挺胸。吸气也不要过满,吸气过多时,为了保持气息不致快速流出,往往容易造成胸部的僵持,不利于灵活调节胸腔共鸣。发音时放松胸部,主观感觉声音像从胸肋缝中透出。面部肌肉更要松弛、自然、积极。口轮匝肌、唇上方肌、大小颧肌、笑肌嚼肌都不能僵、抖、懒、笨。

(3)共鸣的正确控制方法:松舌根、松下巴、提颧肌、靠后咽、挺软腭、扩喉口、打牙关。

使口腔内形成良好的共鸣状态的一个重要方面就是:口腔立起来,上下有开度。这样字才能立起来,声音才易圆润有韧性(可以体会打哈欠最后一刻的感觉。注意:不是口张得越大越好)。口腔张扩得太大,损失气息多,字音会发散,还会加大音程,使语言迟缓,不能适应我们朗诵语言轻捷、流利、亲切、自然的语流特点。所以,口咽腔不开大不行,又不能过开、过大,必须适度。

5. 共鸣腔体会练习

①利用语音 n/ng 寻找共鸣(轻松延长)。

②利用戏曲练声法发 i/ü 的高音。(可从中声区即自然说话声音位置感觉,向上环绕拔高。)

③学习唱歌利用 u/m 音哼鸣体会口腔共鸣(带有旋律延长)。

④语音 a 的三个变化明显的低音区、中声区、高音区的寻找与体会。

6. 胸腔共鸣练习

①用较低的声音发“ha”音，声音不要过亮，感觉是从胸腔发出的较浑厚的声音。不断降低音高并加大音量。

②用较低的声音练习含有 a 音的词语：

如：暗淡　反叛　散漫　寒战

③用放松的声音读诗，注意韵脚的胸腔共鸣：

春　晓

［唐］孟浩然

春眠不觉晓，处处闻啼鸟。
夜来风雨声，花落知多少。

7. 鼻腔共鸣练习

用带有鼻音 m、n 的音节做练习，带动元音适当鼻化，寻找鼻腔共鸣音色：

妈妈　买卖　猫咪　姓名　弥漫
奶奶　温暖　分秒　共鸣　南宁

8. 共鸣作品练习

①再别康桥

徐志摩

轻轻的我走了，正如我轻轻的来；
我轻轻的招手，作别西天的云彩。
那河畔的金柳，是夕阳中的新娘；
波光里的艳影，在我的心头荡漾。
软泥上的青荇，油油的在水底招摇；
在康河的柔波里，我甘心做一条水草！
那榆荫下的一潭，不是清泉，
是天上虹揉碎在浮藻间，沉淀着彩虹似的梦。
寻梦？撑一支长篙，向青草更青处漫溯，
满载一船星辉，在星辉斑斓里放歌。
但我不能放歌，悄悄是别离的笙箫；
夏虫也为我沉默，沉默是今晚的康桥。
悄悄的我走了，正如我悄悄的来，
我挥一挥衣袖，不带走一片云彩。

《再别康桥》的惆怅之情深藏于飘逸、洒脱的抒写之中。

朗诵时要注意表现出词语的形象化，利用声音共鸣色彩强化表达的感染力。徐志摩的诗，善于将气氛、情感和景象融为一体，写梦幻般的景象的同时也充溢着一种梦幻般的情调。诗作蕴含单纯、轻盈、柔婉而又深含忧郁之情，且情绪回环反复，自由舒展。

“轻轻的我走了，正如我轻轻的来”——抒情，主人公就如一朵流云，无形无迹，自由而舒展。主人公心中的康桥也如梦似幻，美好而易碎。

"轻轻"一词,出口适宜慢而低,要鼻音到位,充分发挥鼻腔共鸣,强化表现如梦似幻。

诗中用"金柳""青荇""星辉""笙箫"等意象来描写康桥景观之美和自己对康桥的眷恋。这些意象往往既是写景同时又是抒情,景与情难分难解。

"金""青荇""星辉""笙"都是要把应该有的鼻韵作用发挥出来。朗诵时一定要给予这些字音足够的时间,利用共鸣表现出应有的声音色彩,烘托出情感意思。

"那湖畔的金柳,是夕阳中的新娘。""新娘"既是一种景象,也是"我"心中眷恋着的情人形象,是"我"心中之旧情的流露——情与景已互为一体。

"新娘"这个词语前后鼻音都要到位,重复利用鼻腔共鸣,表现出充分的爱意,暖暖的,饱含希望。声音上给足共鸣,追求声音的漂亮,给人以美感的声音享受。

"康桥"的寓意绝不是语音上做到音节完整、吐字清晰、语流顺畅就可以的。还要注重在表达上探索从语音到用声对于情感的抒发。"康"的 ang 韵必须到位。

让这些关键词都有音长的不均变化以克服表达上的平淡,而鼻韵词语为朗诵创造了展示美文佳作意境美的音声条件。诗文写作与朗诵的想象和联想在声音的美感上融为一体,使得有声语言跌宕起伏,错落有致。

②一片槐树叶

纪　弦

这是全世界最美的一片,
最珍奇,最可贵的一片,
而又是最使人伤心,最使人流泪的一片,
薄薄的,干的,浅灰黄色的槐树叶。
忘了是在江南,江北,
是在哪一个城市,哪一个园子里捡来的了。
被夹在一册古老的诗集里,
多年来,竟没有些微的损坏。
蝉翼般轻轻滑落的槐树叶,
细看时,还沾着那些故国的泥土哪。
故国哟,啊啊,要到何年何月何日
才能让我再回到你的怀抱里
去享受一个世界上最愉快的
飘着淡淡的槐花香的季节? ……

《一片槐树叶》是现代诗人纪弦于 1954 年创作的一首新诗。

此诗以"一片槐树叶"为意象,寄托了诗人思乡盼归的情感。作者用咏物抒怀的艺术手法,开头以槐树叶起情,结尾以企盼重回槐花飘香的季节收尾。整体构造意味深长,给读者留下了开阔的想象余地。

朗诵之前我们让自己先有一个情绪上的进入。可以思考一下:你有什么物品有特别的纪念意义吗? 看到那个东西,你就会情不自禁地想到某个人、某个景别。需要特别细致地,小心翼翼地诉说那个物件。这样把自己带入到深入其中的情感之中。利用这样的作品,学习气息下沉,以获得胸腔共鸣的沉稳。

"薄薄的,干的,浅灰黄色的槐树叶。"也可以真的找一片普通的树叶细细体味,气息松弛而下沉,讲给你最想的人听,在安静、温馨的环境中娓娓道来,体会胸腔、口腔共鸣。"故国哟,啊啊,要到何年何月何日,才能让我再回到你的怀抱里,去享受一个世界上愉快的、飘着槐花香的季节? ……""故国""怀抱""淡淡""槐花香"深沉舒缓,松弛自然地抒发和感叹。气息下沉、舒缓面部肌肉,充分发挥胸腔、口腔共鸣。

③长江之歌

胡宏伟

你从雪山走来，春潮是你的风采；
你向东海奔去，惊涛是你的气概。
你用甘甜的乳汁，哺育各族儿女；
你用健美的臂膀，挽起高山大海。
我们赞美长江，你是无穷的源泉；
我们依恋长江，你有母亲的情怀。
你从远古走来，巨浪荡涤着尘埃；
你向未来奔去，涛声回荡在天外。
你用纯洁的清流，灌溉花的国土；
你用磅礴的力量，推动新的时代。
我们赞美长江，你是无穷的源泉；
我们依恋长江，你有母亲的情怀。

诗歌《长江之歌》气息、吐字或悠远高扬有力量，或荡开铺展显张力。利用口型适度夸张、鼻音音节（鼻韵母）到位，以及气息下沉、声音有力度，感觉口腔、鼻腔及胸腔的共鸣。

注：所有标注黑体的字前后鼻韵都要发音到位，以展现其共鸣。

声音要在气息控制下才能悦耳有张力，学习发出有气之声。以气息烘托及其变化形成有感情的声音。利用自身腔体的共鸣，发出因情感引发的有控制、有温度、有色彩的声音，这是朗诵者终身的追求。

朗诵学习要点

在上一级中我们已经学习了朗诵表达内部技巧中的情景再现，相信各位考生已经能够体会和掌握情景再现的使用方法。这一级，我们来学习语言表达的内部技巧——内在语，这是一种使朗诵创作更完整和更有内涵的方法。

（一）什么是内在语

我们知道，文本创作需要对素材删减、提炼、凝练。然而纸短情长，无法用文字呈现全部具体内容与思想感情。所以，我们在朗诵一篇作品的时候，一定不能拿起来就读，那样多数只能读出作品文字的读音及表面意思。朗诵需要反复琢磨、理解文本，注重和追求表达作品意义和精神层面的东西，不仅要把文字表面的意思读出来，而且要把文字更深一层的意思，甚至是文字背后的意思挖掘出来。能够呈现给他人值得欣赏的美感，才是朗诵的最终目的。

所谓内在语，就是帮助我们深入理解和挖掘内容的一种思路、一种办法。

在生活中，由于性别、性格、言语习惯的原因，或限于说话的场合、环境，以及说话双方的身份、地位，或出于得体、礼貌和策略的需要，人们说话经常要委婉、含蓄些，隐晦、含糊些。这些日常说话中的“话里有话、弦外之音、味外之味”，就是我们所说的“内在语”。

内在语是指那些在文字中所不便表露、不能表露或没有完全表露出来和没有直接表露出来的语句关系和语句本质。朗诵创作，要跳出文字进行作品意义和精神内涵的呈现。

（二）内在语的作用

内在语是我们深化、升华感情的重要手段。在朗诵、戏剧表演艺术中，也叫“潜台词”，帮助我们对作品由表及里深化感受。

内在语对朗诵表达的直接引发和深化含义有重要意义，对朗诵创造的语言呈现具有指导意义。只有揭示、显露精神实质和逻辑链条的朗诵语言，才富有创作的意义和生命的活力。

内在语的作用概括起来有两大方面：揭示语句本质和语言链条。

那么，什么是语句本质和语言链条呢？语句本质指的是结合语言环境和上下文来确定的深层的内在含义和态度情感。语言链条是指语句间的逻辑关系。文章的思想感情，不是一个句子的问题。几乎每一句话都应该置于整个思想感情的运动状态中去具体把握，不能与全篇割裂开来。一定的具体声音形式，也有全篇声音形式的上下承接、延续的问题，不能是各自无关的单体。

（三）内在语的具体表现

1. 语句本质的差异：语句、小层次、段落、层次的内在含义，借助内在语揭示、利用通感，造成语句表达明确恰当、蕴籍深邃的效果。明确语句表层与深层含义的同向或异向。

2. 语言链条的承接：在语句、段落的前边或后边，运用内在语转折、连接，达到段落以及全文一气呵成、浑然一体的效果。

（四）内在语的把握

1. 正确理解内在语，内在语是对文稿理解和感受的集中概括，在文稿的重点、难点上把握内在语。在把握内在语时，可以用比较明了简洁的语言加以表述，力求心中有数，但是也不必时时处处都要挖掘出内在语来。

2. 在不同语句中内在语显示着具体态度，对具体态度的判断和评价依据不同的分寸来表现。

3. 全篇诗文的内在语决定着表达目的，诗文朗诵目的落实在语句主次关系上，又体现在语气中（语气详解见 9 级）。

4. 语言层次转换的内在语帮助语句承前启后，它通过语句的不同衔接（不论是否使用关联词语）显示出来。

我们可以尝试在语言表达过程中通过延长词重音的音长来达到表情达意的目的。比如：普通问候语“你好”。“你”或“好”字音程的拉长就会表现出不一样的语音色彩。其内涵可能就发生了很大变化，甚至有了极大的不同。

（五）内在语的分类

内在语的运用是比较灵活的，按其性质和作用的不同，大体上可分为六种基本类型。

1. 发语性内在语

所谓发语性内在语，就是在语句之前，加上适当的词语，朗诵者把这些词语在心里说出来，并与文本开头的词语自然地衔接，顺势带发之，以便更好地开始朗诵。

例：

（朋友，你看）
在向你挥舞的各色花帕中
是谁的手突然收回
紧紧捂住了自己的眼睛

——舒婷《神女峰》

朗诵这一段时，我们可以在开篇前默念“朋友，你看”，将自己带到文本的情境中，更好地把开头句处理好。

例：

（朋友们，你知道吗？）
自从认识了那条奔腾不息的大江，
我就认识了我的南方和北方。
我的南方和北方相距很近，近得可以隔岸相望。

——赵凌云《我的南方和北方》

2. 寓意性内在语

寓意性内在语是文字的“弦外之音”，是隐含在语句深层的内在含义，是结合上下文语言环境挖掘出来的语句本质和语句目的。特别是那些在意向、色彩或程度、分寸上与文字表面非截然对立而差别细微的语句本质。寓意性内在语的把握，除了参照上下文语言环境之外，还应注意结合作者的写作风格、语言习惯，作品的主题、目的、背景，人物的性格、身份、心理、语言特点及所处环境和人物之间的关系去分析，有时甚至还需要从全篇整体去把握。

例：

我不去想，
是否能够成功，
既然选择了远方，
便只顾风雨兼程。

——汪国真《热爱生命》

其实诗歌开始奔向的远方就是向着成功奔跑。所以“我”只是“不去”空“想”。“我”就是为了“成功”而“风雨兼程”。

3. 关联性内在语

关联性内在语是那些没有用文字表示出来的语句关系。具体地说，就是那些体现语句逻辑关系和语法意义的隐含性关联词和短语。关联性内在语一般用在语句、段落、层次之前或之间。它既可以用隐含的“因为”“所以”“虽然”“但是”“如果”“而且”“结果”“那么”之类的关联词，也可以用简洁的短语使上下文自然衔接起来，过渡好上下句、前后段。运用关联性内在语可以使前后句、上下文语言链条的衔接更加自然、顺畅和符合逻辑，使语意和语言目的的表达更加准确。

例：

晚饭过后，火烧云上来了。霞光照得小孩子的脸红红的，（而且）大白狗（也）变成红的了，（可是）红公鸡变成金的了，（然而）黑母鸡变成紫檀色的了。（而那边）喂猪的老头儿在墙根靠着，（就那么）笑盈盈地看着他的两头小白猪变成小金猪了。

——萧红《火烧云》

4. 提示性内在语

提示性内在语用于语句、段落、层次之间，也是为了解决上下句语气衔接的问题。在语句间，特别是那些文气不太贯通、前后句转换突兀、语气不易衔接的地方，设计一个恰当的提示性内在语，就可以帮助我们更好地找到下句较为贴切的语气，使语句自然地衔接、过渡。如果说，关联性内在语重在使语句的逻辑关系更加严密，那么，提示性内在语则更重在使表达语气富有灵动的活力。朗诵者可以通过设问呼应、提醒关注、表现情态、展示过程、感叹强调等提示性内在语的设定，使语气的表达更加丰富多彩，使自己朗诵创作思维和创作个性得以更好地发挥和施展。

①设问

例：

今年的叶格外绿，绿得鲜明；又格外厚，(真不容易！你猜有多厚?)仿佛丝绒剪成的。这自然是过磷酸骨粉的功效。(我期待着)他日花开，(甚至)可以推知将比往年的盛大。

但兴趣并不专在看花。(那兴趣又在哪里呢？假设)种了这小东西，庭中就成为系人心情的所在。

——叶圣陶《牵牛花》

②提醒

例：

雨是最寻常的，一下就是三两天。可别恼。(为什么不要烦恼？雨其实很有意思！)看，(那雨有的)像牛毛，(有的)像花针，(有时候又)像细丝，密密地斜织着，(在雨中)人家屋顶上全笼着一层薄烟。(雨里的)树叶子却绿得发亮，(雨让)小草也青得逼你的眼。

——朱自清《春》

③表现情态

例：

野花遍地是：(真多呀！)杂样儿，有名字的，没名字的，散在花丛里，(一闪一闪)像眼睛，(多得)像星星，(哇，你看)还眨呀眨的。

——朱自清《春》

④展示过程

例：

花里带着甜味，闭了眼，(想象一下)树上仿佛已经满是桃儿、杏儿、梨儿！

——朱自清《春》

⑤感叹强调

例：

春天像健壮的青年，有铁一般的胳膊和腰脚，领着我们上前去。(太好了！)

——朱自清《春》

此提示是为了更好地把握语气的分量。

5. 回味性内在语

在文字段落、层次和全文结尾处设置相应词语，提示朗诵者的语气或回味、或思考、或想象、或憧憬，给人以语已尽、情尚存的印象，这就是回味性内在语。

①寓意式回味

例：

春天象刚落地的娃娃，从头到脚都是新的，它生长着。春天象小姑娘，花枝招展的，笑着，走着。春天象健壮的青年，有铁一般的胳膊和腰脚，领着我们上前去。(令人奋进的春天！)

——朱自清《春》

②反问式回味

例：

花朵儿一串挨着一串，一朵接着一朵，彼此推着挤着，好不活泼热闹！

“我在开花！”(是吗?)它们在笑。

“我在开花！”它们在嚷。

每一穗花都是上面的盛开、下面的待放。(不信你就仔细看！)

——宗璞《紫藤萝瀑布》

③意境式回味

例：

我曾遗憾地想：这里再也看不见藤萝花了。（真不想这样……）

——宗璞《紫藤萝瀑布》

④线索式回味

用在一些段落层次或全文结尾重复出现相同句子的地方，如同文章线索。如安徒生的《卖火柴的小女孩》中出现了 4 次小女孩擦亮火柴，每一次擦亮火柴，她分别看到了温暖的火炉，美丽的烤鹅，幸福的圣诞树，天堂祖母微笑……

6. 反语性内在语

反语性内在语直接体现语句表层意义与深层内在含义的对立关系或对比关系。语句深层内在含义与文字表层意义相对立的叫对立型反语内在语。通过反问来表达确定意思的内在语叫反问型反语内在语。利用语音或语义的关系，使语句同时兼顾两种事物的内在语叫双关型反语内在语。语句本质与表层意思同向同质，但在表达的语气中却需渗入一定的与语句意义有别的、甚至是相对的色彩，这样的内在语叫非对立型反语。

例：

这就是你说的“好人”！

你说的是他?！（我怎么不知道）

（六）内在语练习

语言是有生命的。语言的生命力与无限的魅力，不仅在于其词汇的丰富，其神韵更在于言有尽而意无穷。朗诵要“见文生情”，看到文字，也看到内涵，速看慢读，由己达人。

文本的内容分析不能代替朗诵创作对意思、声音的思考与设计，也就是要尊重朗诵表达规律，重视朗诵表达技巧的运用。

1. 我们来试着分析感觉一下诗句中“当你老了，头发白了”这几个字在形成声音发出的时候应该思考和呈现的基本状态和样子。

当你（停顿，此时脑中闪出提示性内在语：怎么样?）老（声音柔和，充满同情，似乎不忍心、不愿意，仿佛不相信：怎么会这样？可以用拖长饱满音节的的方式来充分表现。此处因为音节饱满而延长使声音在口腔中获得充分共鸣）了，（利用逗号停顿快速补气，并保持语气的上的延续。使用内在语衔接语“并且”）头发（建议用正常说话的感觉，而不再延长音节，以便能够获得细微之处的变化，以保持文脉的畅达。稍作停顿。千万不要为停而停！此处的停顿只是为了从容发出“白”做准备。“头发”会怎么样？很担心的感觉都在“发”字中蕴含着。“很遗憾地”发出“白”，因为遗憾和不愿意，所以声音有点低和暗淡。因为“白”字的字头是双唇可以用力的音节，特别容易发得响亮，必须用情感带动声音来发出字音，才可以让声音有情感、有温度、有色彩）白了（“了”字是轻声，一定要注意舌头放轻松，有一种软软的无力的感觉。但是“e”的声音虽然几乎没有，却又要口腔有“e”的感觉和状态，口型保持发“e”的型状）。

从语音的角度讲：

“老”字是三声，声音向下走。不要噎到嗓子里。

“白”字是二声，要气息带着声音向上走，但一定不要高亢，否则不符合情感需要。

简单说诗句中“当你老了，头发白了”就是：

情感上——当你（不想看到、不愿意发生、不能接受、不能认可）老了，头发（怎么会、怎么能、太不可接受）白了。

表达时——当你（略停）老（向下、延长）了，（衔接）头发（快、顿、稳）白（柔）了（保持口型）。

你看，我们只分析了几个字，还没有把一句话讲完，就提了这么多。朗诵要学习、思考、注意很多事项，和读一个个字是不一样的！

2. 朗诵时发出的声音是立体的，有气息、情绪，所以同时包含声音的很多方面：声带松弛，音高和虚声同步，情感或柔和温暖、或无奈冷静。这些都是在分析作品内容之后要思考和提升的能力。所以朗诵首先通过分析了解、理解内容。用声音来表达，还必须注意声音表现的特点和规律，发挥声音感动人的表现力。

利用内在语的概念，我们试着分析设计《你看那天边有颗闪亮的星》的朗诵。

你看那（哪里?）天边（怎么样）有颗（怎样的，什么?）闪亮的星星（是吗? 真美，太漂亮啦!），（远处的）关山（怎么样?）飞跃（哇! 声高昂），一路（看、望，声音奔远）撒（动感）下（什么?）光明（这么美好!）。（那么，好吧）咱们就跟（动感）着他的脚步走（动感：努力向前的感觉，声音向上推进）啊，（衔接：无论遇到什么）哪管它（有什么）道路平不平（坚定! 声音突出后鼻腔共鸣）。咱们就跟着他的脚步走啊，哪管它道路平不平。（真的可以）走过（骄傲、满意，自信，声音注意“o”的口型和共鸣）黑夜（那就一定迎来的）是黎明（坚定、向上，“明”字气息拉住、二声调值到位）。

注意这里加入的文字及感情提示都是用来强化分析、理解的，只是为在朗诵过程中起提示作用，而且是一闪而过的。时间之迅速甚至不能把每个字都看清楚，更不能在心里认真读清楚。

作品朗诵分析切不可机械照搬。内在语的提示是为了开阔我们的思路，给出一种方法帮助我们在表达时声音更加丰满、更有内涵，更富有感染力。

3. 情感在生活中有着重要作用，强化感受可以帮助我们设身处地地体验和理解作品。朗诵者需要在脑海中再现景并生发出情，触景生情，让表达手段服从情思之所需。

结合内在语这一语言表达技巧，可以从词、语的感受进入。

例：

故人具鸡黍，邀我至田家。
绿树村边合，青山郭外斜。
开轩面场圃，把酒话桑麻。
待到重阳日，还来就菊花。

——孟浩然《过故人庄》

朗诵这首诗时，我们首先要对诗文要有大致的了解。沈德潜评价孟浩然的诗：“语淡而味终不薄。”也就是说，读孟诗，应该透过它淡淡的外表，去体会内在的韵味。

《过故人庄》用简练的语言，平平地叙述。

我们朗诵的时候，一定要注意，诗文的“淡”，可不是情感的淡漠。用情而不着力是高超的表现，这比铿锵更难把握。

“故人具鸡黍，邀我至田家。”故人“邀”而我“至”，简单而随便。这是不用客套的至交之间所可能有的形式。不讲虚礼和排场的招待，心扉因朋友敞开。

所以朗诵时，需要饱含欣喜，甚至有一种感激之情在心中。故人（我情投意合的、想念中的老朋友）具鸡黍（用心而实在，正是我喜欢的），邀（热情招呼溢于言表）我至（期盼、开心地来到）田家。

这个开头，平静而自然，但对于将要展开的生活内容来说，却是极好的导入，显示了气氛特征，又有待下文进一步丰富、发展。

“绿树村边合，青山郭外斜。”走进村里，绿树环抱，别有天地；郭外的青山依依相伴，让村庄不显得孤独，有一片开阔的远景。

朗诵时，注意这里要表现出远景，声音需要开阔一些，如果能有行进中推进景物的感觉更好。

“绿”树村边“合”，青山郭“外”“斜”。“绿”“合”“外”“斜”几个字都应根据词语的不同意思适当运用延长音节的方式，表现诗人对青山绿树的顾盼。

而“绿树”“村”“边”“青山”“郭”“外”“斜”之后都有不同程度与方式的停顿的运用。农庄的环境和气氛，在这里显示了它的征服力。自然环境清净优美，社会环境平和，人与人关系和谐。气息要表现出语句的舒展。

“开轩面场圃，把酒话桑麻。”宾主临窗举杯，畅快惬意。开（注意推开的动作感）轩面（是面临、是对面、是大场面。所以用声要依靠欣喜之情打开、拖出、延长音节）场圃，把（稳稳地握住、像抓住美好不能放过一样，声音向高且延长、圆润而略有力）酒话（娓娓道来、有情有义、甚至感觉到声音有高有低、畅聊，气息松弛似自然流出）桑麻（说不完的农事和庄稼的成长、收获，农事中的喜乐，不要追求朗诵调，声音松弛，尽量说出这两个字，而且不需要唇舌着力，但是“麻”字的口型要保持，以便把宽敞、舒展的感觉延续。仿佛关于桑麻的话语，仍萦绕在我们耳边）。

“待到重阳日，还来就菊花。”仿佛在和主人做约定，要尽量用面对面说话的感觉来发声用气和吐字。待（等待是有过程的，所以声音需要一定长度）到重阳（这是适宜、需要相聚的，词语上呈现前一字稳住又向上更强的气息状态）日，还（这次的愉快，主客之间的亲切融洽，引发着浓浓的、来自心底的盼望）来就菊花（结尾三个字似用商量的口吻，隐含着不用回答的询问：怎么样？好不好？一言为定！自然流露对这个村庄和故人的依恋）”。

朗诵时在气息上着意自然流露出对这个村庄和故人的依恋。诗句行走用声的力量尽量平衡均匀，注意气口衔接，共同构成一个完整的意境。借助文字本身的意境，用自然干净的有声语言，把恬静秀美的农村风光和淳朴诚挚的情谊融成一片，给人以美的享受。

4.朗诵需调动听觉、视觉、触觉，以强烈的共鸣，抒发、宣泄静态无声文字蕴涵的感情，激发人的情感美。要“气随情动，声随情变”，表达时声音要随着作品的思想情感的脉络而变化。气息有深浅、疾徐的变化；声音有高低、强弱、实虚、明暗、刚柔、厚薄；甚至运用气声的纵与收。让声音发自内心：言之有物，言之有形，言之有情，言之有意。

例：

（长江啊）你从雪山走来，（那）春潮是你的风采；
你（又）向东海奔去，（滚滚）惊涛是你的气概。
（温柔的）你用甘甜的乳汁，（来）哺育各族儿女；
（壮美的）你用健美的臂膀，（去）挽起高山（和）大海。
（啊）我们赞美长江，（因为）你是无穷的源泉；
（让）我们依恋长江，（只有）你有母亲的情怀。
（长江啊）你从远古走来，（用）巨浪荡涤着尘埃；
（接着）你向未来奔去，（让）涛声回荡在天外。
（温柔的）你用纯洁的清流，（来）灌溉花的国土；
（壮美的）你用磅礴的力量，（去）推动新的时代。
（啊）我们赞美长江，（因为）你是无穷的源泉；
（让）我们依恋长江，（只有）你有母亲的情怀。

——胡宏伟《长江之歌》

注：不限于、不拘泥于上述词语。提示语的目的让朗诵表达更完整、语流更流畅。

5.语音是声音和意义的结合体，朗诵创作时声音色彩需要根据内容情感而丰富多变。

《泊秦淮》这首诗感情深沉含蓄，语言精当锤炼，艺术构思也颇具匠心。

（像）烟笼（罩着）寒水（而）月笼（罩着）沙，
（这个）夜（晚，我停）泊（在）秦淮（靠）近（那些）酒家。
（遗憾哪！为什么）商女（竟然）不知亡国（应该有仇）恨，
隔江（依然）犹唱（这样的）后庭花。

我们在朗诵创作时需要引发真挚的情感，才能富于感染力，语文教材中希望我们能够“对作品的思想感情倾向作出自己的评价”，能够“品味作品中富有表现力的语言”。品味应该包括琢磨文词的内在含义以准确表达。

在我过去四十余年的生涯中，冬的情味尝得最深刻的，要算十年前初移居白马湖的时候了。十年以来，白马湖已成了一个小村落，当我移居的时候，还是一片荒野。春晖中学的新建筑巍然矗立于湖的那一面，湖的这一面的山脚下是小小的几间新平屋，住着我和刘君心如两家。此外两三里内没有人烟。一家人于阴历十一月下旬从热闹的杭州移居这荒凉的山野，宛如投身于极带中。

——夏丏尊《白马湖之冬》

为什么白马湖的生活是“四十余年的生涯中，冬的情味尝得最深刻的”？四十年的简单经历是怎样的？“十年前”作者境遇、自然环境是什么样的状况？为什么会去“还是一片荒野”的地方一住“十年”？为什么作者会说“白马湖之冬，可谓是快意人生！”？……

这些都是决定朗诵语言情绪把握的内在依据——内在语要解决的问题。

只有我们用声音把文字内容的意思完整准确地表达，才能是真正意义上的朗诵。朗诵一篇作品的时候，字音准确是前提，但绝不能停止于仅仅把每个字都读对。因为把文字、作品的真正内涵和意思读出来才是我们应该做的，应该成为一种追求。

三 自选考级篇目

1. 再别康桥

徐志摩

轻轻的我走了，
　　正如我轻轻的来；
我轻轻的招手，
　　作别西天的云彩。

那河畔的金柳，
　　是夕阳中的新娘；
波光里的艳影，
　　在我的心头荡漾。

软泥上的青荇，
　　油油的在水底招摇；
在康河的柔波里，
　　我甘心做一条水草！

那榆荫下的一潭，
　　不是清泉，
是天上虹，
　　揉碎在浮藻间，

沉淀着彩虹似的梦。
寻梦？撑一支长篙，
　　向青草更青处漫溯，
满载一船星辉，
　　在星辉斑斓里放歌。

但我不能放歌，
　　悄悄是别离的笙箫；

夏虫也为我沉默，

沉默是今晚的康桥。

悄悄的我走了，
正如我悄悄的来；
我挥一挥衣袖，
不带走一片云彩。

2. 我为少男少女们歌唱

何其芳

我为少男少女们歌唱。
我歌唱早晨，
我歌唱希望，
我歌唱那些属于未来的事物，
我歌唱正在生长的力量。

我的歌呵，
你飞吧，
飞到年轻人的心中
去找你停留的地方。

所有使我像草一样颤抖过的
快乐或者好的思想，
都变成声音飞到四方八面去吧，
不管它像一阵微风
或者一片阳光。

轻轻地从我琴弦上
失掉了成年的忧伤，
我重新变得年轻了，
我的血流得很快，
对于生活我又充满了梦想，充满了渴望。

3. 一片槐树叶

纪　弦

这是全世界最美的一片，
最珍奇，最可贵的一片，
而又是最使人伤心，最使人流泪的一片，
薄薄的，干的，浅灰黄色的槐树叶。
忘了是在江南，江北，
是在哪一个城市，哪一个园子里捡来的了。
被夹在一册古老的诗集里，
多年来，竟没有些微的损坏。
蝉翼般轻轻滑落的槐树叶，
细看时，还沾着那些故国的泥土哪。

故国哟，啊啊，要到何年何月何日
才能让我再回到你的怀抱里
去享受一个世界上最愉快的
飘着淡淡的槐花香的季节？……

4. 神女峰

舒　婷

在向你挥舞的各色花帕中
是谁的手突然收回
紧紧捂住了自己的眼睛
当人们四散离去，谁
还站在船尾
衣裙漫飞，如翻涌不息的云
江涛
　　高一声
　　　　低一声

美丽的梦留下美丽的优伤
人间天上，代代相传
但是，心
真能变成石头吗
为盼望远天的杳鹤
而错过无数次春江月明

沿着江岸
金光菊和女贞子的洪流
正煽动新的背叛
　　与其在悬崖上展览千年
　　不如在爱人肩头痛哭一晚

5. 热爱生命

汪国真

我不去想，
是否能够成功，
既然选择了远方，
便只顾风雨兼程。
我不去想，
能否赢得爱情，
既然钟情于玫瑰，
就勇敢地吐露真诚。
我不去想，
身后会不会袭来寒风冷雨，
既然目标是地平线，

留给世界的只能是背影。
我不去想，
未来是平坦还是泥泞，
只要热爱生命，
一切，都在意料之中。

6. 天上的街市

郭沫若

远远的街灯明了，
好像闪着无数的明星。
天上的明星现了，
好像点着无数的街灯。
我想那缥缈的空中，
定然有美丽的街市。
街市上陈列的一些物品，
定然是世上没有的珍奇。
你看，那浅浅的天河，
定然是不甚宽广。
那隔河的牛郎织女，
定能够骑着牛儿来往。
我想他们此刻，
定然在天街闲游。
不信，请看那朵流星，
是他们提着灯笼在走。

7. 在天晴了的时候

戴望舒

在天晴了的时候，
请到小径中去走走：
给雨润过的泥路，
一定是凉爽又温柔；
炫耀着新绿的小草，
一下子洗净了尘垢；
不再胆怯的小白菊，
慢慢地抬起它们的头，
试试寒，试试暖，
然后一瓣瓣地绽透；
抖去水珠的凤蝶儿
在木叶间自在闲游，
把它五彩的智慧书页，
曝着阳光一开一收。

到小径中去走走吧，
在天晴了的时候：
赤着脚，携着手，
踏着新泥，涉过溪流。
新阳推开了阴霾了，
溪水在温风中晕皱，
看山间移动的暗绿——
云的脚迹——它也在闲游。

8.云　游

徐志摩

那天你翩翩的在空际云游，
自在，轻盈，你本不想停留
在天的那方或地的那角，
你的愉快是无拦阻的逍遥，
你更不经意在卑微的地面
有一流涧水，虽则你的明艳
在过路时点染了他的空灵，
使他惊醒，将你的倩影抱紧。
他抱紧的是绵密的忧愁，
因为美不能在风光中静止；
他要，你已飞渡万重的山头，
去更阔大的湖海投射影子！
他在为你消瘦，那一流涧水，
在无能的盼望，盼望你飞回！

9.教我如何不想她

刘半农

天上飘着些微云，
地上吹着些微风。
啊！微风吹动了我的头发，
教我如何不想她？
月光恋爱着海洋，
海洋恋爱着月光。
啊！这般蜜也似的银夜。
教我如何不想她？
水面落花慢慢流，
水底鱼儿慢慢游。
啊！燕子你说些什么话？
教我如何不想她？
枯树在冷风里摇，
野火在暮色中烧。

啊！西天还有些儿残霞，
教我如何不想她？

10. 我的南方和北方(节选)

赵凌云

自从认识了那条奔腾不息的大江，
我就认识了我的南方和北方。
我的南方和北方相距很近，
近得可以隔岸相望。
我的北方和南方相距很远，
远得无法用脚步丈量。
大雁南飞，用翅膀缩短着我的南方与北方。
燕子归来，衔着春泥表达着我的北方与南方。
我的南方，也是李煜和柳永的南方。
一江春水滔滔东流，
流去的是落花般美丽的往事和芬芳。
梦醒时分，定格在杨柳岸晓风残月中的那种忧伤，
也注定只能定格在南方的才子佳人忧怨的面庞。
我的北方，也是李白和高适的北方。
烽烟滚滚，战马挥缰，
在胡天八月的飞雪中，
骑马饮酒的北方将士，正逼近刀光剑影的战场。
所有的胜利与失败，最后都化作了边关冷月下一排排胡杨。
在东南风的琴音中，
我的南方雨打芭蕉，荷香轻飘，婉约而又缠绵。
在西北风的琴音中，
我的北方雪飘荒原，腰鼓震天，凝重而又旷远。
我的南方和北方，我的北方和南方
我的永远的故乡和天堂。

11. 当你老了

〔爱尔兰〕叶　芝

当你老了，头白了，睡思昏沉，
炉火旁打盹，请取下这部诗歌，
慢慢读，回想你过去眼神的柔和，
回想它们过去的浓重的阴影；
多少人爱你青春欢畅的时候，
爱慕你的美丽，假意或真心，
只有一个人爱你那朝圣者的灵魂，
爱你衰老了的脸上痛苦的皱纹；
垂下头来，在红光闪耀的炉子旁，
凄然地轻轻诉说那爱情的消逝，

在头顶的山上它缓缓踱着步子，
在一群星星中间隐藏着脸庞。

12. 长江之歌

胡宏伟

你从雪山走来，春潮是你的风采；
你向东海奔去，惊涛是你的气概。
你用甘甜的乳汁，哺育各族儿女；
你用健美的臂膀，挽起高山大海。
我们赞美长江，你是无穷的源泉；
我们依恋长江，你有母亲的情怀。
你从远古走来，巨浪荡涤着尘埃；
你向未来奔去，涛声回荡在天外。
你用纯洁的清流，灌溉花的国土；
你用磅礴的力量，推动新的时代。
我们赞美长江，你是无穷的源泉；
我们依恋长江，你有母亲的情怀。

13. 等着我，亲爱的人

王晓岭、李文绪

你是家乡的雨，
我是远行的风。
风雨相随伴征程，
等到再相逢。
我是村头的月，
你是远方的星。
星月相伴乘彩云，
等到再相逢。
等着我，亲爱的人，
等着我，不变的心。
听你听我，彼此呼唤，
一生有情有梦。

14. 天边有颗闪亮的星

阎肃

你看那天边有颗闪亮的星星，
关山飞跃，一路撒下光明，
我们就跟着她的脚步走啊，
哪管它道路平不平，
咱们就跟着她的脚步走啊，
哪管它道路平不平。
你看那天边有颗闪亮的星星，

关山飞跃，一路撒下光明。
我们就跟着她的脚步走啊，
走过黑夜是黎明。
咱们就跟着他的脚步走啊，
走过黑夜是黎明。

15.父亲的草原母亲的河

席慕蓉

父亲曾经，形容草原的清香，
让他在天涯海角也总不能相忘；
母亲总爱，描摹那大河浩荡，
奔流在蒙古高原，我遥远的家乡。
如今，终于见到这辽阔大地，
站在这芬芳的草原上，我泪落如雨。
河水，在传唱着祖先的祝福，
保佑漂泊的孩子，找到回家的路。
啊，父亲的草原，啊，母亲的河！
虽然已经不能用母语来诉说，
请接纳我的悲伤、我的欢乐。
我也是高原的孩子啊，
心里有一首歌，
歌中有我父亲的草原、母亲的河！

16.火烧云

萧　红

晚饭过后，火烧云上来了。霞光照得小孩子的脸红红的。大白狗变成红的了。红公鸡变成金的了，黑母鸡变成紫檀色的了。喂猪的老头儿在墙根靠着，笑盈盈地看着他的两头小白猪变成小金猪了。他刚想说："你们也变了……"，旁边走来个乘凉的人对他说："您老人家必要高寿，您老是金胡子了。"

天上的云从西边一直烧到东边，红彤彤的，好像是天空着了火。

这地方的火烧云变化极多，一会儿红彤彤的，一会儿金灿灿的，一会儿半紫半黄，一会儿半灰半百合色。葡萄灰、梨黄、茄子紫，这些颜色天空都有。还有些说也说不出来、见也没见过的颜色。

一会儿，天空出现一匹马，马头向南，马尾向西。马是跪着的，像等人骑上它的背，它才站起来似的。过了两三秒钟，那匹马大起来了，腿伸开了，脖子也长了，尾巴却不见了。看的人正在寻找马尾巴，那匹马变模糊了。

忽然又来了一条大狗。那条狗十分凶猛，在向前跑，后边似乎还跟着好几条小狗。跑着跑着，小狗不知哪里去了，大狗也不见了。

接着又来了一头大狮子，跟庙门前的石头狮子一模一样，也那么大，也那样蹲着，很威武很镇静地蹲着。可是一转眼就变了，再也找不着了。

一时恍恍惚惚的，天空里又像这个又像那个，其实什么也不像，什么也看不清了。必须低下头，揉一揉眼睛，沉静一会儿再看。可是天空偏偏不等待那些爱好它的孩子。一会儿工夫，火烧云就下去了。

17. 牵牛花

叶圣陶

手种牵牛花,接连有三四年了。水门汀地没法下种,种在十来个瓦盆里。泥是今年又明年反复着用的,无从取得新的来加入。曾与铁路轨道旁边种地的那个北方人商量,愿意出钱向他买一点,他不肯。

从城隍庙的花店里买了一包过磷酸骨粉,搀和在每一盆泥里,这算代替了新泥。瓦盆排列的墙脚,从墙头垂下十条麻线,每两条距离七八寸,让牵牛的藤蔓缠绕上去。这是今年的新计划,往年是瓦盆摆在三尺光景高的木架子上的。这样,藤蔓很容易爬到墙头;随后长出来的互相纠缠着,因自身的重量倒垂下来,但末梢的嫩条便又蛇头一般仰起,向上伸,与别组的嫩条纠缠,待不胜重量时便重演那老把戏;因此墙头往往堆积着繁密的叶和花,与墙腰的部分起,沿墙多了三尺光景的路程,或者不相称。

今年从墙脚爬会好一点;而且,这就将有一垛完全是叶和花的墙——藤蔓从两瓣子叶中间引伸出来以后不到一个月工夫,爬得最快的几株将要齐墙头了。第一个叶柄外生一个花苞,像谷粒便转黄萎去。据几年来的经验,知道起头的一批花苞是开不出来的;那样大,到后来发育更见旺盛,新的叶蔓比近根部的肥大,那时的花苞才开得成。

今年的叶格外绿,绿得鲜明;又格外厚,仿佛丝绒裁剪成的。这自然是过磷酸骨粉的功效。他日花开,可以推知将比往年的盛大。

但兴趣并不专在看花。种了这小东西,庭中就成为系人心情的所在。早上才起,工毕回来,不觉总要在那里小立一会儿。那藤蔓缠着麻线卷上去,嫩绿的头看似静止的,并不动弹;实际却无时不回旋向上,在先朝这边,停一歇再看,它便朝那边了。前一晚只是绿豆般大一粒的嫩头,早起看时,便已透出二三寸长的新条,缀着一两张满是细白绒毛的小叶子,叶柄处是仅能辨认形状的小花蕾,而末梢又有了绿豆般头。有时认着墙上的斑痕想,明天未必便爬到那里吧;但出大一粒的嫩乎意外,明晨已爬到了斑痕之上;好努力的一夜工夫!“生之力”不可得见;在这样小立静观的当儿,却默契了“生之力”了。渐渐地,浑忘意想,复何言说,只呆对着这一墙绿叶。

即使没有花,兴趣未尝短少;何况他日开花,将比往年的盛大呢。

18. 繁　星

巴　金

我爱月夜,但我也爱星天。从前在家乡七八月的夜晚,在庭院里纳凉的时候,我最爱看天上密密麻麻的星星。

三年前,在南京我住的地方有一道后门,每晚我打开后门,便看见一个静寂的夜。下面是一片菜园,上面是星群密布的蓝天。星光在我们的肉眼里虽然微小,然而它使我们觉得光明无处不在。

如今在海上,每晚和繁星相对,我把它们认得很熟了。我躺在舱面上,仰望天空。深蓝色的天空里,悬着无数半明半昧的星。船在动,星也在动,它们是这样低,真是摇摇欲坠呢!渐渐地我的眼睛模糊了,我好像看见无数萤火虫在我的周围飞舞。海上的夜是柔和的,是静寂的,是梦幻的。我望着那许多认识的星,我仿佛看见它们在对我眨眼,我仿佛听见它们在小声说话。这时我忘记了一切。在星的怀抱中我微笑着,我沉睡着。我觉得自己是一个小孩子,现在睡在母亲的怀里了。

19. 春

朱自清

盼望着,盼望着,东风来了,春天的脚步近了。

一切都像刚睡醒的样子,欣欣然张开了眼。山朗润起来了,水涨起来了,太阳的脸红起来了。

小草偷偷地从土里钻出来,嫩嫩的,绿绿的。园子里,田野里,瞧去,一大片一大片满是的。坐着,躺着,打两个滚,踢几脚球,赛几趟跑,捉几回迷藏。风轻悄悄的,草软绵绵的。

桃树、杏树、梨树,你不让我,我不让你,都开满了花赶趟儿。红的像火,粉的像霞,白的像雪。花里带着甜味儿,闭了眼,树上仿佛已经满是桃儿、杏儿、梨儿。花下成千成百的蜜蜂嗡嗡地闹着,大小的蝴蝶飞来飞去。野花遍地是:杂样儿,有名字的,没名字的,散在草丛里,像眼睛,像星星,还眨呀眨的。

"吹面不寒杨柳风",不错的,像母亲的手抚摸着你。风里带来些新翻的泥土的气息,混着青草味儿,还有各种花的香,都在微微润湿的空气里酝酿。鸟儿将窠巢安在繁花嫩叶当中,高兴起来了,呼朋引伴地卖弄清脆的喉咙,唱出宛转的曲子,与轻风流水应和着。牛背上牧童的短笛,这时候也成天嘹亮地响。

雨是最寻常的,一下就是三两天。可别恼。看,像牛毛,像花针,像细丝,密密地斜织着,人家屋顶上全笼着一层薄烟。树叶子却绿得发亮,小草也青得逼你的眼。傍晚时候,上灯了,一点点黄晕的光,烘托出一片这安静而和平的夜。乡下去,小路上,石桥边,有撑起伞慢慢走着的人;还有地里工作的农夫,披着蓑,戴着笠的。他们的草屋,稀稀疏疏的,在雨里静默着。

天上风筝渐渐多了,地上孩子也多了。城里乡下,家家户户,老老小小,他们也赶趟儿似的,一个个都出来了。舒活舒活筋骨,抖擞抖擞精神,各做各的一份事去。"一年之计在于春",刚起头儿,有的是工夫,有的是希望。

春天像刚落地的娃娃,从头到脚都是新的,他生长着。

春天像小姑娘,花枝招展的,笑着,走着。

春天像健壮的青年,有铁一般的胳膊和腰脚,他领着我们上前去。

20. 紫藤萝瀑布

宗　璞

我不由得停住了脚步。

从未见过开得这样盛的藤萝,只见一片辉煌的淡紫色,像一条瀑布,从空中垂下,不见其发端,也不见其终极。只是深深浅浅的紫,仿佛在流动,在欢笑,在不停地生长。紫色的大条幅上,泛着点点银光,就像迸溅的水花。仔细看时,才知道那是每一朵紫花中的最浅淡的部分,在和阳光互相挑逗。

这里春红已谢,没有赏花的人群,也没有蜂围蝶阵。有的就是这一树闪光的、盛开的藤萝。花朵儿一串挨着一串,一朵接着一朵,彼此推着挤着,好不活泼热闹!

"我在开花!"它们在笑。

"我在开花!"它们在嚷嚷。

每一穗花都是上面的盛开,下面的待放。颜色便上浅下深,好像那紫色沉淀下来了,沉淀在最嫩最小的花苞里。每一朵盛开的花就像是一个小小的张满了的帆,帆下带着尖底的舱,船舱鼓鼓的,又像一个忍俊不禁的笑容,就要绽开似的。那里装的是什么仙露琼浆?我凑上去,想摘一朵。

但是我没有摘。我没有摘花的习惯。我只是伫立凝望,觉得这一条紫藤萝瀑布不只在我眼前,也在我心上缓缓流过。流着流着,它带走了这些时一直压在我心上的关于生死的疑惑,关于疾病的痛楚。我浸在这繁密的花朵的光辉中,别的一切暂时都不存在,有的只是精神的宁静和生的喜悦。

这里除了光彩,还有淡淡的芳香,香气似乎也是浅紫色的,梦幻一般轻轻地笼罩着我。忽然记起十多年前家门外也曾有过一大株紫藤萝,它依傍一株枯槐爬得很高,但花朵从来都稀落,东一穗西一串伶仃地挂在树梢,好像在察言观色,试探什么。后来索性连那稀零的花串也没有了。园中别的紫藤花架也都拆掉，改种了果树。那时的说法是，花和生活腐化有什么必然关系。我曾遗憾地想：这里再也看不见藤萝花了。

过了这么多年，藤萝又开花了，而且开得这样盛，这样密，紫色的瀑布遮住了粗壮的盘虬卧龙般的枝干，不断地流着，流着，流向人的心底。

花和人都会遇到各种各样的不幸，但是生命的长河是无止境的。我抚摸了一下那小小的紫色的花舱，那里满装生命的酒酿，它张满了帆，在这闪光的花的河流上航行。它是万花中的一朵，也正是一朵一朵花，组成了万花灿烂的流动的瀑布。

在这浅紫色的光辉和浅紫色的芳香中，我不觉加快了脚步。

21. 第一场雪

峻　青

这是入冬以来，胶东半岛上第一场雪。

雪纷纷扬扬，下得很大。开始还伴着一阵儿小雨，不久就只见大片大片的雪花，从彤云密布的天空中飘落下来。地面上一会儿就白了。冬天的山村，到了夜里就万籁俱寂，只听得雪花簌簌地不断往下落，树木的枯枝被雪压断了，偶尔咯吱一声响。

大雪整整下了一夜。今天早晨，天放晴了，太阳出来了。推开门一看，嗬！好大的雪啊！山川、河流、树木、房屋，全都罩上了一层厚厚的雪，万里江山，变成了粉妆玉砌的世界。落光了叶子的柳树上挂满了毛茸茸亮晶晶的银条儿；而那些冬夏常青的松树和柏树上，则挂满了蓬松松沉甸甸的雪球儿。一阵风吹来，树枝轻轻地摇晃，美丽的银条儿和雪球儿簌簌地落下来，玉屑似的雪末儿随风飘扬，映着清晨的阳光，显出一道道五光十色的彩虹。

大街上的积雪足有一尺多深，人踩上去，脚底下发出咯吱咯吱的响声。一群群孩子在雪地里堆雪人，掷雪球儿。那欢乐的叫喊声，把树枝上的雪都震落下来了。

俗话说，“瑞雪兆丰年”。这个话有充分的科学根据，并不是一句迷信的成语。寒冬大雪，可以冻死一部分越冬的害虫；融化了的水渗进土层深处，又能供应庄稼生长的需要。我相信这一场十分及时的大雪，一定会促进明年春季作物，尤其是小麦的丰收。有经验的老农把雪比做是“麦子的棉被”。冬天“棉被”盖得越厚，明春麦子就长得越好，所以又有这样一句谚语：“冬天麦盖三层被，来年枕着馒头睡。”

我想，这就是人们为什么把及时的大雪称为“瑞雪”的道理吧。

22. 荷塘月色(节选)

朱自清

曲曲折折的荷塘上面，弥望的是田田的叶子。叶子出水很高，像亭亭的舞女的裙。层层的叶子中间，零星地点缀着些白花，有袅娜地开着的，有羞涩地打着朵儿的；正如一粒粒的明珠，又如碧天里的星星，又如刚出浴的美人。微风过处，送来缕缕清香，仿佛远处高楼上渺茫的歌声似的。这时候叶子与花也有一丝的颤动，像闪电般，霎时传过荷塘的那边去了。叶子本是肩并肩密密地挨着，这便宛然有了一道凝碧的波痕。叶子底下是脉脉的流水，遮住了，不能见一些颜色；而叶子却更见风致了。

月光如流水一般，静静地泻在这一片叶子和花上。薄薄的青雾浮起在荷塘里。叶子和花仿佛在牛乳中洗过一样，又像笼着轻纱的梦。虽然是满月，天上却有一层淡淡的云，所以不能朗照；但我以为这恰是到了好处——酣眠固不可少，小睡也别有风味的。月光是隔了树照过来的，高处丛生的灌木，落下参差的斑驳的黑影，峭楞楞如鬼一般；弯弯的杨柳的稀疏的倩影，却又像是画在荷叶上。塘中的月色并不均匀；但光与影有着和谐的旋律，如梵婀玲上奏着的名曲。

荷塘的四面,远远近近,高高低低都是树,而杨柳最多。这些树将一片荷塘重重围住;只在小路一旁,漏着几段空隙,像是特为月光留下的。树色一例是阴阴的,乍看像一团烟雾;但杨柳的丰姿,便在烟雾里也辨得出。树梢上隐隐约约的是一带远山,只有些大意罢了。树缝里也漏着一两点路灯光,没精打采的,是渴睡人的眼。这时候最热闹的,要数树上的蝉声与水里的蛙声;但热闹是它们的,我什么也没有。

忽然想起采莲的事情来了。采莲是江南的旧俗,似乎很早就有,而六朝时为盛;从诗歌里可以约略知道。采莲的是少年的女子,她们是荡着小船,唱着艳歌去的。采莲人不用说很多,还有看采莲的人。那是一个热闹的季节,也是一个风流的季节。

23. 白马湖之冬

夏丏尊

在我过去四十余年的生涯中,冬的情味尝得最深刻的,要算十年前初移居白马湖的时候了。十年以来,白马湖已成了一个小村落,当我移居的时候,还是一片荒野。春晖中学的新建筑巍然矗立于湖的那一面,湖的这一面的山脚下是小小的几间新平屋,住着我和刘君心如两家。此外两三里内没有人烟。一家人于阴历十一月下旬从热闹的杭州移居这荒凉的山野,宛如投身于极带中。

那里的风,差不多日日有的,呼呼作响,好像虎吼。屋宇虽系新建,构造却极粗率,风从门窗隙缝中来,分外尖削,把门缝窗隙厚厚地用纸糊了,缝中却仍有透入。风刮得厉害的时候,天未夜就把大门关上,全家吃毕夜饭即睡入被窝里,静听寒风的怒号,湖水的澎湃。靠山的小后轩,算是我的书斋,在全屋子中风最小的一间,我常把头上的罗宋帽拉得低低地,在洋灯下工作至夜深。松涛如吼,霜月当窗,饥鼠吱吱在承尘上奔窜。我于这种时候深感到萧瑟的诗趣,常独自拨划着炉灰,不肯就睡,把自己拟诸山水画中的人物,作种种幽邈的遐想。现在白马湖到处都是树木了,当时尚一株树木都未种。月亮与太阳都是整个儿的,从上山起直要照到下山为止。太阳好的时候,只要不刮风,那真和暖得不像冬天。一家人都坐在庭间曝日,甚至于吃午饭也在屋外.像夏天的晚饭一样。日光晒到哪里,就把椅凳移到哪里,忽然寒风来了,只好逃难似的各自带了椅凳逃入室中,急急把门关上。在平常的日子,风来大概在下午快要傍晚的时候,半夜即息。至于大风寒,那是整日夜狂吼,要二三日才止的。最严寒的几天,泥地看去惨白如水门汀,山色冻得发紫而黯,湖波泛深蓝色。

下雪原是我所不憎厌的,下雪的日子,室内分外明亮,晚上差不多不用燃灯。远山积雪足供半个月的观看,举头即可从窗中望见。可是究竟是南方,每冬下雪不过一二次。我在那里所日常领略的冬的情味,几乎都从风来。白马湖的所以多风,可以说有着地理上的原因。那里环湖都是山,而北面却有一个半里阔的空隙,好似故意张了袋口欢迎风来的样子。白马湖的山水和普通的风景地相差不远,唯有风却与别的地方不同。风的多和大,凡是到过那里的人都知道的。风在冬季的感觉中,自古占着重要的因素.而白马湖的风尤其特别。

现在,一家僦居上海多日了,偶然于夜深人静时听到风声,大家就要提起白马湖来,说"白马湖不知今夜又刮得怎样厉害哩!"

白马湖之冬,可谓是快意人生!

24. 海上日出

巴　金

为了看日出,我常常早起。那时天还没有大亮,周围非常清静,船上只有机器的响声。

天空还是一片浅蓝,颜色很浅。转眼间天边出现了一道红霞,慢慢地在扩大它的范围,加强它的亮光。我知道太阳要从天边升起来了,便不转眼地望着那里。

果然,过了一会儿,在那个地方出现了太阳的小半边脸,红是真红,却没有亮光。太阳好像负着重荷似的一步一步,慢慢地努力上升,到了最后,终于冲破了云霞,完全跳出了海面,颜色红得非常可爱。一刹那间,这个深红的圆东西,忽然发出了夺目的亮光,射得人眼睛发痛,它旁边的云片也突然有了光彩。

有时太阳走进了云堆中,它的光线却从云里射下来,直射到水面上。这时候要分辨出哪里是水,哪里是天,倒也不容易,因为我就只看见一片灿烂的亮光。

有时天边有黑云,而且云片很厚,太阳出来,人眼还看不见。然而太阳在黑云里放射的光芒,透过黑云的重围,替黑云镶了一道发光的金边。后来太阳才慢慢地冲出重围,出现在天空,甚至把黑云也染成了紫色或者红色。这时候发亮的不仅是太阳、云和海水,连我自己也成了光亮的了。

这不是很伟大的奇观吗?

25. 秋天的日落

〔美〕梭　罗

最近,十一月的一天,我们目睹了一个极其美丽的日落。当我像平时一样漫步于一条小溪发源处的草地之上,那高空的太阳,终于在一个凄苦的寒天之后,暮夕之前,突于天际骤放澄明。

这时但见远方天幕下的衰草残茎,山边的树叶橡丛,顿时浸在一片柔美而耀眼的绮照之中,而我们自己的身影也长长地伸向草地的东方,仿佛是那缕斜辉中仅有的点点微尘。周围的风物是那么妍美,一晌之前还是难以想象,空气也是那么和暖纯净,这时普通草原实在无异于天上景象。但是这眼前之景难道一定是亘古以来不曾有过的特殊奇观?说不定自有天日以来,每个春夕便都是如此,因而连跑动在这里的幼小孩童也会觉得自在欣悦,想到这些,这幅景象也就益发显得壮丽起来。此刻那落日的余晕正以它全部的灿烂和辉煌,也不分城市还是乡村,甚至以往日少见的艳丽,尽情斜映在这一带境远地僻的草地之上;这里没有一间房舍——花花之中只见一头孤零零的沼鹰,背羽上染尽了金黄,一只麝香鼠正在洞穴口探头,另外在沼泽之间望见了一股水色黝黑的小溪,蜿蜒曲折,绕行于一堆残株败根之旁。我们漫步于其中的光照,是这样的纯美与熠耀,满目衰草树叶,一片金黄,晃晃之中又是这般柔和括静,没有一丝涟漪,一息呜咽。我想我从来不曾沐浴过这么优美的金色光波。西望林丘岗之际,彩焕烂然,恍若仙境边陲一般,而我们背后的秋阳,仿佛一个慈祥的牧人,正趁薄暮时分,赶送我们归去。

我们在踯躅于圣地的历程当中也是这样。总有一天,太阳的光辉会照耀得更加妍丽,会照射进我们的心扉灵府之中,会使我们的生涯洒满了更大彻悟的奇妙光照,其温煦、括淡与金光熠耀,恰似一个秋日的岸边那样。

四 抽选考级篇目

1. 泊秦淮

[唐]杜　牧

烟笼寒水月笼沙,夜泊秦淮近酒家。
商女不知亡国恨,隔江犹唱后庭花。

2. 峨眉山月歌

[唐]李　白

峨眉山月半轮秋,影入平羌江水流。
夜发清溪向三峡,思君不见下渝州。

3. 春夜洛城闻笛

［唐］李　白

谁家玉笛暗飞声，散入春风满洛城。
此夜曲中闻折柳，何人不起故园情。

4. 逢入京使

［唐］岑　参

故园东望路漫漫，双袖龙钟泪不干。
马上相逢无纸笔，凭君传语报平安。

5. 对　酒

秋　瑾

不惜千金买宝刀，貂裘换酒也堪豪。
一腔热血勤珍重，洒去犹能化碧涛。

6. 西塞山怀古

［唐］刘禹锡

王濬楼船下益州，金陵王气黯然收。
千寻铁锁沉江底，一片降幡出石头。
人世几回伤往事，山形依旧枕寒流。
今逢四海为家日，故垒萧萧芦荻秋。

7. 春　望

［唐］杜　甫

国破山河在，城春草木深。
感时花溅泪，恨别鸟惊心。
烽火连三月，家书抵万金。
白头搔更短，浑欲不胜簪。

8. 闻官军收河南河北

［唐］杜　甫

剑外忽传收蓟北，初闻涕泪满衣裳。
却看妻子愁何在，漫卷诗书喜欲狂。
白日放歌须纵酒，青春作伴好还乡。
即从巴峡穿巫峡，便下襄阳向洛阳。

9. 锦　瑟

［唐］李商隐

锦瑟无端五十弦，一弦一柱思华年。
庄生晓梦迷蝴蝶，望帝春心托杜鹃。
沧海月明珠有泪，蓝田日暖玉生烟。
此情可待成追忆，只是当时已惘然。

10. 次北固山下

［唐］王　湾

客路青山外，行舟绿水前。
潮平两岸阔，风正一帆悬。
海日生残夜，江春入旧年。
乡书何处达？归雁洛阳边。

11. 题破山寺后禅院

［唐］常　建

清晨入古寺，初日照高林。
曲径通幽处，禅房花木深。
山光悦鸟性，潭影空人心。
万籁此都寂，但余钟磬音。

12. 过故人庄

［唐］孟浩然

故人具鸡黍，邀我至田家。
绿树村边合，青山郭外斜。
开轩面场圃，把酒话桑麻。
待到重阳日，还来就菊花。

13. 望　岳

［唐］杜　甫

岱宗夫如何？齐鲁青未了。
造化钟神秀，阴阳割昏晓。
荡胸生曾云，决眦入归鸟。
会当凌绝顶，一览众山小。

14. 登　高

［唐］杜　甫

风急天高猿啸哀，渚清沙白鸟飞回。
无边落木萧萧下，不尽长江滚滚来。
万里悲秋常作客，百年多病独登台。
艰难苦恨繁霜鬓，潦倒新停浊酒杯。

15. 无题·闻道阊门

［唐］李商隐

闻道阊门萼绿华，昔年相望抵天涯。
岂知一夜秦楼客，偷看吴王苑内花。

16. 无题·昨夜星辰昨夜风

［唐］李商隐

昨夜星辰昨夜风，画楼西畔桂堂东。
身无彩凤双飞翼，心有灵犀一点通。
隔座送钩春酒暖，分曹射覆蜡灯红。
嗟余听鼓应官去，走马兰台类转蓬。

17. 黄鹤楼

［唐］崔　颢

昔人已乘黄鹤去，此地空余黄鹤楼。
黄鹤一去不复返，白云千载空悠悠。
晴川历历汉阳树，芳草萋萋鹦鹉洲。
日暮乡关何处是？烟波江上使人愁。

18. 钱塘湖春行

［唐］白居易

孤山寺北贾亭西，水面初平云脚低。
几处早莺争暖树，谁家新燕啄春泥。
乱花渐欲迷人眼，浅草才能没马蹄。
最爱湖东行不足，绿杨阴里白沙堤。

19. 游山西村

［宋］陆　游

莫笑农家腊酒浑，丰年留客足鸡豚。
山重水复疑无路，柳暗花明又一村。
箫鼓追随春社近，衣冠简朴古风存。
从今若许闲乘月，拄杖无时夜叩门。

20. 望洞庭湖赠张丞相

［唐］孟浩然

八月湖水平，涵虚混太清。
气蒸云梦泽，波撼岳阳城。
欲济无舟楫，端居耻圣明。
坐观垂钓者，徒有羡鱼情。

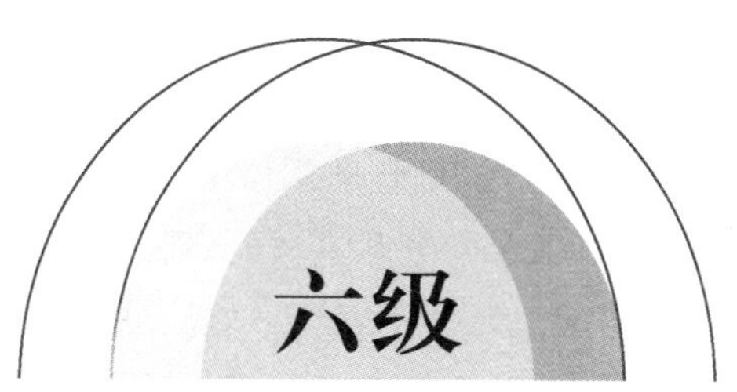

六级

朗诵艺术水平等级考试六级的考前学习，是在语音面貌、气息控制、感受能力明显提升的基础上，加强对朗诵语言的音韵美、朗诵时声音形式对思想感情的适应能力和“朗诵场”意识的训练。本级要求考生在声韵调发音基本标准、朗诵语调平实流畅、思想感情自然朴实的基础上，能够根据作品所蕴含的情感浓度，较为灵活地调整发声器官自如运动，配合肢体动作和眼神，恰如其分地表现、传递其丰富的感情色彩。

本级的作品包括自选考级篇目25篇、抽选考级篇目20篇，以经典格律诗、现代诗歌、经典歌词、散文等组成。本级要求考生在语音标准的基础上，具有较强的语言综合表现力和传播力，重点考查考生的声音弹性及朗诵表达中的对象感。

一 语音学习要点

(一)声调

1. 认识声调

声调是指语言的音调的变化，声调的变化使得朗诵语言富有音韵美。在现代汉语语音学中，声调是指汉语音节中所固有的、可以区别意义的声音的高低。声调的音高是相对的，不是绝对的；声调的变化是滑动的，不像从一个音阶到另一个音阶那样跳跃式地移动。字有字调、词有词调、句有句调、语有语调，各有各的调子，一般所说的“声调”，都是指“字调”，是每一个字的本来声调，也叫做“本调”。

声调在实际语音上的高低、曲直、长短的型式就是调值，普通话里有高平调(55)、高升调(35)、降升调(214)、全降调(51)四种调值型式；声调的种类是调类，普通话有四个调类，即：阴平、阳平、上声、去声。

调值的记录方法：五度标记法——把声调的高低分为五度，一度最低、五度最高。用一条竖直线做标尺，分为五度，表示五度音高。从下而上，就是声音由低到高，声带由松到紧，再用一条线表示声调的高低变化。如下图：

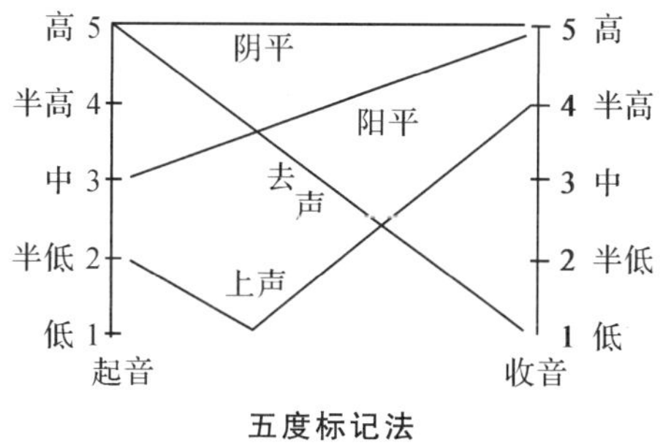

五度标记法

从五度标记法中可以看出，阴平的调值是55，阳平的调值是35，上声的调值是214，去声的调值是51。四个声调在书写时依序采用—、/、V、\四种符号，叫调号。符号标在音节的主要元音上，轻声音节不标声调。

汉语普通话声调和声母、韵母共同构成汉语普通话的音节。一般一个汉字就是一个音节，所以声调又叫字调。声调的变化使得语言富有音乐性，各种声调有规则的安排，可以构成诗歌的节奏。

例：王之涣的《登鹳雀楼》

白日依山尽，（古：仄仄平平仄　现：阳去阴阴去）
黄河入海流。（古：平平仄仄平　现：阳阳去上阳）
欲穷千里目，（古：仄平平仄仄　现：去阳阴上去）
更上一层楼。（古：仄仄仄平平　现：去去去阳阳）

声调的作用：区别意义。声母、韵母相同而声调不同，词的含义也就不一样。如：

mā　妈——阴平
má　麻——阳平
mǎ　马——上声
mà　骂——去声

四声的发音口诀是：

起音高高一路平（阴平），由中到高往上升（阳平）；
先降然后再扬起（上声），高处降到最下层（去声）。

2. 声调的发音要领

阴平（一声）——又叫做高平调，调号"—"，调值是55。发音时，声带绷到最紧（"最紧"是相对的，下同），从最高音5的位置开始起音，气息托住，保持高音并拉长，没有升降变化，调值从5度到5度。例如bā（八）音，可以略作延长来感受55调值的平稳度。

阳平（二声）——又叫做高升调，调号"/"，调值是35。发音时，声带从不松不紧开始，逐渐绷紧，到最紧为止，从中音3度的位置迅速升到最高音5度的位置，调值有较大升幅变化。例如bá（跋）音。

上声（三声）——又叫做降升调，调号"V"，调值是214。发音时，声带从略微有些紧张开始，立刻松弛下来，稍稍延长，然后迅速绷紧，但没有绷到最紧。起音较低，从半低音2度的位置起音后下降到最低音1度，从1度迅速上升到半高音4度的位置，有明显的先降后升特点。上声的音长在普通话4个声调中是最长的。例如bǎ（把）音。

去声（四声）——又叫做全降调，调号"\"，调值是51。发音时，声带从紧开始，到完全松弛为止。声音由高到低，从最高的5度位置起音后，迅速下降到最低音1度的位置，有较大的降幅变化。去声的音长在普通话4个声调中是最短的。例如bà（爸）音。

3. 浙江人在声调的准确性上要注意的问题

(1)阴平调值低于或高于普通话调值，有些地方的阴平呈现中间略低的状态，有些人起音至收音的发声过程会形成一个抛物线，抛物线的最高点调值会超过5度，高于普通话阴平调值。所以浙江人的普通话阴平调值容易偏高，也有部分人在读单个的阴平字词时，调值忽高忽低。这是主观认知的偏差，浙江人对阴平的认识往往仅限于音高，而忽略了阴平的最高音和稳定平直的特点，也就是起音和收音都是最高的，且始终保持平稳即5度音高。因此在训练时应该注意从33、44或434、565调整到55的高度。

(2)阳平调值明显低于普通话，大致为13、22或24，浙江南部地区的丽水、温州和台州人容易把阳平调值读成112、113或223等，还有一部分人发阳平时更为短促，近似于入声。

(3)上声调值在浙江方言中有些是缺失了发音过程中的中部下降，而直接从低向高发声，于是在语流音变的上声变调中，很多人发音过程不完整、不习惯向下行走；有些是起点偏高，从3度甚至4度起音，收音也往往与起音同高，发成3223、323、4334或434，造成方言色彩浓重。

(4)去声调值在浙江方言中一般起音偏低，收音也往往达不到相对最低的1度，经常发成42或32且发音过程很短促，有入声倾向。

解决上述声调问题，最直观的方法是“手势带动法”，用手势对声调的高低起伏加以演示。按照赵元任先生的五度标记法，设定统一的起音点和收音点，一声是高处平划，二声中部扬起，三声是低处降底后扬至高处，四声为最高处落至底处。也可以使用“带音法”，比如发一声55后，可以带出四声51；四声51再带出二声35，因为发第四声时声带放松，然后逐渐变紧，便于正确地发二声。

4. 声调练习

声调练习应在气息、声带、共鸣有一定控制的情况下进行，控制不当容易在上声、去声音节上出现问题。

声调是否准确，是朗诵语音是否标准的一个重要方面，因声调不准而使受众感到“口音不准”的情况是比较多见的。所以，在学习朗诵时应掌握普通话四声及其在语流中的变化规律。

普通话四声可采用单音节练习，以及各种组合方式的多音节练习。本节既练习声调，也练习声母、韵母的发音。注意四声要准确，出字要有力，咬住字头，拉开字腹，收住字尾；声音连贯，气息控制自如。

(1)双唇音

巴 拔 把 罢
坡 婆 叵 破
猫 毛 卯 帽

(2)唇齿音

方 房 仿 放

(3)舌尖中音

低 敌 底 弟
通 同 统 痛
妞 牛 扭 拗
撩 聊 了 料

(4)舌根音

旮 尜 尕 尬
科 咳 可 刻
酣 含 喊 汉

(5)舌面音

居 局 举 据
青 情 请 庆
香 降 想 象

(6)舌尖后音

知 职 止 至
称 成 逞 称
申 神 沈 甚

(7)舌尖前音

作 昨 左 做
猜 才 采 菜
虽 随 髓 岁

(8)开口呼

掰 白 摆 败
抛 刨 跑 炮
飞 肥 匪 费
搂 楼 篓 漏

(9)齐齿呼

家	夹	甲	架
亲	勤	寝	沁
些	斜	写	泄
拎	林	凛	赁

(10)合口呼

窗	床	闯	创
蛙	娃	瓦	袜
欢	还	缓	幻
锅	国	果	过

(11)撮口呼

薛	学	雪	血
晕	云	允	运
圈	全	犬	劝

5. 声调练习注意事项

(1)声调的特点是使语言富有音乐色彩,读起来和谐动听(尤其是诗词),要很好地掌握、利用这一点。

(2)朗诵中声调容易出现以下问题:

①两个阴平相连容易出现第二个阴平下滑,请记住,这里涉及到变调,即两个阴平相连,前一个音节变44,第二个音节保持55不变;

②阴平容易发得不够高或往下滑,即把55变为了53;

③阴平为高元音时容易挤,如“第一”;

④阳平容易拐弯,如将35读成近似335;

⑤上声发音下行下不去,上行又发不到位。即214的1不够低,4又不到位;

⑥去声容易“劈”,尤其是去声音节作为重音时更是如此,如“奋勇前进”。

(3)克服方法:

①阴平、阳平:要掌握它的调值及发音方法;

②上声:在单发或作品内容决定不能变调时,一定要注意气息的变化及控制,没有变化或无法控制,就会产生问题⑤中的现象。上声在下行时,气息控制由稍紧到松,上行时由松渐紧,要使声音如同在V形,且宽度始终均匀的这样一条管道中行走,宽度始终不变;

③去声:容易“劈”的原因是气息控制不好,去声发音一定不能“挤”,不能使拙力,始终要有气息的支撑。

6. 句调

指朗诵中,用来表达感情的声音高低升降的变化,也叫语势。

(1)升调:由低到高,表示疑问、呼唤、号召、惊异的语句。

例:

所有的日子,所有的日子都来吧! ↗

——王蒙《青春万岁》

(2)降调:由高到低,表示感叹、坚决、肯定的语句。

例:

一个翱翔天际,↗

一个却深潜海底。↘

——泰戈尔《世界上最遥远的距离》

(3)平直调：平稳无明显曲折的调子，多用于陈述、叙述的语句。

例：

有的人活着，他已经死了，有的人死了，他还活着。→

——臧克家《有的人》

(4)曲折调：先降后升或先升后降，多用于讽刺、厌恶、迟疑的语句。

例：

这些海鸭啊，享受不了战斗生活的欢乐：轰隆隆的雷声就把它们吓坏了。V

——高尔基《海燕》

(二)语流音变

在语流中，音素或音节间相互影响产生的语音变化叫语流音变。语流音变主要表现在轻声、儿化、变调和语气词“啊”的变化上。

1.轻声

汉语普通话每个音节都有声调，但有些词或句子里的音节常常失去原有的声调，念成又轻又短的调子，就叫轻声。

(1)轻声的作用

①能分辨词义和词性。

如：大意：dà yì——文章大意　　dà yi——粗心大意

②轻声与语汇及语法意义的表示有关：比如语气词“吧、吗、呢、啊”，助词“的、地、得、着、了、们”以及名词的后缀等都读轻声。

语气词：吧、吗……；来吧，吃吗……；

助词：我的、同志们；

名词后缀：桌子、木头；

量词：三个

方位词：桌上、桌下；

趋向动词：回来、出去；

重迭动词：看看、跳跳；

宾语人称代词：打你、拉他；

③使语言流畅，富有音乐感。

如：“我的桌子”一句，如没有“的”和“子”的轻化，读起来就十分生硬。

(2)轻声的实际运用

①普通话中哪一个声调的音节都可能被轻化。如：

阴平——疏忽；阳平——石头；上声——巴掌；去声——出去。

②朗诵创作中，能不轻化则不轻化，不可太随意，尤其在政治诗歌朗诵中，应注意语言的规整、严肃、清楚。如：“起来，饥寒交迫的奴隶！起来，全世界受苦的人！”如前面提到的规律，将两个“来”字都轻化，则失去原句的鼓动性，且不严肃。

③以轻化表示词义和词性时，必须轻化。

④轻声音节在朗诵中读得不能含混，气息仍在控制范围内，并尽量保持原韵母中的音色，不拖长，不吃字。

(3)轻声在朗诵中的练习

所有的日子，所有的日子都来吧，
让我们编织你们，用青春的金线，
和幸福的璎珞，编织你们。

——王蒙《青春万岁》

2.儿化

儿化是普通话和某些汉语方言中的一种语音现象，在一个音节末尾最后一个音素上附加一个卷舌动作，改变了原来韵母的音色，成为一种卷舌韵母，也就是“r”和前面一个字的音合成一个音节，这样的语音变化叫“儿化”。

“er”是普通话里的特殊韵母，它不和声母相拼，通常有两种用途：一种是独立地表示一个单个的字音；二是附着在其它韵母后面，形成儿化韵。拼写规则见《汉语拼音方案》。

(1)儿化的主要作用

①区别词性

截(动　词)——截儿(量词)　　盖(动　词)——盖儿(名词)

干(形容词)——干儿(名词)　　亮(形容词)——亮儿(名词)

零碎(形容词)——零碎儿(名词)

②区分词义及同音词

头(头部)——头儿(领导)　　白面(面粉)——白面儿(毒品)

信(信件)——信儿(消息)　　拉练(训练)——拉链儿(拉锁)

邮票(邮资支付凭证)——油票儿(购买油料的支付凭证)

③表示喜爱、亲切或轻蔑、鄙视等感情色彩

宝贝儿　热心肠儿　机灵鬼儿　小丑儿　小偷儿

④表示少或小的意思

头发丝儿　米粒儿　小葱儿　针尖儿　雨点儿

⑤儿化韵又叫小辙口，形成听觉上一种特殊的情趣

小小子儿，坐门墩儿，哭着喊着娶媳妇儿。要了媳妇儿做什么？点上灯说话儿，吹了灯做伴儿，明儿个起来梳小辫儿。

(2)“儿化”发音训练

①韵母或韵尾音素是 a、o、e、u 的，儿化时只在原韵母后加卷舌动作。

a——ar	刀把儿	戏法儿	找茬儿	腊八儿
ia——iar	豆芽儿	掉价儿	脚丫儿	人家儿
ua——uar	麻花儿	牙刷儿	大褂儿	香瓜儿
o——or	耳膜儿	粉末儿	山坡儿	歪脖儿
uo——uor	火锅儿	邮戳儿	被窝儿	干活儿
ao——aor	红包儿	手套儿	口哨儿	熊猫儿
iao——iaor	火苗儿	跑调儿	开窍儿	豆角儿
e——er	模特儿	饭盒儿	方格儿	风车儿
u——ur	火炉儿	碎步儿	泪珠儿	括弧儿
ou——our	纽扣儿	门口儿	小丑儿	网兜儿
iou——iour	加油儿	棉球儿	顶牛儿	套袖儿

②韵尾是 i、n 的(除 in、ün 外)，儿化时失落韵尾，在主要元音上加卷舌动作。

ai——ar	名牌儿	鞋带儿	小孩儿	窗台儿
ei——er	刀背儿	摸黑儿	宝贝儿	眼泪儿
an——ar	快板儿	老伴儿	脸蛋儿	心肝儿
ian——iar	小辫儿	雨点儿	聊天儿	心眼儿
en——er	老本儿	针别儿	杏仁儿	后门儿

uei——uer　土堆儿　跑腿儿　墨水儿　烟灰儿
uen——uer　打盹儿　冰棍儿　开春儿　保准儿
uai——uar　土块儿　乖乖儿　一块儿
uan——uar　茶馆儿　火罐儿　落款儿　遛弯儿
üan——üar　汤圆儿　烟卷儿　人缘儿　绕远儿

③韵尾是 ng 的，儿化时失落韵尾，韵腹鼻化。发音时，口腔、鼻腔同时共鸣，称作鼻音化，并加卷舌动作。

ang——ar　药方儿　赶趟儿　香肠儿　肩膀儿
iang——iar　鼻梁儿　透亮儿　花样儿　官腔儿
uang——uar　蛋黄儿　天窗儿　打晃儿　眼光儿
eng——er　钢镚儿　板凳儿　提成儿　门缝儿
ing——ier　水瓶儿　图钉儿　打鸣儿　电影儿
ueng——uer　小瓮儿
iong——üer　小熊儿　叫穷儿　胡同儿　酒盅儿

④韵母是 i、ü 的，儿化时韵母不变，i、ü 为主要元音加 er。

i——ier　玩意儿　针鼻儿　垫底儿　眼皮儿
ü——üer　有趣儿　毛驴儿　小曲儿　金鱼儿

⑤韵母为 ê、-i(前、后)的，儿化时去掉 ê、-i(前、后)加 er，变化后的 e 为"中央 e"，是主要元音。

ie——ier　半截儿　小鞋儿　台阶儿　树叶儿
üe——üer　主角儿　皮靴儿　正月儿　空缺儿
-i(前)——er　瓜子儿　没词儿　挑刺儿　铁丝儿
-i(后)——er　记事儿　墨汁儿　锯齿儿　夜市儿

⑥韵尾是 in、ün 的，儿化时失落韵尾，i、ü 为主要元音加 er。

in——ier　有劲儿　水印儿　送信儿　树阴儿
ün——üer　花裙儿　合群儿　喜讯儿

(3)"儿化"在朗诵中的练习

"月亮进来了！"

我们看时，那竹窗帘儿里，果然有了月亮，款款地，悄没声儿地溜进来，出现在窗前的穿衣镜上了：原来月亮是长了腿的，爬着那竹帘格儿，先是一个白道儿，再是半圆，渐渐地爬得高了，穿衣镜上的圆便满盈了。我们都高兴起来，又都屏气儿不出，生怕那是个尘影儿变的，会一口气吹跑呢。月亮还在竹帘儿上爬，那满圆却慢慢儿又亏了，末了，便全没了踪迹，只留下一个空镜，一个失望。

——贾平凹《月迹》

3. 变调

音节在连续发出时，相邻音节声调发生变化的现象叫变调。普通话中的变调主要包括上声变调、去声变调、"一"和"不"的变调以及重叠词的变调。

(1)上声变调

①上声音节单念或在句尾时仍读本调。如："本""书本"。

②上声字音在非上声和轻声音节前，其调值变 214 为 21，也记作 211(即"半上")。

上声＋阴平：

北京　火车　许多　广播　领先　启发　百般　省心　海关　统一

上声＋阳平：

祖国　改革　法庭　导航　草原　品格　朗读　扫描　满足　感觉

上声＋去声：

品味　广大　胆量　晚会　美丽　坦率　感谢　保护　彩色　土地

上声＋轻声：

好吧　打听　我的　讲究　喇叭　比方　耳朵　稿子　脊梁　嘴巴

③上声音节与上声音节相连，前面一个音节的调值由214变成接近35（即所谓“阳上”）。

矮小　北纬　比拟　龋齿　褴褛　本领　匕首　处理　梗阻　拱手

骨髓　果脯　海藻　济济　给予　尽管　矩尺　可鄙　懒散　勉强

失口　数九　萎靡　侮辱　窈窕　咫尺　准予　总得　铁轨　请柬

④三个上声相连，变调规律如下。

单双格（211、35、214）：

党小组　李厂长　小拇指　纸老虎　冷处理　老古董　水产品

双单格（35、35、214）：

选举法　古典美　演讲稿　保守党　展览馆　处理品　洗脸水

⑤多个上声字相连练习。

我买把小雨伞给你。

请赶紧找点草稿纸给我打草稿。

（2）去声变调

去声音节在非去声音节前一律不变。在去声音节前则由全降变成半降，即调值由51变成53。

备注　泡沫　庙会　复位　载客　翠绿　色素　大陆　特护　怒放

账户　倡议　少将　热线　降落　劝告　现状　顾问　看透　贺岁

（3）“一”的变调

①非去声音节前变去声。

一心　一身　一杯　一边　一根　一般　一同　一旁　一直

一时　一齐　一盒　一本　一口　一手　一统　一准　一体

②去声音节前变阳平。

一气　一律　一共　一旦　一样　一再　一定　一路　一半

③夹在重叠词中间念轻声。

唱一唱　跳一跳　说一说　笑一笑　来一碗

④“一”单念或在序数词中仍读本调阴平。

一　初一　高一　第一　五一　六一　七一　八一　十一

⑤“一”的变调在朗诵中的练习。

一蓑一笠一扁舟，
一丈丝纶一寸钩。
一曲高歌一樽酒，
一人独钓一江秋。

——王士祯《题秋江独钓图》

一帆一桨一渔舟，
一个渔翁一钓钩。
一俯一仰一场笑，
一江明月一江秋。

——陈沆《一字诗》

我们学着承受痛苦
学着把眼泪像珍珠一样收藏
把眼泪都贮存在成功的那一天流淌
那一天,哪怕流它个大海汪洋
我们学着对待误解
学着把生活的苦酒当成饮料一样慢慢品尝
不论生命经过多少委屈和艰辛
我们总是以一个朝气蓬勃的面孔
醒来在每一个早上

——汪国真《走向远方》

(4)“不”的变调

①“不”字单用或在末尾,以及在阴平、阳平、上声前念本调。

不　我不　不说　不能　不好　不行

②在去声音节前变阳平。

不便　不过　不幸　不够　不屑　不当　不适　不备
不必　不测　不快　不愧　不力　不料　不妙　不配

③夹在词语中间念轻声。

去不去　行不行　走不走　看不见　吃不完
不尴不尬　不干不净　不卑不亢　不管不顾　不冷不热　不伦不类
不破不立　不三不四　不声不响　不痛不痒　不闻不问　不折不扣

④“不”的变调在朗诵中的练习。

我不去想,
是否能够成功,
既然选择了远方,
便只顾风雨兼程。

——汪国真《热爱生命》

(5)重叠形容词、动词的变调

①单音节形容词重叠,重叠部分可变成阴平,也可不变,如果带儿化有时变为阴平。

甜甜的　凉凉的　美美的　暖暖的　淡淡的
远远儿的　慢慢儿的　好好儿的　满满儿的　饱饱儿的

②ABB式形容词,后面的重叠部分可变为阴平,也可不变。

亮堂堂　软绵绵　香喷喷　热腾腾　红彤彤　蓝莹莹　绿油油
黑洞洞　懒洋洋　毛茸茸　沉甸甸　火辣辣　笑吟吟　明晃晃
慢腾腾　孤零零　笑咧咧　水淋淋　雾茫茫　灰蒙蒙　黑黝黝

③双音节形容词或动词重叠AABB式,第一个音节的重叠轻读,后一个音节及其重叠变成阴平,也可以不变。

鼓鼓囊囊　老老实实　亮亮堂堂　大大咧咧　严严实实
马马虎虎　客客气气　高高兴兴　热热闹闹　嘻嘻哈哈
打打闹闹　蹦蹦跳跳　说说笑笑　密密麻麻　大大小小

④重叠形容词、动词的变调在朗诵中的练习。

大雪整整下了一夜。早晨,天放晴了,太阳出来了。推开门一看,嗬!好大的雪啊!山川、树木、房屋,全部罩上了一层厚厚的雪,万里江山变成了粉妆玉砌的世界。落光叶子的柳树上,挂满了毛茸茸、亮晶晶的银条儿;冬夏常青的松树和柏树,堆满了蓬松松、沉甸甸的雪球。一阵风吹来,树枝轻轻地摇晃,银条儿和雪球儿簌簌地落下来,玉屑似的雪末儿随风飘扬,映着清晨的阳光,显出一道道五光十色的彩虹。

——峻青《第一场雪》

(6)语气词“啊”的音变

“啊”作为感叹词用在句前,仍发“a”音。如作为语气助词用在句尾,因受它前面音节收尾音素的影响会发生不同音变。变化的原则是依据前面一个字的收尾音素顺势而发。

①前面音节收尾音素是 a、o、e、i、ü、ê 时,(其中不包括 iao、ao)一般发“ya”音。

喝茶啊　快滑啊　回家啊　种花啊　上坡啊　菠萝啊　广播啊

合格啊　祝贺啊　唱歌啊　黄河啊　早起啊　可爱啊　快来啊

②前一音节收尾音素是 u(包括 ao、iao)时,一般发“wa”音。

别哭啊　好笑啊　跳舞啊　快走啊

③前一音节收尾音素是 n 时,一般发“na”音。

咱们啊　真准啊　好人啊　弹琴啊

④前一音节收尾音素是 ng 时,一般发“nga”音。

小熊啊　好清啊　动听啊　真冷啊

⑤前一音节收尾音素是—i(前)时,一般发“za”音。

写字啊　几次啊　自私啊　工资啊

⑥前一音节收尾音素是—i(后)、r 和 er(包括儿化韵)时,一般发“ra”音。

节日啊　老师啊　小曲儿啊　女儿啊

在朗诵中,有时由于感情表达的需要不能变,否则就会不庄重。比如“祖国啊,我的母亲!”这句里“啊”的读音就不能变。

特别提示:中国社会科学院语言研究所的《汉语方言地图集》显示,从方言学的角度来划分,浙江 95%以上的人口说的方言都可以被归为吴语。吴语言方言区的浙江人在影视作品、小品中的语言,常以嗲腻软糯、妩媚娇柔来呈现,多用语气词啊、啦、呀、嘛、吧,如:好不好啦,好的呀,是的呀,晓得不啦。在语用中,很少根据“啊”的音变规律来发音,大多以“呀”来替代。如:“妈妈的工作好辛苦啊!”“我赤裸裸来到这世界,转眼间也将赤裸裸地回去罢?但不能平的,为什么偏要白白走这一遭啊?”根据音变规律看,这两个“啊”都应该读“wa”,而朗诵中经常被误读为“ya”;“可以避免多少痛苦和灾难啊!”根据音变规律“啊”应该读“na”,而朗诵中经常误读为“ya”,等等。

⑦“啊”在诗歌朗诵中音变的练习。

四

小弟弟呵!
我灵魂中三颗光明喜乐的星。
温柔的,
无可言说的,
灵魂深处的孩子呵!

二十八

故乡的海波呵!
你那飞溅的浪花,
从前怎样一滴一滴的敲我的磐石,
也怎样一滴一滴的敲我的心弦。

三十三

母亲呵！
撇开你的忧愁，
容我沉酣在你的怀里，
只有你是我灵魂的安顿。

三十七

艺术家呵！
你和世人，
难道终久的隔着一重光明之雾？

四十七

儿时的朋友
海波呵
山影呵
灿烂的晚霞呵
悲壮的喇叭呵
我们如今是疏远了么？

四十八

弱小的草呵！
骄傲些罢，
只有你普遍的装点了世界。

——冰心《繁星》

4.词语的轻重格式

在普通话中，由于词义、词性的不同或由于感情和语句目的的需要，一个词的几个音节中会产生有轻有重的现象，这种现象就是词的轻重格式，其中的“轻”与“重”是相对的。从发音习惯上来看，音节的强弱长短可分为“重、中、轻”三种变化，长且强的音节称为重，短而弱的音节称为轻，介乎二者之间的称为中，读起来要更自然。

在朗诵时，词的轻重格式不仅仅是表现在“轻与重”的变化上，还休现在长短、快慢、疏密度等综合的方面。比如“中重”格式的双音节词，后面一个音节，通常不仅仅是比前一个音节更“重”（气息强、音量大），还会比前一个音节音长更长、音高更高等。

在双音节词中，“中重”格式占大多数，即：第一个音节比第二个音节短、弱，第二个音节比第一个音节长、重。在浙江，受方言的影响，词的轻重格式多为“重中”格式，也就是第一个音节调拉得很长、读得很重，第二个音节较低较弱。比如朗诵作品中常见的中重格式词语“翅膀”“飞翔”等词语，在浙江人读起来，它的轻重格式就与普通话的轻重格式截然相反，因此需要在练习时主动纠正、在朗诵中要多加注意。

双音节词的“重中”格式是指第一个音节比第二个音节重一些、长一些，第二个音节的原调值仍依稀可辨，但不稳定。如：爱护、巴望、颜色、气质、经验、视觉、听觉。

双音节词的“重轻”格式是指前一个音节读重音，后一个音节轻读，即轻声词，“重轻”格式中的“轻”属于“必读轻声词”。“必读轻声词”是相对好把握的，国家语委发布了《普通话水平测试用必读轻声词语表》可以查阅。“必读轻声词”没有读“轻声”，往往也是“方言语调”产生的一个原因。比如我们常说的“港台腔”特点之一就是把轻声词读得很重，即把“重轻”格式读成了“中重”格式。

（1）双音节词的轻重格式练习

①重中格式：这类词较多，读时第二个音节比第一个音节长些、重些。

波浪　跑道　马帮　附录　再会　草原　赛跑　冬眠　停泊　农耕

隆冬　转告　畅游　视频　日报　剪彩　雪莲　轨道　空白　汉字

②重中格式：这类词不太多，读时第一个音节比第二个音节重些、长些。

僻静　错误　动力　浪漫　设备　道士　节目　气味　消化　干部

③重轻格式：第二个音节又短又弱。

扁担　盘算　名堂　废物　作坊　凑合　思量　打量　头发　暖和

篱笆　帐篷　称呼　石榴　认识　街坊　清楚　秀才　甘蔗　快活

(2)三音节词的轻重格式

①中中重格式：第二音节比第一音节略轻。

播音员　收音机　呼吸道　东方红　天安门　展览馆　居委会　共产党

共青团　常委会　党支部　国际歌　科学院　招待会　唯物论　井冈山

辩证法　法西斯　护身符　滑翔机　芭蕾舞　尼古丁　五一节　话务员

坏血病　黄梅节　回旋曲　火力点　基督教　贫困线　寄生虫　建筑物

②中重轻格式：

枪杆子　命根子　过日子　拿架子　吊嗓子　臭架子　卖关子　半拉子

打底子　拉冷子　洋鬼子　刀把子　两口子　老头子　搭架子　鼻梁子

打冷战　打摆子　硬骨头　小姑娘　拉关系　抽工夫　不由得　撑门面

背地里　抱委屈　山核桃　撒呓症　好意思　胡萝卜　明摆着　牛脾气

③重轻轻格式：

保不齐　备不住　小不点　吃不消　大不了　动不动　对不起　过不来

说不得　生意经　冷不防　数得着　喜洋洋　的确良　红领巾　无线电

(3)四音节词的轻重格式

四音节词的轻重格式较为复杂，一般认为与其结构有关系。普通话四音节词的轻重格式一般可分为三种。

①中重中重格式：

标新立异　旁征博引　美轮美奂　纷至沓来　载歌载舞　粗茶淡饭

四通八达　刀耕火种　天涯海角　南腔北调　厉兵秣马　张灯结彩

唇亡齿寒　善始善终　人杰地灵　价廉物美　弃暗投明　国泰民安

②重中中重格式：

不约而同　疲于奔命　木已成舟　付之东流　在所不辞　词不达意

死得其所　多此一举　天伦之乐　耐人寻味　了如指掌　朝不保夕

赤子之心　身不由己　如虎添翼　寄人篱下　前所未有　喜出望外

③中轻中重格式：

迫不及待　说不过去　老实巴交　稀里糊涂　大大方方　慌里慌张

轻重格式是长期语言习惯的共识，一般是固有的格式，是约定俗成的，往往没有规律可寻，但有时受语句目的的制约和实际表达的需要，词语有可能被打破原来的轻重格式，这也是正常的、必然的。如，“时间和空间”“河南与河北”，其中的“空间”“河北”都可以改变原本的轻重格式，“空间”由“中重”变为“重中”以突出“空”字，“河北”由“重中”变为“中重”以突出“北”字，这样语义更鲜明、表达更精准。因此，轻重格式的训练不能孤立地只练习词组，还要尝试着放到语句、语境中去运用。

例：

我们学着承受痛苦。
学着把眼泪像珍珠一样收藏，
把眼泪都贮存在成功的那一天流淌，

那一天，哪怕流它个大海汪洋。

——汪国真《走向远方》

这里的“收藏”一词，原本为中重格式，但此处朗诵时，为增加动作感和表现力，应打破其固有的轻重格式，变为重中格式。

在词语的轻重格式训练过程中，当我们不确定它的轻重格式时，可以尝试用“夸张法”。如“春天、记者、工人、重量”等，可以尝试夸张地把第二个音节读成轻声，如果感觉这样不太影响词语意思，那么这样的词语通常可以判断为“重中”格式。也可以尝试着把第一个音节夸张地读得很重，一旦影响了意思的表达，就应该读“中重”格式。

例如：“那河畔的金柳，是夕阳中的新娘。”这里的“新娘”，如果“新”字读得很重，读成重中格式的话，就容易产生“隐含性对比”，是不是还有“旧娘”“老娘”？为什么要强调“新”字呢？这就会干扰受众的理解，影响语义的表达。所以，“新娘”读成“中重格式”是更恰当的。

（三）声音弹性训练

声音弹性是声音随感情变化而来的伸缩性、可变性，是朗诵时声音形式对随作品内容变化着的思想感情表达的适应能力。

好的声音弹性表现为刚柔并济、收放自如、色彩丰富、对比鲜明、层次丰富，声音弹性差表现为声音无变化、单调、呆板、僵硬。

好的声音弹性来源于对作品内容的透彻理解与感受，来自长时间扎实的基本功训练。获取声音弹性的必要条件是思想感情的不断运动和对声音控制的能力。

声音弹性训练，要在自然朴实的基础上，培养出富有色彩、有感染力、有表现力的声音，使发声技巧与作品内容和谐统一，让声音能够适应情感的发展和内容呈现的需要。

加强声音单项对比训练是提高声音弹性和丰富声音色彩的有效途径，包括：高一低、强一弱、明一暗、实一虚、刚一柔、厚一薄、粗一细、前一后等对比练习。但是需要注意的是，朗诵中声音弹性变化不只是以单项对比的形式出现的，通常以复合形式出现。如：“刚兼明”“高而强”“虚中带柔”等复合形式。

在训练时，对作品文本内容要有所感受，声音形式变化与感情色彩要有机结合，而不是单纯使用声音。除强声练习外，一般音量不要太大。

1. 高与低

指本人音域范围内音调相对的高与低，有层次地爬高降低。选一句话，先用比较低的声调说，一级级地升高，再一级级地降低；或者将一句话的每一个字，从低到高分层次说，再从高到低练下来。练习时如果音的高低变化不好掌握，可以借用音乐里的音阶进行练习。

例：

好一个黄土高原！好一个安塞腰鼓！

——刘成章《安塞腰鼓》

我就是飞天，飞天就是我们。

——王怀让《我骄傲，我是中国人》

2. 强与弱

指气流和发音强度的变化，也就是音强大小的变化。坚定、有力、激昂的感情色彩表现为强音量；而软弱、拘泥、消沉的感情色彩则表现在弱音量上。另外，强与高、弱与低经常会联合表现出色彩。

（1）声音有层次地由弱到强，音高不变，先用弱声，一遍比一遍强，到最强时不能有喊的感觉。

例：

我们祖国的英雄儿女，
将要学习你的榜样，

像你一样的伟大坚强！
像你一样的伟大坚强！

——光未然《黄河颂》

(2)小音量练习，保持强弱对比的均匀，字音保持一定的清晰度，不吃字。

3. 明与暗

了解作品的历史背景、写作背景和表达背景，根据内容需要，明暗得宜。提颧肌，口腔内音束冲击点要集中、比较靠前，声音明朗；反之，气深缓，音束冲击点较散、靠后，声音偏暗。表现开朗、愉快、赞颂的感情时，声音要明朗；表现悲哀、抑郁的感情时，声音则暗一些。

例：

阳光下
慎重地开满了花
朵朵都是我前世的盼望

当你走近
请你细听
那颤抖的叶
是我等待的热情

而当你终于无视地走过
在你身后落了一地的
朋友啊
那不是花瓣
那是我凋零的心

——席慕蓉《一棵开花的树》

4. 实与虚

根据作品内容的要求，用声门不闭紧的虚实结合的声音，灵活转换虚实程度。

实声指声门闭合，声音较响亮、扎实，清晰度较高，常用于表达庄重、激动、紧张、兴奋的感情色彩；虚声往往伴着气声发出，喉部明显放松，常以柔和、亲切、轻松的色彩为主。表现回声效果、感叹、惊讶、想象、说悄悄话或虚拟幻境时常用虚声。表现喊叫时，为避免音量过强而破音，可以尝试用虚声。

例：

在半空里娟娟地飞舞，
认明了那清幽的住处，
等着她来花园里探望。
——飞扬，飞扬，飞扬，
——啊，她身上有朱砂梅的清香！

——徐志摩《雪花的快乐》

在运用虚声技巧时，需注意：虚声只在必要时才用，在以实声为主的基础上，做点带虚声的训练是必要的。那种以为只有虚声才能表达感情的说法是不正确的。在朗诵中，声音虚实的比例应该随作品内容的需要而定。过实则拙，过虚则假，以实为主，虚实结合。

5. 刚与柔

文学作品中，刚柔经常是结合在一起的。表现豪迈、凛然、充满信心的气概时，大多应用偏刚的声音；而在表现舒展、亲切或叙述性作品时，大多应用偏柔的声音。

对于朗诵者来说，声音要能刚能柔，刚柔相济。可以说，刚与柔既是对立的两个侧面，又是你中有我，我中有你；要刚中有柔，柔中带刚，使声音柔韧而富于变化。既不能硬邦邦地僵直，也不能软绵绵地无力，要知道“过刚则直，过柔则靡”这个道理。一般重大历史题材及感情激越的稿件，多用偏刚的声音，气息和口腔控制比较有力；而抒情性的、生活气息较浓的作品用声则较为柔和，气息和口腔控制都比较和缓。我们应该兼采其优、合情合理运用。

例：

看吧。它飞舞着，像个精灵——高傲的，黑色的，暴风雨的精灵，它在大笑，它又在号叫……它笑那些乌云，它因为欢乐而号叫！……暴风雨！暴风雨就要来了！这是勇敢的海燕，在怒吼的大海上，在闪电中间，高傲地飞翔。这是胜利的预言家在叫喊：——让暴风雨来得更猛烈些吧！

——高尔基《海燕》

盼望着，盼望着，东风来了，春天的脚步近了。一切都像刚睡醒的样子，欣欣然张开了眼。山朗润起来了，水涨起来了，太阳的脸红起来了。

——朱自清《春》

呵，眼前的这一切一切呵，让我们说，胜利呀，我们能够！

在九曲黄河的上游，在西去列车的窗口……是大西北一个平静的夏夜，是高原上月在中天的时候。

——贺敬之《西去列车的窗口》

6. 厚与薄，粗与细

厚、粗的声音可以用加深气息、加强胸腔共鸣来体会。薄、细的声音可以用提颧肌并通过较浅的气息、较少的胸腔共鸣来体会。当表达豪放或愤怒情绪时，表达性格粗犷的话语时，往往采用粗厚的音色；而当表达细腻的感情、性格纤细者的话语、娓娓道来时，往往采用细薄的音色。厚实的声音给人以深沉、庄重的感觉，严肃庄重的气氛；较细薄的声音能给人以轻快感，但要注意，气息要有控制，声音不要飘浮。平时可用感情深沉的诗词锻炼声音的厚度；用轻松活泼的知识小品等来锻炼声音的轻巧。

例：

用茫茫的夜色作墨
用疮痍的土地作纸
在鸦片战争的硝烟之后
是谁？
写下的两个字——中国
让人读得昏暗、读得疲惫
更让人读得心痛、读得悲愤

——欧震《青春中国》

7. 纵与收

指以气息统领声音的放开与收拢，是气息与声音的运动形态。一般情况下，当思想感情处于递进上升状态时，气与声是放开的，气息流速较大，需及时补充，保持一定的压力，声音具有一定力度，整个语流给人以“一往直前”的感觉。而当思想感情处于沉静收束状态时，气与声是收拢的，气息较沉而缓，压力较小，声音较沉稳。在气与声纵或收的状态中形成了朗诵语言的波澜起伏。这种气与声的纵收变化是随作品内容的具体感受而来的。

例：

白杨树是不平凡的树，它在西北极普遍，不被人重视，就跟北方的农民相似；它有极强的生命力，磨折不了，压迫不倒，也跟北方的农民相似。我赞美白杨树，就因为它不但象征了北方的农民，尤其象征了我们民族解放斗争中不可缺少的朴质、坚强、力求上进的精神。

——茅盾《白杨礼赞》

8. 前与后

指发音部位的前后。在作品朗诵中，处理人物语言时，女人、小孩的声音通常靠前；男人和老者的声音通常靠后；叙述过程则采用适中的声音，偏前会显得小气，靠后则显得苍老。

例：

那天，到医院去看妈妈，我跟妈妈说："妈妈，你看我这个毛衣都穿了好几年了，袖口都有点破了，你再给我买件新的吧，好多同学都……"只听妈妈微弱地说："娇娇，妈妈知道，天凉了，你也是该有一件新毛衣，等妈妈病好了，好了，妈妈就给你织一件新的……""织、织、织，又是织，你就会织，织来织去都老掉牙了，不买算了，算了！"我向妈妈吼着推开门就走了。从那以后，好长时间我都没有去医院看妈妈。

——曹曦《一件未织完的毛衣》

9. 松与紧

指口腔的紧张程度。在加强鼓动性、情绪振奋时，口腔应相应紧张些。在需要表现从容舒缓或松懈的口气时，口腔相应松一些。

例：

现在，让我们把窗帘打开吧，看车窗外，已是朝霞满天的时候！来，让我们高声歌唱啊……鲜红的太阳照遍全球！

——贺敬之《西去列车的窗口》

明月照着一湖春水，湖面坠满灯影繁星，热烈而深情的北海，此刻你显得多么明静。

我从桥上走过，脚步放得很轻，很轻，生怕惊动你的沉思和凝想，你，在构想着一个金色的黎明。

——满平《夜过北海桥》

注意：我们在朗诵时，口腔的松与紧不是无限度的，应该在口腔控制足以保证字音清晰的前提下掌握适度的松紧。

10. 快与慢

指发音的速度变化。它可以形成声音的节奏，节奏中包含多种声音要素的变化，如强弱、高低等。但是速度变化形成的节奏是最容易被感觉到的，快慢会给受众带来不同的感受，发音缓慢让人松弛、平和，发音快、紧会让人感到紧张、匆忙、慌张。

例：

一会儿，天空出现一匹马，马头向南，马尾向西。马是跪着的，像等人骑上它的背，它才站起来似的。过了两三秒钟，那匹马大起来了，腿伸开了，脖子也长了，尾巴可不见了。看的人正在寻找马尾巴，那匹马变模糊了。

忽然又来了一条大狗。那条狗十分凶猛，在向前跑，后边似乎还跟着好几条小狗。跑着跑着，小狗不知哪里去了，大狗也不见了。

接着又来了一头大狮子，跟庙门前的石头狮子一模一样，也那么大，也那样蹲着，很威武很镇静地蹲着。可是一转眼就变了，再也找不着了。

——萧红《火烧云》

11. 连与断

在朗诵时，当感情激动到不能自已时，这时的吐字也会出现断断续续。我们说这种断是必要的，是感情内在激越的一种表现,有助于朗诵内容的表达。

例:

筱燕秋穿着一身薄薄的戏装走进了风雪,她来到剧场门口,站在了路灯下面,她看了大雪中的马路一眼,自己给自己数起了板眼,她开始了唱,她唱的依旧是二黄慢板转原板,转流水,转高腔。

雪花在飞舞,剧场门口,人越来越多,车越来越挤,但没有一点声音。筱燕秋旁若无人,边舞边唱,她要给天唱,给地唱,给她心中的观众唱。

筱燕秋的告别演出轰轰烈烈地结束了,人的一生,其实就是不断失去自己至爱的过程,而且是永远的失去,这是每个人必经的巨大伤痛,而我们,在筱燕秋的笑容中看到了她的释怀,看到了她的执着和期盼。

生活中充满了失望和希望,失望在先,希望在后,有希望就不是悲。

——毕飞宇《青衣》

舞台是筱燕秋难以割舍的,她以这样一种方式和舞台告别、和观众告别、和自己告别,感情很复杂,分量沉甸甸,情已至此,吐字上就会出现断断续续的现象。

以上十一个方面是朗诵时声音弹性训练中声音色彩和控制方面的对比,在实际运用中对比的方面和细微变化的程度远不止于此。在朗诵中要灵活使用,尽可能多层次变化,不能纯技术性地、技巧性地、机械地照搬使用,要感受作品内容,要随着作品朗诵时思想感情的运动而变化,结合气息、共鸣调节让我们的朗诵"活"起来,有温度、有表现力、有感染力。

除以上声音的表现形式之外,我们在朗诵中还经常会用到一些特殊的用声技巧,包括:气音、颤音、拖腔、笑语、泣诉、拟声等。

(1)气音(虚声)近似耳语,用于紧张气氛、自言自语或表示惊讶沉思等内心活动。

例:呀! 火烧到邱少云身上了。

(2)颤音,用于表现感情激动、兴奋、愤怒或难以抑制。

例:遇难的生命被托出了水面,而你却永远地留在了下面……

(3)拖腔,用于领悟回忆、迟疑支吾,声音微弱、语气断断续续。

例:这……是我的党费……

(4)笑语,用于心情高兴,表示欢快、喜悦或讥讽等语句。

例:火红火红的凤凰花开了,傣族人民的泼水节又到了。

(5)泣诉,用于人物极度痛苦悲伤时的语言。

例:她倒下了,倒在生她养她的母亲身旁……

(6)拟声,用于模拟大自然中的声音及动物的叫声。

例:小马嗒嗒嗒地朝河边跑去。

二 朗诵学习要点

"没有对象,这些话就不可能说得使自己和听的人都相信有说出的实际必要。"

——斯坦尼斯拉夫斯基

(一)什么是对象感

对象感,即交流感,是指朗诵者在朗诵创作时,与作者、作品以及受众之间建立起的一种互动式的心理感应和对话感。缺乏对象感,容易造成朗诵时语气平淡、没有起伏,或速度快得似自言自语,或无目的地拖腔拉调,没有传播的意识和传播的愿望,让人听而生倦。朗诵是给人听、给他人欣赏的,不是自我陶醉。所以,从准备朗诵开始,朗诵者就要设想和努力感觉受众的存在及他们的心理变化、愿望要求、情绪起伏等反应,朗诵中可根据这些反馈，调整不同的心理反应和传导变化。在“朗诵场”中，这种交流是一个相互感染、相互馈赠的反复过程。

考虑到收听者的反应、建立对象感，可以帮助朗诵者在朗诵创作时保持思想感情始终处于运动状态，以获得更好的朗诵效果。

(二)如何获取对象感

建议初学朗诵的人从以下两方面获取对象感：

1. 估计、分析“质”与“量”

所谓“质”，是指受众的一般情况，如性别、年龄、职业、文化水平、心理特征、对朗读的要求等方面；所谓“量”，是指受众的个性要求，如人数、环境、气氛、心理、素养等。朗诵者应从“质”和“量”等方面，对受众进行具体可感、生动可见的估计和分析。

2. 要分析作品，设想对象的需求

“吃透”要朗诵的作品文本，适应受众对朗诵生动表达的需求。了解作品的作者是谁、生卒年代、语言风格等基本信息。如：李白的豪放飘逸、杜甫的沉郁顿错、白居易的通俗易懂、陶渊明的朴素自然、王昌龄的雄健高昂、杜牧的清健俊爽、王维的诗画一体、李贺的雄浑奇特、李商隐的朦胧隐晦、李清照的缠绵悱恻、温庭筠的绮丽香艳、高适的雄浑苍凉、陆游的悲壮爱国等等；知道所朗诵篇目的创作背景、时代特点，具体分析作品的思想感情、作者的观点态度，把握作品情感基调、语境意象、象征意义等，如古诗词中：忧国忧民之感慨、国破家亡之痛楚、游子逐客之凄凉、征夫思妇之幽怨、怀才不遇之寂寞、报国无门之激愤、建功立业之豪迈、自由悠闲之恬淡、秀美山河之热爱、亲情友情之真挚、归耕隐居之乐、黑暗官场之苦、离别思念之绪、贬官谪居之恨、时光易逝韶光不再之感慨等等。朗诵者要把对作者、作品的理解和感受真实完整地传递到受众的耳畔、心中，而不是让受众对作品自行消化理解，让听众欣赏朗诵比他自己去阅读文字、琢磨含义所得到的东西更多、更深、更生动、更直接、更享受。

3. 要深入生活，与朗诵的对象产生共鸣

只有深入实际、贴近生活，才能汲取生活的底蕴，使自己变得思想充实、情感富足，游刃有余地调动情感、声音、眼神、手势和服饰等来展现作品的情境，彰显朗诵艺术的魅力。

从朗诵的准备到朗诵进行，朗诵者应该做到“目中有人、心中也有人”，充分发挥朗诵者的积极性、主动性、创造性和主导性，使朗诵“达于耳”“入于心”。

三 自选考级篇目

1. 青春万岁

王　蒙

所有的日子，所有的日子都来吧，
让我们编织你们，用青春的金线，
和幸福的璎珞，编织你们。
有那小船上的歌笑，月下校园的欢舞，
细雨蒙蒙里踏青，初雪的早晨行军，
还有热烈的争论，跃动的、温暖的心……
是转眼过去了的日子，也是充满遐想的日子，

纷纷的心愿迷离，像春天的雨，
我们有时间，有力量，有燃烧的信念，
我们渴望生活，渴望在天上飞。
是单纯的日子，也是多变的日子，
浩大的世界，样样叫我们好惊奇，
从来都兴高采烈，从来不淡漠，
眼泪，欢笑，深思，全是第一次。
所有的日子都去吧，都去吧，
在生活中我快乐地向前，
多沉重的担子，我不会发软，
多严峻的战斗，我不会丢脸，
有一天，擦完了枪，擦完了机器，擦完了汗，
我想念你们，招呼你们，
并且怀着骄傲，注视你们！

2. 一棵开花的树

席慕容

如何让你遇见我
在我最美丽的时刻。
为这——
我已在佛前求了五百年，
求它让我们结一段尘缘。
佛于是把我化做一棵树，
长在你必经的路旁。
阳光下，
慎重地开满了花，
朵朵都是我前世的盼望！
当你走近，
请你细听，
那颤抖的叶，
是我等待的热情！
而当你终于无视地走过，
在你身后落了一地的……
朋友啊！
那不是花瓣，
是我凋零的心。

3. 黄河颂

光未然

啊，朋友！
黄河以它英雄的气魄，
出现在亚洲的原野；

它表现出我们民族的精神：
伟大而又坚强！
这里，我们向着黄河，
唱出我们的赞歌。
我站在高山之巅，
望黄河滚滚，奔向东南。
惊涛澎湃，掀起万丈狂澜；
浊流宛转，结成九曲连环；
从昆仑山下奔向黄海之边，
把中原大地劈成南北两面。
啊！黄河！
你是中华民族的摇篮！
五千年的古国文化，
从你这儿发源；
多少英雄的故事，
在你的身边扮演！
啊！黄河！你是伟大坚强，
像一个巨人出现在亚洲平原之上，
用你那英雄的体魄，
筑成我们民族的屏障。
啊！黄河！
你一泻万丈，浩浩荡荡，
向南北两岸伸出千万条铁的臂膀。
我们民族的伟大精神，
将要在你的哺育下发扬滋长！
我们祖国的英雄儿女，
将要学习你的榜样，
像你一样的伟大坚强！
像你一样的伟大坚强！

4. 雪花的快乐

徐志摩

假如我是一朵雪花，
翩翩的在半空里潇洒，
我一定认清我的方向
——飞扬，飞扬，飞扬，
这地面上有我的方向。
不去那冷寞的幽谷，
不去那凄清的山麓，
也不上荒街去惆怅
——飞扬，飞扬，飞扬，

——你看，我有我的方向！
在半空里娟娟地飞舞，
认明了那清幽的住处，
等着她来花园里探望
——飞扬，飞扬，飞扬，
——啊，她身上有朱砂梅的清香！
那时我凭藉我的身轻，
盈盈的，沾住了她的衣襟，
贴近她柔波似的心胸
——消溶，消溶，消溶
——溶入了她柔波似的心胸。

5. 我　看

穆　旦

我看一阵向晚的春风
悄悄揉过丰润的青草，
我看它们低首又低首，
也许远水荡起了一片绿潮；
我看飞鸟平展着翅翼
静静吸入深远的晴空里，
我看流云慢慢地红晕
无意沉醉了凝望它的大地。
哦，逝去的多少欢乐和忧戚，
我枉然在你的心胸里描画！
哦！多少年来你丰润的生命
永在寂静的谐奏里勃发。
也许远古的哲人怀着热望，
曾向你舒出咏赞的叹息，
如今却只见他生命的静流
随着季节的起伏而飘逸。
去吧，去吧，哦生命的飞奔，
叫天风挽你坦荡地漫游，
像鸟的歌唱，云的流盼，树的摇曳；
哦，让我的呼吸与自然合流！
让欢笑和哀愁洒向我心里，
像季节燃起花朵又把它吹熄。

6. 乡愁四韵

余光中

给我一瓢长江水啊长江水，
酒一样的长江水，
醉酒的滋味，

是乡愁的滋味，
给我一瓢长江水啊长江水。
给我一张海棠红啊海棠红，
血一样的海棠红，
沸血的烧痛，
是乡愁的烧痛，
给我一张海棠红啊海棠红。
给我一片雪花白啊雪花白，
信一样的雪花白，
家信的等待，
是乡愁的等待，
给我一片雪花白啊雪花白。
给我一朵腊梅香啊腊梅香，
母亲一样的腊梅香，
母亲的芬芳，
是乡土的芬芳，
给我一朵腊梅香啊腊梅香。

7. 走向远方

汪国真

是男儿总要走向远方，
走向远方是为了让生命更辉煌。
走在崎岖不平的路上，
年轻的眼眸里装着梦更装着思想。
不论是孤独地走着还是结伴同行，
让每一个脚印都坚实而有力量。
我们学着承受痛苦。
学着把眼泪像珍珠一样收藏，
把眼泪都贮存在成功的那一天流，
那一天，哪怕流它个大海汪洋。
我们学着对待误解。
学着把生活的苦酒当成饮料一样慢慢品尝，
不论生命经过多少委屈和艰辛，
我们总是以一个朝气蓬勃的面孔，
醒来在每一个早上。
我们学着对待流言。
学着从容而冷静地面对世事沧桑，
“猝然临之而不惊，无故加之而不怒”，
这便是我们的大勇，我们的修养。
我们学着只争朝夕。
人生苦短，

道路漫长，
我们走向并珍爱每一处风光，
我们不停地走着，
不停地走着的我们也成了一处风光。
走向远方，
从少年到青年，
从青年到老年，
我们从星星走成了夕阳。

8. 青春中国(节选)

欧　震

用茫茫的夜色作墨
用疮痍的土地作纸
在鸦片战争的硝烟之后
是谁？
写下的两个字——中国
让人读得昏暗读得疲惫
更让人读得心痛读得悲愤
那萎缩在清末史书里的
消瘦的中国呵
那跪倒在《南京条约》里的
软弱的中国呵
那一天，无数的青年
走上了街头
面对淋漓的鲜血
面对惨淡的人生
他们的呐喊如同一阵阵惊雷
激荡着这昏睡的土地
他们就像一束束火焰
在曲折的道路中蔓延
盛开成五月绚丽的花朵
许多年后的今天
当我的目光穿越历史的峰峦
我依然可以感受到他们的呼吸
我又看见了
一群又一群的青年
那挂满汗水的面孔
我又听见了
他们嘹亮的歌声
在荒芜的土地上回荡
他们用无怨无悔的青春

在悠悠岁月中
写着一首爱的诗篇
是的,岁月悠悠、人生漫漫
那是一首激情澎湃的诗篇
那是一片开满鲜花的风景
那是一曲气势磅礴的交响
那是一座壮志凌云的丰碑
今天,一个大写的中国
让人读得光明、读得酣畅
今天,一个腾飞的中国
更让人读得生动、读得自豪
这就是在世界的东方喷薄而出的
希望的中国
这就是在中国共产党领导下的
辉煌的中国
这就是我们的
青春中国!

9.等你在雨中

余光中

等你,在雨中,在造虹的雨中
蝉声沉落,蛙声升起
一池的红莲如红焰,在雨中
你来不来都一样,竟感觉
每朵莲都像你
尤其隔着黄昏,隔着这样的细雨
永恒,刹那,刹那,永恒
等你,在时间之外,在时间之外,等你,
在刹那,在永恒
如果你的手在我的手里,此刻
如果你的清芬
在我的鼻孔,我会说,小情人
诺,这只手应该采莲,在吴宫
这只手应该
摇一柄桂浆,在木兰舟中
一颗星悬在科学馆的飞檐
耳坠子一般的悬着
瑞士表说都七点了
忽然你走来
步雨后的红莲,翩翩,你走来
像一首小令

从一则爱情的典故里你走来
从姜白石的词里，有韵地，你走来

10. 面朝大海，春暖花开

海　子

从明天起，做一个幸福的人
喂马，劈柴，周游世界
从明天起，关心粮食和蔬菜
我有一所房子，面朝大海，春暖花开
从明天起，和每一个亲人通信
告诉他们我的幸福
那幸福的闪电告诉我的
我将告诉每一个人
给每一条河每一座山取一个温暖的名字
陌生人，我也为你祝福
愿你有一个灿烂的前程
愿你有情人终成眷属
愿你在尘世获得幸福
我只愿面朝大海，春暖花开

11. 一　切

北　岛

一切都是命运
一切都是烟云
一切都是没有结局的开始
一切都是稍纵即逝的追寻
一切欢乐都没有微笑
一切苦难都没有泪痕
一切语言都是重复
一切交往都是初逢
一切爱情都在心里
一切往事都在梦中
一切希望都带着注释
一切信仰都带着呻吟
一切爆发都有片刻的宁静
一切死亡都有冗长的回声

12. 这也是一切

——答一位青年朋友的《一切》

舒　婷

不是一切大树，
都被暴风折断；

不是一切种子，
都找不到生根的土壤；
不是一切真情，
都流失在人心的沙漠里；
不是一切梦想，
都甘愿被折掉翅膀。
不，不是一切
都像你说的那样！
不是一切火焰，
都只燃烧自己
而不把别人照亮；
不是一切星星，
都仅指示黑暗
而不报告曙光；
不是一切歌声，
都只掠过耳旁
而不留在心上。
不，不是一切
都像你说的那样！
不是一切呼吁都没有回响；
不是一切损失都无法补偿；
不是一切深渊都是灭亡；
不是一切灭亡都覆盖在弱者头上；
不是一切心灵
都可以踩在脚下，烂在泥里；
不是一切后果
都是眼泪血印，而不展现欢容。
一切的现在都孕育着未来，
未来的一切都生长于它的昨天。
希望，而且为它斗争，
请把这一切放在你的肩上。

13.我不知道风是在哪一个方向吹

徐志摩

我不知道风
是在哪一个方向吹——
我是在梦中，
在梦的轻波里依洄。
我不知道风
是在哪一个方向吹——
我是在梦中，

她的温存，我的迷醉。
我不知道风
是在哪一个方向吹——
我是在梦中，
甜美是梦里的光辉。
我不知道风
是在哪一个方向吹——
我是在梦中，
她的负心，我的伤悲。
我不知道风
是在哪一个方向吹——
我是在梦中，
在梦的悲哀里心碎！
我不知道风
是在哪一个方向吹——
我是在梦中，
黯淡是梦里的光辉。

14. 延安颂

莫　耶

夕阳辉耀着山头的塔影，
月色映照着河边的流萤，
春风吹遍了坦平的原野，
群山结成了坚固的围屏。
啊！延安！
你这庄严雄伟的古城，
到处传遍了抗战的歌声，
啊！延安！
你这庄严雄伟的古城，
热血在你胸中奔腾。
千万颗青年的心，
埋藏着对敌人的仇恨，
在山野田间长长的行列，
结成了坚固的阵线。
看群众已抬起了头，
看群众已扬起了手，
无数的人和无数的心，
发出了对敌人的怒吼，
士兵瞄准了枪口，
准备和敌人搏斗。
啊！延安！
你这庄严雄伟的城墙，

筑成坚固抗日的阵线，
你的名字将万古流芳，
在历史上灿烂辉煌。

15. 世界上最遥远的距离

〔印度〕泰戈尔

世界上最遥远的距离，
不是生与死的距离，
而是我就站在你面前，
你却不知道我爱你；
世界上最遥远的距离，
不是我就站在你面前
你却不知道我爱你，
而是爱到痴迷，
却不能说我爱你。
世界上最遥远的距离，
不是我不能说我爱你，
而是想你痛彻心脾，
却只能深埋心底；
世界上最遥远的距离，
不是我不能说我想你，
而是彼此相爱，
却不能在一起。
世界上最遥远的距离，
不是彼此相爱
却不能在一起，
而是明知道真爱无敌，
却装作毫不在意；
所以世界上最遥远的距离，
不是树与树的距离，
而是同根生长的树枝，
却无法在风中相依。
世界上最遥远的距离，
不是树枝无法相依，
而是相互瞭望的星星，
却没有交汇的轨迹；
世界上最遥远的距离，
不是星星没有交汇的轨迹，
而是纵然轨迹交汇，
却在转瞬间无处寻觅。
世界上最遥远的距离，

不是瞬间便无处寻觅，
而是尚未相遇，
便注定无法相聚；
世界上最遥远的距离，
是飞鸟与鱼的距离，
一个翱翔天际，
一个却深潜海底。

16. 敬畏生命

张晓风

那是一个夏天的长得不能再长的下午，在印第安纳州的一个湖边。我起先是不经意地坐着看书，忽然发现湖边有几棵树正在飘散一些白色的纤维。大团大团的，像棉花似的，有些飘在草地上，有些飘入湖水里。我当时没有十分注意，只当是偶然风起所带来的。

可是，渐渐地，我发现情况简直令人吃惊。好几个小时过去了，那些树仍旧浑然不觉地，在飘送那些小型的云朵，倒好像是一座无限的云库似的。整个下午，整个晚上，漫天都是那种东西。第二天的情形完全一样，我感到诧异和震撼。

其实小学的时候就知道有一类种子是靠风力吹动纤维传播的。但也只是知道一道测验题的答案而已。那几天真的看到了，满心所感到的是一种折服，一种无以名之的敬畏。我几乎是第一次遇见生命——虽然是植物的。

我感到那云状的种子在我心底强烈地碰撞上什么东西，我不能不被生命豪华的、奢侈的、不计成本的投资所感动。也许在不分昼夜的飘散之余，只有一颗种子足以成树，但造物者乐于做这样惊心动魄的壮举。

我至今仍然在沉思之际想起那一片柔媚的湖水，不知湖畔那群种子中有哪一颗成了小树，至少，我知道，有一颗已经成长。那颗种子曾遇见了一片土地，在一个过客的心之峡谷里，蔚然成阴，教会她怎样敬畏生命。

17. 月　迹

贾平凹

我们这些孩子，什么都觉得新鲜，常常又什么都不觉得满足；中秋的夜里，我们在院子里盼着月亮，好久却不见出来，便坐回中堂里，放了竹窗帘儿闷着，缠奶奶说故事。奶奶是会说故事的，说了一个，还要再说一个……奶奶突然说：

“月亮进来了！”

我们看时，那竹窗帘儿里，果然有了月亮，款款地，悄没声儿地溜进来，出现在窗前的穿衣镜上了：原来月亮是长了腿的，爬着那竹帘格儿，先是一个白道儿，再是半圆，渐渐地爬得高了，穿衣镜上的圆便满盈了。我们都高兴起来，又都屏气儿不出，生怕那是个尘影儿变的，会一口气吹跑呢。月亮还在竹帘儿上爬，那满圆却慢慢儿又亏了，末了，便全没了踪迹，只留下一个空镜，一个失望。奶奶说：

“它走了，它是匆匆的；你们快出去寻月吧。”

我们就都跑出门去，它果然就在院子里，但再也不是那么一个满满的圆了，进院子的白光，是玉玉的，银银的，灯光也没有这般儿亮的。院子的中央处，是那棵粗粗的桂树，疏疏的枝，疏疏的叶，桂花还没有开，却有了累累的骨朵儿了。我们都走近去，不知道那个满圆儿去哪儿了。却疑心这骨朵儿是繁星儿变的；抬头看着天空，星儿似乎就比平日少了许多。月亮正在头顶，明显大多了，也圆多了，清清晰晰看见里边有了什么东西。

18. 傅雷家书（节选）

傅　雷

聪，亲爱的孩子：

收到9月22日晚发的第六封信，很高兴。我们并没有为你前封信感到什么烦恼或是不安。我在第八封信中还对你预告，这种精神消沉的情形，以后还会有的。我是过来人，决不至于大惊小怪。你也不必为此耽心，更不必硬压在肚里不告诉我们。心中的苦闷不在家信中发泄，又哪里去发泄呢？孩子不向父母诉苦向谁诉呢？我们不来安慰你，又该谁来安慰你呢？人一辈子都在高潮——低潮中浮沉，唯有庸庸碌碌的人，生活才如死水一般；或者要有极高的修养，方能廓然无累，真正的解脱。只要高潮不过分使你紧张，低潮不过分使你颓废，就好了。太阳太强烈，会把五谷晒焦；雨水太猛，也会淹死庄稼。我们只求心理相对平衡，不至于受伤害而已。你也不是栽了筋斗爬不起来的人。我预料在国外这几年，对你整个的人生也有很大帮助。这次来信所说的痛苦，我都理会的；我很同情，我愿意尽量安慰你，鼓舞你。克利斯朵夫不是经过多少回这种情形吗？他不是一切艺术家的缩影与结晶吗？慢慢地你会养成另一种心情对付过去的事：就是能够想到而不再惊心动魄，能够以客观的现实分析前因后果，做将来的借鉴，以免重蹈覆辙。一个人唯有敢于正视现实，正视错误，理智分析，彻底感悟，终不至于被回忆侵蚀。我相信你逐渐会学会这一套，越来越坚强的。我以前在信中和你提过感情的，就是要你把这些事当做心灵的灰烬看，看的时候当然不免感触万端，但不要刻骨铭心地伤害自己，而要象对着古战场，存着凭吊的心怀。倘若你认为这些话是对的，对你有些启发作用，那末将来在遇到因回忆而痛苦的时候（那一定免不了会再来的），拿出这封信来重读几遍。

19. 幸福的柴门

栖　云

假如通往幸福的门是一扇金碧辉煌的大门，我们没有理由停下脚步；但假如通住幸福的门是一扇朴素的简陋的甚至是寒酸的柴门，该当如何？

我们千里迢迢而来，带着对幸福的憧憬、热望和孜孜不倦的追求，带着汗水、伤痕和一路的风尘，沧桑还没有洗却，眼泪还没有揩干，沾满泥泞的双足拾级而上，凝望着绝非梦想中的幸福的柴门，滚烫的心会陡然间冷却吗？失望会笼罩全身吗？我决不会收回叩门的手。

岁月更迭，悲欢交织，命运的跌打，令我早已深深懂得什么是生命中最最值得珍惜的宝贝。只要幸福住在里面，简陋的柴门又如何，朴素的茅屋又如何！幸福的笑容从没因身份的尊卑贵贱失去它明媚的光芒。我跨越山川大漠，摸爬滚打寻求的是幸福本身，而不是幸福座前的金樽、手中的宝杖。

幸福比金子还珍贵，这是生活教会我的真理。

20. 海棠花祭（节选）

邓颖超

春天到了，百花竞放，西花厅的海棠花又盛开了。看花的主人已经走了，走了十二年了，离开了我们，他不再回来了。

你不是喜爱海棠花吗？解放初期你偶然看到这个海棠花盛开的院落，就爱上了海棠花，也就爱上了这个院落，选定这个院落，到这个盛开着海棠花的院落来居住。

你住了整整二十六年，我比你住得还长，到现在已经是三十八年了。

你喜欢海棠花，我也喜欢海棠花。你在参加日内瓦会议的时候，我们家里的海棠花正在盛开，因为你不能看到那年盛开着的美好的花朵，我就特意地剪了一枝，把它压在书本里头，经过鸿雁带到日内瓦给你。我想你在那样繁忙的工作中间，看一眼海棠花，可能使你有些回味和得以休息，这样也是一种享受。

你不在了，可是每到海棠花开放的时候，常常有爱花的人来看花。在花下树前，大家一边赏花，一边缅怀你，想念你，仿佛你仍在我们中间。你离开了这个院落，离开它们，离开我们，你不会再来。

你到哪里去了啊？我认为你一定随着春天温暖的风，又踏着严寒冬天的雪，你经过春风的吹送和踏雪的足迹，已经深入到祖国的高山、平原，也飘进了黄河、长江，经过黄河、长江的运移，你进入了无边无际的海洋。

21. 安塞腰鼓

刘成章

一群茂腾腾的后生。

他们的身后是一片高粱地。他们朴实得就像那片高粱。

咝溜溜的南风吹动了高粱叶子，也吹动了他们的衣衫。

他们的神情沉稳而安静。紧贴在他们身体一侧的腰鼓，呆呆地，似乎从来不曾响过。

但是，看！

一捶起来就发狠了，忘情了，没命了！百十个斜背响鼓的后生，如百十块被强震不断击起的石头，狂舞在你的面前。骤雨一样，是急促的鼓点；旋风一样，是飞扬的流苏；乱蛙一样，是蹦跳的脚步；火花一样，是闪射的瞳仁；斗虎一样，是强健的风姿。黄土高原上，爆出一场多么壮阔、多么豪放、多么火烈的舞蹈哇——安塞腰鼓！

这腰鼓，使冰冷的空气立即变得燥热了，使恬静的阳光立即变得飞溅了，使困倦的世界立即变得亢奋了。

好一个安塞腰鼓！

百十个腰鼓发出的沉重响声，碰撞在四野长着酸枣树的山崖上，山崖蓦然变成牛皮鼓面了，只听见隆隆，隆隆，隆隆。

百十个腰鼓发出的沉重响声，碰撞在观众的心上，观众的心也蓦然变成牛皮鼓面了，也是隆隆，隆隆，隆隆。

好一个安塞腰鼓！

后生们的胳膊、腿、全身，有力地搏击着，急速地搏击着，大起大落地搏击着。它震撼着你，烧灼着你，威逼着你。它使你从来没有如此鲜明地感受到生命的存在、活跃和强盛。它使你惊异于那农民衣着包裹着的躯体，那消化着红豆角、老南瓜的躯体，居然可以释放出那么奇伟磅礴的能量！

黄土高原哪，你生养了这些元气淋漓的后生，也只有你，才能承受如此惊心动魄的搏击！

好一个黄土高原！好一个安塞腰鼓！

每一个舞姿都充满了力量。每一个舞姿都呼呼作响。每一个舞姿都是光与影的匆匆变幻，每一个舞姿都使人战栗在浓烈的艺术享受之中，使人叹为观止。

好一个痛快了山河、蓬勃了想象力的安塞腰鼓！

愈捶愈烈！痛苦和欢乐，生活和梦幻，摆脱和追求，都在舞姿和鼓点中，交织！旋转！凝聚！升华！人，成了茫茫一片；声，成了茫茫一片……

当它戛然而止的时候，世界出奇地寂静，以致使人感到对她十分陌生。

简直像来到另一个星球。

耳畔是一声渺远的鸡啼。

22. 记念刘和珍君(节选)

鲁　迅

真的猛士，敢于直面惨淡的人生，敢于正视淋漓的鲜血。这是怎样的哀痛者和幸福者？然而造化又常常为庸人设计，以时间的流驶，来洗涤旧迹，仅使留下淡红的血色和微漠的悲哀。在这淡红的血色和微漠的悲哀中，又给人暂得偷生，维持着这似人非人的世界。我不知道这样的世界何时是一个尽头！

我们还在这样的世上活着；我也早觉得有写一点东西的必要了。离三月十八日也已有两星期，忘却的救主快要降临了罢，我正有写一点东西的必要了。

在四十余被害的青年之中，刘和珍君是我的学生。学生云者，我向来这样想，这样说，现在却觉得有些踌躇了，我应该对她奉献我的悲哀与尊敬。她不是"苟活到现在的我"的学生，是为了中国而死的中国的青年。

她的姓名第一次为我所见，是在去年夏初杨荫榆女士做女子师范大学校长，开除校中六个学生自治会职员的时候。其中的一个就是她；但是我不认识。直到后来，也许已经是刘百昭率领男女武将，强拖出校之后了，才有人指着一个学生告诉我，说：这就是刘和珍。其时我才能将姓名和实体联合起来，心中却暗自诧异。我平素想，能够不为势利所屈，反抗一广有羽翼的校长的学生，无论如何，总该是有些桀骜锋利的，但她却常常微笑着，态度很温和。待到偏安于宗帽胡同，赁屋授课之后，她才始来听我的讲义，于是见面的回数就较多了，也还是始终微笑着，态度很温和。待到学校恢复旧观，往日的教职员以为责任已尽，准备陆续引退的时候，我才见她虑及母校前途，黯然至于泣下。此后似乎就不相见。总之，在我的记忆上，那一次就是永别了。

23. 读书人是幸福人(节选)

谢　冕

我常想读书人是世间幸福人，因为他除了拥有现实的世界之外，还拥有另一个更为浩瀚也更为丰富的世界。现实的世界是人人都有的，而后一个世界却为读书人所独有。由此我想，那些失去或不能阅读的人是多么的不幸，它们的丧失是不可补偿的。世间有诸多的不平等，财富的不平等，权力的不平等，而阅读能力的拥有或丧失却体现为精神的不平等。

一个人的一生，只能经历自己拥有的那一份欣悦，那一份苦难，也许再加上他亲自感知的那一些关于自身以外的经历和经验。然而，人们通过阅读，却能进入不同时空的诸多他人的世界。这样，具有阅读能力的人，无形间获得了超越有限生命的无限可能性。阅读不仅使他认识了草木虫鱼之名，而且可以上溯远古下及未来，饱览存在的与非存在的奇风异俗。

更为重要的是，读书人加惠于人们的不仅是知识的增广，而且还在于精神的感化与陶冶。人们从读书学做人，从那些往哲先贤以及当代才俊的著述中学得他们的人格。人们从《论语》中学得智慧的思考，从《史记》中学得严肃的历史精神，从《正气歌》学得人格的刚烈，从马克思学得人世的激情，从鲁迅学得批判精神，从列夫·托尔斯泰学得道德的执著。歌德的诗句刻写出睿智的人生，拜伦的诗句呼唤着奋斗的热情。一个读书人，是一个有机会拥有超乎个人生命体验的幸运人。

24. 匆　匆

朱自清

燕子去了，有再来的时候；杨柳枯了，有再青的时候；桃花谢了，有再开的时候。但是，聪明的，你告诉我，我们的日子为什么一去不复返呢？——是有人偷了他们罢：那是谁？又藏在何处呢？是他们自己逃走了罢：现在又到了哪里呢？

我不知道他们给了我多少日子；但我的手确乎是渐渐空虚了。在默默里算着，八千多日子已经从我手中溜去；像针尖上一滴水滴在大海里，我的日子滴在时间的流里，没有声音，也没有影子。我不禁头涔涔而泪潸潸了。

去的尽管去了，来的尽管来着；去来的中间，又怎样地匆匆呢？早上我起来的时候，小屋里射进两三方斜斜的太阳。太阳他有脚啊，轻轻悄悄地挪移了；我也茫茫然跟着旋转。于是——洗手的时候，日子从水盆里过去；吃饭的时候，日子从饭碗里过去；默默时，便从凝然的双眼前过去。我觉察他去的匆匆了，伸出手遮挽时，他又从遮挽着的手边过去，天黑时，我躺在床上，他便伶伶俐俐地从我身上跨过，从我脚边飞去了。等我睁开眼和太阳再见，这算又溜走了一日。我掩着面叹息。但是新来的日子的影儿又开始在叹息里闪过了。

在逃去如飞的日子里，在千门万户的世界里的我能做些什么呢？只有徘徊罢了，只有匆匆罢了；在八千多日的匆匆里，除徘徊外，又剩些什么呢？过去的日子如轻烟，被微风吹散了，如薄雾，被初阳蒸融了；我留着些什么痕迹呢？我何曾留着像游丝样的痕迹呢？我赤裸裸来到这世界，转眼间也将赤裸裸地回去罢？但不能平的，为什么偏要白白走这一遭啊？

你聪明的，告诉我，我们的日子为什么一去不复返呢？

25. 贝多芬百年祭

萧伯纳

一百年前，一位虽听得见雷声但已聋得听不见大型交响乐队演奏自己的乐曲的五十七岁的倔强的单身老人最后一次举拳向着咆哮的天空，然后逝去了，还是和他生前一直那样地唐突神灵，蔑视天地。

他是反抗性的化身；他甚至在街上遇上一位大公和他的随从时也总不免把帽子向下按得紧紧的，然后从他们正中间大踏步地直穿而过。

他有一架不听话的蒸汽轧路机的风度（大多数轧路机还恭顺地听使唤和不那么调皮呢）；他穿衣服之不讲究尤甚于田间的稻草人：事实上有一次他竟被当做流浪汉给抓了起来，因为警察不肯相信穿得这样破破烂烂的人竟会是一位大作曲家，更不能相信这副躯体竟能容得下纯音响世界最奔腾澎湃的灵魂。

他的灵魂是伟大的；但是如果我使用了最伟大的这种字眼，那就是说比亨德尔的灵魂还要伟大，贝多芬自己就会责怪我；而且谁又能自负为灵魂比巴赫的还伟大呢？

但是说贝多芬的灵魂是最奔腾澎湃的那可没有一点问题。他的狂风怒涛一般的力量他自己能很容易控制住，可是常常并不愿去控制，这个和他狂呼大笑的滑稽诙谐之处是在别的作曲家作品里都找不到的。

毛头小伙子们现在一提起切分音就好像是一种使音乐节奏成为最强而有力的新方法；但是在听过贝多芬的第三里昂诺拉前奏曲之后，最狂热的爵士乐听起来也像“少女的祈祷”那样温和了；可以肯定地说我听过的任何黑人的集体狂欢都不会像贝多芬的第七交响乐最后的乐章那样可以引起最黑最黑的舞蹈家拼了命地跳下去；而也没有另外哪一个作曲家可以先以他的乐曲的阴柔之美使得听众完全融化在缠绵悱恻的境界里，而后突然以铜号的猛烈声音吹向他们，带着嘲讽似的使他们觉得自己是真傻。

除了贝多芬之外谁也管不住贝多芬；而疯劲上来之后，他总有意不去管住自己，于是也就成为管不住的了。

四 抽选考级篇目

1. 蜀相

[唐]杜甫

丞相祠堂何处寻，锦官城外柏森森。
映阶碧草自春色，隔叶黄鹂空好音。
三顾频烦天下计，两朝开济老臣心。
出师未捷身先死，长使英雄泪满襟。

2. 七律·人民解放军占领南京

毛泽东

钟山风雨起苍黄，百万雄师过大江。
虎踞龙盘今胜昔，天翻地覆慨而慷。
宜将剩勇追穷寇，不可沽名学霸王。
天若有情天亦老，人间正道是沧桑。

3. 使至塞上

[唐]王维

单车欲问边，属国过居延。
征蓬出汉塞，归雁入胡天。
大漠孤烟直，长河落日圆。
萧关逢候骑，都护在燕然。

4. 渡荆门送别

[唐]李白

渡远荆门外，来从楚国游。
山随平野尽，江入大荒流。
月下飞天镜，云生结海楼。
仍怜故乡水，万里送行舟。

5. 雁门太守行

[唐]李贺

黑云压城城欲摧，甲光向日金鳞开。
角声满天秋色里，塞上燕脂凝夜紫。
半卷红旗临易水，霜重鼓寒声不起。
报君黄金台上意，提携玉龙为君死。

6. 七律·长征

毛泽东

红军不怕远征难，万水千山只等闲。
五岭逶迤腾细浪，乌蒙磅礴走泥丸。
金沙水拍云崖暖，大渡桥横铁索寒。
更喜岷山千里雪，三军过后尽开颜。

7. 过零丁洋

［宋］文天祥

辛苦遭逢起一经，干戈寥落四周星。
山河破碎风飘絮，身世浮沉雨打萍。
惶恐滩头说惶恐，零丁洋里叹零丁。
人生自古谁无死？留取丹心照汗青。

8. 早寒江上有怀

［唐］孟浩然

木落雁南度，北风江上寒。
我家襄水曲，遥隔楚云端。
乡泪客中尽，孤帆天际看。
迷津欲有问，平海夕漫漫。

9. 酬乐天扬州初逢席上见赠

［唐］刘禹锡

巴山楚水凄凉地，二十三年弃置身。
怀旧空吟闻笛赋，到乡翻似烂柯人。
沉舟侧畔千帆过，病树前头万木春。
今日听君歌一曲，暂凭杯酒长精神。

10. 鲁山山行

［宋］梅尧臣

适与野情惬，千山高复低。
好峰随处改，幽径独行迷。
霜落熊升树，林空鹿饮溪。
人家在何许？云外一声鸡。

11. 武陵春·春晚

［宋］李清照

风住尘香花已尽，日晚倦梳头。物是人非事事休，欲语泪先流。
闻说双溪春尚好，也拟泛轻舟。只恐双溪舴艋舟，载不动许多愁。

12. 蝶恋花·槛菊愁烟兰泣露

［宋］晏　殊

槛菊愁烟兰泣露，罗幕轻寒，燕子双飞去。明月不谙离恨苦，斜光到晓穿朱户。
昨夜西风凋碧树，独上高楼，望尽天涯路。欲寄彩笺兼尺素，山长水阔知何处？

13. 木兰花·拟古决绝词柬友

［清］纳兰性德

人生若只如初见，何事秋风悲画扇。等闲变却故人心，却道故人心易变。
骊山语罢清宵半，泪雨霖铃终不怨。何如薄幸锦衣郎，比翼连枝当日愿。

14. 卜算子·咏梅

毛泽东

风雨送春归，飞雪迎春到。已是悬崖百丈冰，犹有花枝俏。
俏也不争春，只把春来报。待到山花烂漫时，她在丛中笑。

15. 卜算子·咏梅

［宋］陆　游

驿外断桥边，寂寞开无主。已是黄昏独自愁，更著风和雨。
无意苦争春，一任群芳妒。零落成泥碾作尘，只有香如故。

16. 清平乐·村居

［宋］辛弃疾

茅檐低小，溪上青青草。醉里吴音相媚好，白发谁家翁媪？
大儿锄豆溪东，中儿正织鸡笼。最喜小儿亡赖，溪头卧剥莲蓬。

17. 浪淘沙·北戴河

毛泽东

大雨落幽燕，白浪滔天，秦皇岛外打鱼船。一片汪洋都不见，知向谁边？
往事越千年，魏武挥鞭，东临碣石有遗篇。萧瑟秋风今又是，换了人间。

18. 山坡羊·潼关怀古

［元］张养浩

峰峦如聚，波涛如怒，山河表里潼关路。望西都，意踌躇。
伤心秦汉经行处，宫阙万间都做了土。兴，百姓苦；亡，百姓苦！

19. 相见欢

［南唐］李　煜

无言独上西楼，月如钩。寂寞梧桐深院锁清秋。
剪不断，理还乱，是离愁。别是一般滋味在心头。

20. 声声慢·寻寻觅觅

［宋］李清照

寻寻觅觅，冷冷清清，凄凄惨惨戚戚。乍暖还寒时候，最难将息。三杯两盏淡酒，怎敌他、晚来风急。雁过也，正伤心，却是旧时相识。

满地黄花堆积，憔悴损，如今有谁堪摘？守着窗儿，独自怎生得黑。梧桐更兼细雨，到黄昏、点点滴滴。这次第，怎一个愁字了得。

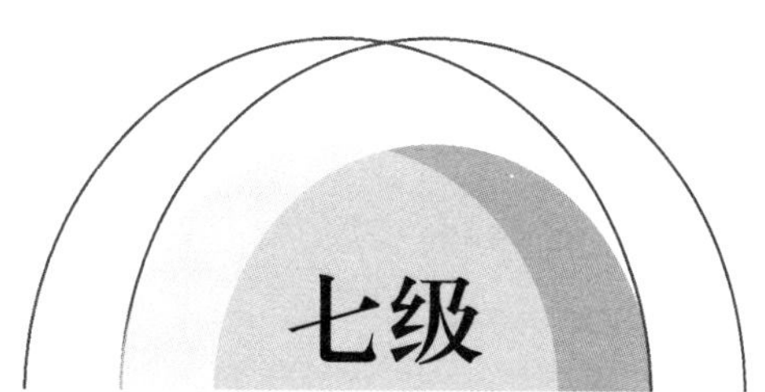

七级

通过前面几级的学习，相信大家已经掌握了情景再现、内在语、对象感这三个艺术语言表达的内部技巧的使用方法，那么从本级开始，我们要学习艺术语言表达的四个外部技巧，分别是停连、重音、语气和节奏。

虽然我们一直强调内容为王，但绝对不能说“技巧自然生成”，也不能认为技巧的训练毫无价值。我们要清楚，技巧不是天生的，它是我们在基本功训练、朗诵创作周而复始的过程当中逐渐体味、学习、积累的；技巧不是无源的，它是根据我们的生活经验，根据我们日常语言交谈的情况进行的艺术的升华和总结；技巧不是固定的，它一定有着无限的挖掘空间，“一句话、百样说”，只要我们琢磨，就一定能有新的方法、新的发现、新的收获。技巧是因人、因作品而异的，它的使用取决于朗诵者的音声条件、艺术认知、生活阅历、美学理想，每个朗诵者都因为技巧使用的差别，而创造出不同风格的呈现。

本级的作品包括自选考级篇目25篇、抽选考级篇目20篇，由词、现代诗歌、散文、等组成。本级要求考生在基本掌握艺术语言表达内部技巧(情景再现、内在语、对象感)的基础上，重点考查考生朗诵时外部技巧“停连”的处理艺术和综合表现力。

一 朗诵学习要点

本级的学习重点为停连，通过本级训练，帮助大家认识朗诵创作中停连的重要性，了解停连的种类，学习停连的不同处理方法。通过不同体裁的训练，让大家敢于打破文字的标点符号，在理解的基础上合理确定朗诵中停连的位置，熟练掌握停连技巧。

(一)什么是停连

停连，指停顿和连接。停顿和连接都是朗诵创作过程中传达语意、抒发情感的重要方法。

在不同体裁的文本转化为朗诵时，语句之间、字词之间需要停顿，使得语意表达更清晰明了；有些文字语句之间虽然有标点符号，但是从上下文的含义来看，朗诵不需要停顿休止，连接起来才能使语意完整连贯。所以，停连也可以说是朗诵表达的标点符号。

停顿与连接在朗诵中，既是生理需要，同时也是心理需要。

从生理角度来看，我们在朗诵创作过程中可能会遇到特别长的句子，我们不可能一口气把它说完，更不可能一口气说完一篇稿件。因此，我们会在文本中选择适当的位置进行换气、调节声音和身体机能，如果没有停顿，这些将是无法完成的。停顿不仅可以保证朗诵者呼吸的生理要求，同时也能给收听者以时间空隙来理解其朗诵所要表达的意思。

从心理角度来看，停连是情感运动的一种需要。根据文本情感运动的发展，需要我们在哪里停顿就在哪里停顿，需要停顿多久就停顿多久，需要在哪里连接就在哪里连接，这样才能发挥停连在朗诵中的作用，从而吸引受众、感染受众。

我们还必须明确，生理停顿须服从心理停连。停顿不是情感的休止、中断，而是情感表达的一种延续，恰到好处的停顿宛如国画创作中的留白，给受众以足够的想象空间，达到“此时无声胜有声”的意境。

接下来我们就通过本级的学习，将停连这一表达技巧更好地运用起来。

(二)常用的停连标注符号

挫顿，用/或者▲表示没有标点符号地方的停顿；
停顿，用//或者∧表示较短时间的停顿；
间歇，用///或者∨表示更长时间的停顿；
连接，用︶标注，只用于有标点的地方，表示缩短停顿时间或不停顿；
延长，用～～标注，表示声音的延长。

(三)停连的类型

1.区分性停连

为了表明区分关系，避免产生歧义而进行的停连叫做区分性停连。

例：

(1)亲爱的/爸爸妈妈欢迎你！
在“亲爱的”后稍作停顿，主语为亲爱的。
亲爱的爸爸/妈妈欢迎你！
在爸爸后稍作停顿，主语为爸爸。
亲爱的爸爸妈妈/欢迎你！
在妈妈后稍作停顿，隐含主语为我。
(2)如果大地的每个角落都充满光明，谁/还需要星星
在“谁”后稍作停顿，强调谁。
如果大地的每个角落都充满光明，谁还需要/星星

——江河《星星变奏曲》

在“需要”后稍作停顿，强调星星。

2.呼应性停连

在停连中有前后呼应的性质，在呼应性停连中还有大呼小应和一呼几应之说。

例：

(1)他学习/非常努力︶勤奋、︶认真。
一呼几应：学习是呼，努力、勤奋、认真是应。
(2)他很有才华，唱歌、︶跳舞、︶绘画/样样精通。
大呼小应：唱歌、跳舞、绘画是呼，样样精通是应。
(3)男男女女/都出来/踏月、︶看灯、︶看焰火；

——老舍《北京的春节》

一呼几应：男男女女是呼，踏月、看灯、看焰火是应。
注：一呼几应的几应要注意连接，以保证语流的顺畅。

3.并列性停连

并列性成分之间所表达的并列性关系要用停顿和连接进行表达。并列成分较少可以直接连读，并列成分较多，可以先进行分组，再进行连读，每组之间稍作停顿。

例：

(1)大雪可能分布在内蒙古的乌兰察布、/山西东北部、河北中北部、/北京、天津、一带。

并列成分较多，可以“一二二”方式进行连读，在乌兰察布市后进行短暂停顿，山西东北部与河北中北部进行连读，稍作停顿后，北京与天津进行连读。既使得语意完整，又避免一词一停不够连贯。

(2)我不相信/天/是蓝的，我不相信/雷的回声，我不相信/梦/是假的，我不相信/死无报应。

——北岛《回答》

“我不相信”为并列行结构，可以在后面进行停顿。

4. 分合性停连

分合性停连包括先分后合、先合后分两种情况。把握分合关系，有利于运用到区分、并列、呼应等停连当中。

例：

(1)小白鼠/雪白的毛，长长的尾巴，长得/非常好看。

小白鼠属于总领性词语，要稍作停顿；“雪白的毛，长长的尾巴”分写小白鼠的样态，属于并列性词组，可以连读；“非常好看”为总括性词语，前面要稍作停顿。

(2)腊八粥，‿关东糖，‿除夕的饺子，都须/先去供佛，而后/人们再享用。

——老舍《北京的春节》

“腊八粥，关东糖，除夕的饺子”为分；“先去供佛”为总括性词语，前面要稍作停顿。“而后”表转折，后面要稍作停顿。

“腊八粥，关东糖，除夕的饺子”是同一个句子成分，应注意连接以使表达具有完整性。

5. 强调性停连

为了强调某一重要含义的词、句等，而进行停顿与连接的表达，使得语意表述更加清晰。

例：

(1)我对松树怀有敬意的更重要的原因却是他那种/自我牺牲的精神。

为了强调松树“自我牺牲”的精神，要在“自我牺牲”前稍作停顿。

(2)我与父亲不相见已经二年余了，我最不能忘记的/是他的/背影。

——朱自清《背影》

为了强调父亲“背影”的重要性，要在“背影”前稍作停顿。

6. 判断性停连

为了表现思索、判断的意味，就要在需要思索、判断的词句上运用判断性停连。停顿时，前边的那个音节应拖长些。停顿的时间因思索、判断的心理过程需要而定。有时，文字作品用破折号表示解释说明或语义的递进、转折。

例：

(1)半夜时分，毡房外的家犬突然吠了起来，阿毛猛地从床上坐了起来，“不好，∧有人偷羊了！”

在“不好”后要有停顿，表示思索、判断的意味。

(2)突然，队伍中有人喊了起来：“有人冻死了”！∧军长一震，急步向前跑去。

——佚名《军礼》

在“有人冻死了”后要有停顿，表示思索、判断的意味。

7. 转换性停连

在语言表达过程中，由一种语意转向另一种语意，要有相应的停顿。

例：

(1)这就是白杨树，西北极普通的一种树，然而/决不是平凡的树！

例句中有转折性词语“然而”，要在“然而”后稍作停顿。但有时句子中不包含转折性词语，也应注意停顿。

(2)他们可以承担一个浩大的战争，︶可以承担重建家园的种种艰辛，可是/却承担不了如此沉重的离情。

——魏巍《依依惜别的深情》

例句中有转折性词语“可是”，要在“可是”后稍作停顿。但有时句子中不包含转折性词语，也应注意停顿。为了强调转折，前面的两个“可以”分句用连接一气呵成。

8. 生理性停连

在语言表达过程中，由于生理上的需要，而进行停顿与连接。

例：

(1)今天我没吃饭∧……走∧……走不动了……

例句中所表示的情况是由于没有吃饭而导致体力不支，无法继续前行，所以在表达时有断断续续之感。

(2)“我的朋友们啊，”他说，“我∧——我∧——”但是他哽住了，他说不下去了。

——都德《最后一课》

例句中所表示的是哽咽的状况，难以继续表达，所以有断断续续之感。

9. 回味性停连

在语言表达过程中，给受众留下想象、回味的空间，而进行停顿与连接。

例：

(1)有一种菌子，中吃不中看，叫做干巴菌。乍一看那样子，真叫人怀疑：/这种东西也能吃？

要在“真叫人怀疑”后进行停顿，给受众思考的时间，为后文做铺垫。

(2)有的人，︶骑在人民头上：/“啊，我多伟大！”

——臧克家《有的人》

要在“骑在人民头上”后进行停顿，给受众思考的时间，为后文做铺垫。

10. 灵活性停连

灵活的进行停顿与连接，使得语意表述完整、清晰。

例：

(1)人要是行，干一行/行一行，一行行/行行行；要是不行，干一行/不行一行，一行不行/行行不行，行行不行/干哪行都不行。

在语言表达中不必都按照标点符号进行停连，例句中表示的是在工作行业中，要是一行做的好，那么哪一行都能做好，一行做不好，其他行业也难以做好的含义，要在“干一行”“一行行”“干一行”“一行不行”“行行不行”后稍作停顿。

(2)故/今日之责任，︶不在他人，而/全在我少年。少年智/则/国智，︶少年富/则/国富；少年强/则/国强，︶少年独立/则/国独立；少年自由/则/国自由；︶少年进步/则/国进步；少年胜于欧洲/则/国胜于欧洲；少年雄于地球/则/国雄于地球。

——梁启超《少年中国说》

在朗诵中不可都按照标点符号进行停连，可以根据语义进行断句，达到语义清晰、情感推进目的即可。

(四)停连的一般规律

1.准确理解语句意思,分析语句结构

在朗诵中,会出现由于停连位置不当造成歧义甚至语义错误,要斟酌停连点,力求准确。

2.合理处理标点符号,打破固有思维

文字作品中的标点符号起到分割语句、分层表达的作用,朗诵者在备稿时还要注意利用标点符号,因为它不仅利于文本意思的理解,更是停连位置选择的参考。但不能完全按照标点符号的位置来设置停连,这样会造成表达机械,失去活力。要敢于打破标点符号的束缚,使表达流畅自然,让受众听起来也更清楚流畅。

3.要注意特殊的情节和生理状况

注意在表示疑问、不确定时需要运用停顿;运动状态或身体虚弱的时候,则需要特殊的停连。

4.根据情况具体判断

一般来说,长句子停顿多些,短句子停顿少些。感情凝重、深沉时停顿多些,欢快、兴奋时,停顿少些,连接多些。

(五)停连运用的方法

1.落停和扬停

落停一般用在一个完整的意思表述完之后。比如在一句话、一个层次、一篇文章结束的时候多使用落停。落停要求声音落下、收住,即表达内容结束则声音结束,停顿时声音停止,气息也用尽,且停顿时间较长。

例:

现在是早已并屋子一起卖给朱文公的子孙了,连那最末次的相见也已经隔了七八年,其中似乎确凿只有一些野草;但那时却是我的乐园。∧

——鲁迅《从百草园到三味书屋》

"但那时却是我的乐园"属于第一段最后一句,语气下沉,其后进行停顿,引出下文。

扬停一般用在意思没有表达完但是需要停顿的语段中,且句子中没有标点符号。扬停一般声音大而洪亮,气息饱满且情感激动昂扬。在表达雄伟、自豪、坚定等情感的高亢时多用扬停,在文本结束时也用扬停强收,把情感推向高潮。

例:

我依然固执地用凝霜的枯藤,在凄凉的大地上写下:/相信未来

——食指《相信未来》

"在凄凉的大地上写下"后情感高昂,语气上扬,进行扬停。

2.直连和曲连

直连一般用于情节内容紧凑但是语句中有标点符号的地方,一般是停顿后迅速连接,停顿短,不换气,给人一种紧迫感与节奏感。

例:

我常常替他们挣扎着,‿呐喊着,‿逃跑着,可如果把我,放到这样一段日子里,除了挣扎、‿呐喊、‿逃跑,我还能做些什么?

——佚名《活埋》

为表达出无奈与愤恨之感，内容紧凑，进行直连。

曲连一般用于标点符号两边既需要连接又需要有所区别，表达出层次的地方，给人一种似停非停，但是连贯流畅的感觉。曲连一般就是小顿挫，不换气，不偷气。

例：

我们分担寒潮、︶风雷、︶霹雳；我们共享雾霭、︶流岚、︶虹霓。

——舒婷《致橡树》

在朗诵时，进行曲连，表达出区别与层次感。

自选考级篇目

1. 祖国啊，我亲爱的祖国

舒　婷

我是你河边上破旧的老水车，
数百年来纺着疲惫的歌；
我是你额上熏黑的矿灯，
照你在历史的隧洞里蜗行摸索；
我是干瘪的稻穗，是失修的路基；
是淤滩上的驳船
把纤绳深深
勒进你的肩膊，
——祖国啊！
我是贫困，
我是悲哀。
我是你祖祖辈辈
痛苦的希望啊，
是“飞天”袖间
千百年未落到地面的花朵，
——祖国啊！
我是你簇新的理想，
刚从神话的蛛网里挣脱；
我是你雪被下古莲的胚芽；
我是你挂着眼泪的笑涡；
我是新刷出的雪白的起跑线；
是绯红的黎明
正在喷薄；
——祖国啊！
我是你的十亿分之一，
是你九百六十万平方的总和；
你以伤痕累累的乳房
喂养了
迷惘的我、深思的我、沸腾的我；

那就从我的血肉之躯上
去取得
你的富饶、你的荣光、你的自由；
——祖国啊，
我亲爱的祖国！

2. 春天遂想起

余光中

春天，遂想起江南，
唐诗里的江南，九岁时
采桑叶于其中，捉蜻蜓于其中
（可以从基隆港回去的）
江南
小杜的江南
苏小小的江南
春天，遂想起江南，
遂想起多莲的湖，多菱的湖
多螃蟹的湖，多湖的江南
吴王和越王的小战场
（那场战争是够美的）
逃了西施
失踪了范蠡
失踪在酒旗招展的
（从松山飞三个小时就到的）
乾隆皇帝的江南
春天，遂想起遍地垂柳的江南，
想起太湖滨一渔港，想起
那麼多的表妹，走在柳堤
（我只能娶其中的一朵！）
走过柳堤，那许多的表妹
就那么任伊老了
任伊老了，在江南
（喷射云三小时的江南）
即使见面，她们也不会陪我
陪我去采莲，陪我去采菱
即使见面，见面在江南
在杏花春雨的江南
在江南的杏花村
（借问酒家何处）
何处有我的母亲
复活节，不复活的是我的母亲

一个江南小女孩变成的母亲
清明节，母亲在喊我，在圆通寺喊我，
在海峡这边喊我，
在海峡那边，
喊，
在江南，在江南，
多寺的江南，多亭的江南，
多风筝的江南啊，
钟声里的江南
（站在基隆港，想——想回也回不去的）
多燕子的江南

3.星星变奏曲

江　河

如果大地的每个角落都充满了光明
谁还需要星星，谁还会
在夜里凝望
寻找遥远的安慰
谁不愿意
每天
都是一首诗
每个字都是一颗星
像蜜蜂在心头颤动
谁不愿意，有一个柔软的晚上
柔软得像一片湖
萤火虫和星星在睡莲丛中游动
谁不喜欢春天，鸟落满枝头
像星星落满天空
闪闪烁烁的声音从远方飘来
一团团白丁香朦朦胧胧
如果大地的每个角落都充满了光明
谁还需要星星，谁还会
在寒冷中寂寞地燃烧
寻找星星点点的希望
谁愿意
一年又一年
总写苦难的诗
每一首都是一群颤抖的星星
像冰雪覆盖在心头
谁愿意，看着夜晚冻僵
僵硬得像一片土地

风吹落一颗又一颗瘦小的星
谁不喜欢飘动的旗子，喜欢火
涌出金黄的星星
在天上的星星疲倦了的时候——升起
去照亮太阳照不到的地方

4.回　答

北　岛

卑鄙是卑鄙者的通行证，
高尚是高尚者的墓志铭，
看吧，在那镀金的天空中，
飘满了死者弯曲的倒影。
冰川纪过去了，
为什么到处都是冰凌？
好望角发现了，
为什么死海里千帆相竞？
我来到这个世界上，
只带着纸、绳索和身影，
为了在审判之前，
宣读那些被判决的声音。
告诉你吧，世界
我——不——相——信！
纵使你脚下有一千名挑战者，
那就把我算作第一千零一名。
我不相信天是蓝的，
我不相信雷的回声，
我不相信梦是假的，
我不相信死无报应。
如果海洋注定要决堤，
就让所有的苦水都注入我心中，
如果陆地注定要上升，
就让人类重新选择生存的峰顶。
新的转机和闪闪星斗，
正在缀满没有遮拦的天空。
那是五千年的象形文字，
那是未来人们凝视的眼睛。

5.南方的夜

冯　至

我们静静地坐在湖滨，
听燕子给我们讲讲南方的静夜。
南方的静夜已经被它们带来，

夜的芦苇蒸发着浓郁的热情——
我已经感到了南方的夜间的陶醉，
请你也嗅一嗅吧这芦苇丛中的浓味。
你说大熊星总像是寒带的白熊，
望去使你的全身都觉得凄冷。
这时的燕子轻轻地掠过水面，
零乱了满湖的星影——
请你看一看吧这湖中的星象，
南方的星夜便是这样的景象。
你说，你疑心那边的白果松，
总仿佛树上的积雪还没有消融。
这时燕子飞上了一棵棕榈，
唱出来一种热烈的歌声——
请你听一听吧燕子的歌唱，
南方的林中便是这样的景象。
总觉得我们不像是热带的人，
我们的胸中总是秋冬般的平寂。
燕子说，南方有一种珍奇的花朵，
经过二十年的寂寞才开一次——
这时我胸中忽觉得有一朵花儿隐藏，
它要在这静夜里火一样地开放！

6. 为祖国而歌

陈　辉

我，
埋怨，
我不是一个琴师。
祖国呵，
因为我是属于你的，
一个大手大脚的
劳动人民的儿子。
我深深地
深深地爱你！
我呵，
却不能，
像高唱马赛曲的歌手一样，
在火热的阳光下，
在那巴黎公社战斗的街垒旁，
拨动六弦琴丝，
让它吐出
震动世界的，

人类的第一首最美的歌曲，
作为我对你的祝词。
我也不会骑在牛背上，
弄着短笛。
也不会呵，
在八月的禾场上，
把竹箫举起，
轻轻地　轻轻地吹；
让箫声飘过泥墙，
落在河边的柳阴里。
然而，当我抬起头来，
瞧见了你，
我的祖国的
那高蓝的天空，
那辽阔的原野，
那天边的白云
悠悠地飘过，
或是
那红色的小花，
笑眯眯的
从石缝里站起。
我的心啊，
多么兴奋，
有如我的家乡，
那苗族的女郎，
在明朗的八月之夜，
疯狂地跳在一个节拍上，
……
我的祖国呵，
我是属于你的，
一个紫黑色的
年轻的战士。
当我背起我的
那枝陈旧的“老毛瑟”，
从平原走过，
望见了
那飘扬的血腥的红膏药旗，
我的血呵，
它激荡，
有如关外
那积雪深深的草原里，

大风暴似的，
急驰而来的，
祖国的健儿们的铁骑……
祖国呵，
你以爱情的乳浆，
养育了我；
而我，
也将以我的血肉，
守卫你啊！
也许明天，
我会倒下；
也许
在砍杀之际，
敌人的枪尖，
戳穿了我的肚皮；
祖国呵，
在敌人的屠刀下，
我不会滴一滴眼泪，
我高笑，
因为呵，
我——
你的大手大脚的儿子，
你的守卫者，
他的生命，
给你留下了一首
崇高的“赞美词”。
我高歌，
祖国呵，
在埋着我的骨骼的黄土堆上，
也将有爱情的花儿生长。

7. 致橡树

舒　婷

我如果爱你
绝不像攀援的凌霄花，
借你的高枝炫耀自己；
我如果爱你
绝不学痴情的鸟儿，
为绿荫重复单调的歌曲；
也不止像泉源，
常年送来清凉的慰藉；

也不止像险峰，
增加你的高度，衬托你的威仪。
甚至日光，
甚至春雨。
不，这些都还不够！
我必须是你近旁的一株木棉，
作为树的形象和你站在一起。
根，紧握在地下；
叶，相触在云里。
每一阵风过，
我们都互相致意，
但没有人，
听懂我们的言语。
你有你的铜枝铁干，
像刀，像剑，也像戟；
我有我红硕的花朵，
像沉重的叹息，
又像英勇的火炬。
我们分担寒潮、风雷、霹雳；
我们共享雾霭、流岚、虹霓。
仿佛永远分离，
却又终身相依。
这才是伟大的爱情，
坚贞就在这里：
爱——
不仅爱你伟岸的身躯，
也爱你坚持的位置，
足下的土地。

8.雨　巷

戴望舒

撑着油纸伞，独自
彷徨在悠长、悠长
又寂寥的雨巷
我希望逢着
一个丁香一样的
结着愁怨的姑娘
她是有
丁香一样的颜色
丁香一样的芬芳
丁香一样的忧愁

在雨中哀怨
哀怨又彷徨
她彷徨在这寂寥的雨巷
撑着油纸伞
像我一样
像我一样地
默默彳亍着
冷漠、凄清,又惆怅
她静默地走近
走近,又投出
太息一般的眼光
她飘过
像梦一般的
像梦一般的凄婉迷茫
像梦中飘过
一枝丁香地
我身旁飘过这女郎
她静默地远了、远了
到了颓圮的篱墙
走尽这雨巷
在雨的哀曲里
消了她的颜色
散了她的芬芳
消散了,甚至她的
太息般的眼光
丁香般的惆怅
撑着油纸伞,独自
彷徨在悠长、悠长
又寂寥的雨巷
我希望飘过
一个丁香一样的
结着愁怨的姑娘

9. 我想和你虚度时光

李元胜

我想和你虚度时光,比如低头看鱼
比如把茶杯留在桌子上,离开
浪费它们好看的阴影
我还想连落日一起浪费,比如散步
一直消磨到星光满天
我还要浪费风起的时候

坐在走廊发呆，直到你眼中乌云
全部被吹到窗外
我已经虚度了世界，它经过我
疲倦，又像从未被爱过
但是明天我还要这样，虚度
满目的花草，生活应该像它们一样美好
一样无意义，像被虚度的电影
那些绝望的爱和赴死
为我们带来短暂的沉默
我想和你互相浪费
一起虚度短的沉默，长的无意义
一起消磨精致而苍老的宇宙
比如靠在栏杆上，低头看水的镜子
直到所有被虚度的事物
在我们身后，长出薄薄的翅膀。

10. 还是干脆忘了她吧

食　指

还是干脆忘掉她吧，
乞丐寻不到人间的温存，
我清楚地看到未来，
漂泊才是命运的女神。
眼泪可是最贴心的爱人，
就象露珠亲吻着花唇，
苦涩里流露着浸泌的甘美，
甘美寻不到一屑俗尘。
幻想可是最迷人的爱人，
就象没有站稳脚跟的初春，
一手扶着摇曳的垂柳，
一手招回南去的雁群。
缪斯可是最迷人的爱人，
就象展翅飞起的鸽群，
迟缓地消失在我的蓝天里，
只留下鸽铃那袅袅的余音。
眼泪幻想啊终将竭尽，
缪斯也将眠于荒坟。
是等爱人抛弃我呢？
还是我也抛弃爱人？
于是干脆忘掉他吧，
乞丐寻不到人间的温存。
我清楚地看到未来，
漂泊才是命运的女神。

11. 有的人

臧克家

有的人活着
他已经死了；
有的人死了
他还活着。
有的人
骑在人民头上："啊，我多伟大！"
有的人
俯下身子给人民当牛马。
有的人
把名字刻入石头，想"不朽"；
有的人
情愿作野草，等着地下的火烧。
有的人
他活着别人就不能活；
有的人
他活着为了多数人更好地活。
骑在人民头上的
人民把他摔垮；
给人民作牛马的
人民永远记住他！
把名字刻入石头的
名字比尸首烂得更早；
只要春风吹到的地方
到处是青青的野草。
他活着别人就不能活的人，
他的下场可以看到；
他活着为了多数人更好地活着的人，
群众把他抬举得很高，很高。

12. 祖国啊，我要燃烧

叶文福

当我还是一株青松的幼苗，
大地就赋予我高尚的情操！
我立志作栋梁，献身于人类，
一枝一叶，全不畏雪剑冰刀！
不幸，我是植根在深深的峡谷，
长啊，长啊，却怎么也高不过峰头的小草。
我拼命吸吮母亲干瘪的乳房，
一心要把理想举上万重碧霄！

我实在太不自量力了：幼稚！可笑！
蒙昧使我看不见自己卑贱的细胞。
于是我受到了应有的惩罚——
迎面扑来旷世的风暴！
啊，天翻地覆……
啊，山呼海啸……
伟大的造山运动，
把我埋进深深的地层，
——我死了，那时我正青春年少。
我死了！年轻的躯干在地底痉挛，
我死了！不死的精灵却还在拼搏呼号：
“我要出去！我要出去！
我要出去啊——我的理想不是蹲这黑暗的囚牢！”
漫长的岁月，
我吞忍了多少难忍的煎熬，
但理想之光，依然在心中灼灼闪耀。
我变成了一块煤，还悲愤的捶打地狱的门环：
“祖国啊，祖国啊，我要燃烧！”
地壳是多么的厚啊，希望是何等的缥缈！
我渴望：渴望面前闪出一千条向阳坑道！
我要出去，投身于熔炉，化作熊熊烈火：
“祖国啊，祖国啊，我要燃烧——”

13. 相信未来

食　指

当蜘蛛网无情地查封了我的炉台
当灰烬的余烟叹息着贫困的悲哀
我依然固执地铺平失望的灰烬
用美丽的雪花写下：相信未来
当我的紫葡萄化为深秋的露水
当我的鲜花依偎在别人的情怀
我依然固执地用凝霜的枯藤
在凄凉的大地上写下：相信未来
我要用手指那涌向天边的排浪
我要用手掌那托住太阳的大海
摇曳着曙光那枝温暖漂亮的笔杆
用孩子的笔体写下：相信未来
我之所以坚定地相信未来
是我相信未来人们的眼睛
她有拨开历史风尘的睫毛
她有看透岁月篇章的瞳孔
不管人们对于我们腐烂的皮肉

那些迷途的惆怅、失败的苦痛
是寄予感动的热泪、深切的同情
还是给以轻蔑的微笑、辛辣的嘲讽
我坚信人们对于我们的脊骨
那无数次的探索、迷途、失败和成功
一定会给予热情、客观、公正的评定
是的，我焦急地等待着他们的评定
朋友，坚定地相信未来吧
相信不屈不挠的努力
相信战胜死亡的年轻
相信未来、热爱生命

14. 你是人间四月天

林徽因

我说你是人间的四月天；
笑响点亮了四面风；
轻灵在春的光艳中交舞着变。

你是四月早天里的云烟，
黄昏吹着风的软，
星子在无意中闪，
细雨点洒在花前。
那轻，那娉婷你是，
鲜妍百花的冠冕你戴着，
你是天真，庄严，你是夜夜的月圆。
雪化后那片鹅黄，你像；
新鲜初放芽的绿，你是；
柔嫩喜悦，水光浮动着你梦期待中白莲。
你是一树一树的花开，
是燕在梁间呢喃，
——你是爱，是暖，是希望，
你是人间的四月天！

15. 我愿是急流

裴多菲

我愿意是急流，
是山里的小河，
在崎岖的路上、
岩石上经过……
只要我的爱人
是一条小鱼，
在我的浪花中

快乐地游来游去。
我愿意是荒林，
在河流的两岸，
对一阵阵的狂风，
勇敢地作战……
只要我的爱人
是一只小鸟，
在我的稠密的
树枝间做窠，鸣叫。
我愿意是废墟，
在峻峭的山岩上，
这静默的毁灭
并不使我懊丧……
只要我的爱人
是青青的常春藤，
沿着我荒凉的额，
亲密地攀援上升。

我愿意是草屋，
在深深的山谷底，
草屋的顶上
饱受风雨的打击……
只要我的爱人
是可爱的火焰，
在我的炉子里，
愉快地缓缓闪现。
我愿意是云朵，
是灰色的破旗，
在广漠的空中，
懒懒地飘来荡去，
只要我的爱人
是珊瑚似的夕阳，
傍着我苍白的脸，
显出鲜艳的辉煌。

16. 少年中国说(节选)

梁启超

任公曰：造成今日之老大中国者，则中国老朽之冤业也。制出将来之少年中国者，则中国少年之责任也。使举国之少年而果为少年也，则吾中国为未来之国，其进步未可量也。使举国之少年而亦为老大也，则吾中国为过去之国，其澌亡可翘足而待也。

故今日之责任，不在他人，而全在我少年。少年智则国智，少年富则国富；少年强则国强，少年独立则国独立；少年自由则国自由；少年进步则国进步；少年胜于欧洲则国胜于欧洲；少年雄于地球则国雄于地球。红日初升，其道大光。河出伏流，一泻汪洋。潜龙腾渊，鳞爪飞扬。乳虎啸谷，百兽震惶。鹰隼试翼，风尘翕张。奇花初胎，矞矞皇皇。干将发硎，有作其芒。天戴其苍，地履其黄。纵有千古，横有八荒。前途似海，来日方长。美哉我少年中国，与天不老！壮哉我中国少年，与国无疆！

17. 秋天的怀念(节选)

史铁生

双腿瘫痪后，我的脾气变得暴怒无常。望着望着天上北归的雁阵，我会突然把面前的玻璃砸碎；听着听着李谷一甜美的歌声，我会猛地把手边的东西摔向四周的墙壁。母亲就悄悄地躲出去，在我看不见的地方偷偷地听着我的动静。当一切恢复沉寂，她又悄悄地进来，眼边红红的，看着我。"听说北海的花儿都开了，我推着你去走走。"她总是这么说。母亲喜欢花，可自从我的腿瘫痪以后，她侍弄的那些花都死了。"不，我不去！"我狠命地捶打这两条可恨的腿，喊着，"我可活什么劲儿！"母亲扑过来抓住我的手，忍住哭声说："咱娘儿俩在一块儿，好好儿活，好好儿活……"

可我却一直都不知道，她的病已经到了那步田地。后来妹妹告诉我，她常常肝疼得整宿整宿翻来覆去地睡不了觉。

那天我又独自坐在屋里，看着窗外的树叶"唰唰啦啦"地飘落。母亲进来了，挡在窗前："北海的菊花开了，我推着你去看看吧。"她憔悴的脸上现出央求般的神色。"什么时候?""你要是愿意，就明天?"她说。我的回答已经让她喜出望外了。"好吧，就明天。"我说。她高兴得一会坐下，一会站起："那就赶紧准备准备。""哎呀，烦不烦？几步路，有什么好准备的！"她也笑了，坐在我身边，絮絮叨叨地说着："看完菊花，咱们就去'仿膳'，你小时候最爱吃那儿的豌豆黄儿。还记得那回我带你去北海吗？你偏说那杨树花是毛毛虫，跑着，一脚踩扁一个……"她忽然不说了。对于"跑"和"踩"一类的字眼，她比我还敏感。她又悄悄地出去了。

她出去了，就再也没回来。

18. 北京的春节(节选)

老　舍

元宵(汤圆)上市，新年的高潮到了——元宵节(从正月十三到十七)。除夕是热闹的，可是没有月光；元宵节呢，恰好是明月当空。元旦是体面的，家家门前贴着鲜红的春联，人们穿着新衣裳，可是它还不够美。元宵节，处处悬灯结彩，整条的大街像是办喜事，火炽而美丽。有名的老铺都要挂出几百盏灯来，有的一律是玻璃的，有的清一色是牛角的，有的都是纱灯；有的各形各色，有的通通彩绘全部《红楼梦》或《水浒传》故事。这在当年，也就是一种广告；灯一悬起，任何人都可以进到铺中参观；晚间灯中都点上烛，观者就更多。这广告可不庸俗。干果店在灯节还要做一批杂拌儿生意，所以每每独出心裁的，制成各样的冰灯，或用麦苗做成一两条碧绿的长龙，把顾客招来。

除了悬灯，广场上还放花合。在城隍庙里并且燃起火判，火舌由判官的泥像的口、耳、鼻、眼中伸吐出来。公园里放起天灯，像巨星似的飞到天空。

男男女女都出来踏月、看灯、看焰火；街上的人拥挤不动。在旧社会里，女人们轻易不出门，她们可以在灯节里得到些自由小孩子们买各种花炮燃放，即使不跑到街上去淘气，在家中照样能有声有光地玩耍。家中也有灯：走马灯——原始的电影——宫灯、各形各色的纸灯，还有纱灯，里面有小铃，到时候就叮叮地响。大家还必须吃汤圆呀。这的确是美好快乐的日子。

在旧社会里，过年是与迷信分不开的。腊八粥，关东糖，除夕的饺子，都须先去供佛，而后人们再享用。除夕要接神；大年初二要祭财神，吃元宝汤(馄饨)，而且的人要到财神庙去借纸元宝，抢烧头股香正月初八要给老人们顺星、祈寿。因此那时候最大的一笔浪费是买香蜡纸马的钱。现在，大家都不迷信了，也就省下这笔开销，用到有用的地方去。特别值得提到的是现在的儿童只快活地过年，而不受那迷信的熏染，他们只有快乐，而没有恐惧——怕神怕鬼。也许，现在过年没有以前那么热闹了，可是多么清醒健康呢。以前，人们过年是托神鬼的庇佑现在是大家劳动终岁，大家也应当快乐地过年。

19.军 礼

佚 名

天下着鹅毛大雪，一支红军队伍在零下三十多度的酷寒中艰难地行进着。

突然，队伍中有人喊了起来："有人冻死了"！军长一震，急步向前跑去。

松树下，一位战士倚着树干，坐在雪窝里，一动也不动。他的左手夹着半截用树叶卷成的烟，仿佛在最寒冷的时刻还渴望着一支烟的温暖。

他的右手握着一个小纸包，脸上露着一丝早已冷却的笑容。军长打开了那个小纸包，一只红辣椒映入了军长的眼帘。这是每个人都要发的御寒辣椒，很显然他，没舍得吃，军长轻轻拂去战士肩上的积雪，猛然发现他穿的竟是那样那样薄，单薄的就像一张纸。

"棉衣，棉衣呢？怎么没给他发棉衣？"没有人应声，"军需处长呢"警卫员在发愣。

"给我找军需处长"。还是没有人应声。听见没有给我找军需处长！"警卫员哇地一声哭了出来："报告军长，他就是军需处长。"什么？军长愣住了，他望着雕像般的军需处长，眼泪成串成串地流下来。一只又一只右手缓缓举起，军礼是那样的庄重，军长高高的举起那只鲜红的辣椒，在铅灰色的苍穹下，在迷漫的雪雾中，辣椒就像一把燃烧的火炬，照耀着前程，这就是我们的红军，他们用生命告诉祖国和人民，胜利将属于这样的队伍。

20.活 埋(节选)

佚 名

在南京，在大屠杀纪念馆，一个巨大的头颅，一张巨大的嘴，在呐喊。呐喊声，在无涯的时间和空间，凝固了。一个被日本人活埋的中国人，一个人，喊出了一个民族的痛。被埋在泥土下的躯体，在反抗，在挣扎，在竭尽全力爆发。血气上涌，眼眶通红，生命在呐喊声中，变得轻盈、飘逸，远离灵魂。

在看到一个人被另一个人埋进泥土，一个民族，被另一个民族活埋的时候，会想些什么？那些木然地甚至欣喜若狂地挥舞铁锹，用泥土涂抹这幅图的所谓的"人"，他们，挥动着恶之臂膀的他们，还能被称为人?！我无法透过一副骨架，拼凑成一个完整的，有血有肉的人。老的，少的，漂亮的，英俊的，只是看到了骨骼，完整的，白花花的，亮得刺眼的骨骼，人的骨骼。一副，两副，许多副，他们排着队，整齐的，凌乱的，在我的眼前闪耀。

1937 年 12 月 13 日之后，一百多个，甚至更多个日子里，旧都南京的大街上，走动着来自另一国度的人，这些人嚣张、霸道，腰间，挂着钢刀和头颅。这些在腰间晃荡的头颅，大张着嘴，呼吸着人世间最后一口空气。惊愕摆在脸上，无论多么用力的呼吸，都无法摆脱死亡的缠绕。呐喊，无声。哭泣，无泪。几个，有时是十几个，几十个，悬挂在一个腰间的头颅，有着一色的表情：剧痛后的麻木，面具一样。在南京，在活埋者的头颅前，在万人坑的骨架前，我常常感觉到作为一个弱者的无助。我常常替他们挣扎着，呐喊着，逃跑着，可如果把我，放到这样一段日子里，除了挣扎、呐喊、逃跑，我还能做些什么？我的想象力，如此贫乏。

从被活埋的数十万骨架中，突然看到这样一幅图，惊悚之中，一股暖意上升。透过这根月牙一样的残缺的脊梁，我分明看到了人性的圆满。

21. 青衣(节选)

毕飞宇

自古到今，唱青衣的人很多，但真正领悟了青衣意韵的极少。

筱燕秋是个天生的青衣胚子。二十年前京剧《奔月》的成功演出，让人们认识了一个真正的嫦娥。可造化弄人，此后她沉寂了二十年，在远离舞台的戏校里教书。学生春来的出现让筱燕秋重新看到了当年的自己。二十年后，《奔月》复排，这对师生成了嫦娥的AB角。把命都给了嫦娥的筱燕秋一口气演了四场，她不让给春来，谁劝都没用。可第五场，她来晚了。

筱燕秋冲进化妆间的时候，春来已经上好妆了。她们对视了一眼。筱燕秋一把抓住化妆师，她想大声告诉化妆师，我才是嫦娥，只有我才是嫦娥！但是她现在只会抖动嘴唇，不会说话。

上了妆的春来真是比天仙还要美，她才是嫦娥，这个世上没有嫦娥，化妆师给谁上妆，谁就是嫦娥。大幕拉开，锣鼓响起来了，筱燕秋目送着春来走向了上场门。筱燕秋知道，她的嫦娥在她四十岁的那个雪夜，真的死了。

观众承认了春来，掌声和喝彩声就是最好的证明。筱燕秋无声的坐在化妆台前，她望着自己，目光像秋夜里的月光，汪汪地散了一地。她一点都不知道自己做了些什么，她拿起水衣给自己披上，取过肉色的底彩挤在左手的掌心，均匀地一点一点往脸上抹，往脖子上抹，往手上抹……然后她让化妆师给她调眉，包头，上齐眉穗，戴头套，镇定自若的，出奇地安静。筱燕秋并没有说什么，只是拉开了门，往门外走去。

筱燕秋穿着一身薄薄的戏装走进了风雪，她来到了剧场的大门口，站在了路灯下面，她看了大雪中的马路一眼，自己给自己数起了板眼。她开始了唱，她唱的依旧是二簧慢板，转原板、转流水、转高腔。雪花在飞舞，戏场门口，人越来越多，车越来越挤，但没有一点声音。筱燕秋旁若无人，边舞边唱。她要给天唱，给地唱，给她心中的观众唱。

筱燕秋的告别演出轰轰烈烈地结束了。人的一生其实就是不断失去自己挚爱的过程，而且是永远的失去，这是每个人必经的巨大伤痛。而我们在筱燕秋的微笑中看到了她的释怀，看到了她的执着和期盼。

生活中充满了失望和希望，失望在先，希望在后，有希望就不是悲！

22. 从百草园到三味书屋(节选)

鲁　迅

我家的后面有一个很大的园，相传叫作百草园。现在是早已并屋子一起卖给朱文公的子孙了，连那最末次的相见也已经隔了七八年，其中似乎确凿只有一些野草；但那时却是我的乐园。

不必说碧绿的菜畦，光滑的石井栏，高大的皂荚树，紫红的桑椹；也不必说鸣蝉在树叶里长吟，肥胖的黄蜂伏在菜花上，轻捷的叫天子(云雀)忽然从草间直窜向云霄里去了。单是周围的短短的泥墙根一带，就有无限趣味。油蛉在这里低唱，蟋蟀们在这里弹琴。翻开断砖来，有时会遇见蜈蚣；还有斑蝥，倘若用手指按住它的脊梁，便会拍的一声，从后窍喷出一阵烟雾。何首乌藤和木莲藤缠络着，木莲有莲房一般的果实，何首乌有臃肿的根。有人说，何首乌根是有像人形的，吃了便可以成仙，我于是常常拔它起来，牵连不断地拔起来，也曾因此弄坏了泥墙，却从来没有见过有一块根像人样。如果不怕刺，还可以摘到覆盆子，像小珊瑚珠攒成的小球，又酸又甜，色味都比桑椹要好得远。

长的草里是不去的，因为相传这园里有一条很大的赤练蛇。

长妈妈曾经讲给我一个故事听：先前，有一个读书人住在古庙里用功，晚间，在院子里纳凉的时候，突然听到有人在叫他。答应着，四面看时，却见一个美女的脸露在墙头上，向他一笑，隐去了。他很高兴；但竟给那走来和他夜谈的老和尚识破了机关。说他脸上有些妖气，一定遇见“美女蛇”了；这是人首蛇身的怪物，能唤人名，倘一答应，夜间便要来吃这人的肉的。他自然吓得要死，而那老和尚却道无妨，给他一个小盒子，说只要放在枕边，便可高枕而卧。他虽然照样办，却总是睡不着，——当然睡不着的。到半夜，果然来了，沙沙沙！门外像是风雨声。他正抖作一团时，却听得豁的一声，一道金光从枕边飞出，外面便什么声音也没有了，那金光也就飞回来，敛在盒子里。后来呢？后来，老和尚说，这是飞蜈蚣，它能吸蛇的脑髓，美女蛇就被它治死了。

23.依依惜别的深情(节选)

魏　巍

我在凯歌声里来到了朝鲜。我又看到了这里的人民，这里的山水。多明丽的秋天哪，这里，再也不是焦土和灰烬，这是千万座山冈都披着红毯的旺盛的国土。那满身嵌着弹皮的红松，仍然活着，傲立在高高的山岩上，山谷中汽笛欢腾，白鹭在稻田里缓缓飞翔。在那山径上，碧水边，姑娘们飘着彩色长裙，顶着竹篮、水罐，走回开满波斯菊的家园。看到这种种情景，回想起朝鲜人民的遭遇，真叫人说不尽的激动，说不尽的欢欣！

可是，在这些日子，在志愿军就要跟他们分手的日子，深深的离情却牵着他们的心。他们可以承担一个浩大的战争，可以承担重建家园的种种艰辛，可是却承担不了如此沉重的离情。志愿军也是这样。他们在远离祖国的八年中，时时想着祖国，念着祖国，可是，当他们一旦要离开这结下生死之谊的人民，却是无限地依恋。

用什么来表达自己的心意呢，战士们又有什么呢，他们只有一双结着硬茧的手，一颗赤诚的心。在这离别以前的有限时刻里，我看见他们在日夜辛忙。人民军的战友们就要接防来了，他们把营房刷了一遍又一遍，就是墙上溅了几个泥点，也要重新刷过，就是一把水壶，也要把它擦亮。为了美化营地，他们简直成了传说中炼石补天的女神。他们从东山爬到西山，从北岭奔到南河，采来了红石、白石、黄石、绿石，还挖来了苔藓的青茸，给每座房舍的四围都镶了花边，给每座院心都修了花坛，说是花坛，实在是一幅幅绣在地上的采画。这里有龙、凤、狮、虎，有白兔、彩蝶，有水中青莲，有雪地红梅，还有白云绕绕的天安门和牡丹峰。如果你走近细看，就更会看出战士们的苦心：他们是用手电泡涂了红漆，做成小白兔的眼睛；把瓶口切下来，镶上花瓷碗片，做成了蝴蝶翅上的花点；就是在那嗽口池里，也砌了红日，雄鸡和“早晨好”的祝辞。正像战士诗里说的，“园地道路作锦绸，摆花好似坐绣楼”，这里的一花一叶，都渗透着战士们的汗水和深情！

24.背　影

朱自清

我与父亲不相见已二年余了，我最不能忘记的是他的背影。

那年冬天，祖母死了，父亲的差使也交卸了，正是祸不单行的日子。我从北京到徐州，打算跟着父亲奔丧回家。到徐州见着父亲，看见满院狼藉的东西，又想起祖母，不禁簌簌地流下眼泪。父亲说：“事已如此，不必难过，好在天无绝人之路！”

回家变卖典质，父亲还了亏空；又借钱办了丧事。这些日子，家中光景很是惨淡，一半为了丧事，一半为了父亲赋闲。丧事完毕，父亲要到南京谋事，我也要回北京念书，我们便同行。

到南京时，有朋友约去游逛，勾留了一日；第二日上午便须渡江到浦口，下午上车北去。父亲因为事忙，本已说定不送我，叫旅馆里一个熟识的茶房陪我同去。他再三嘱咐茶房，甚是仔细。但他终于不放心，怕茶房不妥帖；颇踌躇了一会。其实我那年已二十岁，北京已来往过两三次，是没有什么要紧的了。他踌躇了一会，终于决定还是自己送我去。我再三劝他不必去；他只说：“不要紧，他们去不好！”

我们过了江，进了车站。我买票，他忙着照看行李。行李太多了，得向脚夫行些小费才可过去。他便又忙着和他们讲价钱。我那时真是聪明过分，总觉他说话不大漂亮，非自己插嘴不可，但他终于讲定了价钱;就送我上车。他给我拣定了靠车门的一张椅子;我将他给我做的紫毛大衣铺好座位。他嘱我路上小心,夜里要警醒些,不要受凉。又嘱托茶房好好照应我。我心里暗笑他的迂;他们只认得钱,托他们只是白托!而且我这样大年纪的人,难道还不能料理自己么?唉,我现在想想,那时真是太聪明了!

25.最后一课(节选)

都　德

韩麦尔先生从这一件事谈到那一件事,谈到法国语言上来了。他说,法国语言是世界上最美的语言最明白,最精确;又说,我们必须把它记在心里,永远别忘了它,亡了国当了奴隶的人民,只要牢牢记住他们的语言,就好像拿着一把打开监狱大门的钥匙。说到这里,他就翻开书讲语法。真奇怪,今天听讲,我全都懂。他讲的似乎挺容易,挺容易。我觉得我从来没有这样细心听讲过,他也从来没有这样耐心讲解过。这可怜的人好像恨不得把自己知道的东西在他离开之前全教给我们,一下子塞进我们的脑子里去。

语法课完了,我们又上习字课。那一天,韩麦尔先生发给我们新的字帖,帖上都是美丽的圆体字:“法兰西”“阿尔萨斯”“法兰西”“阿尔萨斯”。这些字帖挂在我们课桌的铁杆上,就好像许多面小国旗在教室里飘扬。个个都那么专心,教室里那么安静!只听见钢笔在纸上沙沙地响。有时候一些金甲虫飞进来,但是谁都不注意,连最小的孩子也不分心,他们正在专心画“杠子”,好像那也算是法国字。屋顶上鸽子咕咕咕咕地低声叫着,我心里想:“他们该不会强迫这些鸽子也用德国话唱歌吧!”

我每次抬起头来,总看见韩麦尔先生坐在椅子里,一动也不动,瞪着眼看周围的东西,好像要把这小教室里的东西都装在眼睛里带走似的。只要想想:四十年来,他一直在这里,窗外是他的小院子,面前是他的学生;用了多年的课桌和椅子,擦光了,磨损了;院子里的胡桃树长高了;他亲手栽的紫藤,如今也绕着窗口一直爬到屋顶了。可怜的人啊,现在要他跟这一切分手,叫他怎么不伤心呢?何况又听见他的妹妹在楼上走来走去收拾行李!他们明天就要永远离开这个地方了。

可是他有足够的勇气把今天的功课坚持到底。习字课完了,他又教了一堂历史。接着又教初级班拼他们的 ba,be,bi,bo,bu。在教室后排座位上,郝叟老头儿已经戴上眼镜,两手捧着他那本初级读本,跟他们一起拼这些字母。他感情激动,连声音都发抖了。听到他古怪的声音,我们又想笑,又难过。啊!这最后一课,我真永远忘不了!

忽然教堂的钟敲了十二下。祈祷的钟声也响了。窗外又传来普鲁士兵的号声他们已经收操了。韩麦尔先生站起来,脸色惨白,我觉得他从来没有这么高大。

“我的朋友们啊,”他说,“我——我——”

但是他哽住了,他说不下去了。

他转身朝着黑板,拿起一支粉笔,使出全身的力量,写了两个大字:

“法兰西万岁!”

然后他呆在那儿,头靠着墙壁,话也不说,只向我们做了一个手势:“放学了,你们走吧。”

三　抽选考级篇目

1.满江红·小住京华

秋　瑾

小住京华,早又是中秋佳节。为篱下黄花开遍,秋容如拭。四面歌残终破楚,八年风味徒思浙。苦将侬强派作蛾眉,殊未屑!

身不得，男儿列。心却比，男儿烈。算平生肝胆，因人常热。俗子胸襟谁识我？英雄末路当磨折。莽红尘何处觅知音？青衫湿！

2. 浣溪沙・身向云山那畔行

［清］纳兰性德

身向云山那畔行，北风吹断马嘶声，深秋远塞若为情！

一抹晚烟荒戍垒，半竿斜日旧关城。古今幽恨几时平！

3. 钗头凤・红酥手

［宋］陆　游

红酥手，黄縢酒，满城春色宫墙柳。东风恶，欢情薄。一怀愁绪，几年离索。错、错、错。

春如旧，人空瘦，泪痕红浥鲛绡透。桃花落，闲池阁。山盟虽在，锦书难托。莫、莫、莫！

4. 行香子・树绕村庄

［宋］秦　观

树绕村庄，水满陂塘；倚东风，豪兴徜徉；小园几许，收尽春光。有桃花红，李花白，菜花黄。

远远围墙，隐隐茅堂；飏青旗，流水桥旁。偶然乘兴，步过东冈。正莺儿啼，燕儿舞，蝶儿忙。

5. 破阵子

［宋］晏　殊

燕子来时新社，梨花落后清明。池上碧苔三四点，叶底黄鹂一两声。日长飞絮轻。

巧笑东邻女伴，采桑径里逢迎。疑怪昨宵春梦好，元是今朝斗草赢。笑从双脸生。

6. 卜算子・送鲍浩然之浙东

［宋］王　观

水是眼波横，山是眉峰聚。欲问行人去那边？眉眼盈盈处。

才始送春归，又送君归去。若到江南赶上春，千万和春住。

7. 朝天子・咏喇叭

［明］王　磐

喇叭，唢呐，曲儿小腔儿大。官船来往乱如麻，全仗你抬声价。军听了军愁，民听了民怕。哪里去辨甚么真共假？眼见的吹翻了这家，吹伤了那家，只吹的水尽鹅飞罢！

8. 山坡羊・潼关怀古

［元］张养浩

峰峦如聚，波涛如怒，山河表里潼关路。望西都，意踌躇。

伤心秦汉经行处，宫阙万间都做了土。兴，百姓苦；亡，百姓苦。

9. 南乡子・登京口北固亭有怀

［宋］辛弃疾

何处望神州？满眼风光北固楼。千古兴亡多少事？悠悠。不尽长江滚滚流。

年少万兜鍪，坐断东南战未休。天下英雄谁敌手？曹刘。生子当如孙仲谋。

10. 醉花阴

［宋］李清照

薄雾浓云愁永昼，瑞脑销金兽。佳节又重阳，玉枕纱厨，半夜凉初透。

东篱把酒黄昏后，有暗香盈袖。莫道不销魂，帘卷西风，人比黄花瘦。

11. 水调歌头·明月几时有

［宋］苏　轼

丙辰中秋，欢饮达旦，大醉，作此篇，兼怀子由。

明月几时有？把酒问青天。不知天上宫阙，今夕是何年。我欲乘风归去，又恐琼楼玉宇，高处不胜寒。起舞弄清影，何似在人间！

转朱阁，低绮户，照无眠。不应有恨，何事长向别时圆？人有悲欢离合，月有阴晴圆缺，此事古难全。但愿人长久，千里共婵娟。

12. 破阵子·为陈同甫赋壮词以寄之

［宋］辛弃疾

醉里挑灯看剑，梦回吹角连营。八百里分麾下炙，五十弦翻塞外声，沙场秋点兵。

马作的卢飞快，弓如霹雳弦惊。了却君王天下事，赢得生前身后名。可怜白发生。

13. 蝶恋花·凤栖梧

［宋］柳　永

蜀锦地衣丝步障。屈曲回廊，静夜闲寻访。玉砌雕阑新月上。朱扉半掩人相望。

旋暖熏炉温斗帐。玉树琼枝，迤逦相偎傍。酒力渐浓春思荡。鸳鸯绣被翻红浪。

14. 江城子·乙卯正月二十日夜记梦

［宋］苏　轼

十年生死两茫茫，不思量，自难忘。千里孤坟，无处话凄凉。纵使相逢应不识，尘满面，鬓如霜。

夜来幽梦忽还乡，小轩窗，正梳妆。相顾无言，惟有泪千行。料得年年肠断处，明月夜，短松冈。

15. 渔家傲·秋思

［宋］范仲淹

塞下秋来风景异，衡阳雁去无留意。四面边声连角起，千嶂里，长烟落日孤城闭。

浊酒一杯家万里，燕然未勒归无计。羌管悠悠霜满地，人不寐，将军白发征夫泪。

16. 沁园春·长沙

毛泽东

独立寒秋，湘江北去，橘子洲头。看万山红遍，层林尽染；漫江碧透，百舸争流。鹰击长空，鱼翔浅底，万类霜天竞自由。怅寥廓，问苍茫大地，谁主沉浮？

携来百侣曾游。忆往昔峥嵘岁月稠。恰同学少年，风华正茂；书生意气，挥斥方遒。指点江山，激扬文字，粪土当年万户侯。曾记否，到中流击水，浪遏飞舟？

17. 钗头凤·世情薄

［宋］唐 婉

世情薄，人情恶，雨送黄昏花易落。晓风干，泪痕残。欲笺心事，独倚斜阑。难，难，难！
人成各，今非昨，病魂常似秋千索。角声寒，夜阑珊。怕人寻问，掩泪装欢。瞒，瞒，瞒！

18. 定风波·莫听穿林打叶声

［宋］苏 轼

莫听穿林打叶声，何妨吟啸且徐行。竹杖芒鞋轻胜马，谁怕？一蓑烟雨任平生。
料峭春风吹酒醒，微冷，山头斜照却相迎。回首向来萧瑟处，归去，也无风雨也无晴。

19. 虞美人·春花秋月何时了

［南唐］李 煜

春花秋月何时了？往事知多少。小楼昨夜又东风，故国不堪回首月明中。
雕栏玉砌应犹在，只是朱颜改。问君能有几多愁？恰似一江春水向东流。

20. 青玉案·元夕

［宋］辛弃疾

东风夜放花千树。更吹落、星如雨。宝马雕车香满路。凤箫声动，玉壶光转，一夜鱼龙舞。
蛾儿雪柳黄金缕。笑语盈盈暗香去。众里寻他千百度。蓦然回首，那人却在，灯火阑珊处。

高级

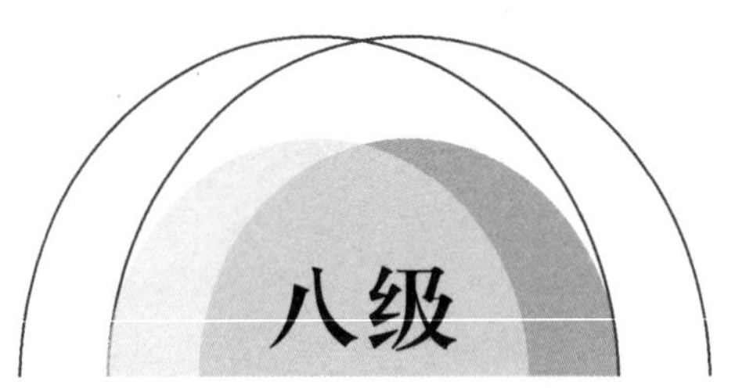

八级

经过前面的学习和考核，考生已基本掌握朗诵的内部技巧——情景再现、内在语、对象感和外部技巧——停连，从这一级开始，我们的考试进入高级阶段，考试难度又会有一定的提高，对朗诵素养的要求也更加全面。在理解感受的基础上，对朗通表达技巧的全面掌握成为高级阶段的必然要求。

本级的作品包括自选考级篇目25篇，抽选考级篇目20篇。由词、短篇古文、现代诗歌、散文、小说（节选）等组成。本级要求考生在掌握艺术语言表达内部技巧（情景再现、内在语、对象感）和外部技巧（停连）的基础上，重点考查考生朗诵时外部技巧“重音”的处理艺术以及综合表现力和艺术感染力。

一 朗诵学习要点

上一个级段的学习要点中，我们对停连进行了分析，高级段的学习我们将围绕重音、语气和节奏展开讨论和练习。

（一）重音的概念

停连，解决的是朗诵作品内容构成的分合问题；重音，主要帮助大家解决作品内容词语关系的主次问题。

我们知道，每个朗诵作品，是由许多表达独立意思、蕴含一定感情的语句组成的，这些语句都是由众多的词连成的，那么，这些词和词组在表达思想感情、达到具体语言目的的时候，就总是有的重要，有的次要。其中最重要的词或词组，就要通过声音形式显出它的重要以及重要程度，这最重要的词或词组，或者说，在朗诵时需要强调或突出的词或词组，我们把它叫做重音。重音一般是在语句范围内发挥作用，所以，我们一说到重音，指的就是语句重音。

我们理解重音的概念时要注意以下两点：

第一，重音和轻重格式不是一个概念。重音是以语句为考查单位的，也就是说，确定重音要在独立、完整的意思中完成。所以，不能把重音和词或词组的轻重格式混为一谈。而词或词组的轻重格式是一种比较稳定的语音现象，是约定俗成的，轻和重只代表音强，所以，一般情况下不会发生改变，也就没有区别意义的作用。因此，轻重格式和重音有本质区别。

第二，重音不同于重读。重音表达，不能简单地望文生义，当然也不是“加重声音”的简称。如果只是把重音理解为声音加重，那么，无论从内容还是表达方法上看，都会显得缺少主次、单调乏味。

（二）重音的作用

每篇作品都有其表达目的，落实到具体的语句中，自然也有目的。重音就是体现语句目的的重要手段。

语句目的非常丰富，往往因具体作品、具体语境中的上下文、具体表述而色彩各异，但从“形之于声”的角度来看，可以分为两类，一类是直说性目的，一类是隐含性目的。

所谓直说性目的，就是浅显易明，直接指向重点，重音比较明显，不需要更多推敲、着力开掘的目的。重音一经突出，目的立即显露。

如："西湖真美啊！"

在上面的例句中，语句目的非常明显。除非在特定的语言环境中，重音可能会移动位置，一般理解和表达都会准确清晰。这种情况下，只有感情是否丰富的问题，没有思想是否复杂的担心。

隐含性目的就不同了，不但言在此而意在彼，有时甚至是只可意会不可言传。

如："王强是杭州人。"

这句话着意强调"杭州"，造成了"哪里"人的清晰语意，就如上文出现过"王强是哪里人?"之类的提问。这里强调"杭州"，不再强调"杭州人"，这个"人"已经失去了强调的逻辑基础。但是，强调了"杭州"之后，并不只是简单地解决了"哪里"人的问题，它含有"不是郑州人""不是苏州人"、也不是"温州人"等隐含的意味，而这种排他性，也许正是这句话的主旨所在。既然这句话的主旨并没有表现在文字词语上，当然不属于直说性目的，而成为隐含性目的。

隐含性目的往往失去文字的直观性表达，需要我们进行深入细致的思考，仔细深入地分析。所以，不能随便一看就轻易下结论。作品中的词句，对于高水平的朗诵者，应该像训练有素的士兵，在朗诵者"运筹帷幄"之下，对复杂的情况也能自如表达。

另外，语言的目的性往往要靠重点来体现，所以，语句重音必须准确地为语言目的服务。

当然，体现语句目的的重音词不能过多，太多会使语句目的模糊不清。特别要注意的是，实际的朗诵处理过程中，在语流中靠后的重音往往在听觉上给人留下的印象更为深刻。这样一来，真正的重音有时会被冲淡。因此，这种多重音造成的多目的就会产生重音不清晰的负面效果。所以，一般来说，每一个语句至少有一个重音。重音越精准语意就会越清晰，语句目的也就会越明朗。当然，有些语句，处在陪衬、铺垫的次要或辅助位置，重音可能并不是那么突出和明显，但是不能因此就说没有重音。也就是说，对于一个小层次来说，有可能只有一个主要重音，但其实次要重音、非重音等层次的词语在语流中也是同时存在的。

(三)重音的位置

生活当中说话，或者在朗诵文章中意义比较浅显、逻辑清晰的简单语句时，一般能下意识地快速确定重音的位置。但是，对那些稍微复杂的书面语言，朗诵时重音在哪里就难以轻松确认了。实际上，这是因为我们对那些语句，甚至全篇作品理解不够透彻。平时我们常会听到一些"使人昏昏"的朗诵，实际上往往是朗诵者"自己昏昏"的原因造成的。日常生活交流中，也会有重音不准确的现象发生，但是由于有表情、手势以及其它体态语的协助，所以，一般不会影响沟通效果。

重音位置的确定，最基本的方法是：可以先把语句中的词语系列划分为重音与非重音；重音又可进一步划分为主要重音、次要重音。这是分析理解作品之后感受内容主次的必经过程。这种主次感受是多层次的，也必然是复杂而细微的。

张颂先生认为，无论从性质上，还是从范围上，把重音分为"语法重音""逻辑重音""感情重音(心理重音)"不太合适。因为重音也是语法、逻辑、感情(心理)诸方面的综合。同一语句，"语法重音"在此，"逻辑重音"在彼，"感情重音"或"心理重音"又在另一处，是并列存在呢，还是有主有从呢？有人说"逻辑重音"为主，有人又主张"感情重音"可以代替"逻辑重音"，这种"公说公有理，婆说婆有理"的情况，在理论上是争论不清的，在实践上也各有千秋，但对朗诵者来说，却会造成学习上的无所适从。这种分法，恐怕与孤立剖析语句有关，而这恰恰是朗诵的大忌。当然，我们也应该从这种分法的某些具体成果上吸取有用的东西，不是全盘否定。

因此，从朗诵目的和愿望的高度出发，在理解和感受作品的基础上，深入到作品的态度、感情、脉络中，去分析、把握重音的位置及其表达，这是了解和运用重音的一般规律的正确路径。只有如此，才能减少机械、生硬地确定和表达重音的现象，真正让重音在朗诵中发挥应有的作用。

所以，我们要仔细地分析语意，结合上下文，明确表达目的，然后再根据具体情况确定重音的准确位置。我们也根据张颂先生的分法，把重音的位置分为以下十种：

1. 并列性重音

朗诵作品中会经常碰到并列语句，词组和词也因此而具有了并列性。并列关系使内容得以完整的表现。

并列成分是相辅相成的有机并列，其中最主要的并列成分就是并列性重音。

作品内容中角度不同、情况不同、途径不同，但思想感情的趋向相对一致，也就是说：没有反方向的运动。这种情况就要用并列性重音来处理。

“它美得秀韵多姿，美得雍容华贵，美得绚丽娇艳，美得惊世骇俗。”

——张抗抗《牡丹的抗拒》

“这一跪，江河荡涤尘埃，这一跪，高山挽起大海……”

——苗晓《这一跪》

确定并列性重音，需要特别提醒大家注意以下三点：

第一，并列性的语句，必定有并列性重音。

第二，并列性重音在并列语句中的位置一般是相似的。

第三，并列性重音一般都是用来表明并列关系中的区别，所以，相同词语一般不会再作为重音处理。

2. 对比性重音

作品中运用对比手法，不外乎以下几个语句目的：加强形象，明确观点，渲染气氛，显露曲折，直陈态度，深化感情。所以，我们必须确认语句对比的本意和主次，从而加强对比感受，最终确定对比性重音的位置。

如：“在无数蓝色的眼睛和褐色的眼睛之中，我有着一双宝石般的黑色眼睛……”

——王怀让《我骄傲，我是中国人》

对比性重音是一种相反的重音，也就是说，从内容、感受、词语、文气等方面，都必须是反向的，这也是对比性重音和并列性重音的区别之处。有些语句会同时具有并列和对比的属性。不过，为了更准确、生动地表达，高水平的朗诵者仍然应该感受并列和对比的差异，在分析具体语句时，进行准确的判断和区分，以使表达更为传神。

3. 呼应性重音

呼应性重音一般可以分为三种：问答式呼应性重音、线索式呼应性重音和领起综合式呼应性重音。

(1)问答式呼应性重音。“它的干呢，通常是丈把高，像是加以人工似的，一丈以内，绝无旁枝；它所有的丫枝呢，一律向上，而且紧紧靠拢，也像是加以人工似的，成为一束，绝无横斜逸出；……”

——茅盾《白杨礼赞》

(2)线索式呼应性重音。“在无数蓝色的眼睛和褐色的眼睛之中，我有着一双宝石般的黑色眼睛，我骄傲，我是中国人！在无数白色的皮肤和黑色的皮肤之中，我有着大地般黄色的皮肤，我骄傲，我是中国人！”

——王怀让《我骄傲，我是中国人》

(3)领起综合式呼应性重音。“姚大爷有三个女儿、两个儿子，取名都极为讲究。大女儿木兰，即取自古代替父从军保家卫国的花木兰；二女儿莫愁，原是古代一个富家女之名，南京城外莫愁湖也是取其名；三女儿目莲，取自入地狱救母的佛教圣人，但三女儿不幸在年幼时就夭折了。“君子体仁，足以长人”，长子的名字就叫体仁；小儿子的名字叫阿非，“觉今是而昨非”，觉悟的意思。”

——林语堂《京华烟云》

4. 递进性重音

从内容上看，有很多作品的内容是层层推进的，语句关系也往往是步步递进的。我们把那些体现递进关系的重音称作递进性重音。

递进性重音分为两种：连续性重音和联珠性重音。

连续性重音，就是表现出人物、事件、行为、思想等在时空顺序进程中的重音。

如：“我是中国人，在我的国土上，不光有雷电轰击不倒的长白雪山、黄山劲松，还有那风雨不灭的井冈传统、延安精神!"

——王怀让《我骄傲,我是中国人》

联珠性重音,一般出现在联珠句式当中。联珠句式指的是一种顶针句式的修辞手法。联珠句式的特点是上句末与下句首的词或词组相同或基本相同,这种句式重音的位置一般在句子末尾。

如:"竹叶烧了,还有竹枝;竹枝断了,还有竹鞭;竹鞭砍了,还有深埋在地下的竹根。"

——袁鹰《井冈翠竹》

总的来说,抓住递进性重音顺序性、新鲜性、链条直进性的特点,我们就能更准确地确定重音的位置。

一般假设句、条件句都可以作为递进性重音的句式来处理。

5.转折性重音

语言链条的推进有某种多向性的特点,转折性就是典型的表现。有些句、段,是曲折行进的,就像走路,有"逢山开路,遇水架桥"的情况,也会有左弯右转、东奔西突的时候。所以,突出转折性重音,更符合"千回百转""回肠荡气"的文气。

如:"无形的手掌掠过无限的江山,手指沾了血和灰,手掌沾了阴暗,只有那辽远的一角依然完整,温暖,明朗,坚固而蓬勃生春。"

——戴望舒《我用残损的手掌》

注意,一定要先获得转折感受,然后再确定转折性重音,转折性重音又可加强这种感受。

6.强调性重音

作品中,为了区别某些语句的程度、廓清语意范围,要特别突出那些具有极力强调色彩的词或词组,统称为"强调性重音"。

如:"啊?那是我的脚吗?没错儿,那布鞋上绣着两朵火红的杜鹃。记得出国参战前的那个夜晚,他和她相会在嘉陵江畔,姑娘刺破手指用血在布鞋上绣了两朵红杜鹃。"

——王余昌《雕像前盛开的红杜鹃》

还有一种重复性重音,也属于强调性重音。

如:"我们是中国人,所以说中国话。"

正因为有这种强调性重音和诗歌作品中线索性同句重复的呼应性重音的存在,所以,我们在这里要提醒大家:所谓"重复词语不作重音"的绝对说法是不准确,至少是不全面的。因此,遇到这种强调性重音和呼应性重音的情况,我们要大胆地进行强调处理。

7.比喻性重音

语句中比喻性的词语,往往使被比喻的事物鲜明可感,生动而具有活力。这些予以强调和突出的词语就是比喻性重音。

确定比喻性重音要注意以下三个问题:

第一,不以比喻为主的语句,不能因为有比喻而忽略了真正的重心,从而造成"喧宾夺主"的后果。

第二,要以比喻双方的逻辑结合点作为确定比喻性重音的依据。"任何比喻都是蹩脚的",不能把"蹩脚"处定为重音。

第三,不要只以有没有"像""似""犹如""……似的"等字样来确定比喻性重音。因为比喻包括明喻、暗喻、隐喻等多种类型。

如:"譬如登临,人到中年像是攀跻到了最高峰,回头看看,一串串的小伙子正在"头也不回呀,汗也不揩"的往上爬。再仔细看看,路上有好多块绊脚石,曾把自己磕碰得鼻青脸肿,有好多处陷阱,使自己做了若干年的井底之蛙。"

——梁实秋《中年》

又如："在那上面，我用残损的手掌轻抚，像恋人的柔发，婴孩手中乳。"

——戴望舒《我用残损的手掌》

8. 拟声性重音

拟声就是指对某种声音的"近似性"模拟。在作品内容需要的时候，作者总会用近似的象声词来描写。作为朗诵者，不能像口技演员一样把象声词模仿出来，当然也不能像念字一样死板地只读出字音。

这里要注意"拟声性重音"和"象声词重读"的区别。从文本上分析，象声词作为拟声性重音，必须在全句中起着"传神"的作用，其他词可能处于"必然如此"的地位，也可能只起到补充、辅助的作用。否则的话，象声词必须服从语句的主旨，只是重读，不一定作为重音来处理。

如："雨，哗哗地下着。"

下雨的声音用"哗哗"来模拟，"下着"是雨的动态。因此，象声词"哗哗"作为拟声性重音，自然是全句的传"神"之词。如果句子的主旨在于"雨在较长的时间下着"，也就是写成"雨，哗哗地下个不停"，那么重音就在"不停"上，从而成为强调性重音。

又如："这几个青年妇女咬紧牙，制止住心跳，摇橹的手并没有慌，水在两旁大声地哗哗，哗哗，哗哗哗！"

——孙犁《荷花淀》

这个句子中的象声词，并不是一种简单的模拟声音：七个"哗"字，呈"二、二、三"的结构排序，非常生动地表现出了摇橹者的心境——心里紧张，手里不慌；保持镇静，努力摇橹。这就和文中前面的"……轻轻划着船，船两旁的水，哗，哗，哗"的那种平稳划船的状态完全不同了，但又都是"心潮起伏"的写照。

拟声性重音主要目的是表现声音形象，可以说是一种情景再现，以传递情感为主要目的，所以，千万不能"因声害意""声足情欠"。

另外要注意，拟声性重音必须为全篇作品的基调服务，所以，有时仅仅是次要重音，就不能过度追求拟声性重音的突出。有人以"形象化"为借口，一见到拟声性重音就确定为主要重音，甚至一遇到象声词都一律作为主要重音，生怕漏掉一个，这样处理就是一种"望文生义""见字出声"的表现！

也就是说，确定拟声性重音，必须把握象声词与中心词的内在联系，必须把握包含象声词的语句成分与同这成分搭配的语句成分之间的内在联系。否则很容易表面地、片面地、静止地把所有象声词都作为拟声性重音来处理。

如："它们这些海鸭啊，享受不了生活的战斗的欢乐：轰隆隆的雷声就把它们吓坏了。"

——高尔基《海燕》

这里中心词是"雷声"，是强调性重音，象声词只起着辅助作用，如作为重音，反而会转为排他性目的的对比性重音。

总之，拟声性重音会有一些比较复杂的情况，处理的时候一定要深入地、全面地把握、权衡语句关系，才能充分发挥它的作用。

9. 肯定性重音

作品中遇到"是""有""在""不是""没有""不""没"等表示对人、事、物等肯定的判断词的时候，如果表示的是"对某种判断的确定无疑"，被肯定的对象在前文中已经出现过，并给人留下了较深的印象，下文只是强调它们被肯定的性质，这个时候，这些词就要作为肯定性重音。

如："赵一曼笑着说：'是啊，什么时候才能不丢碗呢？'"

——《一个粗瓷大碗》

因为上文已经谈到"丢碗"，在这里就要肯定"不丢碗"。所以，"不"作为肯定性重音来处理。

10. 反义性重音

有些时候，作品的褒贬，不一定和词语的一般意义相吻合，比如：褒义词用于贬义，贬义词用于褒义等。

在这种情况下，为了突出它们相反的含义，就把它们作为重音处理，这就是反义性重音。生活中也叫“反语”，不过，称为“反语”的时候，是从语气角度描述的（语气的内容将在九级中详细讲解），这里我们先从重音的角度来说明。

如：“……其间耳闻目睹的所谓国家大事，算起来也很不少；……”

——鲁迅《一件小事》

我们知道，“国家大事”一般指对国家很有影响的重大事件，是正面意思。但在这句话里，“国家大事”是反义性重音，表现“我”对那些所谓“国家大事”的蔑视和否定。

总之，反义性重音与语句本质、内在深意有关，虽然有时用“所谓”或引号等也可以从字面上了解到，但重要的是我们必须沿着深层含意获取正确的感受。这种感受不是表面词语能够给予的，甚至要从某些词语的对立意义中才能较好地把握。否则会造成“中性感受”，不置褒贬，或造成错误感受，都会违反作品的原意和主旨。

（四）重音的表达

重音确定以后，接下来的问题就是：怎样用有声语言把确定了的重音准确的表达出来。从朗诵的角度说，确定重音的位置只是为了把它表达出来。好不容易把重音的位置确定好了，可是，一张口，那些确定的重音又变得模糊不清，那就前功尽弃了。这种在朗诵中重音表达不恰当、不贴切的现象还真不少见，朗诵者表达重音时力不从心、事与愿违的情况更是屡见不鲜。

首先，我们前面已经准确地理解了重音的概念，那就不会再简单地把重音理解为只是“加重”声音了。

其次，重音的意思既然是语句目的的体现，是语句中主要词语或词组的突显和突出，那就涉及到处理好“重音”和“非重音”关系的问题了。实际上，重音，一定是在非重音的语言环境中存在，也就是说：是在非重音的环境中得以突显和突出的。有人把重音的处理形象地称为“鹤立鸡群”，也只是比喻重音的突出和鲜明，并没有把重音与非重音割裂或对立的意思。重音和非重音既有区别，又有紧密的联系：由非重音到重音，由重音到非重音，总是在有机的衔接、过渡中显示的。如果认为重音与非重音是对立的两极，在表达中把重音处理成越突出越好，非重音则越削弱越好，那整个语句就会被这“两极”生硬地分化，从而成为失去内在联系的两类词语，整个语句的表达当然也不再是统一和谐的了。

一般来说，朗诵者受过去对重音直观解释的限制，往往只是单纯地注意重音的表达，而忽视非重音的表达，进而忽视重音与非重音的联系，因此，常常孤立地去表达重音，即重音词只是生硬加重，非重音词就有意无意地处理得消极而暗淡。其实，想要表达好重音，必须同时注意非重音部分（词语）的表达，这就像红花需要绿叶陪衬、蓝天需要白云点染。

重音体现语句目的，但重音离不开思想感情的具体运动，离不开基调，离不开语气和节奏（“语气”和“节奏”将在本教材九级和十级中详细讲解）。因此，重音的表达方法不可能也不应该限于词或词组的范围，必须联系句、段、篇的表达。

另外需要说明的是，为了比较形象地阐述重音的表达方法，我们应尽量避免孤立地、静止地、片面地加以表述。然而，我们这里主要是谈重音问题，那就不可能同时涉及太多其它技巧，所以考生应全面、系统地学习、理解本教材。

生活中说到重音的表达方法，一般有“加重”“放轻”“提高”“降低”等说法，但这样说容易造成单一的感觉。这里我们尝试从语句的整体把握和主次联系上，把重音的主要表达方法概括为以下五种：

1. 弱中加强法

从强弱或重轻的角度看，句子的非重音词或词组用较弱的声音处理，重音词或词组用较强的声音强化。

如：我是中国人，我是莫高窟壁画的传人。

——王怀让《我骄傲，我是中国人》

这就是白杨树，西北极普通的一种树，然而决不是平凡的树！

——茅盾《白杨礼赞》

弱中加强法，也可称为轻中加重法，在朗诵中经常使用，但强弱对比的幅度是很不一样的。可以有稍强、较强、很重、极重等多层级区别；相形之下，也就有稍弱、较弱、很轻、极轻的多层级区别。每句之中，各有偏强、偏弱的差别，一句之中、各句之间强、弱的衔接、过渡，一定要“水到渠成”。

2. 低中见高法

非重音词语用较低的音高处理，而重音词或词组用较高的声音凸显，从而显出重音与非重音的不同。这种情况简单说可以分为两类：

第一，缓高。这一类中又有渐高和渐低两种情况。渐高，是指后一个重音比前一个重音高；渐低，是后一个重音比前一个重音低。这一类当然是包括两个重音或更多重音的，也包括两句或多句的重音。

如：“它的干呢，通常是丈把高，像是加以人工似的，一丈以内，绝无旁枝；它所有的丫枝呢，一律向上，而且紧紧靠拢，也像是加以人工似的，成为一束，绝无横斜逸出；它的宽大的叶子也是片片向上，几乎没有斜生的，更不用说倒垂了；……”

——茅盾《白杨礼赞》

这是渐高的例子。从视觉感受上，“干”“丫枝”“叶子”也有一种所处方位越来越高的感觉，重音的表达也是有一个比一个声音高的趋势。当然，非重音也有高低之分，并非都一律低。这种渐高，绝不是从低八度到高八度那种音阶音程练习中的直线升高，中间也会有曲折变化。

如：“我要把你的峭岩，你的海湾，你的闪光，你的阴影，还有絮语的波浪，带进森林，带到那静寂的荒漠之乡。”

——普希金《致大海》

这是渐低的例子。这种重音音高逐渐下降的趋势，也不是字字下降、句句整体下降的机械落差，而是有高有低的曲折变化。

第二，陡高。在重音词或词组内部，或重音与非重音之间，有时可以在高低对比上对声音做陡然升高的变化处理。

如：“——让暴风雨来得更猛烈些吧！”

——高尔基《海燕》

“更猛烈”作为递进性重音的最后一个词组，既要表现坚定昂扬的斗志、迎接胜利的激情，又要表现全篇的结尾耐人寻味，因此，声音一味高上去就显得不太合适了。如果采用陡高的处理方法就可以起到振聋发聩、鼓动人心的作用，而且朗诵者也不会显得声嘶力竭。具体的方法是：陡高的起步放在“来得”之后，陡高的顶峰放在“烈”字上，用“猛”字的上声调值的前半“211”适当延长发音作为依托，以“烈”字的去声开端高度（正常为55度，这里可以从66度起音）为支撑，使此句形成“直入云端”的气势。这样，“更猛”为一个高度，“烈”为更高的高度，“些吧”二字顺起势急收。这样处理才能真正达到预期的情感抒发效果。

在一般朗诵中，低中见高法应该更多地运用，它不但经常与弱中加强法如胶似漆地结合在一起，而且使用起来更具有鲜明性和音乐性。有些朗诵者可能不太习惯运用这个方法，往往只凭嗓子的力量——一遇到重音就使蛮劲儿，反而听起来显得声浊且力拙，出力不讨好。

3. 快中显慢法

作品中具体思想感情往往是丰富多变的，由快转慢是突出重音常用的处理方法。转慢，就是延长重音音节的意思。

如：“它没有婆娑的姿态，没有屈曲盘旋的虬枝，也许你要说它不美丽，……”

——茅盾《白杨礼赞》

这两个重音都是为了反衬白杨树“力争上游”的形象特征，甚至有一定的“反义”作用（在这里不再是夸赞的色彩），适合用稍浅、舒缓的语气处理重音。

在反义性重音的突出上，也经常使用快中显慢法，相应的音节要着意延长，以突出“反义”性。

如："好个国民党政府的"友邦人士"！是些什么东西！。"

——鲁迅《友邦惊诧论》

上句中的"友邦人士"就是反义性重音。为了表明否定的态度，要延长重音音节。"友邦"在语流中一般处理为重中格式，这里就可以主要延长"友"这个音节，而且一定要沿着阳平调势延长，甚至有一种夸张调值的感觉，"邦"字发正常时值就可以了。

这里要特别注意的是，反义性重音的突出，要把加强、提高声音等其它方法和手段混合使用，还要注意和非反义性重音区别开，要着意显示反义性。非反义性重音的突出，特别是延长音节时，千万不能过长，一旦处理过长就有成为反义性重音的可能。

4. 实中转虚法

一般情况下，朗诵用声以实声为主，辅以虚声。所谓实声也就是指响亮实在的声音，虚声是指声轻气多的声音，而不是指完全的气声(声带不振动、有气无声)。朗诵中使用气声，是朗诵者在用声方面认知不到位、功力不足的表现。

突出重音，也应该以实声为主，但在有些语句中也可以用虚声突出重音，这里特别说明：

第一，文中的思想感情、意境烘托表达要求用虚声。

第二，非重音使用了实声或较实的声音。

没有这两个前提条件，实中转虚法就成为了对声音的卖弄。

如："我们站在四月的阳光里，站在高高的纪念碑下，默默地想象着，他们模糊的背影、青春的面孔。"

——欧震《不朽》

另外要提醒的是，动作轻巧、环境静寂、情感深沉、内心亢奋等情况，都可以适当运用实中转虚的方法突出重音。不过，千万不能只注重于虚和实的对比，不考虑语流的推进，因为在虚与实之间还有更多层次的半实半虚的语境。

5. 连中有停法

还有一个强调重音的重要方法，就是运用停顿突出重音。几乎每个主要重音的突出都离不开这种方法。在重音前后安排或长或短的停顿，会加重重音的分量，使人印象深刻。

如："虽然我们已经说不出他们的名字了，但我们知道，他们共同的名字叫▲英雄。"

——欧震《不朽》

"我就会对他喊：来啊，来啊！有种把我也劈开！有种让我也死一回！可是▲没有一个鬼子是▲活的！"

——刘立云《在欢呼的人群中》

这两句都在重音前或后做了停顿。运用连中有停法突出重音，一般也同时把重音或加重些、或提高些、或延长些，即使只有停顿，重音也会显得突出，不过在朗诵过程中不适合过多使用。

语流是词语的大量连接形成的。恰当的停顿使语流井然有序，也使整篇作品显得更有层次。所以，在语流当中，在重音前后留出一定的声音的空白，朗诵者可以作短暂的酝酿，也可能使听者产生某种新鲜的感觉，从而造成变化的心理过程和感情波澜。这样的停顿因为有声音上的多种变化，有重音突起的支撑，所以语句的内在联系、词语之间的各种关系不会中断和散乱，从而使语流显得挺拔坚实且具有层次感。

当然，连中有停法的运用不能随意化。如果重音过多地用这种方法，就会使语流显得单调。也就是说，如果主要重音采取这个方法突出，那么，包括次要重音在内的前后词语就要尽可能多连少停，这样才能达到应有的效果。试想一下，如果各个词语之间都有停顿，到重音前后再设置停顿的时候，也就不再有醒耳效果，听众的新鲜感也就没有了。

以上五种重音的表达方法，是互相联系的，在朗诵中很少有单独使用的情况。而且由这五种方法派生出的更多方法，比如和这五种相对应的方法：强中变弱法、高中见低法、慢中加快法、虚中转实法、停中有连法等等。这些方法，要尽量灵活地运用到作品的朗诵中，尽量使每个重音的突出都能够做到鲜明、准确、自然、舒畅。

（五）重音的主次

我们知道，重音有主要重音、次要重音，非重音也有它们比较中的主次之分。

我们认为，重音是一句之主，它要统领各个词或词组循序推进，凸显语句目的。由于语言链条环环相扣，不可能根据主次依次排列，所以，就更需要我们通过语词序列在声音形式上显示主次了。也可以说，在朗诵中，只有在声音上造成主次感，而不能靠"先入为主"的办法。因此，朗诵者对作品语句的主次感受和具体把握是非常重要的。怎样在声音上造成听觉上的主次感，是很复杂的。这里，我们从声音的角度，对如何在声音上造成听觉上的主次感，进行简单地解释：

朗诵中声音的主次把握，主要包括两方面：一是每篇作品中、句段中，都有重音和非重音各自的主次层次；二是从某个具体的重音分析，每个重音又有具体的分寸感。

如："那是力争上游的一种树，笔直的干，笔直的枝。它的干呢，通常是丈把高，像是加以人工似的，一丈以内，绝无旁枝；它所有的丫枝呢，一律向上，而且紧紧靠拢，也像是加以人工似的，成为一束，绝无横斜逸出；它的宽大的叶子也是片片向上，几乎没有斜生的，更不用说倒垂了；它的皮，光滑而有银色的晕圈，微微泛出淡青色。"

——茅盾《白杨礼赞》

从重音的主次上说，"力争上游"是主要重音，"笔直""靠拢""向上""光滑""晕圈""淡青色"等是体现"力争上游"的具体形态的，是次要重音。这些次要重音又是通过"干""枝""叶""皮"等具有性状由大到小、空间由上到下的逻辑呈现的。而"所有""一律""片片""几乎"等程度副词作为次次重音，又有为主要重音服务的逻辑和表达方式。

再从非重音的主次说，必须防止为了突出重音而把非重音都压到一个水平上，都那么低、弱、短，形成毫无主次、缺少层次的"一抹平"的声音形式。事实上，非重音的主次层次，是突出重音的重要条件。从一定意义上说，非重音的主次层次更难以准确、恰当地表达。由于非重音的主次层次被重音所限制，不许超越重音，所以，这就需要朗诵者注意：

1. 非重音的主次要想安排恰当，主要得靠理解、感受的细腻、精密。
2. 非重音的主次，在较快的语流中有所显示，主要凭借语言功力，不能事先一一设计停当。
3. 非重音的主次，在声音的显示上不像重音那样有几种具体的方法可以参考。

而有声语言表达的现实情况是：重视重音的表达已被人们认识、接受，而如何重视非重音的表达好像还没有引起足够的关注，这是应该引起高级阶段朗诵爱好者高度注意和重点解决的问题。

实际上，语句重音与非重音的多层次主次差异和词或词组的轻重格式有密切关系。每个词或词组都有其轻重格式的原型，一般情况下，要尊重这原型，不能随意改变。这原型中，重位音节是中流砥柱，它体现主次关系的层次，中位音节或轻位音节一般不变。只有在语句重音要求改变轻重格式原型的时候，重、中、轻的位置才会改变，发生易位现象。

如："当掌声把五星红旗送上蓝天，我骄傲，我是中国人！"

——王怀让《我骄傲，我是中国人》

"中国人"的轻重格式原型是中中重。语意已明确限制在"人"的范围里了，"中国人"的轻重格式原型因处于重音位置就发生了变更，"人"必须由重位音节变为中位音节，"中国"的中重格式原型得到恢复，"中国人"便成为中重中格式。需要提醒的是，生活中，有些人会把"中国"读成重中格式，把"中"变为重位音节，也是不合适的。

词和词组的轻重格式都有原型，在具体语境中也可能有变型。在朗诵中，它们的原型较为稳定，但是，当主次关系发生变化，原型不能显示语意中主次关系的层次时，轻重格式原型有可能产生变型。这种具体变型因语意而不同，所以也不是那么稳定。所以说，在朗诵中，哪怕每个音节的声、韵、调都正确，只要轻重格式错了，语意的清晰度就不够了，普通话的纯正程度也受到了影响。所以，方音问题的解决，仅仅从音节的声、韵、调入手是不够的，词或词组的轻重格式问题常常是更易引起困扰的因素。

关于重音的运用技巧，我们谈了以上最基本的内容。在重音位置的确定和具体表达方法上，不应该奢望简单、现成的公式，作为语言艺术创作的朗诵，更是同具体的思想感情运动和具体的词语序列紧密相连的，声音形式主次关系的千变万化，只有勤思苦练才能真正领悟朗诵艺术的魅力。

二 自选考级篇目

1. 太阳吟

闻一多

太阳啊，刺得我心痛的太阳！
又逼走了游子底一出还乡梦，
又加他十二个时辰的九曲回肠！
太阳啊，火一样烧着的太阳！
烘干了小草尖头底露水，
可烘得干游子底冷泪盈眶？
太阳啊，六龙骖驾的太阳！
省得我受这一天天底缓刑，
就把五年当一天跑完那又何妨？
太阳啊——神速的金乌——太阳！
让我骑着你每日绕行地球一周，
也便能天天望见一次家乡！
太阳啊，楼角新升的太阳！
不是刚从我们东方来的吗？
我的家乡此刻可都依然无恙？
太阳啊，我家乡来的太阳！
北京城里底官柳裹上一身秋了吧？
唉！我也憔悴的同深秋一样！
太阳啊，奔波不息的太阳！
——你也好像无家可归似的呢。
啊！你我的身世一样地不堪设想！
太阳啊，自强不息的太阳！
大宇宙许就是你的家乡吧。
可能指示我我底家乡的方向？
太阳啊，这不像我的山川，太阳！
这里的风云另带一般颜色，
这里鸟儿唱的调子格外凄凉。
太阳啊，生命之火底太阳！
但是谁不知你是球东半底情热，
——同时又是球西半底智光？
太阳啊，也是我家乡底太阳！

此刻我回不了我往日的家乡，
便认你为家乡也还得失相偿。
太阳啊，慈光普照的太阳！
往后我看见你时，就当回家一次；
我的家乡不在地下乃在天上！

2. 我用残损的手掌

戴望舒

我用残损的手掌
摸索这广大的土地：
这一角已变成灰烬，
那一角只是血和泥；
这一片湖该是我的家乡，
（春天，堤上繁花如锦幛，
嫩柳枝折断有奇异的芬芳，）
我触到荇藻和水的微凉；
这长白山的雪峰冷到彻骨，
这黄河的水夹泥沙在指间滑出；
江南的水田，你当年新生的禾草
是那么细，那么软……现在只有蓬蒿；
岭南的荔枝花寂寞地憔悴，
尽那边，我蘸着南海没有渔船的苦水……
无形的手掌掠过无限的江山，
手指沾了血和灰，手掌沾了阴暗，
只有那辽远的一角依然完整，
温暖，明朗，坚固而蓬勃生春。
在那上面，我用残损的手掌轻抚，
像恋人的柔发，婴孩手中乳。
我把全部的力量运在手掌
贴在上面，寄与爱和一切希望，
因为只有那里是太阳，是春，
将驱逐阴暗，带来苏生，
因为只有那里我们不像牲口一样活，
蝼蚁一样死……
那里，永恒的中国！

3. 江芦的咏叹

赵丽宏

萧瑟秋风
吹白了我的鬓发
南徙的大雁
匆匆飞上蓝天

江水用发黄的手掌
托起悄然凝结的霜花
该有几多凄楚、怅惘
而我却微笑着
当夜幕降临
便垂下成熟的头颅
继续那青春的梦幻
梦是绿色的
梦中的精灵
永远摇曳着蓊郁的秸秆
谁能抹去这绿色呢
谁能剪断这顽强坚韧的思念
即便北风呼号
冰雪把世界封锁得严而又严
在寒冷的泥土之下
绿色的梦仍在蔓延
冻不死割不绝的梦啊
春风一起便挺身而出
扬起我翠绿的旗帜
展开我年轻的臂膀
去拥抱奔腾的大江
抚摸柔情依依的波澜
是的,无论世界如何变迁
我纤弱而有节的心中
永远蕴蓄着,燃烧着
青春和生命的火焰
哦,不要笑我腹中空空
用我做一支芦笛吧
我可以为你吹奏欢乐
让百鸟在头顶起舞盘旋
我也能为你吹奏悲哀
笛孔都会变成汩汩泪眼
用不着惊讶感叹
我苦寒中崛起的躯体
迎风而立的身心
品尝过生命的悲欢
吹一曲,再吹一曲
你会想起浩瀚的大江
想起大江边
一群倒下又站起
倒下又站起的不死的好汉

与无定的流水为伴
却不是流浪汉
我也是一叶风帆
随风神游海北天南
我也是一只候鸟
振绿羽迎送春秋的替换
我的根在泥土下
我的思恋在大江畔
即使老死
也要用躯体覆盖泥土
把心中的寄托
向地下的子孙叮嘱
没有的浮萍的悲哀
没有蒲公英的伤感
世界不会因我而缩小
大江却因为有了我
变得辽阔，变得舒展
变得生机勃勃
变得情意绵绵
你漂泊东西的征帆啊
你南来北往的候鸟啊
你远离故土的游子啊
你们，看见了吗
看见我执著的招手了吗
看见我永恒的微笑了吗
假如愿意在我身边停留
我会告诉你们许多许多
关于追求和归宿
关于生死的内涵

4. 别了，哥哥

殷　夫

别了，我最亲爱的哥哥，
你的来函促成了我的决心，
恨的是不能握一握最后的手，
再独立地向前途踏进。
二十年来手足的爱和怜，
二十年来的保护和抚养，
请在这最后的一滴泪水里，
收回吧，作为恶梦一场。
你诚意的教导使我感激，

你牺牲的培植使我钦佩，
但这不能留住我不向你告别，
我不能不向别方转变。
在你的一方，哟，哥哥，
有的是，安逸，功业和名号，
是治者们荣赏的爵禄，
或是薄纸糊成的高帽。
只要我，答应一声说，
“我进去听指示的圈套”，
我很容易能够获得一切，
从名号直至纸帽。
但你的弟弟现在饥渴，
饥渴着的是永久的真理，
不要荣誉，不要功建，
只望向真理的王国进礼。
因此机械的悲鸣扰了他的美梦，
因此劳苦群众的呼号震动心灵，
因此他尽日尽夜地忧愁，
想做个普罗米修斯偷给人间以光明。
真理和愤怒使他强硬，
他再不怕天帝的咆哮，
他要牺牲去他的生命，
更不要那纸糊的高帽。
这，就是你弟弟的前途，
这前途满站着危崖荆棘，
又有的是黑的死，和白的骨，
又有的是砭人肌筋的冰雹风雪。
但他决心要踏上前去，
真理的伟光在地平线下闪照，
死的恐怖都辟易远退，
热的心火会把冰雪溶消。
别了，哥哥，别了，
此后各走前途，
再见的机会是在，
当我们和你隶属着的阶级交了战火。

5. 我骄傲，我是中国人

王怀让

在无数蓝色的眼睛和褐色的眼睛之中，
我有着一双宝石般的黑色眼睛，
我骄傲，我是中国人！

在无数白色的皮肤和黑色的皮肤之中，
我有着大地般黄色的皮肤，
我骄傲，我是中国人！
我是中国人——
黄土高原是我挺起的胸脯，
黄河流水是我沸腾的热血，
长城是我扬起的手臂，
泰山是我站立的脚跟。
我骄傲，我是中国人。
我是中国人——
我的祖先最早走出森林，
我的祖先最早开始耕耘，
我是指南针、印刷术的后裔，
我是圆周率、地动仪的子孙。
在我的民族中，
不光有史册上万古不朽的
孔夫子、司马迁、李自成、孙中山，
还有那文学史上万古不朽的
花木兰、林黛玉、孙悟空、鲁智深。
我骄傲，我是中国人！
我是中国人，
在我的国土上，
不光有雷电轰击不倒的长白雪山、黄山劲松，
还有那风雨不灭的井冈传统、延安精神！
我是中国人——
我那黄河一样粗犷的声音，
不光响在联合国的大厦里，
大声发表着中国的议论，
也响在奥林匹克的赛场上，
大声高喊着“中国得分”！
当掌声把五星红旗送上蓝天，
我骄傲，我是中国人！
我是中国人——
我那长城一样的巨大手臂，
不光把采油钻杆钻进外国人预言打不出石油的地心；
也把通信卫星送上祖先们梦里也没有到过的白云；
当五大洲倾听东方的时候，
我骄傲，我是中国人！
我是中国人——
我是莫高窟壁画的传人，
让那翩翩欲飞的壁画与我们同往。

我就是飞天，
飞天就是我们。
我骄傲，我是中国人！

6. 北　方

艾　青

那个科尔沁草原上的诗人
对我说：
“北方是悲哀的。”
不错，
北方是悲哀的。
从塞外吹来的
沙漠风，
已卷去
北方的生命的绿色
与时日的光辉，
——一片暗淡的灰黄，
蒙上一层揭不开的沙雾；
那天边疾奔而至的呼啸，
带来了恐怖，
疯狂地
扫荡过大地
荒漠的原野
冻结在十月的寒风里；
村庄呀，
古城呀，
山坡呀，
河岸呀，
颓垣与荒冢呀，
都披上了土色的忧郁……
孤单的行人，
上身俯前
用手遮住了脸颊，
在风沙里
困苦了呼吸，
一步一步地
挣扎着前进……
几只驴子
——那有悲哀的眼
和疲乏的耳朵的畜生，
载负了土地的

痛苦的重压，
它们厌倦的脚步，
徐缓地踏过
北国的
修长而又寂寞的道路……
那些小河早已枯干了
河底已画满了车辙，
北方的土地和人民
在渴求着
那滋润生命的流泉啊！
枯死的林木
与低矮的住房，
稀疏地
阴郁地
散布在
灰暗的天幕下；
天上，
看不见太阳，
只有那结成大队的雁群
惶乱的雁群，
击着黑色的翅膀，
叫出它们的不安与悲苦，
从这荒凉的地域逃亡，
逃亡到
绿荫蔽天的南方去了……
北方是悲哀的；
而万里的黄河
汹涌着浑浊的波涛，
给广大的北方
倾泻着灾难与不幸；
而年代的风霜，
刻画着
广大的北方的
贫穷与饥饿啊。
而我
——这来自南方的旅客，
却爱这悲哀的北国啊。
扑面的风沙
与入骨的冷气，
决不曾使我咒诅；
我爱这悲哀的国土，

一片无垠的荒漠，
也引起了我的崇敬：
——我看见
我们的祖先
带领了羊群，
吹着笳笛，
沉浸在这大漠的黄昏里……
我们踏着的
古老的
松软的黄土层里，
埋有我们祖先的骸骨啊，
——这土地是他们所开垦，
几千年了
他们曾在这里
和带给他们以打击的自然相搏斗，
他们为保卫土地
从不曾屈辱过一次，
他们死了
把土地遗留给我们——
我爱这悲哀的国土，
它的广大而瘦瘠的土地，
带给我们以淳朴的言语
与宽阔的姿态，
我相信：这言语与姿态
坚强地生活在大地上，
永远不会灭亡；
我爱这悲哀的国土
古老的国土呀，
这国土养育了
那为我所爱的
世界上最艰苦
与最古老的种族。

7. 纪念碑

江　河

我常常想
生活应该有一个支点
这支点
是一座纪念碑
天安门广场
在用混凝土筑成的坚固底座上

建筑起中华民族的尊严
纪念碑
历史博物馆和人民大会堂
像一台巨大的天平
一边
是历史，是昨天的教训
另一边
是今天，是魄力和未来
纪念碑默默地站在那里
像胜利者那样站着
像经历过许多次失败的英雄
在沉思
整个民族的骨骼是他的结构
人民巨大的牺牲给了他生命
他从东方古老的黑暗中醒来
把不能忘记的一切都刻在身上
从此
他的眼睛关注着世界和革命
他的名字叫人民
我想
我就是纪念碑
我的身体里垒满了石头
中华民族的历史有多么沉重
我就有多少重量
中华民族有多少伤口
我就流出过多少血液
我就站在
昔日皇宫的对面
那金子一样的文明
有我的智慧，我的劳动
我的被掠夺的珠宝
以及太阳升起的时候
琉璃瓦下紫色的影子
——我苦难中的梦境
在这里
我无数次地被出卖
我的头颅被砍去
身上还留着锁链的痕迹
我就这样地被埋葬
生命在死亡中称为东方的秘密
但是

罪恶终究会被清算
罪行终将会被公开
当死亡不可避免的时候
流出的血液也不会凝固
当祖国的土地上只有呻吟
真理的声音才更响亮
既然希望不会灭绝
既然太阳每天从东方升起
真理就会把诅咒没有完成的
留给了枪
革命把用血浸透的旗帜
留给风,留给自由的空气
那么
斗争就是我的主题
我把我的诗和我的生命
献给了纪念碑

8.不　朽

欧　震

那个夜晚
我在台灯下
读着抗战英雄的故事
我为那些英雄的事迹而感动着、震撼着
我仿佛看见了
记忆中的一片无边无际的鲜红
我看见了
那些倒下的战友
血染的军装、泥土、山岗
以及无名的野花
和弥漫着硝烟的晚霞
我还看见了另外一个人
他来自地图上方的那个国家
来自《红河谷》的故乡
他的名字叫
诺尔曼·白求恩
他离别得是这样匆忙
就像故乡枝头的一片红枫叶
他飘落在中国的土地上
那个夜晚
我更看见了一种精神
一种让侵略者胆寒的精神

看见了一面旗帜
一面被战火撕裂的红旗
依然牢牢握在他们的手中
他们正冒着敌人的炮火前进
那个夜晚
我难以入眠
我在想着他们
那些有名的
还有更多无名的英雄
他们之中
有的已经跨过了万水千山
却最终没能淌过死亡的河流
有的刚刚加入抗战的队伍
却被无情的战火
折断了生命的翅膀
当密集的枪炮声远去
当胜利的消息传来
当中国在经历漫漫长夜之后
迎来了新的黎明
那是他们最光荣的时刻呀
可是,他们
却再也不能欢呼雀跃
只能用头颅绽放成鲜艳的花朵
在大地上无声地歌唱
今天,当鸽子
在蓝天上快乐地飞翔
当幸福的歌声
像风一样地在春天的指间流淌
我们站在四月的阳光里
站在高高的纪念碑下
默默地想象着
他们模糊的背影、青春的面孔
想象着他们的眼睛
在关闭之前的那一瞬格外明亮的憧憬
还有永远定格在他们嘴角的笑容
虽然我们已经说不出他们的名字了
但我们知道
他们共同的名字叫英雄
他们的躯体不朽
已长成了满山的翠竹青松
他们的灵魂不朽
依然在我们的血液里奔流……

9. 在欢呼的人群中

刘立云

那么多的人在欢呼!
那么多男人、女人、老人、孩子
那么多的鲜花、旗帜、泪水
噼里啪啦的鞭炮在欢呼
我走在欢呼的人群中
去寻找我班里的战友
寻找赵山西、钱山东、孙河南、李河北、周四川……
还有胸膛被三八军刺戳穿
仍然咬着牙往前一挺
把鬼子也戳穿的——吴四痞子
兄弟,我忘了你的大名儿了
我的好兄弟
你们在哪儿呀……
我走在欢呼的人群中
我找不到撒野的地方
我找不到像那天那样
弟兄们都死光了
我握着一把大刀,嚎叫着冲上去
我发现自己还活着,我问自己:
你还活着?
你凭什么活着?
谁给你三头六臂?
谁让你借尸还魂?

我用脚去踢那些尸体
踢那些被砍碎的鬼子的尸体
我希望有一个还活着
他能爬起来和我肉搏
我就会对他喊:
来啊,来啊! 有种把我也劈开!
有种让我也死一回!
可是没有一个鬼子是活的
我跑上了山梁
对着天空,大声喊那些名字:
赵山西、钱山东、孙河南、李河北、周四川、吴四痞子!
我走在人群中
我找不到撒野的地方
找不到一个万籁俱寂

用嘶哑的喉咙呐喊的地方
但我就想呼天抢地地喊
撒泼打滚地喊！
把我的战友喊回来！
把漫山遍野的魂，喊回来！
喊回来……！

10. 这一跪

苗　晓

在您颤颤巍巍的身影里，
儿子走得太远太远了，
我给您跪下，
跪下——
涨潮的泪水啊，
淹没了膝下的土地，
唤醒了您交给我的岁月春秋。
母亲，我的老母亲，
这一跪，向您请罪，
儿子再怎么远行，
从来没有从您的视线里走开，
您用滚烫的心捧出热喷喷的唠叨，
儿子总是用冷漠和生硬款待。
您洁白的头发就是漫天的大雪啊，
覆盖了我难以回首的懒散和懈怠；
您佝偻的脊梁不再挺拔，
却用不屈的精神教给了我豪迈！
您青筋暴起的双手不再纤巧，
捧出的是整个人生壮丽的气概，
您眯成一线的眼睛没有了光华，
心底依然在喷发伟大的母爱！
母亲，我给您跪下了，
这一跪，江河荡涤尘埃，
这一跪，高山挽起大海，
这一跪，过去连接未来，
这一跪，亲情充涨着血脉！
这一跪，我的耳边突然震响惊雷：
树欲静而风不止，子欲养而亲不在！
这一跪，儿子痛彻肺腑啊，
这一跪，儿子要报答母爱！
这一跪，儿子万千忏悔啊，
这一跪，母亲再也不会从儿子的心中走开！

11. 致大海

〔俄〕亚历山大·谢尔盖耶维奇·普希金

再见吧，自由奔放的大海！
这是你最后一次在我的眼前，
翻滚着蔚蓝色的波浪，
和闪耀着娇美的容光。
好像是朋友忧郁的怨诉，
好像是他在临别时的呼唤，
我最后一次在倾听
你悲哀的喧响，你召唤的喧响。
你是我心灵的愿望之所在呀！
我时常沿着你的岸旁，
一个人静悄悄地，茫然地徘徊，
还因为那个隐秘的愿望而苦恼心伤！
我多么热爱你的回音，
热爱你阴沉的声调，你的深渊的音响，
还有那黄昏时分的寂静，
和那反复无常的激情！
渔夫们的温顺的风帆，
靠了你的任性的保护，
在波涛之间勇敢地飞航；
但当你汹涌起来而无法控制时，
大群的船只就会覆亡。
我曾想永远地离开
你这寂寞和静止不动的海岸，
怀着狂欢之情祝贺你，
并任我的诗歌顺着你的波涛奔向远方，
但是我却未能如愿以偿！
你等待着，你召唤着……而我却被束缚住；
我的心灵的挣扎完全归于枉然：
我被一种强烈的热情所魅惑，
使我留在你的岸旁……
有什么好怜惜呢？现在哪儿
才是我要奔向的无忧无虑的路径？
在你的荒漠之中，有一样东西
它曾使我的心灵为之震惊。
那是一处峭岩，一座光荣的坟墓……
在那儿，沉浸在寒冷的睡梦中的，
是一些威严的回忆；
拿破仑就在那儿消亡。
在那儿，他长眠在苦难之中。

而紧跟他之后，正像风暴的喧响一样，
另一个天才，又飞离我们而去，
他是我们思想上的另一个君主。
为自由之神所悲泣着的歌者消失了，
他把自己的桂冠留在世上。
阴恶的天气喧腾起来吧，激荡起来吧：
哦，大海呀，是他曾经将你歌唱。
你的形象反映在他的身上，
他是用你的精神塑造成长：
正像你一样，他威严、深远而深沉，
正像你一样，什么都不能使他屈服投降。
世界空虚了，大海呀，
你现在要把我带到什么地方？
人们的命运到处都是一样：
凡是有着幸福的地方，那儿早就有人在守卫：
或许是开明的贤者，或许是暴虐的君王。
哦，再见吧，大海！
我永远不会忘记你庄严的容光，
我将长久地，长久地
倾听你在黄昏时分的轰响。
我整个心灵充满了你，
我要把你的峭岩，你的海湾，
你的闪光，你的阴影，还有絮语的波浪，
带进森林，带到那静寂的荒漠之乡。

12. 雕像前盛开的红杜鹃

王余昌

在一座烈士的雕像前，盛开着一束火红的杜鹃。一位老妈妈在雕像前长久地伫立，微风轻拂着她苍苍的白发和瘦弱的双肩，雕像上的战士太年轻了，他的生命永远定格在了十九岁的那个瞬间。

老人和雕像深情地对视，几滴泪水滴落在杜鹃花的花瓣。守陵人悄声地告诉我，老人家来自巴山蜀水的嘉陵江畔。寒来暑往冬去春来，每年清明，她都会送来一束家乡的红杜鹃。年轻的战士没有远去，在老人的背影里我分明看到了年轻战士生命的另一半。

年年相会，地老天荒，只是为了恪守那终生不渝的爱的诺言。松涛飒飒，仿佛是他和她在窃窃私语，鸟声啾啾，仿佛是她和他在倾诉太深太久的思恋……

一九五三年七月二十七日，三千里江山在炮火中痛苦地痉挛。年轻的战士在硝烟弹雨中穿行，他要把十万火急的命令送到前沿。送达时间异常紧迫，截止的时间是今天晚上二十二点，不能有一分一秒的拖延！今晚的炮火格外的猛烈，他必须穿越炮火严密的封锁线。通往前沿的路上布满了弹坑，焦土中满是烫手的弹片。探照灯似利剑刺破了夜空，曳光弹在黑暗中编织出了死亡的锁链。忽然，死亡张开了黑色的翅膀，炸响的炮弹迸发出刺眼的闪电。年轻的战士像一片树叶被高高地抛起，腾空而起的身影在火光中划出了一道弧线……

不知过了多久战士苏醒了，一只断脚映入了眼帘。啊？那是我的脚吗？没错儿，那布鞋上绣着两朵火红的杜鹃。记得出国参战前的那个夜晚，他和她相会在嘉陵江畔，姑娘刺破手指用血在布鞋上绣了两朵红杜鹃。姑娘说:"我等着你!"战士说:"等着我胜利归来的那一天!"他把断脚紧紧地抱在了怀里,用尽最后的力气爬上了阵地前沿。"连长,命,命令,二十二,二十二点……"连长打开了被血洇湿的命令,夺眶而出的泪水模糊了双眼。"今晚二十二时,全线停火,届时不准发射一枪一弹!"

这是永垂史册的伟大时刻,历史将永记一九五三年七月二十七日二十二点!

刹那间,整个战线突然安静了下来,静的让人不知所措毛骨悚然。蟋蟀在草棵里振翅欢唱,静谧的幽谷小溪潺潺。清风徐徐,碧空如洗,万里高天,星汉灿灿……

第二天,彭德怀登上了前沿阵地,当他听说这件事以后,钢铁统帅禁不住热泪潸然。"太可惜了,就差那么几分钟他就能看到胜利,他就能回家就能见到那美丽的姑娘杜鹃。是他们用鲜血保卫了祖国的安宁,是他们用生命捍卫了民族的尊严,我们不能忘记他们,不能忘记这鲜血染红的杜鹃!""这场战争雄辩地证明了:西方列强只要在东方的海岸上架起几门大炮,就可以征服一个国家的历史一去不复返了!"

13. 白杨礼赞(节选)

茅　盾

那是力争上游的一种树,笔直的干,笔直的枝。它的干呢,通常是丈把高,像是加以人工似的,一丈以内,绝无旁枝;它所有的丫枝呢,一律向上,而且紧紧靠拢,也像是加以人工似的,成为一束,绝无横斜逸出;它的宽大的叶子也是片片向上,几乎没有斜生的,更不用说倒垂了;它的皮,光滑而有银色的晕圈,微微泛出淡青色。这是虽在北方的风雪的压迫下却保持着倔强挺立的一种树!哪怕只有碗来粗细罢,它却努力向上发展,高到丈许,两丈,参天耸立,不折不挠,对抗着西北风。

这就是白杨树,西北极普通的一种树,然而决不是平凡的树!

它没有婆娑的姿态,没有屈曲盘旋的虬枝,也许你要说它不美丽,——如果美是专指"婆娑"或"横斜逸出"之类而言,那么白杨树算不得树中的好女子;但是它却是伟岸,正直,朴质,严肃,也不缺乏温和,更不用提它的坚强不屈与挺拔,它是树中的伟丈夫!当你在积雪初融的高原上走过,看见平坦的大地上傲然挺立这么一株或一排白杨树,难道你就只觉得树只是树,难道你就不想到它的朴质,严肃,坚强不屈,至少也象征了北方的农民;难道你竟一点儿也不联想到,在敌后的广大土地上,到处有坚强不屈,就像这白杨树一样傲然挺立的守卫他们家乡的哨兵!难道你又不更远一点想到这样枝枝叶叶靠紧团结,力求上进的白杨树,宛然象征了今天在华北平原纵横决荡用血写出新中国历史的那种精神和意志。

14. 对门有多远

张小失

明天,我一定能买一张机票飞向天涯海角。但是明天,我不一定能抵达对门客厅的沙发。永远有多远?就有我到对门的客厅那么远。

在这幢楼住了近两年,但是,即使我的对门,也令我感到陌生。对此我感到抱歉,他们似乎没有任何兴趣认识我,而像我这样的人,似乎也不指望认识任何人。大家都在楼外制造生命的故事,但这些故事似乎永远也没有联系的契机。有时候,我怀疑,平行线的发现,正是得灵感于对门。

当然,如果很多年后的一天下午,垂垂老矣的我,在城市的公园里遇见另一位老翁,有了一次愉快的交谈,我会期望他年轻的时候曾与我住过对门,这样,也不枉过去的那一点缘分。如果这世界的确有缘分存在,那不是在公园里的偶遇,而是偶遇过去的对门。如今的对门使我充满了想像力。在如此近的距离中,存在着如此神秘的人物,的确是件值得注意的事。也许,在对门眼中,我也是个外星人。

那对小夫妻早就搬走了，招呼也没有一个，接着来了个小伙子，三个月后不知所踪。如今对门的中年夫妇是半年前进驻的，至今没见过他们全貌。大家都很忙，对门的存在就像一种点缀，供休闲时随便瞟一眼。对门的价值，有时甚至比不上办公室里的那只鞋柜。

有一天，太太来探望我，问起对门是干什么的，我说是开门并关门的。太太问，然后呢？我说，然后他们再开门再关门。对于对门，我的了解大抵如此，因为常常在深夜听见“轰”的一声。这幢楼安的好像全部是防盗门，因此，无论开门、关门，声音都很愤怒，充满了警告。

又一天傍晚，我站在阳台，看见了对门的阳台。我一边抽烟，一边幻想：也许对门的人会上阳台来与我对视一次。果然，他出现了。他举着晒衣竿将裤衩挑上铁丝，然后转身回屋，再也没动静。这是个夏天的傍晚，空气中满是灰尘和躁热。看着对面阳台安装的铁栏杆，以及我自己阳台上的铁栏杆，我忽然意识到：两个囚犯是不需要对视的，除非他们想合谋逃出牢笼。

事情基本上就是这样了。我可以产生很多幻想，但不可以产生很多希望。或许，对门对我的感觉也一样？而且，大家基本上也都习惯了。

阿姆斯特朗已经从月球回来好多年了，他说他代表人类迈出了一大步；而我、我们，甚至还没有抵达对门，其实这只需要一小步。

15.泥　巴

彭国梁

听起来亲切，写起来也亲切。

忽然望着自己的脚发呆。这是一双还没有完全麻木的脚，它被这样那样的袜子缠绕着，被皮鞋旅游鞋布鞋拖鞋及形形色色的鞋压迫、围剿。她苍白。它指甲奇痒。他的皮被一块一块撕下来。它在水泥上服着苦役，他在貌似高雅的地毯上散发着臭气。他无可奈何不由自主。它远离了阳光与泥巴。它怀念。

将脚伸进泥巴，即使在冬天，也有一份温暖。泥巴只要不误入城市，就没有人说它脏。

被泥巴粘住的脚都是健康的脚，十个趾头伸展开来，阳光站在草叶上，微笑。天地很大。

某个夜晚，我坐在家乡的田埂上，捏一团湿润的泥巴。我想把许多的语言捏进去，想不一些无法表达的情绪捏出形状来。泥巴的香味熏染着我，慢慢的我就有了睡意。那一晚我辗转在泥巴的梦里。

舌头起了泡，那是火。母亲要我把舌头伸出来贴在一面陈旧的土墙上。不到一碗茶的功夫，舌头上的泡就不见了。肚子痛又发烧，父亲把水缸开，扭一团泥巴糊在我的肚脐眼上，烧不知不觉就退了。泥巴里金子都长出来。泥巴总是和它亲近的人友好。

儿子在乡下他外婆家。小小的赤脚踩在泥巴上，显得格外灵性。那是没有玩过泥巴的孩子所缺乏的灵性。与泥巴打了一辈子交道的父亲又被泥巴覆盖了。我跪在还没有来得及长草的坟头上，隔着厚厚的泥巴与父亲对话。泥巴墙、泥巴瓦。父亲的坟就在这房子的旁边。喜欢坐在大门口，叭一叭旱烟，喝几口用泥瓦壶烧出来的茶。父亲似乎没有什么遗憾，因为泥巴永远陪伴着他。

我的裤脚上总有些洗不尽的泥痕，因此我不得不写一些带着泥味的文字。我是泥巴长出来的草离开了泥巴就意味着我生命的终止。然而，人生的无奈却让人不想点头不想摇头。

泥巴是一位大智者。

16.野草题辞

鲁　迅

当我沉默着的时候，我觉得充实；我将开口，同时感到空虚。

过去的生命已经死亡。我对于这死亡有大欢喜，因为我借此知道它曾经存活。死亡的生命已经朽腐。我对于这朽腐有大欢喜，因为我借此知道它还非空虚。

生命的泥委弃在地面上，不生乔木，只生野草，这是我的罪过。

野草，根本不深，花叶不美，然而吸取露，吸取水，吸取陈死人的血和肉，各各夺取它的生存。当生存时，还是将遭践踏，将遭删刈，直至于死亡而朽腐。

但我坦然，欣然。我将大笑，我将歌唱。

我自爱我的野草，但我憎恶这以野草作装饰的地面。

地火在地下运行，奔突；熔岩一旦喷出，将烧尽一切野草，以及乔木，于是并且无可朽腐。

但我坦然，欣然。我将大笑，我将歌唱。

天地有如此静穆，我不能大笑而且歌唱。天地即不如此静穆，我或者也将不能。我以这一丛野草，在明与暗，生与死，过去与未来之际，献于友与仇，人与兽，爱者与不爱者之前作证。

为我自己，为友与仇，人与兽，爱者与不爱者，我希望这野草的死亡与朽腐，火速到来。要不然，我先就未曾生存，这实在比死亡与朽腐更其不幸。

去罢，野草，连着我的题辞！

17. 济南的冬天(节选)

老　舍

对于一个在北平住惯的人，像我，冬天要是不刮风，便觉得是奇迹；济南的冬天是没有风声的。对于一个刚由伦敦回来的人，像我，冬天要能看得见日光，便觉得是怪事；济南的冬天是响晴的。自然，在热带的地方，日光永远是那么毒，响亮的天气，反有点儿叫人害怕。可是，在北方的冬天，而能有温晴的天气，济南真得算个宝地。

设若单单是有阳光，那也算不了出奇。请闭上眼睛想：一个老城，有山有水，全在天底下晒着阳光，暖和安适地睡着，只等春风来把它们唤醒，这是不是理想的境界？小山整把济南围了个圈儿，只有北边缺着点口儿。这一圈小山在冬天特别可爱，好像是把济南放在一个小摇篮里，它们安静不动地低声地说："你们放心吧，这儿准保暖和。"真的，济南的人们在冬天是面上含笑的。他们一看那些小山，心中便觉得有了着落，有了依靠。他们由天上看到山上，便不知不觉地想起：明天也许就是春天了吧？这样的温暖，今天夜里山草也许就绿起来了吧？就是这点儿幻想不能一时实现，他们也并不着急，因为这样慈善的冬天，干什么还希望别的呢！

最妙的是下点儿小雪呀。看吧，山上的矮松越发的青黑，树尖儿上顶着一髻儿白花，好像日本看护妇。山尖儿全白了，给蓝天镶上一道银边。山坡上，有的地方雪厚点儿，有的地方草色还露着；这样，一道儿白，一道儿暗黄，给山们穿上一件带水纹儿的花衣；看着看着，这件花衣好像被风儿吹动，叫你希望看见一点儿更美的山的肌肤。等到快日落的时候，微黄的阳光斜射在山腰上，那点儿薄雪好像忽然害羞，微微露出点儿粉色。就是下小雪吧，济南是受不住大雪的，那些小山太秀气。

18. 中　年(节选)

梁实秋

别以为人到中年，就算完事。不，譬如登临，人到中年像是攀跻到了最高峰，回头看看，一串串的小伙子正在"头也不回呀，汗也不揩"的往上爬。再仔细看看，路上有好多块绊脚石，曾把自己磕碰得鼻青脸肿，有好多处陷阱，使自己做了若干年的井底之蛙。回想从前，自己做过扑灯蛾，惹火焚身；自己做过撞窗户纸的苍蝇，一心愿奔光明，结果落在粘苍蝇的胶纸上！这种种景象的观察，只有站在最高峰上才有可能。向前看，前面是下坡路，好走得多。

施耐庵水浒序云："人生三十未娶，不应再娶；四十未仕，不应再仕。"其实"娶""仕"都是小事，不娶不仕也罢，只是这种说法有点中途弃权的意味。西谚云，"人的生活在四十开始"。好像四十以前，不过是几出配戏，好戏都在后面。我想这与健康有关。吃窝头米糕长大的人，拖到中年就算不易，生命力已经蒸发殆尽。这样的人焉能再娶？何必再仕？服“维他赐保命”都嫌来不及了。我看见过一些得天独厚的男男女女，年青的时候楞头楞脑的，浓眉大眼，生僵挺硬，像是一些又青又涩的毛挑子，上面还带着挺长的一层毛。他们是未经琢磨过的璞石。可是到了中年，他们变得润泽了，容光焕发，脚底下像是有了弹簧，一看就知道是内容充实的。他们的生活像是在饮窖藏多年的陈酿，浓而劳洌！对于他们，中年没有悲哀。

四十开始生活，不算晚，问题在“生活”二字如何诠释。如果年届不惑，再学习溜冰踢毽子放风筝，“偷闲学少年”，那自然有如秋行春令，有点勉强。半老徐娘，留着“刘海”，躲在茅房里穿高跟鞋当做踩高跷般的练习走路，那也是惨事。

中年的妙趣，在于相当的认识人生，认识自己，从而作自己所能作的事，享受自己所能享受的生活。科班的童伶宜于唱全本的大武戏，中年的演员才能担得起大出的轴子戏，只因他到中年才能真懂得戏的内容。

19. 天上的草原（节选）

阿木古郎

在儿时依稀的记忆中，我是出生在飘着炊烟的白色毡房，茫茫的大草原啊，是我熟睡时的摇篮、是我嬉戏时的玩伴、也是我学习时的殿堂。养育我的这片土地，我把你当作自己的身躯一样爱惜，沐浴我的这江河水啊，你为何总象母亲的乳汁一样纯香？

苍鹰在天穹中寻望，黑色的骏马在肆意飞奔，平顶山下，成群的牛羊，还有你，我天上的草原，还有你那悠扬的牧歌，夜夜伴我入梦乡。我喜欢纵马驰骋，放声歌唱，那就像是回到了传说中的时代，我向往着像我的祖辈那样成为一匹苍狼去周游世界，去看看祖父故事中那无边的海洋。

而现在，我是真的离开了你，来到这陌生的地方，不见了蒙古包，不见了牧场，只为心中一个小小的理想而不停地奔忙。其间有欢笑也有泪水，曾经骄傲也曾经气馁。但是，但是我从未曾后悔呀，因为每当我拖着疲惫的身体入睡时，我发现你那悠扬的牧歌又在我的耳边回响；我发现我的那颗心啊，一直跳跃在绿宝石似的草原上。如水晶般清澈的河水啊，我真的发现，那歌声就象是号角，而那颗心源源不断地给我力量与希望！

滕格里拉，我天上的草原，请你听我讲，我也是草原的儿子啊，我也是草原的儿子啊，我今日所做的一切，就是为了有朝一日，能够重回你的身旁，替你抚去脸上的皱纹，替你驱赶那肆虐的风暴，让你昔日的笑容重新绽放！

等着我呀，我天上的草原，我长生天的故乡，我的亲娘！

20. 啊，船长，我的船长呦（节选）

〔美〕惠特曼

啊，船长，我的船长！我们艰苦的航程已经终结，
这只船安然渡过了一切风浪，我们寻求的奖赏已经获得。
港口在望，我听见钟声在响，人们都在欢呼，
目迎着我们的船从容返航，它显得威严而英武。
可是，啊，心啊！心啊！心啊！
啊，殷红的鲜血长流，
在甲板上，那里躺着我的船长，
他已倒下，已死去，已冷却。
啊，船长，我的船长！起来吧，起来听听这钟声，
起来，——旌旗正为你招展——军号正为你发出颤音。
为你，送来了这些花束和花环。

为你，熙攘的群众在呼唤，转动着多少殷切的脸。
这里，船长！亲爱的父亲！
你头颅下边是我的手臂！
在甲板上像是在一场梦里，
你已倒下，已死去，已冷却。
我们的船长不作回答，他的双唇惨白而寂静，
我的父亲不能感觉我的手臂，他已没有脉息、没有知觉，
我们的船已安全抛锚碇泊，已经结束了它的航程，
胜利的船从险恶的旅途归来，我们寻求的已赢得手中。
欢呼吧，啊，海岸！轰鸣，啊，洪钟！
可是，我却轻移悲伤的步履，
在甲板上，那里躺着我的船长，
他已倒下，已死去，已冷却。

21.洗　澡(节选)

杨　绛

图书室里不少人出出进进，丽琳想他们大概都是为了拟定工作计划而去查找资料的。他们跑到借书的柜台前，看见施妮娜也在那儿站着。江滔滔在卡片柜前开着抽屉乱翻。施妮娜把手里的卡片敲着柜台，大声咕哝说：

"规则规则！究竟是图书为研究服务，还是研究为图书服务呀？"

郁好文不理。她刚拿了另一人填好的书卡，转身到书架前去找书。姚宓坐在靠后一点的桌子打字编目。她过来接了许彦成归还的一叠书，找出原书的卡片一一插在书后。

施妮娜发话道："哎，我可等了好半天了！"

姚宓问："书号填上了吗？"

妮娜生气说："找不到书号，怎么填？"

姚宓说："没有书号，就是没有书。"

"怎么会没有呢！我自己来找，又不让！"妮娜理直气壮。

姚宓接过她没填书号的卡片，念道："《红与黑》，巴尔扎克著。"她对许彦成一闪眼相看了一下。彦成想笑。

姚宓说："《红与黑》有，不过作者不是巴尔扎克，行不行？"

妮娜使劲说："就是要巴尔扎克！"

姚宓说："巴尔扎克的《红与黑》，没有。"

妮娜说："你怎么知道没有呢？这边书架上没有，那个书库里该有啊？"

"那个书库"就指姚宓的藏书室。

姚宓说："那是私人藏书室。"

"既然借公家的房子藏书，为什么不向群众开放呢？"

姚宓的眼睛亮了一亮，好像雷雨之夕，雷声未响，电光先照透了乌云。可是她只静静的说：

"那间房，还没有捐献给公家，因为藏着许多书呢。里面有孤本，有善本，都没有编目，有的还没有登记。外文书都是原文的，没有中文译本，也都没有登记，所以不能外借，也不开放。"

她在彦成的借书证上注销了他归还的书，坐下继续编目。

彦成看施妮娜干瞪着眼无话可答，就打圆场说："妮娜同志，你要什么书，我帮你找书号。"

妮娜气呼呼地对遥望着她的江滔滔一挥手说："走！"

她对彦成夫妇强笑说:"算了!不借了!"她等着江滔滔过来,并肩一同走出图书室。

彦成夫妇借了书一起回家的时候,丽琳说:"她真厉害!"

彦成并没有理会丽琳的"她"指谁,愤然说:"那草包!不知仗着谁的势这么欺人!管图书的就该伺候她研究吗?"

"我说那姚小姐够厉害啊,两眼一亮,满面威光。"

彦成接口说:"那草包就像鼻涕虫着了盐一样!真笑话!巴尔扎克的《红与黑》!不知是哪一本文学史上的!跟着从前的丈夫到苏联去待了两年,成了文学专家了!幸亏不和她在一组!谁跟她一起工作才倒霉!"

22. 京华烟云(节选)

林语堂

姚家大爷早年间是一个贪酒好色的浪子,自从父亲去世之后,洗心革面变成了一个崇尚道家的圣人。后来维新变法发动,各地的新思想兴起,姚大爷从当时的报章杂志和书本上吸收了新思想,也间接影响了他对子女的教育观念。

姚大爷有三个女儿、两个儿子,取名都极为讲究。大女儿木兰,即取自古代替父从军保家卫国的花木兰;二女儿莫愁,原是古代一个富家女之名,南京城外莫愁湖也是取其名;三女儿目莲,取自入地狱救母的佛教圣人,但三女儿不幸在年幼时就夭折了。"君子体仁,足以长人",长子的名字就叫体仁;小儿子的名字叫阿非,"觉今是而昨非",觉悟的意思。

全家逃难,整理一大家子的东西可就有些发愁了,兵荒马乱的年代只能轻车上路,身外之物哪里顾得上,引得姚太太心疼不舍。姚大爷和管家罗大早就在夜里把一些古玩字画都埋在了后花园的枣树下,并把这个秘密告诉了木兰。

木兰问:"为什么昨晚您说所有那些古玩都是分文不值的废物呢?"

"你若把那些东西看作废物,那就是废物。"父亲的这话对于当时只有十岁的木兰来说,太过深奥难懂。

"孩子,要知道,物各有主。在过去三千多年里,那些周朝的铜器早已有过几百个主人了。在这个世界上,没有人能永远占有一件物品。拿现在来说,我是主人。一百年之后,又轮到谁是主人呢?"

姚大爷一向崇尚道法自然,顺应自然,福罪宿命来往生处,这件事也给了木兰启发,有福之人必定自身就有享福的德行,而不是自外而来的。

安排好家里的事情,姚家一大家子就踏上了避难路。

23. 霸王别姬(节选)

李碧华

婊子无情,戏子无义。

婊子合该在床上有情,戏子,只能在台上有义。

每一个人,有其依附之物。娃娃依附脐带,孩子依附娘亲,女人依附男人。有些人的魅力只在床上,离开了床即又死去。有些人的魅力只在台上,一下台即又死去。

一般的,面目模糊的个体,虽则生命相骗太多,含恨的不如意,糊涂一点,也就过去了。生命也是一本戏吧。

折子戏又比演整整的一本戏要好多了。总是不耐烦等它唱完,中间有太多的烦恼转折。茫茫的威力。要唱完它,不外因为既已开幕,无法逃躲。如果人人都是折子戏,只把最精华的,仔细唱一遍,该多美满呀。

帝王将相，才人佳子的故事，诸位听得不少。那些情情义义，恩恩爱爱，卿卿我我，都瑰丽莫名。根本不是人间颜色。

人间，只是抹去了脂粉的脸。

就这两张脸。

他是虞姬，跟他演对手戏的，自是霸王了。霸王乃是虞姬所依附之物。君王义气尽，贱妾何聊生？当他穷途末路，她也活不下去了。但这不过是戏。到底他俩没有死。

怎么说好呢？

咳，他，可是他最爱的男人。真是难以细说从头。

粉霞艳光还未登场，还是先来调弦索，拉胡琴。场面之中，坐下打单皮小鼓，左手司板的先生，仿佛准备好了。明知二人都不落实，仍不免带着陈旧的迷茫的欢喜，拍和着人家的故事。

灯暗了。只一线流光，伴咿呀半声，大红的幔幕扯起——

他俩第一次见面。

民国十八年(一九二九年)，冬。

天寒日短，大风刮起，天已奄奄地冷了。大伙都在掂量着，是不是要飞雪的样子。

只是冬阳抖擞着，阴一阵晴一阵。过一天算一天。

天桥又开市了。

漫是人声市声。

天桥在正阳门和永定门之间，东边就是天坛，明清两朝的皇帝，每年到天坛祭祀，都经过这桥，他们把桥被比作凡间人世，桥南算是天界，所以这座桥被视作人间，天上的一道关口，加上又是“天子”走了，便叫“天桥”。后来，清朝没了，天桥也就堕落凡尘，不再是天子专有。这里渐渐形成一个小市场，桥北两侧有茶馆，饭铺，估衣滩。桥西有鸟市，对过有各种小食摊子，还有摞地抠饼的卖艺人。热热闹闹，兴兴旺旺。

小叫花爱在人多的地方走动，一见地上有香烟屁股，马上伸手去拾。刚好在一双女人的脚，和一双孩子的脚，险险没踩上去当儿，给捡起了，待会一一给拆了，百鸟归巢，重新卷好，一根根卖出去。

女人的鞋是双布鞋，有点残破，那红色，搁久了的血，都变成褐了。孩子穿的呢，反倒很光鲜登样，就像她把好的全给了他。

她脸上有烟容。实际上二十五六，却沧桑疲惫。嘴唇是擦了点红，眉心还揪了痧，一道红痕，可一眼看出来，是个暗门子。

孩子约莫八九岁光景。面目如同哑谜，让围巾把脖子护盖住。这脖套是新的，看真点，衣裳也是新的。

虽则看不清楚他长相，一双眼睛细致漂亮，初到那么喧嚣的市集，怕生，左手扯着娘的衣角，右手，一直严严地藏在口袋中——就像捏着一个什么神秘的东西，很固执地不肯掏出来。

24. 活着(节选)

余 华

福贵说到这里看着我嘿嘿笑了，这位四十年前的浪子，如今赤裸着胸膛坐在青草上，阳光从树叶的缝隙里照射下来，照在他眯缝的眼睛上。他腿上沾满了泥巴，刮光了的脑袋上稀稀疏疏地钻出来些许白发，胸前的皮肤皱成一条一条，汗水在那里起伏着流下来。此刻那头老牛蹲在池塘泛黄的水中，只露出脑袋和一条长长的脊梁，我看到池水犹如拍岸一样拍击着那条黝黑的脊梁。这位老人是我最初遇到的，那时候我刚刚开始那段漫游的生活，我年轻无忧无虑，每一张新的脸都会使我兴致勃勃，一切我所不知的事物都会深深吸引我。就是在这样的时刻，我遇到了福贵，他绘声绘色地讲述自己,从来没有过一个人像他那样对我全盘托出,只要我想知道的,他都愿意展示。

和福贵相遇,使我对以后收集民谣的日子充满快乐的期待,我以为那块肥沃茂盛的土地上福贵这样的人比比皆是。在后来的日子里,我确实遇到了许多像福贵那样的老人,他们穿得和福贵一样的衣裤,裤裆都快耷拉到膝盖了。他们脸上的皱纹里积满了阳光和泥土,他们向我微笑时,我看到空洞的嘴里牙齿所剩无几。他们时常流出混浊的眼泪,这倒不是因为他们时常悲伤,他们在高兴时甚至是在什么事都没有的平静时刻,也会泪流而出,然后举起和乡间泥路一样粗糙的手指,擦去眼泪,如同弹去身上的稻草。

可是我再也没遇到一个像福贵这样令我难忘的人了,对自己的经历如此清楚,又能如此精彩地讲述自己。他是那种能够看到自己过去模样的人,他可以准确地看到自己年轻时走路的姿态,甚至可以看到自己是如何衰老的。这样的老人在乡间实在难以遇上,也许是困苦的生活损坏了他们的记忆,面对往事他们通常显得木讷,常常以不知所措的微笑搪塞过去。他们对自己的经历缺乏热情,仿佛是道听途说般地只记得零星几点,即便是这零星几点也都是自身之外的记忆,用一、两句话表达了他们所认为的一切。在这里,我常常听到后辈们这样骂他们:"一大把年纪全活到狗身上去了。"

福贵就完全不一样了,他喜欢回想过去,喜欢讲述自己,似乎这样一来,他就可以一次一次地重度此生了。

25. 钢铁是怎样炼成的(节选)

〔苏联〕奥斯特洛夫斯基

第二天,铁路工厂的墙报上登出几篇文章,吸引了工人们的注意。他们大声地朗读着,热烈地讨论着。晚上,召开了团员大会,出席的人特别多。这些文章成了大家议论的中心。

菲金被开除了,团委会增加了一名新委员,由他负责政治教育工作。这个人就是保尔·柯察金。

在会上,人们异常肃静,认真地听着省团委书记涅日达诺夫的讲话。他谈到目前的任务,谈到工厂现在进入了新阶段。

散会之后,保尔在外面等着茨韦塔耶夫。

"咱们一道走吧,有些事要跟你谈谈。"他走到茨韦塔耶夫跟前说。

"谈什么?"茨韦塔耶夫闷声闷气地问。

保尔挽住他的胳膊,跟他并排走了几步,到一条长凳子跟前站住了。

"咱们坐一会儿吧。"保尔首先坐了下来。

茨韦塔耶夫的香烟一会儿亮一会儿暗。

"茨韦塔耶夫,你说说,干吗你总把我看作眼中钉呢?"

他们沉默了好几分钟。

"你要谈的原来是这个呀,我还以为是谈工作呢!"茨韦塔耶夫故作惊诧,不自然地说。

保尔坚定地把手放在茨韦塔耶夫的膝盖上。

"别装糊涂了。只有外交家才来这一套呢。你干脆回答我,为什么我总不合你的心意?"

茨韦塔耶夫不耐烦地动了一下身子。

"你干吗缠着我?哪有什么眼中钉!是我亲自建议让你担任工作的嘛。你当时拒绝了,现在倒成了我在排挤你。"

保尔听出他的话里没有一点诚意,仍然把手放在他的膝盖上,激动地说:"既然你不想说,那我就说。你认为我在挡你的道,认为我想抢你的书记当,是不是?如果你不是这样想的,就不会因为菲金的事吵起来。这种不正常的关系会使咱们的整个工作受到损失。如果只对你我两个人有影响，那就算不了什么，管它呢！你爱怎么想，就怎么想好了。可是明天咱们还要在一起工作，这会产生什么样的后果呢？你听我说，咱们之间没有什么根本的利害冲突。你我都是工人。如果你认为咱们的事业高于一切，那就请你把手伸给我，从明天起，咱们做个好朋友。要是你不把那些乌七八糟的念头扔掉，还是一味地闹无原则的纠纷，给事业造成损失，那么，我就要为每一个损失向你展开无情的斗争。这里是我的手，握住它吧，现在这还是你的同志的手。”

保尔非常满意地感觉到，茨韦塔耶夫那只骨节粗大的手，放在他的手掌里了。

三 抽选考级篇目

1. 永遇乐·京口北固亭怀古

［宋］辛弃疾

千古江山，英雄无觅孙仲谋处。舞榭歌台，风流总被雨打风吹去。斜阳草树，寻常巷陌，人道寄奴曾住。想当年，金戈铁马，气吞万里如虎。

元嘉草草，封狼居胥，赢得仓皇北顾。四十三年，望中犹记，烽火扬州路。可堪回首，佛狸祠下，一片神鸦社鼓。凭谁问：廉颇老矣，尚能饭否？

2. 满江红·写怀

［宋］岳　飞

怒发冲冠，凭阑处、潇潇雨歇。抬望眼、仰天长啸，壮怀激烈。三十功名尘与土，八千里路云和月。莫等闲、白了少年头，空悲切。

靖康耻，犹未雪。臣子恨，何时灭。驾长车，踏破贺兰山缺。壮志饥餐胡虏肉，笑谈渴饮匈奴血。待从头、收拾旧山河，朝天阙。

3. 望海潮·东南形胜

［宋］柳　永

东南形胜，三吴都会，钱塘自古繁华。烟柳画桥，风帘翠幕，参差十万人家。云树绕堤沙，怒涛卷霜雪，天堑无涯。市列珠玑，户盈罗绮，竞豪奢。

重湖叠巘清嘉，有三秋桂子，十里荷花。羌管弄晴，菱歌泛夜，嬉嬉钓叟莲娃。千骑拥高牙，乘醉听箫鼓，吟赏烟霞。异日图将好景，归去凤池夸。

4. 念奴娇·赤壁怀古

［宋］苏　轼

大江东去，浪淘尽，千古风流人物。故垒西边，人道是，三国周郎赤壁。乱石穿空，惊涛拍岸，卷起千堆雪。江山如画，一时多少豪杰。

遥想公瑾当年，小乔初嫁了，雄姿英发。羽扇纶巾，谈笑间，樯橹灰飞烟灭。故国神游，多情应笑我，早生华发。人生如梦，一尊还酹江月。

5. 江城子·密州出猎

［宋］苏　轼

老夫聊发少年狂，左牵黄，右擎苍，锦帽貂裘，千骑卷平冈。为报倾城随太守，亲射虎，看孙郎。

酒酣胸胆尚开张，鬓微霜，又何妨！持节云中，何日遣冯唐？会挽雕弓如满月，西北望，射天狼。

6. 沁园春·雪

毛泽东

北国风光，千里冰封，万里雪飘。望长城内外，惟余莽莽；大河上下，顿失滔滔。山舞银蛇，原驰蜡象，欲与天公试比高。须晴日，看红装素裹，分外妖娆。

江山如此多娇，引无数英雄竞折腰。惜秦皇汉武，略输文采；唐宗宋祖，稍逊风骚。一代天骄，成吉思汗，只识弯弓射大雕。俱往矣，数风流人物，还看今朝。

7. 短歌行

［魏晋］曹　操

对酒当歌，人生几何！
譬如朝露，去日苦多。
慨当以慷，忧思难忘。
何以解忧？唯有杜康。
青青子衿，悠悠我心。
但为君故，沉吟至今。
呦呦鹿鸣，食野之苹。
我有嘉宾，鼓瑟吹笙。
明明如月，何时可掇？
忧从中来，不可断绝。
越陌度阡，枉用相存。
契阔谈宴，心念旧恩。
月明星稀，乌鹊南飞。
绕树三匝，何枝可依？
山不厌高，海不厌深。
周公吐哺，天下归心。

8. 卖炭翁

［唐］白居易

卖炭翁，伐薪烧炭南山中。
满面尘灰烟火色，两鬓苍苍十指黑。
卖炭得钱何所营？身上衣裳口中食。
可怜身上衣正单，心忧炭贱愿天寒。
夜来城外一尺雪，晓驾炭车辗冰辙。
牛困人饥日已高，市南门外泥中歇。
翩翩两骑来是谁？黄衣使者白衫儿。
手把文书口称敕，回车叱牛牵向北。
一车炭，千余斤，宫使驱将惜不得。
半匹红纱一丈绫，系向牛头充炭直。

9. 茅屋为秋风所破歌

［唐］杜　甫

八月秋高风怒号，卷我屋上三重茅。

茅飞渡江洒江郊，高者挂罥长林梢，下者飘转沉塘坳。
南村群童欺我老无力，忍能对面为盗贼。
公然抱茅入竹去，唇焦口燥呼不得，归来倚杖自叹息。
俄顷风定云墨色，秋天漠漠向昏黑。
布衾多年冷似铁，娇儿恶卧踏里裂。
床头屋漏无干处，雨脚如麻未断绝。
自经丧乱少睡眠，长夜沾湿何由彻！
安得广厦千万间，大庇天下寒士俱欢颜，风雨不动安如山。
呜呼！何时眼前突兀见此屋，吾庐独破受冻死亦足！

10. 白雪歌送武判官归京

［唐］岑　参

北风卷地白草折，胡天八月即飞雪。
忽如一夜春风来，千树万树梨花开。
散入珠帘湿罗幕，狐裘不暖锦衾薄。
将军角弓不得控，都护铁衣冷难着。
瀚海阑干百丈冰，愁云惨淡万里凝。
中军置酒饮归客，胡琴琵琶与羌笛。
纷纷暮雪下辕门，风掣红旗冻不翻。
轮台东门送君去，去时雪满天山路。
山回路转不见君，雪上空留马行处。

11. 石壕吏

［唐］杜　甫

暮投石壕村，有吏夜捉人。
老翁逾墙走，老妇出门看。
吏呼一何怒！妇啼一何苦！
听妇前致词：三男邺城戍。
一男附书至，二男新战死。
存者且偷生，死者长已矣！
室中更无人，惟有乳下孙。
有孙母未去，出入无完裙。
老妪力虽衰，请从吏夜归。
急应河阳役，犹得备晨炊。
夜久语声绝，如闻泣幽咽。
天明登前途，独与老翁别。

12. 得道多助，失道寡助

［战国］孟　子

天时不如地利，地利不如人和。三里之城，七里之郭，环而攻之而不胜。夫环而攻之，必有得天时者矣，然而不胜者，是天时不如地利也。城非不高也，池非不深也，兵革非不坚利也，米粟非不多也，委而去之，是地利不如人和也。

故曰：域民不以封疆之界，固国不以山溪之险，威天下不以兵革之利。得道者多助，失道者寡助。寡助之至，亲戚畔之；多助之至，天下顺之。以天下之所顺，攻亲戚之所畔，故君子有不战，战必胜矣。

13. 鱼我所欲也

［战国］孟　子

鱼，我所欲也；熊掌，亦我所欲也。二者不可得兼，舍鱼而取熊掌者也。生，亦我所欲也；义，亦我所欲也。二者不可得兼，舍生而取义者也。生亦我所欲，所欲有甚于生者，故不为苟得也；死亦我所恶，所恶有甚于死者，故患有所不辟也。如使人之所欲莫甚于生，则凡可以得生者何不用也？使人之所恶莫甚于死者，则凡可以辟患者何不为也？由是则生而有不用也，由是则可以辟患而有不为也。是故所欲有甚于生者，所恶有甚于死者。非独贤者有是心也，人皆有之，贤者能勿丧耳。

一箪食，一豆羹，得之则生，弗得则死。呼尔而与之，行道之人弗受；蹴尔而与之，乞人不屑也。万钟则不辩礼义而受之，万钟于我何加焉！为宫室之美，妻妾之奉，所识穷乏者得我与？乡为身死而不受，今为宫室之美为之；乡为身死而不受，今为妻妾之奉为之；乡为身死而不受，今为所识穷乏者得我而为之；是亦不可以已乎？此之谓失其本心。

14. 西湖(选段)

［明］袁宏道

从武林门而西，望保叔塔突兀层崖中，则已心飞湖上也。午刻入昭庆，茶毕，即棹小舟入湖。山色如娥，花光如颊，温风如酒，波纹如绫，才一举头，已不觉目酣神醉。此时欲下一语描写不得，大约如东阿王梦中初遇洛神时也。余游西湖始此，时万历丁酉二月十四日也。

晚同子公渡净寺，觅阿宾旧住僧房。取道由六桥、岳坟、石径塘而归。草草领略，未及偏赏。次早得陶石篑帖子，至十九日，石篑兄弟同学佛人王静虚至，湖山好友，一时凑集矣。

西湖最盛，为春为月；一日之盛，为朝烟，为夕岚。

今岁春雪甚盛，梅花为寒所勒，与杏桃相次开发，尤为奇观。

石篑数为余言："傅金吾园中梅，张功甫家故物也，急往观之。"余时为桃花所恋，竟不忍去。湖上由断桥至苏公堤一带，绿烟红雾，弥漫二十余里。歌吹为风，粉汗为雨，罗纨之盛，多于堤畔之草，艳冶极矣。

然杭人游湖，止午、未、申三时。其实湖光染翠之工，山岚设色之妙，皆在朝日始出，夕舂未下，始极其浓媚。月景尤不可言，花态柳情，山容水意，别是一种趣味。此乐留与山僧游客受用，安可为俗士道哉？

15. 湖心亭看雪

［明］张　岱

崇祯五年十二月，余住西湖。大雪三日，湖中人鸟声俱绝。是日更定矣，余拏一小舟，拥毳衣炉火，独往湖心亭看雪。雾凇沆砀，天与云与山与水，上下一白。湖上影子，惟长堤一痕、湖心亭一点，与余舟一芥、舟中人两三粒而已。

到亭上，有两人铺毡对坐，一童子烧酒，炉正沸。见余，大喜曰："湖中焉得更有此人！"拉余同饮。余强饮三大白而别。问其姓氏，是金陵人，客此。及下船，舟子喃喃曰："莫说相公痴，更有痴似相公者！"

16. 生于忧患，死于安乐

［战国］孟　子

舜发于畎亩之中，傅说举于版筑之间，胶鬲举于鱼盐之中，管夷吾举于士，孙叔敖举于海，百里奚举于市。故天将降大任于是人也，必先苦其心志，劳其筋骨，饿其体肤，空乏其身，行拂乱其所为，所以动心忍性，曾益其所不能。

人恒过，然后能改；困于心，衡于虑，而后作；征于色，发于声，而后喻。入则无法家拂士，出则无敌国外患者，国恒亡。然后知生于忧患而死于安乐也。

17.马　说

［唐］韩　愈

世有伯乐，然后有千里马。千里马常有，而伯乐不常有。故虽有名马，祇辱于奴隶人之手，骈死于槽枥之间，不以千里称也。

马之千里者，一食或尽粟一石。食马者不知其能千里而食也。是马也，虽有千里之能，食不饱，力不足，才美不外见，且欲与常马等不可得，安求其能千里也？

策之不以其道，食之不能尽其材，鸣之而不能通其意，执策而临之，曰："天下无马！"呜呼！其真无马邪？其真不知马也！

18.陋室铭

［唐］刘禹锡

山不在高，有仙则名。水不在深，有龙则灵。斯是陋室，惟吾德馨。苔痕上阶绿，草色入帘青。谈笑有鸿儒，往来无白丁。可以调素琴，阅金经。无丝竹之乱耳，无案牍之劳形。南阳诸葛庐，西蜀子云亭。孔子云：何陋之有？

19.爱莲说

［宋］周敦颐

水陆草木之花，可爱者甚蕃。晋陶渊明独爱菊。自李唐来，世人甚爱牡丹。予独爱莲之出淤泥而不染，濯清涟而不妖，中通外直，不蔓不枝，香远益清，亭亭净植，可远观而不可亵玩焉。

予谓菊，花之隐逸者也；牡丹，花之富贵者也；莲，花之君子者也。噫！菊之爱，陶后鲜有闻。莲之爱，同予者何人？牡丹之爱，宜乎众矣！

20.小石潭记

［唐］柳宗元

从小丘西行百二十步，隔篁竹，闻水声，如鸣珮环，心乐之。伐竹取道，下见小潭，水尤清冽。全石以为底，近岸，卷石底以出，为坻，为屿，为嵁，为岩。青树翠蔓，蒙络摇缀，参差披拂。

潭中鱼可百许头，皆若空游无所依，日光下澈，影布石上。佁然不动，俶尔远逝，往来翕忽，似与游者相乐。

潭西南而望，斗折蛇行，明灭可见。其岸势犬牙差互，不可知其源。

坐潭上，四面竹树环合，寂寥无人，凄神寒骨，悄怆幽邃。以其境过清，不可久居，乃记之而去。

同游者：吴武陵，龚古，余弟宗玄。隶而从者，崔氏二小生：曰恕己，曰奉壹。

九级

经过前期学习，我们已经明确朗诵是把文本转化为有声语言的创作活动，是通过理解——感受——表达三个环节，将文本内容形之于声、传情达意的艺术创作。传情与达意是朗诵首先要达到的要求，其次才是更高层次的艺术审美要求。而“传情”主要是靠丰富多彩的语气生动具体地体现出来。可以说，语气在朗诵中占有重要的位置。张颂先生曾说，朗读学实质上是“语气学”。

本级的作品包括自选考级篇目 25 篇，抽选考级篇目 20 篇。由古文、现代诗歌、散文、小说（节选）、舞台剧台词等组成。本级要求考生在掌握语言表达内部技巧（情景再现、内在语、对象感）、外部技巧（停连、重音）的基础上，重点考查考生朗诵时外部技巧“语气”的处理艺术以及综合表现力和艺术感染力。

一 朗诵学习要点

（一）什么是语气

语气是思想感情运动状态支配下语句的声音形式。因此，语气是由两方面内容构成的，一方面是指一定的具体思想感情，一方面是指一定的具体声音形式。

具体的思想感情是指朗诵者看到文字，对于文字的刺激进行反应，在大脑皮层产生第二信号系统的作用力，从而产生的相应的思想感情。比如：看到“天冷极了，下着雪，又快黑了”这些文字，我们眼前会浮现出天色已晚、雪花，通过再现感受，感觉到寒冷，并联系上下文，生发出具体的思想感情，如：懊恼、沮丧、沉重等。对文字语言的感受是一种高级的心理过程。朗诵者对文字的感受力强，文字对朗诵者的刺激就强，所产生的相应的思想感情也会越鲜明，否则就弱。

具体的声音形式是指在表达时所呈现出来的外在的声音形式。声音形式的变化主要是口腔状态、气息状态和声音各要素的变化造成的。表达不同的思想感情，口腔的松紧开合，吐字力度的强弱，气息的深浅、强弱，声音的高低、强弱、长短和音色不同都会造成声音形式的丰富变化，这些变化使语流呈现出波澜起伏的状态。

具体的思想感情和具体的声音形式是相辅相成的，什么样的思想感情决定用什么样的声音形式。同样，没有恰当的声音形式，思想感情也无法准确生动地表达。语气的表达可谓“内外兼修”，不但要动于衷，而且要流于外；不但要音随意转，气随情动，而且要因情用气，以情带声；不但要以气托声，而且要以声、气传情。

从字面上可以看到，“语气”一词由“语”和“气”合成。“语”指有声语言，指通过声音表现出来的语句；“气”指朗诵时支撑有声语言的气息状态，指具有声音和气息合成形式的语句流露出来的气韵。在训练时如果态度不对、感情失真或者声音不合，气息失调，就会直接造成语气不当。

语气和我们所说的基调是不同的两个概念。语气指的是“这一句”的具体思想感情和声音形式。基调指的是“这一篇”总的感情色彩、分量和总的态度倾向。

（二）具体的思想感情

如何把握具体的思想感情呢？通常我们从语气的感情色彩和语气的分量两方面入手。

1. 语气的感情色彩

(1)什么是语气的感情色彩

语气的感情色彩主要指语句所包含的喜、怒、哀、欲、惧、爱、憎等态度感情方面的具体性质。

语气是以句子为单位的。指的是"这一句"的具体思想感情和声音形式。一句话,到底是什么样的态度感情,不能仅从字面理解,还需要联系上下文,在特定的语境中去分析,受文章整体基调的制约。如果孤立的分析句子的语气,就容易片面、不准确。

例:原来是他呀!

如果语境是"他"做好事不留名,结果被同事们发现了,那么朗诵这句话时的感情色彩应该是赞赏、爱戴的。反之,如果语境是这个人做了坏事被同事发现,那么朗诵这句话时的感情色彩应该是厌恶的、批判的。如果语境是女生收到一份未署名的礼物,结果发现是一位心仪男生送的,那么朗诵这句话时的感情色彩是欢喜的,而且可能还有对男孩子不署名而心生的嗔意。

试着选择用喜庆欢乐、亲切柔和、愠怒、否定、批评、赞美、严肃、客观、公正、坚定昂扬、深情怀念、思考议论、悲伤沉重等感情色彩表达以下句子。

①你早点儿回来!

②你要干什么?

③原来是他呀!

④你为什么没来?

(2)语气感情色彩的复合性

感情色彩有喜、怒、哀、欲、惧、爱、憎等之分。然而由于人的思想感情是复杂的,因此有时候语气的感情色彩并不是单一的,还会呈现出多种色彩掺杂的情况。

例:

你从韶山水田的黄色的阡陌上走来
你从安源煤矿的黑色的巷道里走来
你从湘乡的那棵垂挂着许多苦难的老槲树下走来
你从长沙的那口映照着许多血泪的清水塘畔走来

——王怀让《人民万岁》

有些朗诵者看到"苦难""血泪"等词,可能简单认为是"悲伤、心痛"的感情色彩,但联系上下文,这是一首缅怀歌颂毛泽东主席的抒情诗。因此这四句的感情色彩既有朗诵者"我"回忆过去,感同身受毛主席革命初始的艰苦外,也有朗诵者"我"对毛主席的敬重缅怀之情。艰苦、歌颂、缅怀多样感情色彩同时存在。

同样是爱的感情色彩,但对母亲、朋友、情侣、山河的爱,却有着明显的不同。

例:

那就是——"爱"。
母亲的爱,谁言寸草心,报得三春晖;
朋友的爱,孤帆远影碧空尽,惟见长江天际流;
情侣的爱,何当共剪西窗烛,却话巴山夜雨时;
山河的爱,白日依山尽,黄河入海流;

——邓康延《有一个字,与生俱来,排山倒海》

对母亲的爱,有着敬重的感情色彩;对朋友的爱,有着洒脱的感情色彩;对情侣的爱,有着依恋的感情色彩;对山河的爱,则更具大气之感。

(3)语气感情色彩的呈现规律

语气是语句内在的具体思想感情积极运动的显露,体现在声音气息的变化上。语气的色彩有喜、怒、哀、欲、惧、爱、憎等多种多样,不同的语气色彩体现在声音气息上,也有明显的不同。对于"爱、憎、悲、喜、惧、欲、急、冷、怒”等在朗诵中较常见的感情色彩，张颂先生分析归纳出其在吐字力度的强弱，口腔状态，气息的深浅、强弱方面存在的规律，供学习者参考。

爱的感情色彩一般是“气徐声柔”的。“气徐声柔”给人温和感，亲近感，口腔状态是松宽的，气息深长。

例：

爱和被爱，像空气一样，自由流动，深刻而简单。如果说，“茄子”代表了我们拍照时“微笑”的口形，那么，请大家一起来试试，发出这一个古老汉字最具“呼唤”的口形——“爱”。

——邓康延《有一个字，与生俱来，排山倒海》

朋友，你到过天山吗？天山是我们祖国西北边疆的一条大山脉，连绵几千里，横亘准噶尔盆地和塔里木盆地之间，把广阔的新疆分为南北两半。远望天山，美丽多姿，那长年积雪高插云霄的群峰，像集体起舞时的维吾尔族少女的珠冠，银光闪闪；那富于色彩的不断的山峦，像孔雀正在开屏，艳丽迷人。

天山不仅给人一种稀有美丽的感觉，而且更给人一种无限温柔的感情。它有丰饶的水草，有绿发似的森林。当它披着薄薄云纱的时候，它像少女似的含羞，当它被阳光照耀得非常明朗的时候，又像年轻母亲饱满的胸膛。人们会同时用两种甜蜜的感情交织着去爱它，既像婴儿喜爱母亲的怀抱，又像男子依偎自己的恋人。

如果你愿意，我陪你进天山去看一看。

——碧野《天山景物记》

憎的感情色彩一般是“气足生硬”的。“气足生硬”给人挤压感，口腔状态是紧窄的，气息流动猛。

例：

雪落在中国的土地上：
寒冷在封锁着中国呀……
那些被烽火所啮啃着的地域，
无数的，土地的垦植者
失去了他们所饲养的家畜
失去了他们肥沃的田地
拥挤在
生活的绝望的污巷里；
饥谨的大地
伸向阴暗的天
伸出乞援的
颤抖着的两臂。
中国的痛苦与灾难
像这雪夜一样广阔而又漫长呀！

——艾青《雪落在中国的土地上》

悲的感情色彩一般是“气沉声缓”的。“气沉声缓”给人迟滞感，口腔状态像负重担，气息仿佛用尽。

例：

只有小草不会忘记。
因为那殷红的血，
已经渗进土壤；
因为那殷红的血，
已经在花朵里放出清香！
只有小草在歌唱。
在没有星光的夜里，

唱得那样凄凉；
在烈日暴晒的正午，
唱得那样悲壮！
像要砸碎焦石的潮水，
像要冲决堤岸的大江……

——雷抒雁《小草在歌唱》

由于你们的
刻满了痛苦的皱纹的脸
我能如此深深地
知道了
生活在草原上的人们的
岁月的艰辛。
而我
也并不比你们快乐啊
——躺在时间的河流上
苦难的浪涛
曾经几次把我吞没而又卷起——
流浪与监禁
已失去了我的青春的最可贵的日子，
我的生命
也像你们的生命
一样的憔悴呀。

——艾青《雪落在中国的土地上》

喜的感情色彩一般是“气满声高”的。“气满声高”给人跳跃感，口腔状态轻松，如千里轻舟，气息绵长，似不绝清流。

例：

千万条腿来千万只眼，
也不够我走来也不够我看！
头顶着蓝天大明镜，
延安城照在我心中：
一条条街道宽又平，
一座座楼房披彩虹；
一盏盏电灯亮又明，
一排排绿树迎春风……

——贺敬之《回延安》

惧的感情色彩一般是“气提声凝”的。“气提声凝”给人紧缩感，口腔状态是僵硬的，像被冰封住，气息像倒流，如“倒吸一口气”的感觉。

例：

突然间他朝脚上一看，脚已看不见了。原来沙已把脚埋上。他把脚从沙里拔出，想往回走，他向后转，但陷得更深。沙到了踝骨，他拔出来朝左蹦，沙到了小腿，他朝右蹦，沙到了膝下。于是他变得无可名状地惊恐起来，意识到他已被围困在流沙之中，在他下面是人不能走、鱼不能游的恐怖地带。

——雨果《悲惨世界》

欲的感情色彩一般是“气多声放”的。“气多声放”给人伸张感，口腔状态是积极敞开的，气息力求畅达。

例：

他喜欢徘徊在长着燕麦和试车菊的田野里。对浮云和世事几乎寄以同样的关切。他的精神有两个方面，一面向人，一面朝着上帝。他寻求知识，也静观万物，他整天深入钻研这样一些社会问题：工资、资本、信贷、婚姻、宗教、思想自由、爱的自由、教育、刑罚、贫困、财产、生产和分配、使下界芸芸众生蒙蔽在阴暗中的迷；到了夜间，他仰望群星，那些巨大的天体。

——雨果《悲惨世界》

急的感情色彩一般是“气短声促”的。“气短声促”给人紧迫感，口腔状态积极紧张的，像弓在弦上，一触即发的感觉，有飞剑流星之势，气息短促。

例：

可是为什么现在，为什么你们都变了，变得自私，虚荣，彼此妒忌，为什么我们要互相伤害，为什么我们之间只剩下争吵和仇恨，为什么你们一个一个都不认识我了，为什么你们连自己都不认识，你们互相全都不认识，这是为什么，我为什么要到这个地方来，我就是为了让你们能够想起自己，希望我们能够回到以前的样子，为什么会现在变成这样?！对，我就是疯子！因为我心里住着你们啊！

——饶晓志《你好疯子——安希独白》

冷的感情色彩一般是“气少声平”的。“气少声平”给人冷漠感，口腔状态松懒，气息浅弱。

例：

不，我不要；我从来没有给你什么东西。

——莎士比亚《哈姆雷特》

怒的感情色彩一般是“气粗声重”的。“气粗声重”给人震动感，口腔状态极具张力，如鼓；气息粗直，如椽。

例：

正直在哪里？幸福在哪里？和平在哪里？这一切可怕的景象哪一天才会看不到？这一切可怕的声音哪一天才会听不见？这样的悲剧哪一天，才不会再演？这一切象箭一般的射到我的心上，我的心已经布满了痛苦的创痕，因此，我的心痛得更厉害了。

——巴金《我的心》

需要注意的是，口腔、气息的状态调整是灵活又复杂的，语句感情色彩也不是单一的，往往是多种色彩掺杂，最终呈现出缤纷多样的语气。因此在具体应用时千万不能刻板，而是要根据具体语句在特定语境中的感情色彩灵活呈现。

2. 语气的分量

(1)什么是语气分量

语气的分量就是把握感情色彩时所需要掌握的分寸和火候。在把握语气分量时，要考虑两个方面的情况，一是语句中语气感情色彩本身分量上的差异。二是要注意从文章整体出发，依据文章的主次关系，把握语句分量上的差异。

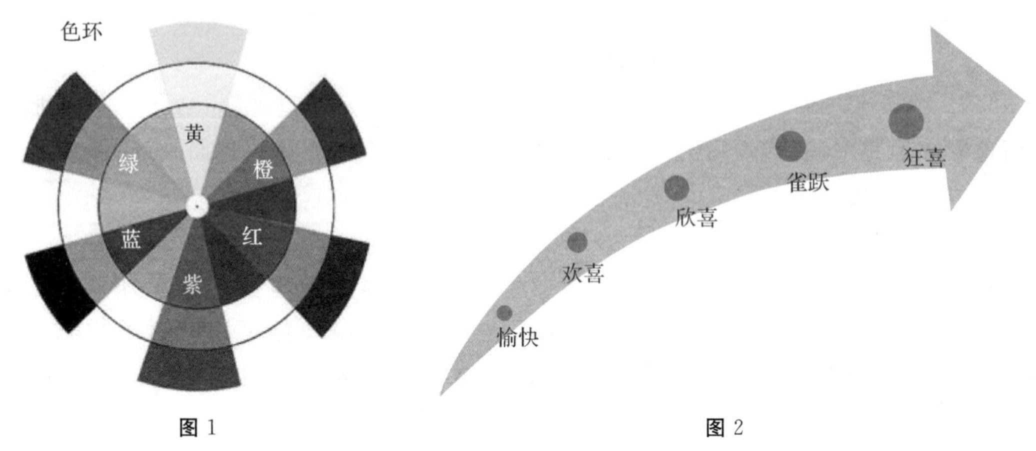

图 1　　　　图 2

如果说把语句中语气感情色彩比喻成色环上不同的颜色的话，那么语气的分量则是同一种颜色上所呈现出来的不同的色度，如图1，同样是绿色，有浅绿、翠绿、墨绿等之分。同样是喜的感情色彩，如图2，往往可以呈现愉快、欢喜、欣喜、雀跃、狂喜等不同“度”的喜悦。为了便于说明，我们通常把语气的分量分为重度、中度、轻度三个等级。如“怒”这一感情色彩，可分成不满、生气、愤怒等三个不同的程度。

例：

你从韶山水田的黄色的阡陌上走来
你从安源煤矿的黑色的巷道里走来
你从湘乡的那棵垂挂着许多苦难的老槲树下走来
你从长沙的那口映照着许多血泪的清水塘畔走来
你走来，径直走上天安门城楼
向着创造历史的人民
用深沉的湖南口音高呼
——人民万岁！①
你从可以望到民族志气的上海望志路走来
你从可以看穿世纪烟雨的南湖烟雨楼走来
你从八百里井冈的很有特色的中国的秋收里走来
你从二万里长征的很有气魄的中国的长跑中走来
你走来，大步走上天安门城楼
向着改造历史的人民
用洪亮的湖南口音高呼
——人民万岁！②
你从万里雪飘的北国风光走来
你从顿失滔滔的大河上下走来
你从《史记》里的秦皇汉武的赫赫武功中走来
你从《资治通鉴》中的唐宗宋祖的奕奕文采里走来
你走来，很现实地走上天安门城楼
向着扭转乾坤的人民
用可以穿透乾坤的湖南口音高呼
——人民万岁！③
你从照耀人民智慧的西江月辉里很抒情地走来
你从奔腾人民力量的满江红浪里很激情地走来
你从《送瘟神》的浮想联翩的兴奋的韵脚中走来
你从《到韶山》的夜不能寐的振奋的平仄里走来
你走来，很浪漫地走上天安门城楼
向着叱咤风云的人民
用可以驾驭风云的湖南口音高呼
——人民万岁！④
你走上天安门城楼是为了高呼人民万岁
人民才用自己的身躯把天安门托得如此峨峨巍巍
你走上天安门城楼是为了高呼人民万岁
人民才用自己的血汗把天安门染得这样如描如绘

这就是你教给我们的真理
呼人民万岁的人，他活着的时候
人民才会向着他高呼万岁
你走上天安门城楼是为了高呼人民万岁
把握历史的人民才会让你在史册上永放光辉
你走上天安门城楼是为了高呼人民万岁
主宰世界的人民才会让你在世界上万古永垂
这就是你教给我们的哲学
呼人民万岁的人，他走了
他的思想却可以万岁万万岁
——人民万岁！⑤

——王怀让《人民万岁》

诗歌中五次出现“人民万岁”，按照全文思想感情的走向，①的语气分量较②③④要轻一些，轻度处理较合适，赞颂中见深情。而⑤的语气分量是最重的，重度处理更合适，以表达内心的赞颂、坚定之情。

除了语句感情色彩本身存在分量上的差异外，依据文章的主次关系，句和句之间也存在分量上的差异。也就是说，朗诵者要从文章整体出发，在特定语境中，依据文章的主次关系，把握语气分量上的差异，重点句的语气分量往往较非重点句要更重、更醒目突出。

(2)语气分量把握注意点

以上二者综合考虑构成“这一句”的语气分量。语气分量是否准确，对语气表达是否贴切有重要影响。语气的分量存在“过”与“不及”的问题，这就需要朗诵者联系上下文，对文字作品细心体味。

如：

茫茫的草海，一眼望不到边，大队人马已经过去了，留下一条踩得稀烂的路，一直伸向远方。

干粮早就吃光了，皮带也煮着吃了，我空着肚子，拖着两条僵硬的腿，一步一挨地向前走着，背上的枪支和子弹就象一座山似的，压得我喘不过气来。唉！就是在这稀泥地上躺一会儿也好啊！

——王愿坚《草地夜行》

如果不联系下文，“茫茫的草海，一眼望不到边”这一句很容易用轻松、平淡的语气表达。联系下文便知，红军小战士“我”掉队了，一个人在茫茫草海艰难地前进。草海茫茫，路途遥远，不仅道路难行，还要面临饥饿威胁，“背上的枪支和子弹就象一座山似的，压得我喘不过气来。唉！就是在这稀泥地上躺一会儿也好啊！”更是道出了小战士的疲惫劳累。显然此句适合用“沉重、疲惫”的语气色彩。但沉重疲惫中如果带着颓废，则无法塑造出红军小战士面对行军困难时的坚强和勇敢。因此第一段和第二段的第一句，语气是沉重、疲惫中带着坚定，同时分量是递进的，由中度到重度。第二段的第二句是小红军在疲惫至极时的一种遐想，其实并未躺下。因此轻度分量更能表达小战士的年龄特点，而且语气色彩中疲惫感要淡一些。

语气的感情色彩和语气的分量共同构成了具体的思想感情。正是语气感情色彩和分量上的种种细微差异，造成了丰富多彩的具体的思想感情，形成了“这一句”的鲜明个性，也决定了声音形式的千变万化。

(三)语势

1.什么是语势

语势是指一个句子在思想感情运动状态下声音的态势，或者说有声语言的发展趋向。它是对语气声音形式的概括，思想感情的不断发展运动造成了语势的曲折变化。

对朗诵者来说，明确了语句具体的感情色彩和分量，但将具体的思想感情外化成声音形式时，经常会碰到困扰。比如：声音形式单一，缺乏变化；由于气息控制不够自如，句头特别着力，而到句尾时，气息变弱，声音降低，形成一种固定腔调。这和朗诵艺术要追求的千变万化的声音形式具有很大的差距，如何解决这个问题呢？有人说，表示疑问、惊讶的句子采用句尾上扬调，肯定、感叹的句子采用下降调，确实这也有助于改变声音形式单一的问题，但简单的用疑问句、陈述句、感叹句、祈使句来确定一种语调，难免失去有声语言的多样性和丰富性，这需要根据语句的内容来判断把握语言的发展趋向，选择恰当的语势类型。

2. 语势的基本类型

重音是体现语句目的的词或词组，是达意的重要技巧。我们常说在达意中传情，可见，重音与语气表达有着密切关系，重音处在句子的哪个位置，对全句的趋向和态势有重要的影响。从语句的句首、句腰、句尾加以考察，会发现有规律可循。为了增强大家对语势变化的感性认知，我们将语势归纳为五种基本类型：

(1)波峰类

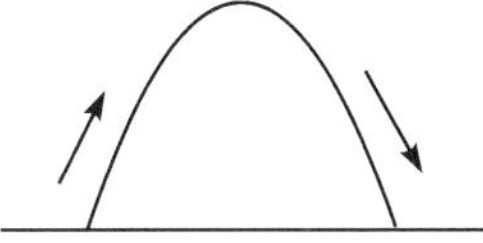

有声语言呈现出由低到高再向低的态势。波峰类语势的句子，通常重音在句腰上。

如：

你从韶山水田的黄色的阡陌上走来。

(2)波谷类

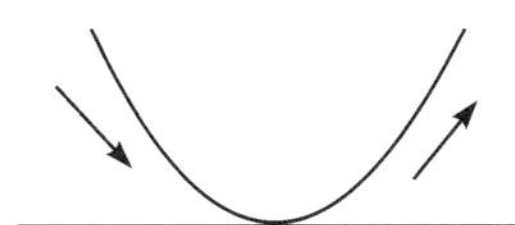

有声语言呈现出由高向低再到高的态势。波谷类语势的句子通常重音在句首和句尾上。

如：

向着创造历史的人民用深沉的湖南口音高呼——人民万岁！

(3)上山类

有声语言呈现出由低到高的态势。上山类语势的句子，通常重音在句尾上。

如：

让暴风雨来得更猛烈些吧！

(4)下山类

有声语言呈现出由高向低的态势。下山类语势的句子，通常重音在句首上。

如：

呼人民万岁的人，他走了！

(5)半起类

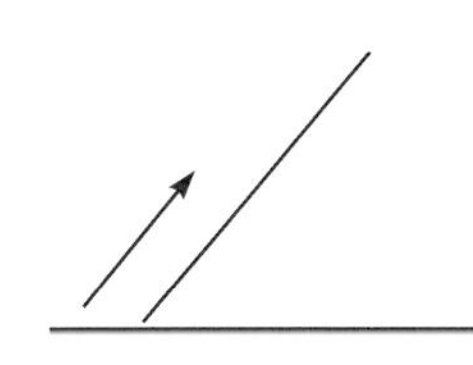

有声语言呈现出由低向高的态势，但上至一半就止住了。

如：

赶着马车的，你中国的农夫，戴着皮帽，冒着大雪要到哪儿去呢？

3. 语势应用提示

在表达过程中，五种典型的语势固然存在，但是更多的是以“相似型”的面目出现。在声音的高低起伏变化过程当中，气息和口腔状态应随朗诵感情需要不断变化而变化，这些变化都使得语势的呈现更加丰富灵活。千万不要机械单一地仿照以上五种语势，以免落入另一种“固定腔调”。

(四)语气把握注意要点

1. 处理好全文基调和“这一句”语气的关系

朗诵者容易混淆这两个概念，以为基调就是语气。基调指的是整篇文章的总的感情色彩、分量和总的态度倾向，如：深情的，凝重的，昂扬的，明快的，豪放的，而语气指的是某一句的感情色彩、分量。“这一句”的语气是在全文总基调下的千变万化，但并不意味着这种变化完全被限制在全文基调里。如基调为凝重的文章，其中也有些句子是昂扬的、愤怒的、冷漠的或者深情的。只要全文总的走势是符合总基调的，这些具有不同语气的句子，恰恰符合人的情感复杂性这一特点，才构成全篇情感的丰富性、真实性。

2. 忌“见字出声”

语气是思想感情运动状态支配下语句的声音形式。如果朗诵者感受能力弱，内心情感波澜不惊，没有随着文本内容积极运动起来，那么就会停留在“见字出声”层面，如同机器人，没有情感、没有灵魂的朗诵是打动不了人的。

3. 忌“固定腔调”

唱读是一些朗诵者常见的问题，朗诵时容易在词组后拖着尾音，一个词组接着一个词组推进，呈现出单一语流、固定腔调。还有朗诵者因为气息控制不自如，句头出气多、音量重，到句尾时气息弱、音量轻，呈现出单一的下山语势。另外，还有一些朗诵者凭着习惯和感觉，而不是根据语句内容和思想感情的需要，以一种腔调应对所有的句子，也会带来固定腔调的印象。

4. 忌“虚假情感”

常有朗诵者看似很有感情，但其实并未动心，这种虚情假意的表达是无法打动人的。朗诵时要由衷表达，气随情动，因情用气，以情带声。朗诵者要让自己沉浸在文本语境中，感同身受，自己先被打动，才可能感染到他人。

二 自选考级篇目

1. 就是那一只蟋蟀

流沙河

就是那一只蟋蟀
钢翅响拍着金风
一跳跳过了海峡
从台北上空悄悄降落
落在你的院子里
夜夜唱歌
就是那一只蟋蟀
在《豳风·七月》里唱过
在《唐风·蟋蟀》里唱过
在《古诗十九首》里唱过
在花木兰的织机旁唱过
在姜夔的词里唱过
劳人听过
思妇听过
就是那一只蟋蟀
在深山的驿道边唱过
在长城的烽台上唱过
在旅馆的天井中唱过
在战场的野草间唱过
孤客听过
伤兵听过

就是那一只蟋蟀
在你的记忆里唱歌
在我的记忆里唱歌
唱童年的惊喜
唱中年的寂寞
想起雕竹做笼
想起呼灯篱落
想起月饼
想起桂花
想起满腹珍珠的石榴果
想起故园飞黄叶
想起野塘剩残荷
想起雁南飞
想起田间一堆堆的草垛
想起妈妈唤我们回去加衣裳
想起岁月偷偷流去许多许多
就是那一只蟋蟀
在海峡这边唱歌
在海峡那边唱歌
在台北的一条巷子里唱歌
在四川的一个乡村里唱歌
在每个中国人脚迹所到之处
处处唱歌
比最单调的乐曲更单调
比最谐和的音响更谐和
凝成水
是露珠
燃成光
是萤火
变成鸟
是鹧鸪
啼叫在乡愁者的心窝
就是那一只蟋蟀
在你的窗外唱歌
在我的窗外唱歌
你在倾听
你在想念
我在倾听
我在吟哦
你该猜到我在吟些什么
我会猜到你在想些什么

中国人有中国人的心态
中国人有中国人的耳朵

2. 人民万岁

王怀让

你从韶山水田的黄色的阡陌上走来
你从安源煤矿的黑色的巷道里走来
你从湘乡的那棵垂挂着许多苦难的老槲树下走来
你从长沙的那口映照着许多血泪的清水塘畔走来
你走来，径直走上天安门城楼
向着创造历史的人民
用深沉的湖南口音高呼
——人民万岁！
你从可以望到民族志气的上海望志路走来
你从可以看穿世纪烟雨的南湖烟雨楼走来
你从八百里井冈的很有特色的中国的秋收里走来
你从二万里长征的很有气魄的中国的长跑中走来
你走来，大步走上天安门城楼
向着改造历史的人民
用洪亮的湖南口音高呼
——人民万岁！
你从万里雪飘的北国风光走来
你从顿失滔滔的大河上下走来
你从《史记》里的秦皇汉武的赫赫武功中走来
你从《资治通鉴》中的唐宗宋祖的奕奕文采里走来
你走来，很现实地走上天安门城楼
向着扭转乾坤的人民
用可以穿透乾坤的湖南口音高呼
——人民万岁！
你从照耀人民智慧的西江月辉里很抒情地走来
你从奔腾人民力量的满江红浪里很激情地走来
你从《送瘟神》的浮想联翩的兴奋的韵脚中走来
你从《到韶山》的夜不能寐的振奋的平仄里走来
你走来，很浪漫地走上天安门城楼
向着叱咤风云的人民
用可以驾驭风云的湖南口音高呼
——人民万岁！
你走上天安门城楼是为了高呼人民万岁
人民才用自己的身躯把天安门托得如此峨峨巍巍
你走上天安门城楼是为了高呼人民万岁
人民才用自己的血汗把天安门染得这样如描如绘

这就是你教给我们的真理
呼人民万岁的人,他活着的时候
人民才会向着他高呼万岁
你走上天安门城楼是为了高呼人民万岁
把握历史的人民才会让你在史册上永放光辉
你走上天安门城楼是为了高呼人民万岁
主宰世界的人民才会让你在世界上万古永垂
这就是你教给我们的哲学
呼人民万岁的人,他走了
他的思想却可以万岁万万岁
——人民万岁

3.雪落在中国的土地上

艾　青

雪落在中国的土地上,
寒冷在封锁着中国呀……

风,
像一个太悲哀了的老妇
紧紧地跟随着
伸出寒冷的指爪
拉扯着行人的衣襟,
用着像土地一样古老的
一刻也不停地絮聒着……

那从林间出现的,
赶着马车的
你中国的农夫,
戴着皮帽,
冒着大雪
你要到哪儿去呢?

告诉你
我也是农人的后裔——
由于你们的
刻满了痛苦的皱纹的脸
我能如此深深地
知道了
生活在草原上的人们的
岁月的艰辛。

而我
也并不比你们快乐啊
——躺在时间的河流上

苦难的浪涛
曾经几次把我吞没而又卷起——
流浪与监禁
已失去了我的青春的
最可贵的日子，
我的生命
也像你们的生命
一样的憔悴呀

雪落在中国的土地上，
寒冷在封锁着中国呀……

沿着雪夜的河流，
一盏小油灯在徐缓地移行，
那破烂的乌篷船里
映着灯光，垂着头
坐着的是谁呀？
——啊，你
蓬发垢面的少妇，
是不是
你的家
——那幸福与温暖的巢穴——
已被暴戾的敌人
烧毁了吗？
是不是
也像这样的夜间，
失去了男人的保护，
在死亡的恐怖里
你已经受尽敌人刺刀的戏弄？

咳，就在如此寒冷的今夜，
无数的
我们的年老的母亲，
都蜷伏在不是自己的家里，
就像异邦人
不知明天的车轮
要滚上怎样的路程……
——而且
中国的路
是如此的崎岖
是如此的泥泞呀。

雪落在中国的土地上：
寒冷在封锁着中国呀……

透过雪夜的草原

那些被烽火所啮啃着的地域，
无数的，土地的垦植者
失去了他们所饲养的家畜
失去了他们肥沃的田地
拥挤在
生活的绝望的污巷里；
饥谨的大地
伸向阴暗的天
伸出乞援的
颤抖着的两臂。

中国的苦痛与灾难
像这雪夜一样广阔而又漫长呀！
雪落在中国的土地上，
寒冷在封锁着中国呀……

中国，
我的在没有灯光的晚上
所写的无力的诗句
能给你些许的温暖么？

4. 中国人，不跪的人

王怀让

你见过昆仑跪吗？
没有！
昆仑——
那是我们中国
骄傲的腰背！
你见过长城弯腰吗？
没有！
长城——
那是我们民族
自豪的脊椎！
不会下跪！
我们母亲的血液中
没有跪的基因！
我们父亲的骨骼里
没有跪的骨髓
我们的母亲河呀
只会养育吐气和扬眉
而不会养育下跪——

李大钊不会下跪
他那黑色的长衫
让黑色的夜晚在他的面前
打颤！后退！
叶挺不会下跪
他的诗句“为人进出的门紧锁着”
和“为狗爬出的洞敞开着”
已成为分开
人与动物的界碑！
江姐不会下跪
她绣出的红旗
和她穿着的红衣
已成为人间
永不凋谢的红梅！
于是，正义站起来了
倒下的只是犯罪！
正气站起来了
倒下的只有败类
真理站起来了
倒下的只有邪恶
人民站起来了
倒下的只有魔鬼
听，一个洪亮的声音：
激荡于天地之间
回响在千山万水
“中国人民
从此
站起来了！”
于是，中国的白天
太阳站起来了
四面都是光辉……
中国的夜晚
月亮站起来了
八方都是明媚……
站起来
站起来才能走路——
我们走出了京广
走出了陇海
又走出了京九
那千重山
万重水……

站起来，站起来才能起飞我
们飞出了卫星
飞出了火箭
又飞出了“长二捆”
那满天风
一声雷……
站起来，站起来！
站起来走进奥运——
起跑才更振奋
冲刺才更无畏！
今天，在人类的赛场上
五星红旗
是多么的叫人
泪流血沸……
让我们永远铭记
我们中国人
是不跪的人
我们——对谁，对谁也不下跪
我们——永远，永远也不下跪！
我们中国人永远，永远顶天立地！

5. 对衰老的回答

周　涛

对衰老的回答
孩子们不会想到老，
当然新鲜的生命连死亡也不会相信。
青年人也没工夫去想老，
炽烈的火焰不可能理解灰烬。
但是，总有一天衰老和死亡的磁场，
会收走人间的每一颗铁钉！
我想到自己的衰老了。
因为年龄的吃水线已使我颤栗、吃惊；
“甚至于在梦中都能感到，
生命的船正渐渐下沉
“但是别怕！”我安慰自己，
人生就是攀登。
走上去，不过是宁静的雪峰。
死亡也许不是穿黑袍的骷髅，
它应该和诞生一样神圣
我也设想了自己的老境——
深秋叶落的梧桐，

风沙半掩的荒村；
心的夕阳，
沉在岁月的黄昏，
稀疏的白草在多皱的崖顶飘动；
颤抖滞涩的手笔，
深奥莫测的花镜，
借一缕冬日罕见的阳光
翻晒人生的全部历程；
“累吗?”我想问自己，
回首往事，
最高的幸福应该是心灵不能平静。
我很平凡，不可能活得无愧无悔，
我很普通，也不敢奢望猎取功名。
我宁肯作一匹消耗殆尽的骆驼
倒毙于没有终点的途中；
我甘愿是一匹竭力弛骋的奔马
失蹄于不可攀援的险峰。
让我生命的船在风暴降临的海面浮沉吧，
让我肺腑的歌在褒贬毁誉中永生
我愿接受命运之神的一切馈赠，
只拒绝一样：平庸。
我不要世俗的幸福，
却甘愿在艰难曲折中寻觅真金。
即使我衰老了。我也是骄傲的：
瞧吧，这才是真正好汉的一生！
白发如银，那是智慧结晶；
牙齿脱落，那是尝遍艰辛。
我将依然豪迈，依然乐观，
只是思想变得大海般深沉。
命运哪！你岂能改变得了我的本性?
我会说：“我生活过了，思索过了，
用整整一生作了小小的耕耘。”
我愿身躯成为枯萎的野草，
却不愿在脂肪的包围中无病呻吟，
我愿头颅成为滚动的车轮，
而决不在私欲的阵地上固守花荫；
我愿手臂成为前进的路标，
也决不在历史的长途上阻挡后人
这才是老人的美啊——
美得庄严，美得凝重。
岁月刻下的每一笔皱纹，

都是耐人寻味的人生辙印
这才是我的履历,我的碑文,
才是我意志的考场,才能的准秤。
而且,越是接近死亡,
就越是对人间爱得深沉;
哪怕躯壳已如斑驳的古庙,
而灵魂犹似铜铸的巨钟!
生活的每一次撞击,
都会发出浑厚悠远的声音
假如有一天,
我被后人挤出这人间世界,
那么高山是我的坟茔,
河流是我的笑声,
在人类高尚者的丰碑上
一定会找见我的姓名。

6. 小草在歌唱

——悼女共产党员张志新烈士

雷抒雁

风说:忘记她吧!
我已用尘土,
把罪恶埋葬!
雨说:忘记她吧!
我已用泪水,
把耻辱洗光!
是的,多少年了,
谁还记得,
这里曾是刑场?
行人的脚步,来来往往,
谁还想起,
他们的脚踩在
一个女儿、
一个母亲、
一个为光明献身的战士的心上?
只有小草不会忘记。
因为那殷红的血,
已经渗进土壤;
因为那殷红的血,
已经在花朵里放出清香!
只有小草在歌唱。
在没有星光的夜里,

唱得那样凄凉；
在烈日暴晒的正午，
唱得那样悲壮！
象要砸碎焦石的潮水，
象要冲决堤岸的大江……
正是需要光明的暗夜，
阴风却吹灭了星光；
正是需要呐喊的荒野，
真理的嘴却被封上！
黎明。一声枪响，
在祖国遥远的东方，
溅起一片血红的霞光！
呵，年老的妈妈，
四十多年的心血，
就这样被残暴地泼在地上；
呵，幼小的孩子，
这样小小年纪，
心灵上就刻下了
终生难以愈合的创伤！
我恨我自己，
竟睡得那样死，
像喝过魔鬼的迷魂汤，
让辚辚囚车，
碾过我僵死的心脏！
我是军人，
却不能挺身而出，
像黄继光，
用胸脯筑起一道铜墙！
而让这颗罪恶的子弹，
射穿祖国的希望，
打进人民的胸膛！
我惭愧我自己，
我是共产党员，
却不如小草，
让她的血流进脉管，
日里夜里，不停歌唱……
虽然不是
面对匈子军的大胡子连长，
她却像刘胡兰一样坚强；
虽然不是
在渣滓洞的魔窟，

她却像江竹筠一样悲壮！
这是二十世纪，七十年代，
社会主义中国特殊的土壤里，
成长起的英雄
——丹娘！
她是夜明珠，
暗夜里，
放射出灿烂的光芒；
死，消灭不了她，
她是太阳，
离开了地平线，
却闪耀在天上！
我们有八亿人民，
我们有三千万党员，
七尺汉子，
伟岸得像松林一样，
可是，当风暴袭来的时候，
却是她，冲在前边，
挺起柔嫩的肩膀，
肩起民族大厦的栋梁！
我曾满足于——
月初，把党费准时交到小组长的手上；
我曾满足于——
党日，在小组会上滔滔不绝地汇报思想！
我曾苦恼，
我曾惆怅，
专制下，吓破过胆子，
风暴里，迷失过方向！
如丝如缕的小草哟，
你在骄傲地歌唱，
感谢你用鞭子
抽在我的心上，
让我清醒，
让我清醒，
昏睡的生活，
比死更可悲，
愚昧的日子，
比猪更肮脏！
就这样——
黎明。一声枪响，
她倒下去了，

倒在生她养她的祖国大地上。
她的琴呢?
那把她奏出过欢乐,
奏出过爱情的琴呢?
莫非就此成了绝响?
她的笔呢?
那支写过檄文,
写过诗歌的笔呢?
战士,不能没有刀枪!
我敢说:她不想死!
她有母亲:风烛残年,
受不了这多悲伤!
她有孩子:花蕾刚绽,
怎能落上寒霜!
她是战士,
敌人如此猖狂,
怎能把眼合上!
我敢说:她没有想到会死。
不是有宪法么?
民主,有明文规定的保障;
不是有党章么,
共产党员应多想一想。
就像小溪流出山涧,
就像种子钻出地面,
发现真理,坚持真理,
本来就该这样!
可是,她却被枪杀了,
倒在生她养她的母亲身旁……
法律呵,
怎么变得这样苍白,
苍白得像废纸一方;
正义呵,
怎么变得这样软弱,
软弱得无处伸张!
只有小草变得坚强,
托着她的身躯,
托着她的枪伤,
把白的,红的花朵,
插在她的胸前,
日里夜里,风中雨中,
为她歌唱……

这些人面豺狼，
愚蠢而又疯狂！
他们以为镇压，
就会使宝座稳当；
他们以为屠杀，
就能扑灭反抗！
岂不知烈士的血是火种，
插出去，
能够燃起四野火光！
我敢说：
如果正义得不到伸张，
红日，
就不会再升起在东方！
我敢说，
如果罪行得不到清算，
地球，
也会失去分量！
你看，从草地上走过来的是谁？
油黑的短发，
披着霞光；
大大的眼睛，
像星星一样明亮；
甜甜的笑，
谁看见都会永生印在心上！
母亲呵，你的女儿回来了，
她是水，钢刀砍不伤；
孩子呵，你的妈妈回来了，
她是光，黑暗难遮挡！
死亡，不属于她，
千秋万代，
人们都会把她当作榜样！
去拥抱她吧，
她是大地女儿，
太阳，
给了她光芒；
山岗，
给了她坚强；
花草，
给了她芳香！
跟她在一起，
就会看到希望和力量……

六月七日夜不成寐
六月八日急就于曙光中

7.吹号者

艾　青

好像曾经听到人家说过，吹号者的命运是悲苦的，当他用自己的呼吸摩擦了号角的铜皮使号角发出声响的时候，常常有细到看不见的血丝，随着号声飞出来……

吹号者的脸常常是苍黄的……
在那些蜷卧在铺散着稻草的地面上的
困倦的人群里，
在那些穿着灰布衣服的污秽的人群里，
他最先醒来——
他醒来显得如此突兀
每天都好像被惊醒似的，
是的，他是被惊醒的，
惊醒他的
是黎明所乘的车辆的轮子
滚在天边的声音。
他睁开了眼睛，
在通宵不熄的微弱的灯光里
他看见了那挂在身边的号角，
他困惑地凝视着它
好像那些刚从睡眠中醒来
第一眼就看见自己心爱的恋人的人
一样欢喜——
在生活注定给他的日子当中
他不能不爱他的号角；
号角是美的——
它的通身
发着健康的光彩，
它的颈上
结着绯红的流苏。
吹号者从铺散着稻草的地面上起来了，
他不埋怨自己是睡在如此潮湿的泥地上，
他轻捷地绑好了裹腿，
他用冰冷的水洗过了脸，
他看着那些发出困乏的鼾声的同伴，
于是他伸手携去了他的号角；
门外依然是一片黝黑，
黎明没有到来，
那惊醒他的
是他自己对于黎明的

过于殷切的向往
他走上了山坡，
在那山坡上伫立了很久，
终于他看见这每天都显现的奇迹：
黑夜收敛起她那神秘的帷幔，
群星倦了，一颗颗地散去……
黎明——这时间的新嫁娘啊
乘上有金色轮子的车辆
从天的那边到来……
我们的世界为了迎接她，
已在东方张挂了万丈的曙光……
看，
天地间在举行着最隆重的典礼……
现在他开始了，
站在蓝得透明的天穹的下面，
他开始以原野给他的清新的呼吸
吹送到号角里去，
——也夹带着纤细的血丝么？
使号角由于感激
以清新的声响还给原野，
——他以对于丰美的黎明的倾慕
吹起了起身号，
那声响流荡得多么辽远啊……
世界上的一切，
充溢着欢愉
承受了这号角的召唤……
林子醒了
传出一阵阵鸟雀的喧吵，
河流醒了
召引着马群去饮水，
村野醒了
农妇匆忙地从堤岸上走过，
旷场醒了
穿着灰布衣服的人群
从披着晨曦的破屋中出来，
拥挤着又排列着……
于是，他离开了山坡，
又把自己消失到那
无数的灰色的行列中去。
他吹过了吃饭号，
又吹过了集合号，

而当太阳以轰响的光采
辉煌了整个开穹的时候，
他以催促的热情
吹出了出发号。
那道路
是一直伸向永远没有止点的天边去的，
那道路
是以成万人的脚蹂踏着
成千的车轮滚辗着泥泞铺成的，
那道路
连结着一个村庄又连结一个村庄，
那道路
爬过了一个土坡又爬过一个土坡，
而现在
太阳给那道路镀上了黄金了，
而我们的吹号者
在阳光照着的长长的队伍的最前面，
以行进号
给前进着的步伐
做了优美的拍节……
灰色的人群
散布在广阔的原野上，
今日的原野呵，
已用展向无限去的暗绿的苗草
给我们布置成庄严的祭坛了：
听，震耳的巨响
响在天边，
我们呼吸着泥土与草混合着的香味，
却也呼吸着来自远方的烟火的气息，
我们蛰伏在战壕里，
沉默而严肃地期待着一个命令，
像临盆的产妇
痛楚地期待着一个婴儿的诞生，
我们的心胸
从来未曾有像今天这样的充溢着爱情，
在时代安排给我们的
——也是自己预定给自己的
生命之终极的日子里，
我们没有一个不是以圣洁的意志
准备着获取在战斗中死去的光荣啊！
于是，惨酷的战斗开始了——

无数千万的战士
在闪光的惊觉中跃出了战壕，
广大的，激剧的奔跑
威胁着敌人地向前移动……
在震撼天地的冲杀声里，
在决不回头的一致的步伐里，
在狂流般奔涌着的人群里，
在紧密的连续的爆炸声里，
我们的吹号者
以生命所给与他的鼓舞，
一面奔跑，一面吹出了那
短促的，急迫的，激昂的，
在死亡之前决不中止的冲锋号，
那声音高过了一切，
又比一切都美丽，
正当他由于一种不能闪避的启示
任情地吐出胜利的祝祷的时候，
他被一颗旋转过他的心胸的子弹打中了！
他寂然地倒下去
没有一个人曾看见他倒下去，
他倒在那直到最后一刻
都深深地爱着的土地上，
然而，他的手
却依然紧紧地握着那号角；
在那号角滑溜的铜皮上，
映出了死者的血
和他的惨白的面容；
也映出了永远奔跑不完的
带着射击前进的人群，
和嘶鸣的马匹，
和隆隆的车辆……
而太阳，太阳
使那号角射出闪闪的光芒……
听啊，
那号角好像依然在响……

8. 甘蔗林——青纱帐

郭小川

南方的甘蔗林哪，南方的甘蔗林！
你为什么这样香甜，又为什么那样严峻？
北方的青纱帐啊，北方的青纱帐！

你为什么那样遥远，又为什么这样亲近？
我们的青纱帐哟，跟甘蔗林一样地布满浓荫，
那随风摆动的长叶啊，也一样地鸣奏嘹亮的琴音。
我们的青纱帐哟，跟甘蔗林一样地脉脉情深，
那载着阳光的露珠啊，也一样地照亮大地的清晨。
肃杀的秋天毕竟过去了，繁华的夏日已经来临，
这香甜的甘蔗林哟，哪还有青纱帐里的艰辛！
时光像泉水一般涌啊，生活像海浪一般推进，
那遥远的青纱帐哟，哪曾有甘蔗林的芳芬！
我年青时代的战友啊，青纱帐里的亲人！
让我们到甘蔗林集合吧，重新会会昔日的风云；
我战争中的伙伴啊，一起在北方长大的弟兄们！
让我们到青纱帐去吧，喝令时间退回我们的青春。
可记得？我们曾经有过一个伟大的发现：
住在青纱帐里，高粱秸比甘蔗还要香甜；
可记得？我们曾经有过一个大胆的判断：
无论上海或北京，都不如这高粱地更叫人留恋。
可记得？我们曾经有过一种有趣的梦幻：
革命胜利以后，我们一道捋着白须、游遍江南；
可记得？我们曾经有过一点渺小的心愿：
到了社会主义时代，狠狠心每天抽它三支香烟。
可记得？我们曾经有过一个坚定的信念：
即使死了化为粪土，也能叫高粱长得杆粗粒圆；
可记得？我们曾经有过一次细致的计算：
只要青纱帐不倒，共产主义肯定要在下一代实现。
可记得？在分别时，我们定过这样的方案：
将来，哪里有严重的困难，我们就在哪里见面；
可记得？在胜利时，我们发过这样的誓言：
往后，生活不管甜苦，永远也不忘记昨天和明天。
我年青时代的战友啊，青纱帐里的亲人！
你们有的当了厂长、学者，有的做了编辑、将军，
能来甘蔗林里聚会吗？——不能又有什么要紧！
我知道，你们有能力驾驭任何险恶的风云。
我战争中的伙伴啊，一起在北方长大的弟兄们！
你们有的当了工人、教授，有的作了书记、农民，
能回到青纱帐去吗？——生活已经全新，
我知道，你们有勇气唤回自己的战斗的青春。
南方的甘蔗林哪，南方的甘蔗林！
你为什么这样香甜，又为什么那样严峻？
北方的青纱帐啊，北方的青纱帐！
你为什么那样遥远，又为什么这样亲近？

9. 回延安

贺敬之

心口呀莫要这么厉害地跳，
灰尘呀莫把我眼睛挡住了……
手抓黄土我不放，
紧紧儿贴在心窝上。
几回回梦里回延安，
双手搂定宝塔山。
千声万声呼唤你
——母亲延安就在这里！
杜甫川唱来柳林铺笑，
红旗飘飘把手招。
白羊肚手巾红腰带，
亲人们迎过延河来。
满心话登时说不出来，
一头扑在亲人怀。
二十里铺送过柳林铺迎，
分别十年又回家中。
树梢树枝树根根，
亲山亲水有亲人。
羊羔羔吃奶眼望着妈，
小米饭养活我长大。
东山的糜子西山的谷，
肩膀上的红旗手中的书。
手把手儿教会了我，
母亲打发我们过黄河。
革命的道路千万里，
天南海北想着你……
米酒油馍木炭火，
团团围定炕上坐。
满窑里围得不透风，
脑畔上还响着脚步声。
老爷爷进门气喘得紧：
"我梦见鸡毛信来——可真见亲人……"
亲人见了亲人面
欢喜的眼泪眼眶里转。
"保卫延安你们费了心，
白头发添了几根根。"
团支书又领进社主任，
当年的放羊娃如今长成人。
白生生的窗纸红窗花，

娃娃们争抢来把手拉。
一口口的米酒千万句话，
长江大河起浪花。
十年来革命大发展，
说不尽这三千六百天……
千万条腿来千万只眼，
也不够我走来也不够我看！
头顶着蓝天大明镜，
延安城照在我心中：
一条条街道宽又平，
一座座楼房披彩虹；
一盏盏电灯亮又明，
一排排绿树迎春风……
对照过去我认不出了你，
母亲延安换新衣。
杨家岭的红旗啊高高地飘，
革命万里起高潮！
宝塔山下留脚印，
毛主席登上了天安门！
枣园的灯光照人心，
延河滚滚喊“前进”！
赤卫军，青年团，红领巾，
走着咱英雄几辈辈人……
社会主义路上大踏步走，
光荣的延河还要在前头！
身长翅膀吧脚生云，
再回延安看母亲！

10. 海　燕

〔苏联〕高尔基

在苍茫的大海上，狂风卷集着乌云。在乌云和大海之间，海燕像黑色的闪电，在高傲地飞翔。

一会儿翅膀碰着波浪，一会儿箭一般地直冲向乌云，它叫喊着，——就在这鸟儿勇敢的叫喊声里，乌云听出了欢乐。

在这叫喊声里——充满着对暴风雨的渴望！在这叫喊声里，乌云听出了愤怒的力量、热情的火焰和胜利的信心。

海鸥在暴风雨来临之前呻吟着，——呻吟着，它们在大海上飞窜，想把自己对暴风雨的恐惧，掩藏到大海深处。

海鸭也在呻吟着，——它们这些海鸭啊，享受不了生活的战斗的欢乐：轰隆隆的雷声就把它们吓坏了。

蠢笨的企鹅，胆怯地把肥胖的身体躲藏到悬崖底下……只有那高傲的海燕，勇敢地，自由自在地，在泛起白沫的大海上飞翔！

乌云越来越暗，越来越低，向海面直压下来，而波浪一边歌唱，一边冲向高空，去迎接那雷声。

雷声轰响。波浪在愤怒的飞沫中呼叫，跟狂风争鸣。看吧，狂风紧紧抱起一层层巨浪，恶狠狠地把它们甩到悬崖上，把这些大块的翡翠摔成尘雾和碎末。

海燕叫喊着，飞翔着，像黑色的闪电，箭一般地穿过乌云，翅膀掠起波浪的飞沫。

看吧，它飞舞着，像个精灵，——高傲的、黑色的暴风雨的精灵，——它在大笑，它又在号叫……它笑那些乌云，它因为欢乐而号叫！

这个敏感的精灵，——它从雷声的震怒里，早就听出了困乏，它深信，乌云遮不住太阳，——是的，遮不住的！

狂风吼叫……雷声轰响……

一堆堆乌云，像青色的火焰，在无底的大海上燃烧。大海抓住闪电的箭光，把它们熄灭在自己的深渊里。这些闪电的影子，活像一条条火蛇，在大海里蜿蜒游动，一晃就消失了。

——暴风雨！暴风雨就要来啦！

这是勇敢的海燕，在怒吼的大海上，在闪电中间，高傲地飞翔；这是胜利的预言家在叫喊：

——让暴风雨来得更猛烈些吧！

11. 想北平

老 舍

设若让我写一本小说，以北平作背景，我不至于害怕，因为我可以捡着我知道的写，而躲开我所不知道的。让我单摆浮搁的讲一套北平，我没办法。北平的地方那么大，事情那么多，我知道的真觉太少了，虽然我生在那里，一直到二十七岁才离开。以名胜说，我没到过陶然亭，这多可笑！以此类推，我所知道的那点只是"我的北平"，而我的北平大概等于牛的一毛。

夸奖这个古城的某一点是容易的，可是那就把北平看得太小了。

我所爱的北平不是枝枝节节的一些什么，而是整个儿与我的心灵相粘合的一段历史，一大块地方，多少风景名胜，从雨后什刹海的蜻蜓一直到我梦里的玉泉山的塔影，都积凑到一块，每一小的事件中有个我，我的每一思念中有个北平，这只有说不出而已。

真愿成为诗人，把一切好听好看的字都浸在自己的心血里，像杜鹃似的啼出北平的俊伟。啊，我不是诗人！我将永远道不出我的爱，一种像由音乐与图画所引起的爱。这不但辜负了北平，也对不住我自己，因为我的最初的知识与印象都得自北平，它是在我的血里，我的性格与脾气里有许多地方是这古城所赐给的。我不能爱上海与天津，因为我心中有个北平。可是我说不出来！

伦敦，巴黎，罗马与堪司坦丁堡，曾被称为欧洲的四大"历史的都城"。我知道一些伦敦的情形；巴黎与罗马只是到过而已；堪司坦丁堡根本没有去过。就伦敦，巴黎，罗马来说，巴黎更近似北平——虽然"近似"两字要拉扯得很远——不过，假使让我"家住巴黎"，我一定会和没有家一样的感到寂苦。巴黎，据我看，还太热闹。自然，那里也有空旷静寂的地方，可是又未免太旷；不像北平那样既复杂又有个边际，使我能摸着——那长着红酸枣的老城墙！面向着积水滩，背后是城墙，坐在石上看水中的小蝌蚪或苇叶上的嫩蜻蜓，我可以快乐的坐一天，心中完全安适，无所求也无可怕，像小儿安睡在摇篮里。

是的，北平也有热闹的地方，但是它和太极拳相似，动中有静。巴黎有许多地方使人疲乏，所以咖啡与酒是必要的，以便刺激；在北平，有温和的香片茶就够了。

论说巴黎的布置已比伦敦罗马匀调的多了，可是比上北平还差点事儿。北平在人为之中显出自然，几乎是什么地方既不挤得慌，又不太僻静：最小的胡同里的房子也有院子与树；最空旷的地方也离买卖街与住宅区不远。这种分配法可以算——在我的经验中——天下第一了。北平的好处不在处处设备得完全，而在它处处有空儿，可以使人自由的喘气；不在有好些美丽的建筑，而在建筑的四围都有空闲的地方，使它们成为美景。每一个城楼，每一个牌楼，都可以从老远就看见。况且在街上还可以看见北山与西山呢!

好学的,爱古物的,人们自然喜欢北平,因为这里书多古物多。我不好学,也没钱买古物。对于物质上,我却喜爱北平的花多菜多果子多。花草是种费钱的玩艺,可是此地的“草花儿”很便宜,而且家家有院子,可以花不多的钱而种一院子花,即使算不了什么,可是到底可爱呀。墙上的牵牛,墙根的靠山竹与草茉莉,是多么省钱省事而也足以招来蝴蝶呀!至于青菜,白菜,扁豆,毛豆角,黄瓜,菠菜等等,大多数是直接由城外担来而送到家门口的。雨后,韭菜叶上往往还带着雨时溅起的泥点。青菜摊子上的红红绿绿几乎有诗似的美丽。果子有不少是由西山与北山来的,西山的沙果,海棠,北山的黑枣,柿子,进了城还带着一层白霜儿呀!哼,美国的橘子包着纸;遇到北平的带霜儿的玉李,还不愧杀!

是的,北平是个都城,而能有好多自己产生的花,菜,水果,这就使人更接近了自然。从它里面说,它没有像伦敦的那些成天冒烟的工厂;从外面说,它紧连着园林,菜圃与农村。

采菊东篱下,在这里,确是可以悠然见南山的;大概把“南”字变个“西”或“北”,也没有多少了不得的吧。像我这样的一个贫寒的人,或者只有在北平能享受一点清福了。

好,不再说了吧;要落泪了,真想念北平呀!

12. 我的心

巴　金

近来,不知道什么缘故,我的这颗心痛得更厉害了。

我要对我的母亲说:“妈妈,请你把这颗心收回去吧,我不要它了。”

记得你当初把这颗心交给我的时候曾对我说过:“你的父亲一辈子拿着它待人爱人,他和平安宁的度过了一生。在他临死的时候把这颗心交给我,要我在你长成的时候交给你。他说,承受这颗心的人将永远正直、幸福,并且和平安宁的度过一生。现在你长成了,也就承受了这颗心,带着我的祝福,孩子,到广大的世界中去吧。”

这些年来,我怀着这颗心走遍了世界,走遍了人心的沙漠,所得到的只是痛苦和痛苦的创痕。

正直在哪里?幸福在哪里?和平在哪里?这一切可怕的景象哪一天才会看不到?这一切可怕的声音哪一天才会听不见?这样的悲剧哪一天,才不会再演?这一切象箭一般的射到我的心上,我的心已经布满了痛苦的创痕,因此,我的心痛得更厉害了。

我不要这颗心了。有了它,我不能闭目为盲;有了它,我不能塞耳为聋;有了它,我不能吞炭为哑;有了它,我不能在人群的痛苦中找寻我的幸福;有了它,我就不能和平的生活在这个世界上;有了它,我就不能活下去了。

妈妈呀,请你饶了我吧!这颗心我实在不要,不能要了!

多时以来,我就下决心放弃一切,让人们去竞争,去残杀,让人们来虐待我,凌辱我,我只要有一时的安息。可我的心不肯这样!它要使我看、听、说,看我所怕看的,听我所怕听的,说别人所不愿听的。于是我又苦苦的向它要求到:“心啊,你去吧,不要在这样苦苦的恋着我!有了你,我无论如何不能活在这个世界上啊,所以,请你为了我幸福的缘故,撇开我去吧!

它没有回答,因为它如今知道,既然它被你的祝福拴在我的心房上,那么,它也只能由你的诅咒而分开。

好吧,妈妈,请你诅咒我吧!请你允许我放走这颗心去吧,让它去毁灭吧!因为它不能活在这个世界上,而有了它,我也不能活在这个世界上了!

在这样大的血泪的海中,一个人,一颗心算得了什么?能做什么?妈妈,请你诅咒我吧,请你收回这颗心吧,我不要它了!

可是,我的母亲,已经死了很多年了。

13. 有一个字，与生俱来，排山倒海

邓康延

有一个字，它是一种付出，也是一种得到；它是一种情感，也是一种行为；它是从猿到人就有的表达，也是从这辈人到无穷辈人的接力传递；它不是生活的全部，却是支撑全部生活的支柱；它可能发生在每一个角落、每一个瞬间，又被人终极的眷恋……

那就是——“爱”。

母亲的爱，谁言寸草心，报得三春晖；

朋友的爱，孤帆远影碧空尽，惟见长江天际流；

情侣的爱，何当共剪西窗烛，却话巴山夜雨时；

山河的爱，白日依山尽，黄河入海流；

悲悯的爱，念天地之悠悠，独怆然而涕下；

家国的爱，人生自古谁无死，留取丹心照汗青……

回到今天，在这样一个寄信的邮筒变成空巢，0.1 秒就可以千万里问候千万个人的年代；在这样一个相思不需要苦守，一张电子机票三个小时就可以海南岛海口拥抱北京的年代，爱，变得快捷而单调，自我而多元。我们常常会发现：加进了按钮的、金卡的、时尚的外在力量，看似容易的爱，其实已变得稀缺。一夜情多了，海誓山盟里的海就变得枯竭了；超级市场的手推车可以把家装满，疲惫的心却可能是空空荡荡；快餐风行的日子，妈妈熬了又熬的粥成为普遍的怀念。

我们不是物质的苦行僧，也不是情感的守财奴。我们接受 IT 时代的洗礼，调整转型期地球村的时差和心理落差，但是我们还守护着心底的一份深深的眷恋，那是永不过时的生命时尚，永不贬值的人生牵挂。在座的每个人都是母亲的孩子，也会是孩子的父母，或者是一棵树一只鸟一片云，是地球上这一刻的自然绽放，下一刻的血脉传承。所有的这些链接和延伸都源于那一个神奇的字眼儿。

今天，让我们关掉手机和内心的杂念，合围成一个气场，你会发现，爱和被爱，像空气一样，自由流动，深刻而简单。如果说，“茄子”代表了我们拍照时“微笑”的口形，那么，请大家一起来试试，发出这一个古老汉字最具“呼唤”的口形——“爱”。这个字对你对我对他，与生俱来，排山倒海。

——“爱”

爱，让我们永远在一起！

我们都是啼哭着来到这个世界，我们又被人哭泣的离开，不是因为有多少苦难，而是因为有太多的牵挂。爱，那是一个人的源头和结尾，是青藏高原上冰川融化的涓涓细流，是涓涓细流里生生不息的大海。那么从今天开始尝试着给你爱的人和爱你的人一点具体行动吧！给远方的父母多一些电话时间，陪年幼的儿女共同做好一件小事，给失意的朋友多一些聊天的机会，和热恋的情侣共同打开心底的每一个角落，见到残疾人朋友伸出您热情的双手，甚至也要让陌生人也能看到您的微笑。生活表明，从心底里散发出的爱，就像手机上美妙的段子会被一次次转发，一次次拷贝。世界上最快能抵达人心的力量不是奔驰，不是宝马，不是波音 737，也不是神六神七神八神九神十，那是物质所不能为，那是唯有人所具有的心电感应，最大的能源，你能，我能，我们都能，只能是爱。

爱，让我们永远在一起。

14. 老北京的四合院

邓云乡

四合院之好，在于它有房子、有院子、有大门、有房门。关上大门，自成一统；走出房门，顶天立地；四顾环绕，中间舒展；廊栏曲折，有露有藏。如果条件好，几个四合院连在一起，那除去合之外，

又多了一个深字。“庭院深深深几许”“一场愁梦酒醒时，斜阳却照深深院”……这样纯中国式的诗境，其感人深处，是和古老的四合院建筑分不开的。

北京四合院好在其合，贵在其敞。合便于保存自我的天地；敞则更容易观赏广阔的空间，视野更大，无坐井观天之弊。这样的居住条件，似乎也影响到居住者的素养气质。一方面是不干扰别人，自然也不愿别人干扰。二方面很敞快、较达观、不拘谨、较坦然，但也缺少竞争性，自然也不斤斤计较。三方面对自然界很敏感，对春夏秋冬岁时变化有深厚情致。让我们先来看看四合院的春、夏、秋、冬。

冬至过了是腊八，四合院春的消息已经开始萌动了。过了二十三，离年剩七天……在腊尽春回之际，四合院中自然是别有一番风光了，最先是围绕着年的点缀。半世纪前，老式人家还要贴春联，而新式人家或客居的半新式人家，春联一般都免了。但都要打扫房子，重新糊窗户。打扫房屋如果说雅言叫掸尘，北京人说话讲究忌讳，大年下的，什么打呀，扫呀，说着不雅驯，因而也总叫掸尘了。四合院屋里屋外，打扫得干干净净，首先给人以万象一新之感。

可就在这样明媚的春光中，中午前后，忽听得院子里拍打一声，什么东西一响，啊——起风了，“不刮春风地不开，不刮秋风子不来。”北京的大风常常由正月里刮起，直刮到杨柳树发了芽，桃李树开了花。四合院中是不栽杨柳树的。但桃树、李树可能有。而最多的则是丁香树、海棠树，这是点缀四合院春光的使者。

春节也就是北京四合院中人们说的过年，由冬至算起的“九九”计之，一般常“六九”前后，已过“三九”严寒的高峰，天气渐渐回暖，四合院墙阴的积雪渐渐化了，檐前挂着晶莹的“檐溜”，一滴一滴的水滴下来……虽然忙年的人们，无暇顾及四合院中气候的变化，但春的脚步一天天地更近了。

春节到了，拜年的人一进垂花门，北屋的大奶奶隔着窗户早已望见了，连忙一掀帘子出来迎接。簇新蓝布大褂，绣花缎子骆驼棉鞋，鬓上插一朵红绒喜字，那身影从帘子边上一闪，那光芒已照满整个四合院，融化在一片乐声笑语中了……

15. 嘎达梅林

佚　名

鲜血和汗水刺痛了我的眼睛，使我对眼前的一切越来越模糊了。

长生天呐，你睁开双眼看看这被血泪浸透的科尔沁草原吧，如今，她只留下了一片凄凉。

达尔汗王爷为了满足自己抽大烟的嗜好，竟然要把草原卖给日本人。一夜之间，牧民们失去了家园，温暖的蒙古包被烈火烧光了，风吹草低再也看不见了牛羊。军阀匪徒横行霸道，穷苦牧民受尽了折磨，这像鲜花一样的草原被践踏了，草原上到处是百姓们揪心的哀号。

我身为梅林，见百姓有难而不救是我的失职。这草原是祖先留下的生存之地呀，王爷，请为子孙后代着想，草原可不是荒地，一经翻恳，大风吹过，土被刮尽，只剩下了沙子，不出十年，科尔沁千里草原将化为沙漠。王爷，您是达尔汗之主，不能不顾百姓的死活就这么走了呀。王爷，草原上的草可以喂牛羊，也可以化为烈火，若是将百姓们逼到死路上去，你有没有想过，当年老王爷……

不能保护百姓，就是当一辈子的梅林也只是个奴才。我明白了，牧民们就是剥下一层皮，也不够王府摆一次宴席；农民们辛苦劳累一年的收成，也不够王爷和福晋点一盏烟灯。老百姓过不上安生日子，就是因为有你们这些吃人肉、喝人血的魔鬼。日本人，日本人勾结官府占我草原，用心阴险呐。王爷，自古官逼民反，你们鱼肉百姓，早晚会有报应的这一天。

长生天在上，达尔汗的百姓们，我和你们一样，不分满蒙还是汉回，都生长在这片草原上，我们脚下的这片土地和草原，是长生天赐给我们每一个人的。祖先把这块草原留给了我们，而我们绝不能给后代留下沙漠。今天，老百姓没有了活路就只有造反，谁伤害百姓就让他用命来偿还。在这里，向长生天起誓的，是我，嘎达梅林。

受苦受难的百姓们，草原上的牧民们，拿起你们的棍棒刀枪，为了我们的土地和草原不落到日本人的手里，我们就是粉身碎骨，也要和他们决一死战。

现在，摆在我面前的，是明晃晃的刺刀和黑洞洞的枪口。开枪吧，你们的子弹可以从我的身上穿过去，可是却永远不会射穿这个伟大民族的胸膛。来呀，试试你们的胆量，冲这儿开枪。放心，草原上的男人不会跪着死。

嘎达死了，他是为了百姓的土地，为了人民的利益而死的。长生天呐，请厚葬这位蒙古民族的英雄吧。

请永远的记住，那些为了美丽的草原流淌过鲜血和付出过生命的勇士们；请永远的记住，嘎达梅林。

16. 采蒲台的苇

孙 犁

我到了白洋淀，第一个印象是，水养活了苇草，人们依靠苇生活。这里到处是苇，人和苇结合的是那么紧。人好像寄生在苇里的鸟儿，整天不停地在苇里穿来穿去。

我渐渐知道，苇也因为性质的软硬、坚固和脆弱，各有各的用途。其中，大白皮和大头栽因为色白、高大，多用来织小花边的炕席；正草因为有骨性，则多用来铺房、填房碱；白毛子只有漂亮的外形，却只能当柴烧；假皮织篮捉鱼用。

我来的早，淀里的凌还没有完全融化。苇子的根还埋在冰冷的泥里，看不见大苇形成的海。我走在淀边上，想象假如是五月，那会是苇的世界。

在村里是一垛垛打下来的苇，它们柔顺地在妇女们的手里翻动。远处的炮声还不断传来，人民的创伤并没有完全平复。关于苇塘，就不只是一种风景，它充满火药的气息，和无数英雄的血液的记忆。如果单纯是苇，如果单纯是好看，那就不成为冀中的名胜。

这里的英雄事迹很多，不能一一记述。每一片苇塘，都有英雄的传说。敌人的炮火，曾经摧残它们，它们无数次被火烧光，人民的血液保持了它们的清白。

最好的苇出在采蒲台。一次，在采蒲台，十几个干部和全村男女被敌人包围。那是冬天，人们被围在冰上，面对着等待收割的大苇塘。

敌人要搜查。干部们有的带着枪，认为是最后战斗流血的时候到来了。妇女们却偷偷地把怀里的孩子递过去，告诉他们把枪支插在孩子的裤裆里。搜查的时候，干部又顺手把孩子递给女人……十二个女人不约而同地这样做了。仇恨是一个，爱是一个，智慧是一个。

枪掩护过去了，闯过了一关。这时，一个四十多岁的人，从苇塘打苇回来，被敌人捉住。敌人问他："你是八路？""不是！""你村里有干部？""没有！"敌人砍断他半边脖子，又问："你的八路？"他歪着头，血流在胸膛上，说："不是！""你村的八路大大的！""没有！"妇女们忍不住，她们一齐沙着嗓子喊："没有！没有！"

他被敌人杀死了，他倒在冰上。血冻结了，血是坚定的，死是刚强！

"没有！没有！"这声音将永远响在苇塘附近，永远响在白洋淀人民的耳朵旁边，甚至应该一代代传给我们的子孙。永远记住这两句简短有力的话吧！

17. 水浒传(节选)

[元末明初] 施耐庵

话说林冲打一看时，只见那汉子头戴一顶范阳毡笠，上撒着一把红缨，穿一领白段子征衫，系一条纵线绦，下面青白间道行缠，抓着裤子口，獐皮袜，带毛牛膀靴，跨口腰刀，提条朴刀，生得七尺五六身材，面皮上老大一搭青记，腮边微露些少赤须，把毡笠子掀在脊梁上，坦开胸脯，带着抓角儿软头巾，挺手中朴刀，高声喝道："你那泼贼，将俺行李财帛那里去了？"林冲正没好气，那里答应，睁圆怪眼，倒竖虎须，挺着朴刀，抢将来斗那个大汉。但见：

……

林冲与那汉斗到三十来合，不分胜败。两个又斗了十数合，正斗到分际，只见山高处叫道："两个好汉不要斗了。"林冲听得，蓦地跳出圈子外来。两个收住手中朴刀，看那山顶上时，却是王伦和杜迁、宋万，并许多小喽啰走下山来，将船渡过了河，说道："两位好汉，端的好两口朴刀，神出鬼没。这个是俺的兄弟林冲。青面汉，你却是谁？愿通姓名。"那汉道："洒家是三代将门之后，五侯杨令公之孙，姓杨名志。流落在此关西。年纪小时，曾应过武举，做到殿司制使官。道君因盖万岁山，差一般十个制使，去太湖边搬运花石纲赴京交纳。不想洒家时乖运蹇，押着那花石纲来到黄河里，遭风打翻了船，失陷了花石纲，不能回京赴任，逃去他处避难。如今赦了俺们罪犯。洒家今来收得一担儿钱物，待回东京，去枢密院使用，再理会本身的勾当。打从这里经过，雇倩庄家挑那担儿，不想被你们夺了。可把来还洒家如何？"王伦道："你莫不是绰号唤青面兽的？"杨志道："洒家便是。"王伦道："既然是杨制使，就请到山寨吃三杯水酒，纳还行李如何？"杨志道："好汉既然认得洒家，便还了俺行李，更强似请吃酒。"王伦道："制使，小可数年前到东京应举时，便闻制使大名，今日幸得相见，如何教你空去？且请到山寨少叙片时，并无他意。"杨志听说了，只得跟了王伦一行人等，过了河，上山寨来。就叫朱贵同上山寨相会，都来到寨中聚义厅上。左边一带四把交椅，却是王伦、杜迁、宋万、朱贵；右边一带两把交椅，上首杨志，下首林冲。都坐定了。王伦叫杀羊置酒，安排筵宴管待杨志，不在话下。

18.家(节选)

巴　金

风刮得很紧，雪片像扯破了的棉絮空中飞舞，没有目的地四处飘落。左右两边墙脚各有一条白色的路，好像给中间满是水泥的石板路镶了两道宽边。

街上有行人和两人抬的轿子。他们斗不过风雪，显出了畏缩的样子。雪片愈落愈多，白茫茫地布满在天空中，向四处落下，落在伞上，落在轿顶上，落在轿夫的笠上，落在行人的脸上。

风玩弄着伞，把它吹得向四面偏倒，有一两次甚至吹得它离开了行人的手。风在空中怒吼，声音凄厉，跟雪地上的脚步声混合在一起，成了一种古怪的音乐，这音乐刺痛行人的耳朵，好像在警告他们：风雪会长久地管治着世界，明媚的春天不会回来了。

已经到了傍晚，路旁的灯火还没有燃起来。街上的一切逐渐消失在灰暗的暮色里。路上尽是水和泥。空气寒冷。一个希望鼓舞着在僻静的街上走得很吃力的行人——那就是温暖、明亮的家。

瑞珏缓缓地抬起头，漆黑的眸子怯怯地向四面觑视，闪露出期待抚慰的神色，一种孤单单的感觉袭进她的心里，使这离开了家的少女，初次感觉复来到不可言状的情怀。她低声叹了一口气。一时眼前的恐惧，希望。悲哀，喜悦，慌乱，都纷杂地汇涌在心底，终于变成了语言，低低地诉说出来。她的声音亲切温婉，十分动听，如湖边一只小鸟突在夜半醒来，先还凄迷地缓缓低转，逐渐畅快而悲痛地哀歌起来。

好静哪！哭了多少天，可怜的妈，把你的孩子送到这么一个陌生的地方，说这就是女儿的家。这些人，女儿都不认识啊。一脸的酒肉，尽说些难入耳的活。妈说那一个人好。他就在眼前了。妈要女儿爱，顺从。吃苦，受难，永远为着他。我知道，我也肯。可我也要看，值得不值得？女儿不是妈辛辛苦苦养到大？妈说过。做女人惨。要生儿育女，受尽千辛万苦。多少磨难才到了老。是啊，女儿懂，女儿能甘心，只要他真的，真的是好！女儿会交给他整个的人，一点也不留下。哦，这真像押着宝啊，不知他是美，是丑，是薄情，是温厚；也不管日后是苦，是甜，是快乐，是辛酸。再也不许悔改。就从今天，这一晚！

19. 孔乙己(节选)

鲁 迅

孔乙己是站着喝酒而穿长衫的唯一的人。他身材很高大;青白脸色,皱纹间时常夹些伤痕;一部乱蓬蓬的花白的胡子。穿的虽然是长衫,可是又脏又破,似乎十多年没有补,也没有洗。他对人说话,总是满口之乎者也,教人半懂不懂的。因为他姓孔,别人便从描红纸上的“上大人孔乙己”这半懂不懂的话里,替他取下一个绰号,叫作孔乙己。孔乙己一到店,所有喝酒的人便都看着他笑,有的叫道:“孔乙己,你脸上又添上新伤疤了!”他不回答,对柜里说:“温两碗酒,要一碟茴香豆。”便排出九文大钱。他们又故意的高声嚷道:“你一定又偷了人家的东西了!”孔乙己睁大眼睛说:“你怎么这样凭空污人清白……”“什么清白?我前天亲眼见你偷了何家的书,吊着打。”孔乙己便涨红了脸,额上的青筋条条绽出,争辩道:“窃书不能算偷……窃书!……读书人的事,能算偷么?”接连便是难懂的话,什么“君子固穷”,什么“者乎”之类,引得众人都哄笑起来:店内外充满了快活的空气。

孔乙己喝过半碗酒,涨红的脸色渐渐复了原,旁人便又问道:“孔乙己,你当真认识字么?”孔乙己看着问他的人,显出不屑置辩的神气。他们便接着说道:“你怎的连半个秀才也捞不到呢?”孔乙己立刻显出颓唐不安模样,脸上笼上了一层灰色,嘴里说些话;这回可是全是之乎者也之类,一些不懂了。在这时候,众人也都哄笑起来:店内外充满了快活的空气。

中秋之后,秋风是一天凉比一天,看看将近初冬;我整天的靠着火,也须穿上棉袄了。一天的下半天,没有一个顾客,我正合了眼坐着。忽然间听得一个声音:“温一碗酒。”这声音虽然极低,却很耳熟。看时又全没有人。站起来向外一望,那孔乙己便在柜台下对了门槛坐着。他脸上黑而且瘦,已经不成样子;穿一件破夹袄,盘着两腿,下面垫一个蒲包,用草绳在肩上挂住;见了我,又说道:“温一碗酒。”掌柜也伸出头去,一面说:“孔乙己么?你还欠十九个钱呢!”孔乙己很颓唐的仰面答道:“这……下回还清罢。这一回是现钱,酒要好。”掌柜仍然同平常一样,笑着对他说:“孔乙己,你又偷了东西了!”但他这回却不十分分辩,单说了一句“不要取笑!”“取笑?要是不偷,怎么会打断腿?”孔乙己低声说道:“跌断,跌,跌……”他的眼色,很像恳求掌柜,不要再提。此时已经聚集了几个人,便和掌柜都笑了。我温了酒,端出去,放在门槛上。他从破衣袋里摸出四文大钱,放在我手里,见他满手是泥,原来他便用这手走来的。不一会,他喝完酒,便又在旁人的说笑声中,坐着用这手慢慢走去了。

20. 红顶商人胡雪岩(节选)

高 阳

胡雪岩岂有不伤心之理?接到王有龄的遗疏,他的眼圈就红了;而最伤心的,则是王有龄已绝了希望。他可以想象得到,王有龄原来一心所盼的是粮船,只怕胡雪岩不能顺利到达上海;到了上海办来粮食,又怕不能冲破沿途的难关到达杭州。哪知千辛万苦,将粮运到了,却是可望而不可即,从此再无指望,一线希望消失,就是一线生机断绝;“哀莫大于心死”,王有龄的心化为成冰,有生之日,待死之时,做人到此绝境,千古所无,千古所悲。

然而胡雪岩却不能不从无希望中去找希望,希望在这三天中发生奇迹。这是个飘渺的希望;但就悬此飘渺的希望亦似乎不易——形势在一夜之间险恶了;长毛一船一船在周围盘旋,位置正在枪弹所够不到的地方;其意何居,不言可知。因此,护送的洋兵,已在不断催促,早作了结。“要请他们等三天,只怕很难。”李得隆说:“派去的人没有回来,总要有了确实信息再说;这句话在道理上,他们就不愿也没奈何。”现在家骥回来了,刚才一谈杭州的情形,大家也都知道了。没有指望的事,白白等在这里冒极大的危险,他们不肯的。

“无论如何要他们答应。来了一趟,就此回去,于心不甘。再说,有危险也不过三天;多大的危险也冒过了,何在乎这三天?”

“那就早跟他们说明白。”李得隆说，“沙船帮看样子也不大肯。”

“只要洋兵肯了，他们有人保护，自然没有话说。这件事要分两方面做，重赏之下，必有勇夫。”胡雪岩说：“请你们两位跟联络的人去说：我有两个办法，随他们挑——。”

胡雪岩盘算着，两个办法够不够；是不是还有第三条兼筹并顾的路；想了半天，只有两个办法。

“第一个办法，如果城里能够杀出一条血路，请他们帮忙打，王抚台犒赏的两万银子，我一到上海就付；另外我再送一万。如果有阵亡受伤的，抚恤照他们的营规加一倍。这样等过实足三昼夜，如果没有动静，开船到宁波，我送三千银子。”

“这算得重赏了。他们卖命也卖得过。”李得隆又问：“不过人心不同，万一他们不肯，非要开船不可呢？”“那就是我的第二个办法，他们先拿我推在钱塘江里再开船。”

胡雪岩说这话时，脸色白得一丝血色都没有；李得隆、萧家骥悚然动容，相互看看，久久无语。

21. 悲惨世界(节选)

〔法〕维多克·雨果

沙威吸干纸上墨迹，象书信一样把纸折好，封好，在背面写上“呈政府的报告”，并把它放在桌上，就走出哨所。那扇有铁栅栏并镶了玻璃的门在他后面关上了。他斜穿沙特雷广场，回到了河岸边，机械而准确地回到那才离开了一刻钟的原来的地点。

黑暗幽深，这是午夜后像坟墓般阴森的时刻，一层乌云遮住了星星。天上是阴沉沉的厚厚的一层。城里的房屋已经没有一盏灯火，也没有过路的人；目光所及之处路上和岸边都空无人影；圣母院和法院的钟楼好象是黑夜所勾勒出来的轮廓。

沙威低下头，望了望。一片漆黑，什么也辨别不清。听得见浪花声，但见不到河流。偶尔，在这使人晕眩的深渊处出现一线微光，模模糊糊，象蛇一样蜿蜒着， 在乌黑的夜里，不知从哪儿得到光线，并使它变成水蛇。光线消失了，一切又变得模糊不清。

无边辽阔的天地好象在这里开了一个口子，下面的不是水而是深谷，河的堤坝陡峭，模糊不清，与水气相混，忽然隐而不见，就象无限空间的绝壁一样。

什么也看不见，但能感到水那含有敌意的冷气和乏味的石头的潮气。一阵恶风从深渊中直吹上来。能想象而看不到的河流的上涨，波涛凄凉的呜咽声，高大阴惨的桥拱，在想象中掉进了这忧郁的虚空之中，整个阴影都充满了恐怖。

沙威一动不动地呆了几分钟，望着这个黑暗的洞口，他好象在专心注视着前面的虚空。水声汩汩，忽然他脱下帽子，放在石栏边上，片刻后，一个高大黑色的人影，站着出现在栏杆上方，远处迟归的行人可能把他当作鬼怪，这人影俯身塞纳河上，继又竖起身子，笔直地掉进了黑暗中，立即发出泼剌剌落水的低沉的声音，只有阴间才知道这个消失在水中黑影的剧变的隐情。

22. 马路独白

——话剧《恋爱的犀牛》(节选)

廖一梅

黄昏是我一天中视力最差的时候，一眼望去满街都是美女，高楼和街道也变幻了能通常的形状，像在电影里……你就站在楼梯的拐角，带着某种清香的味道，有点湿乎乎的，奇怪的气息，擦身而过的时候，才知道你在哭。事情就在那时候发生了。

我有个朋友牙刷，他要我相信我只是处在发情期，像图拉在非洲草原时那样，但我知道不是。你是不同的，惟一的，柔软的，干净的，天空一样的，我的明明，我怎么样才能让你明白？你是我温暖的手套，冰冷的啤酒，带着阳光味道的衬衫，日复一日的梦想。

你是甜蜜的，忧伤的，嘴唇上涂抹着新鲜的欲望，你的新鲜和你的欲望把你变得像动物一样的不可捉摸，像阳光一样无法逃避，像戏子一般的毫无廉耻，像饥饿一样冷酷无情。

我想给你一个家，做你孩子的父亲，给你所有你想要的东西，我想让你醒来时看见阳光，我想抚摸你的后背，让你在天空里的翅膀重新长出。你感觉不到我的渴望是怎样的向你涌来，爬上你的脚背，淹没你的双腿，要把你彻底的吞没吗？我在想你呢，我在张着大嘴，厚颜无耻的渴望你，渴望你的头发，渴望你的眼睛，渴望你的下巴，你的双乳，你美妙的腰和肚子，你毛孔散发的气息，你伤心时绞动的双手。

你有一张天使的脸和婊子的心肠。我爱你，我真心爱你，我疯狂地爱你，我向你献媚，我向你许诺，我海誓山盟，我能怎么办。我怎样才能让你明白我是如何的爱你？我默默忍受，饮泣而眠？我高声喊叫，声嘶力竭？我对着镜子痛骂自己？我冲进你的办公室把你推倒在地？我上大学，我读博士，当一个作家？我为你自暴自弃，从此被人怜悯？我走入精神病院，我爱你爱崩溃了？爱疯了？还是我在你窗下自杀？

明明，告诉我该怎么办？你是聪明的，灵巧的，伶牙俐齿的，愚不可及的，我心爱的，我的明明……

23. 安希独白

——电影《你好疯子》(节选)

饶晓志

韩医生，我从小就没有父亲，从你出现以后，我就把你当作是我的父亲，你帮我过生日，给我买礼物，教我生日许愿，从那时候起我许愿许的每一个愿，我都是希望你能够成为我真正的父亲！

萧老师，其实我特别讨厌老师，可是我喜欢您，因为您跟其他的老师都不一样，喜欢开玩笑。每次当我做错事情的时候，你都会笑着说，安希，你这样做，是没有道理的啊！道理是脚下的路是心里的明灯，可是萧老师，您才是我脚下的路是我心里的明灯！

马睿，每次在我对生活失去信心的时候，都是你在安慰我，每一次有人在说我不对的时候，你都会立刻跳出来反驳，第一句说的话就是“我反对”，你说了，你说你是我永远的辩护律师，你说，我永远是你的当事人，永远无罪的当事人……

莉莉，我最喜欢你了，你夸我漂亮，教我化妆，帮我搭配衣服，还跟我手牵着手一起去逛街，你老跟我说，好女孩会上天堂，坏女孩会流浪，你还记得吗？

李正，你是我第一个崇拜的人，也是我第一个喜欢的人，我能抱抱你吗？

你们都不知道吧，只要有杨猛在，所有的脏活儿累活儿都是他干，是他教会了我人生中抽的第一根烟，是他陪着我第一次喝醉酒，他老开着他那小破车，带着我在那个环城高速上面绕了一圈儿又一圈儿，我们还把那玻璃窗全部都摇下来，唱你最喜欢的那首歌(边唱边跳)“我在仰望，月亮之上，有多少梦想在自由地飞……”

可是为什么现在，为什么你们都变了，变得自私，虚荣，彼此妒忌，为什么我们要互相伤害，为什么我们之间只剩下争吵和仇恨，为什么你们一个一个都不认识我了，为什么你们连自己都不认识，你们互相全都不认识，这是为什么，我为什么要到这个地方来，我就是为了让你们能够想起自己，希望我们能够回到以前的样子，为什么会现在变成这样?！对，我就是疯子！因为我心里住着你们啊！

24. 金子独白

——话剧《原野》(节选)

曹　禺

你们不用叫！用不着你们母子喊，我来了。

哼，你们逼我吧，逼我吧！我做了！我做了，我偷了人！养了汉！我不愿在你们焦家吃这碗厌气饭，我要找死，你们把我怎么样吧？你妈说的，句句对，没冤枉我，我是偷了人，我从进你们家的门，我就没想好好过。你爸爸把我押来做儿媳妇，你妈从我一进门就恨上我，骂我、羞我、糟蹋我，没有把我当人看。我告诉你，大星，你是个没有用的好人。可是，为着你这个妈，我死也不跟这样的好人过，我是偷了人。你待我再好，早晚我也要跟你散。我跟你讲吧，我不喜欢你，你是个"窝囊废""受气包"。

你只配叫你妈妈哄。你还不配要金子这样的媳妇。你们打我吧，你们打死我吧！我认了。可是要说到你妈呀。天底下没有比你妈再毒的妇人，再不是人的婆婆，你看她——焦花氏大星，你看！这是她做的事。

你看，她要害死我！想出这么个绝子绝孙的法子来害我。你看，你们看吧！今天咱们就来个鱼死网破吧！

25.哈姆莱特独白

——话剧《哈姆莱特》(节选)

〔英〕威廉·莎士比亚

生存还是毁灭，这是一个值得考虑的问题。默然忍受命运的暴虐的毒箭，或是挺身反抗人世的无涯的苦难，通过斗争把它们扫清，这两种行为，哪一种更高贵？死了；睡着了；什么都完了；要是在这一种睡眠之中，我们心头的创痛，以及其他无数血肉之躯所不能避免的打击，都可以从此消失，那正是我们求之不得的结局。死了；睡着了；睡着了也许还会做梦；嗯，阻碍就在这儿：因为当我们摆脱了这一具朽腐的皮囊以后，在那死的睡眠里，究竟将要做些什么梦，那不能不使我们踌躇顾虑。人们甘心久困于患难之中，也就是为了这个缘故；谁愿意忍受人世的鞭挞和讥嘲、压迫者的凌辱、傲慢者的冷眼、被轻蔑的爱情的惨痛、法律的迁延、官吏的横暴和费尽辛勤所换来的小人的鄙视，要是他只要用一柄小小的刀子，就可以清算他自己的一生？谁愿意负着这样的重担，在烦劳的生命的压迫下呻吟流汗，倘不是因为惧怕不可知的死后，惧怕那从来不曾有一个旅人回来过的神秘之国，是它迷惑了我们的意志，使我们宁愿忍受目前的磨折，不敢向我们所不知道的痛苦飞去？这样，重重的顾虑使我们全变成了懦夫，决心的赤热的光彩，被审慎的思维盖上了一层灰色，伟大的事业在这一种考虑之下，也会逆流而退，失去了行动的意义。且慢！美丽的奥菲利娅！——女神，在你的祈祷之中，不要忘记替我忏悔我的罪孽。

三 抽选考级篇目

1.将进酒

[唐]李　白

君不见黄河之水天上来，奔流到海不复回。君不见高堂明镜悲白发，朝如青丝暮成雪。人生得意须尽欢，莫使金樽空对月。天生我材必有用，千金散尽还复来。烹羊宰牛且为乐，会须一饮三百杯。

岑夫子，丹丘生，将进酒，杯莫停。与君歌一曲，请君为我倾耳听。钟鼓馔玉不足贵，但愿长醉不愿醒。古来圣贤皆寂寞，惟有饮者留其名。陈王昔时宴平乐，斗酒十千恣欢谑。主人何为言少钱，径须沽取对君酌。五花马、千金裘，呼儿将出换美酒，与尔同销万古愁。

2. 邹忌讽齐王纳谏

《战国策·齐策一》

邹忌修八尺有余，而形貌昳丽。朝服衣冠，窥镜，谓其妻曰："我孰与城北徐公美？"其妻曰："君美甚，徐公何能及君也？"城北徐公，齐国之美丽者也。忌不自信，而复问其妾曰："吾孰与徐公美？"妾曰："徐公何能及君也？"旦日，客从外来，与坐谈，问之，客曰："徐公不若君之美也。"明日徐公来，孰视之，自以为不如；窥镜而自视，又弗如远甚。暮寝而思之，曰："吾妻之美我者，私我也；妾之美我者，畏我也；客之美我者，欲有求于我也。"

于是入朝见威王，曰："臣诚知不如徐公美。臣之妻私臣，臣之妾畏臣，臣之客欲有求于臣，皆以美于徐公。今齐地方千里，百二十城，宫妇左右莫不私王，朝廷之臣莫不畏王，四境之内莫不有求于王：由此观之，王之蔽甚矣。"

王曰："善。"乃下令："群臣吏民能面刺寡人之过者，受上赏；上书谏寡人者，受中赏；能谤讥于市朝，闻寡人之耳者，受下赏。"令初下，群臣进谏，门庭若市；数月之后，时时而间进；期年之后，虽欲言，无可进者。燕、赵、韩、魏闻之，皆朝于齐。此所谓战胜于朝廷。

3. 寡人之于国也

《孟子·梁惠王上》

梁惠王曰："寡人之于国也，尽心焉耳矣。河内凶，则移其民于河东，移其粟于河内；河东凶亦然。察邻国之政，无如寡人之用心者。邻国之民不加少，寡人之民不加多，何也？"

孟子对曰："王好战，请以战喻。填然鼓之，兵刃既接，弃甲曳兵而走。或百步而后止，或五十步而后止。以五十步笑百步，则何如？"

曰："不可，直不百步耳，是亦走也。"

曰："王如知此，则无望民之多于邻国也。"

"不违农时，谷不可胜食也；数罟不入洿池，鱼鳖不可胜食也；斧斤以时入山林，材木不可胜用也。谷与鱼鳖不可胜食，材木不可胜用，是使民养生丧死无憾也。养生丧死无憾，王道之始也。五亩之宅，树之以桑，五十者可以衣帛矣；鸡豚狗彘之畜，无失其时，七十者可以食肉矣；百亩之田，勿夺其时，数口之家可以无饥矣；谨庠序之教，申之以孝悌之义，颁白者不负戴于道路矣。七十者衣帛食肉，黎民不饥不寒，然而不王者，未之有也。

"狗彘食人食而不知检，涂有饿莩而不知发，人死，则曰：'非我也，岁也。'是何异于刺人而杀之曰'非我也，兵也'？王无罪岁，斯天下之民至焉。"

4. 兰亭集序

［东晋］王羲之

永和九年，岁在癸丑，暮春之初，会于会稽山阴之兰亭，修禊事也。群贤毕至，少长咸集。此地有崇山峻岭，茂林修竹，又有清流激湍，映带左右，引以为流觞曲水，列坐其次。虽无丝竹管弦之盛，一觞一咏，亦足以畅叙幽情。

是日也，天朗气清，惠风和畅。仰观宇宙之大，俯察品类之盛，所以游目骋怀，足以极视听之娱，信可乐也。

夫人之相与，俯仰一世。或取诸怀抱，悟言一室之内；或因寄所托，放浪形骸之外。虽趣舍万殊，静躁不同，当其欣于所遇，暂得于己，快然自足，不知老之将至；及其所之既倦，情随事迁，感慨系之矣。向之所欣，俯仰之间，已为陈迹，犹不能不以之兴怀，况修短随化，终期于尽！古人云："死生亦大矣。"岂不痛哉！

每览昔人兴感之由，若合一契，未尝不临文嗟悼，不能喻之于怀。固知一死生为虚诞，齐彭殇为妄作。后之视今，亦犹今之视昔，悲夫！故列叙时人，录其所述，虽世殊事异，所以兴怀，其致一也。后之览者，亦将有感于斯文。

5. 口　技

［明］林嗣环

京中有善口技者。会宾客大宴，于厅事之东北角，施八尺屏障，口技人坐屏障中，一桌、一椅、一扇、一抚尺而已。众宾团坐。少顷，但闻屏障中抚尺一下，满坐寂然，无敢哗者。

遥闻深巷中犬吠，便有妇人惊觉欠伸，其夫呓语。既而儿醒，大啼。夫亦醒。妇抚儿乳，儿含乳啼，妇拍而呜之。又一大儿醒，絮絮不止。当是时，妇手拍儿声，口中呜声，儿含乳啼声，大儿初醒声，夫叱大儿声，一时齐发，众妙毕备。满坐宾客无不伸颈，侧目，微笑，默叹，以为妙绝。

未几，夫齁声起，妇拍儿亦渐拍渐止。微闻有鼠作作索索，盆器倾侧，妇梦中咳嗽。宾客意少舒，稍稍正坐。

忽一人大呼"火起"，夫起大呼，妇亦起大呼。两儿齐哭。俄而百千人大呼，百千儿哭，百千犬吠。中间力拉崩倒之声，火爆声，呼呼风声，百千齐作；又夹百千求救声，曳屋许许声，抢夺声，泼水声。凡所应有，无所不有。虽人有百手，手有百指，不能指其一端；人有百口，口有百舌，不能名其一处也。于是宾客无不变色离席，奋袖出臂，两股战战，几欲先走。

忽然抚尺一下，群响毕绝。撤屏视之，一人、一桌、一椅、一扇、一抚尺而已。

6. 春江花月夜

［唐］张若虚

春江潮水连海平，海上明月共潮生。
滟滟随波千万里，何处春江无月明！
江流宛转绕芳甸，月照花林皆似霰。
空里流霜不觉飞，汀上白沙看不见。
江天一色无纤尘，皎皎空中孤月轮。
江畔何人初见月？江月何年初照人？
人生代代无穷已，江月年年望相似。
不知江月待何人，但见长江送流水。
白云一片去悠悠，青枫浦上不胜愁。
谁家今夜扁舟子？何处相思明月楼？
可怜楼上月徘徊，应照离人妆镜台。
玉户帘中卷不去，捣衣砧上拂还来。
此时相望不相闻，愿逐月华流照君。
鸿雁长飞光不度，鱼龙潜跃水成文。
昨夜闲潭梦落花，可怜春半不还家。
江水流春去欲尽，江潭落月复西斜。
斜月沉沉藏海雾，碣石潇湘无限路。
不知乘月几人归，落月摇情满江树。

7. 蓬莱阁记

［北宋］朱处约

世传蓬莱、方丈、瀛洲，在海之中，皆神仙所居，人莫能及其处。其言恍惚诡异，多出方士之说，难于取信。而登州所居之邑曰蓬莱，岂非秦汉之君东游以追其迹，意神仙果可求也，蓬莱不得见，而空名其邑曰蓬莱？使后传以为惑。

据方士三山之说，大抵草木、鸟兽、神怪之名，又言仙者宫室伟大、气序和平之状，餐其草木，则可以长生不死。长往之士，莫不欲到其境而脱于无何有之乡。际海而望，翕然注想物外，不惑其说者有矣。

嘉佑辛丑，治邦逾年，而岁事不愆，风雨时若，春蓄秋获，五谷登成，民皆安堵。因思海德润泽为大，而神之有祠俾，遂新其庙，即其旧以构此阁，将为州人游览之所。层崖千仞，重溟万里，浮波涌金，扶桑日出，霁河横银，阴灵生月，烟浮雾横，碧山远列，夕浑潮落，白鹭交舞，游鱼浮上，钓歌和应。仰而望之，身企鹏翔，俯而瞰之，足蹑鳌背，听览之间，恍不知神仙之蓬莱也，乃人世之蓬莱也。

上德远被，恩涵如春，恍若致俗于仁寿之域，此治世之蓬莱也。后因名其阁曰蓬莱，盖志一时之事，意不知神仙之蓬莱也。

8. 劝　学(节选)

［战国］荀　子

君子曰：学不可以已。

青，取之于蓝，而青于蓝；冰，水为之，而寒于水。木直中绳，𫐓以为轮，其曲中规。虽有槁暴，不复挺者，𫐓使之然也。故木受绳则直，金就砺则利，君子博学而日参省乎己，则知明而行无过矣。

吾尝终日而思矣，不如须臾之所学也；吾尝跂而望矣，不如登高之博见也。登高而招，臂非加长也，而见者远；顺风而呼，声非加疾也，而闻者彰。假舆马者，非利足也，而致千里；假舟楫者，非能水也，而绝江河。君子生非异也，善假于物也。

积土成山，风雨兴焉；积水成渊，蛟龙生焉；积善成德，而神明自得，圣心备焉。故不积跬步，无以至千里；不积小流，无以成江海。骐骥一跃，不能十步；驽马十驾，功在不舍。锲而舍之，朽木不折；锲而不舍，金石可镂。蚓无爪牙之利，筋骨之强，上食埃土，下饮黄泉，用心一也。蟹六跪而二螯，非蛇鳝之穴无可寄托者，用心躁也。

9. 鱼我所欲也

《孟子·告子上》

鱼，我所欲也；熊掌，亦我所欲也。二者不可得兼，舍鱼而取熊掌者也。生，亦我所欲也；义，亦我所欲也。二者不可得兼，舍生而取义者也。生亦我所欲，所欲有甚于生者，故不为苟得也；死亦我所恶，所恶有甚于死者，故患有所不辟也。如使人之所欲莫甚于生，则凡可以得生者何不用也？使人之所恶莫甚于死者，则凡可以辟患者何不为也？由是则生而有不用也，由是则可以辟患而有不为也。是故所欲有甚于生者，所恶有甚于死者。非独贤者有是心也，人皆有之，贤者能勿丧耳。

一箪食，一豆羹，得之则生，弗得则死。呼尔而与之，行道之人弗受；蹴尔而与之，乞人不屑也。万钟则不辩礼义而受之，万钟于我何加焉！为宫室之美、妻妾之奉、所识穷乏者得我与？乡为身死而不受，今为宫室之美为之；乡为身死而不受，今为妻妾之奉为之；乡为身死而不受，今为所识穷乏者得我而为之：是亦不可以已乎？此之谓失其本心。

10. 蜀道难

［唐］李　白

噫吁嚱，危乎高哉！蜀道之难，难于上青天！蚕丛及鱼凫，开国何茫然！尔来四万八千岁，不与秦塞通人烟。西当太白有鸟道，可以横绝峨眉巅。地崩山摧壮士死，然后天梯石栈相钩连。上有六龙回日之高标，下有冲波逆折之回川。黄鹤之飞尚不得过，猿猱欲度愁攀援。青泥何盘盘，百步九折萦岩峦。扪参历井仰胁息，以手抚膺坐长叹。

问君西游何时还？畏途巉岩不可攀。但见悲鸟号古木，雄飞雌从绕林间。又闻子规啼夜月，愁空山。蜀道之难，难于上青天，使人听此凋朱颜！连峰去天不盈尺，枯松倒挂倚绝壁。飞湍瀑流争喧豗，砯崖转石万壑雷。其险也如此，嗟尔远道之人胡为乎来哉！

剑阁峥嵘而崔嵬，一夫当关，万夫莫开。所守或匪亲，化为狼与豺。朝避猛虎，夕避长蛇，磨牙吮血，杀人如麻。锦城虽云乐，不如早还家。蜀道之难，难于上青天，侧身西望长咨嗟！

11. 岳阳楼记

[宋] 范仲淹

庆历四年春，滕子京谪守巴陵郡。越明年，政通人和，百废具兴。乃重修岳阳楼，增其旧制，刻唐贤今人诗赋于其上，属予作文以记之。

予观夫巴陵胜状，在洞庭一湖。衔远山，吞长江，浩浩汤汤，横无际涯，朝晖夕阴，气象万千，此则岳阳楼之大观也，前人之述备矣。然则北通巫峡，南极潇湘，迁客骚人，多会于此，览物之情，得无异乎？

若夫淫雨霏霏，连月不开，阴风怒号，浊浪排空，日星隐曜，山岳潜形；商旅不行，樯倾楫摧；薄暮冥冥，虎啸猿啼。登斯楼也，则有去国怀乡，忧谗畏讥，满目萧然，感极而悲者矣。

至若春和景明，波澜不惊，上下天光，一碧万顷，沙鸥翔集，锦鳞游泳；岸芷汀兰，郁郁青青。而或长烟一空，皓月千里，浮光跃金，静影沉璧，渔歌互答，此乐何极！登斯楼也，则有心旷神怡，宠辱偕忘，把酒临风，其喜洋洋者矣。

嗟夫！予尝求古仁人之心，或异二者之为，何哉？不以物喜，不以己悲，居庙堂之高则忧其民，处江湖之远则忧其君。是进亦忧，退亦忧。然则何时而乐耶？其必曰“先天下之忧而忧，后天下之乐而乐”乎，噫！微斯人，吾谁与归？时六年九月十五日。

12. 梦游天姥吟留别

[唐] 李　白

海客谈瀛洲，烟涛微茫信难求；越人语天姥，云霞明灭或可睹。天姥连天向天横，势拔五岳掩赤城。天台四万八千丈，对此欲倒东南倾。

我欲因之梦吴越，一夜飞度镜湖月。湖月照我影，送我至剡溪。谢公宿处今尚在，渌水荡漾清猿啼。脚著谢公屐，身登青云梯。半壁见海日，空中闻天鸡。千岩万转路不定，迷花倚石忽已暝。熊咆龙吟殷岩泉，栗深林兮惊层巅。云青青兮欲雨，水澹澹兮生烟。列缺霹雳，丘峦崩摧。洞天石扉，訇然中开。青冥浩荡不见底，日月照耀金银台。霓为衣兮风为马，云之君兮纷纷而来下。虎鼓瑟兮鸾回车，仙之人兮列如麻。忽魂悸以魄动，恍惊起而长嗟。惟觉时之枕席，失向来之烟霞。

世间行乐亦如此，古来万事东流水。别君去兮何时还？且放白鹿青崖间，须行即骑访名山。安能摧眉折腰事权贵，使我不得开心颜？

13. 桃花源记

[东晋] 陶渊明

晋太元中，武陵人捕鱼为业。缘溪行，忘路之远近。忽逢桃花林，夹岸数百步，中无杂树，芳草鲜美，落英缤纷。渔人甚异之，复前行，欲穷其林。

林尽水源，便得一山，山有小口，仿佛若有光。便舍船，从口入。初极狭，才通人。复行数十步，豁然开朗。土地平旷，屋舍俨然，有良田、美池、桑竹之属。阡陌交通，鸡犬相闻。其中往来种作，男女衣着，悉如外人。黄发垂髫，并怡然自乐。

见渔人，乃大惊，问所从来，具答之。便要还家，设酒杀鸡作食。村中闻有此人，咸来问讯。自云先世避秦时乱，率妻子邑人来此绝境，不复出焉，遂与外人间隔。问今是何世，乃不知有汉，无论魏晋。此人一一为具言所闻，皆叹惋。余人各复延至其家，皆出酒食。停数日，辞去。此中人语云："不足为外人道也。"

既出，得其船，便扶向路，处处志之。及郡下，诣太守，说如此。太守即遣人随其往，寻向所志，遂迷，不复得路。

南阳刘子骥，高尚士也，闻之，欣然规往。未果，寻病终，后遂无问津者。

14. 醉翁亭记

[宋] 欧阳修

环滁皆山也。其西南诸峰，林壑尤美。望之蔚然而深秀者，琅琊也。山行六七里，渐闻水声潺潺，而泻出于两峰之间者，酿泉也。峰回路转，有亭翼然临于泉上者，醉翁亭也。作亭者谁？山之僧曰智仙也。名之者谁？太守自谓也。太守与客来饮于此，饮少辄醉，而年又最高，故自号曰醉翁也。醉翁之意不在酒，在乎山水之间也。山水之乐，得之心而寓之酒也。

若夫日出而林霏开，云归而岩穴暝，晦明变化者，山间之朝暮也。野芳发而幽香，佳木秀而繁阴，风霜高洁，水落而石出者，山间之四时也。朝而往，暮而归，四时之景不同，而乐亦无穷也。

至于负者歌于途，行者休于树，前者呼，后者应，伛偻提携，往来而不绝者，滁人游也。临溪而渔，溪深而鱼肥。酿泉为酒，泉香而酒洌，山肴野蔌，杂然而前陈者，太守宴也。宴酣之乐，非丝非竹，射者中，弈者胜，觥筹交错，起坐而喧哗者，众宾欢也。苍颜白发，颓然乎其间者，太守醉也。

已而夕阳在山，人影散乱，太守归而宾客从也。树林阴翳，鸣声上下，游人去而禽鸟乐也。然而禽鸟知山林之乐，而不知人之乐；人知从太守游而乐，而不知太守之乐其乐也。醉能同其乐，醒能述以文者，太守也。太守谓谁？庐陵欧阳修也。

15. 木兰诗

《乐府诗集》

唧唧复唧唧，木兰当户织。不闻机杼声，唯闻女叹息。

问女何所思，问女何所忆。女亦无所思，女亦无所忆。昨夜见军帖，可汗大点兵，军书十二卷，卷卷有爷名。阿爷无大儿，木兰无长兄。愿为市鞍马，从此替爷征。

东市买骏马，西市买鞍鞯，南市买辔头，北市买长鞭。旦辞爷娘去，暮宿黄河边，不闻爷娘唤女声，但闻黄河流水鸣溅溅。旦辞黄河去，暮至黑山头，不闻爷娘唤女声，但闻燕山胡骑鸣啾啾。

万里赴戎机，关山度若飞。朔气传金柝，寒光照铁衣。将军百战死，壮士十年归。

归来见天子，天子坐明堂。策勋十二转，赏赐百千强。可汗问所欲，木兰不用尚书郎，愿驰千里足，送儿还故乡。

爷娘闻女来，出郭相扶将；阿姊闻妹来，当户理红妆；小弟闻姊来，磨刀霍霍向猪羊。开我东阁门，坐我西阁床。脱我战时袍，著我旧时裳。当窗理云鬓，对镜帖花黄。出门看火伴，火伴皆惊忙：同行十二年，不知木兰是女郎。

雄兔脚扑朔，雌兔眼迷离；双兔傍地走，安能辨我是雄雌？

16. 秋声赋

[宋] 欧阳修

欧阳子方夜读书，闻有声自西南来者，悚然而听之，曰："异哉！"初淅沥以萧飒，忽奔腾而砰湃；如波涛夜惊，风雨骤至。其触于物也，鏦鏦铮铮，金铁皆鸣；又如赴敌之兵，衔枚疾走，不闻号令，但闻人马之行声。余谓童子:“此何声也?汝出视之。”童子曰:“星月皎洁,明河在天,四无人声,声在树间。”

予曰:“噫嘻悲哉!此秋声也。胡为而来哉?盖夫秋之为状也,其色惨淡,烟霏云敛;其容清明,天高日晶;其气栗冽,砭人肌骨;其意萧条,山川寂寥。故其为声也,凄凄切切,呼号愤发。丰草绿缛而争茂,佳木葱茏而可悦。草拂之而色变,木遭之而叶脱。其所以摧败零落者,乃其一气之余烈。

夫秋,刑官也,于时为阴;又兵象也,于行用金。是谓天地之义气,常以肃杀而为心。天之于物,春生秋实,故其在乐也,商声主西方之音,夷则为七月之律。商,伤也,物既老而悲伤;夷,戮也,物过盛而当杀。

“嗟夫!草木无情,有时飘零。人为动物,惟物之灵。百忧感其心,万事劳其形,有动于中,必摇其精。而况思其力之所不及,忧其智之所不能,宜其渥然丹者为槁木,黟然黑者为星星。奈何以非金石之质,欲与草木而争荣?念谁为之戕贼,亦何恨乎秋声!”

童子莫对,垂头而睡。但闻四壁虫声唧唧,如助予之叹息。

17. 愚溪诗序

[唐] 柳宗元

灌水之阳,有溪焉,东流入于潇水。或曰:冉氏尝居也,故姓是溪为冉溪。或曰:可以染也,名之以其能,故谓之染溪。予以愚触罪,谪潇水上。爱是溪,入二三里,得其尤绝者家焉。古有愚公谷,今余家是溪,而名莫能定,土之居者,犹龂龂然,不可以不更也,故更之为愚溪。

愚溪之上,买小丘,为愚丘。自愚丘东北行六十步,得泉焉,又买居之,为愚泉。愚泉凡六穴,皆出山下平地,盖上出也。合流屈曲而南,为愚沟。遂负土累石,塞其隘,为愚池。愚池之东为愚堂。其南为愚亭。池之中为愚岛。嘉木异石错置,皆山水之奇者,以予故,咸以愚辱焉。

夫水,智者乐也。今是溪独见辱于愚,何哉?盖其流甚下,不可以溉灌。又峻急多坻石,大舟不可入也。幽邃浅狭,蛟龙不屑,不能兴云雨,无以利世,而适类于予,然则虽辱而愚之,可也。宁武子“邦无道则愚”,智而为愚者也;颜子“终日不违如愚”,睿而为愚者也。皆不得为真愚。今予遭有道,而违于理,悖于事,故凡为愚者,莫我若也。夫然,则天下莫能争是溪,予得专而名焉。

溪虽莫利于世,而善鉴万类,清莹秀澈,锵鸣金石,能使愚者喜笑眷慕,乐而不能去也。予虽不合于俗,亦颇以文墨自慰,漱涤万物,牢笼百态,而无所避之。以愚辞歌愚溪,则茫然而不违,昏然而同归,超鸿蒙,混希夷,寂寥而莫我知也。于是作《八愚诗》,纪于溪石上。

18. 捕蛇者说

[唐] 柳宗元

永州之野产异蛇,黑质而白章,触草木,尽死;以啮人,无御之者。然得而腊之以为饵,可以已大风、挛踠、瘘、疠,去死肌,杀三虫。其始太医以王命聚之,岁赋其二;募有能捕之者,当其租入。永之人争奔走焉。

有蒋氏者,专其利三世矣。问之,则曰:“吾祖死于是,吾父死于是,今吾嗣为之十二年,几死者数矣。”言之,貌若甚戚者。

余悲之,且曰:“若毒之乎?余将告于莅事者,更若役,复若赋,则何如?”

蒋氏大戚,汪然出涕曰:“君将哀而生之乎?则吾斯役之不幸,未若复吾赋不幸之甚也。向吾不为斯役,则久已病矣。自吾氏三世居是乡,积于今六十岁矣。而乡邻之生日蹙,殚其地之出,竭其庐之入。号呼而转徙,饥渴而顿踣。触风雨,犯寒暑,呼嘘毒疠,往往而死者相藉也。曩与吾祖居者,今其室十无一焉。与吾父居者,今其室十无二三焉。与吾居十二年者,今其室十无四五焉。非死而徙尔。而吾以捕蛇独存。悍吏之来吾乡,叫嚣乎东西,隳突乎南北;哗然而骇者,虽鸡狗不得宁焉。吾恂恂而起,视其缶,而吾蛇尚存,则弛然而卧。谨食之,时而献焉。退而甘食其土之有,以尽吾齿。

盖一岁之犯死者二焉，其余则熙熙而乐，岂若吾乡邻之旦旦有是哉。今虽死乎此，比吾乡邻之死则已后矣，又安敢毒耶？”

余闻而愈悲，孔子曰：“苛政猛于虎也！”吾尝疑乎是，今以蒋氏观之，犹信。呜呼！孰知赋敛之毒有甚是蛇者乎！故为之说，以俟夫观人风者得焉。

19. 隆中对

［三国］诸葛亮

亮躬耕陇亩，好为《梁父吟》。身长八尺，每自比于管仲、乐毅，时人莫之许也。惟博陵崔州平、颍川徐庶元直与亮友善，谓为信然。

时先主屯新野。徐庶见先主，先主器之，谓先主曰：“诸葛孔明者，卧龙也，将军岂愿见之乎？”先主曰：“君与俱来。”庶曰：“此人可就见，不可屈致也。将军宜枉驾顾之。”

由是先主遂诣亮，凡三往，乃见。因屏人曰：“汉室倾颓，奸臣窃命，主上蒙尘。孤不度德量力，欲信大义于天下；而智术浅短，遂用猖蹶，至于今日。然志犹未已，君谓计将安出？”

亮答曰：“自董卓已来，豪杰并起，跨州连郡者不可胜数。曹操比于袁绍，则名微而众寡。然操遂能克绍，以弱为强者，非惟天时，抑亦人谋也。今曹已拥百万之众，挟天子而令诸侯，此诚不可与争锋。孙权据有江东，已历三世，国险而民附，贤能为之用，此可以为援而不可图也。荆州北据汉、沔，利尽南海，东连吴会，西通巴蜀，此用武之国，而其主不能守，此殆天所以资将军，将军岂有意乎？益州险塞，沃野千里，天府之土，高祖因之以成帝业。刘璋暗弱，张鲁在北，民殷国富而不知存恤，智能之士思得明君。将军既帝室之胄，信义著于四海，总揽英雄，思贤如渴，若跨有荆、益，保其岩阻，西和诸戎，南抚夷越，外结好孙权，内修政理；天下有变，则命一上将将荆州之军以向宛、洛，将军身率益州之众出于秦川，百姓孰敢不箪食壶浆，以迎将军者乎？诚如是，则霸业可成，汉室可兴矣。”

先主曰：“善！”于是与亮情好日密。关羽、张飞等不悦，先主解之曰：“孤之有孔明，犹鱼之有水也。愿诸君勿复言。”羽、飞乃止。

20. 愚公移山

《列子·汤问》

太行、王屋二山，方七百里，高万仞，本在冀州之南，河阳之北。

北山愚公者，年且九十，面山而居。惩山北之塞，出入之迂也。聚室而谋曰：“吾与汝毕力平险，指通豫南，达于汉阴，可乎？”杂然相许。其妻献疑曰：“以君之力，曾不能损魁父之丘，如太行、王屋何？且焉置土石？”杂曰：“投诸渤海之尾，隐土之北。”遂率子孙荷担者三夫，叩石垦壤，箕畚运于渤海之尾。邻人京城氏之孀妻有遗男，始龀，跳往助之。寒暑易节，始一反焉。

河曲智叟笑而止之曰：“甚矣，汝之不惠！以残年余力，曾不能毁山之一毛，其如土石何？”北山愚公长息曰：“汝心之固，固不可彻，曾不若孀妻弱子。虽我之死，有子存焉；子又生孙，孙又生子；子又有子，子又有孙；子子孙孙无穷匮也，而山不加增，何苦而不平？”河曲智叟亡以应。

操蛇之神闻之，惧其不已也，告之于帝。帝感其诚，命夸娥氏二子负二山，一厝朔东，一厝雍南。自此，冀之南，汉之阴，无陇断焉。

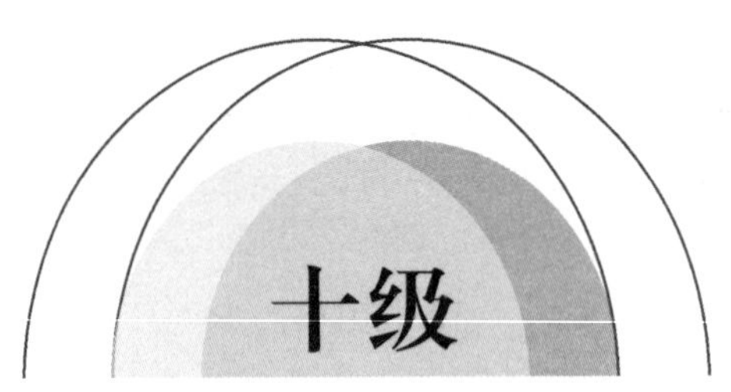

十级

从本级开始，我们进入朗诵水平的高级别的学习。十级作为朗诵考级的最终测验，对考生朗诵技巧的考量更全面、更严格。

本级的作品包括自选考级篇目25篇，抽选考级篇目20篇，以长篇古文、现代诗歌、散文、纪录片解说词、演讲词、戏剧台词等各种不同类型的文体组成。本级考试要求考生在掌握语言表达内部技巧（情景再现、内在语、对象感）、外部技巧（停连、重音、语气）的基础上，重点考查考生朗诵时外部技巧"节奏"的处理艺术以及综合表现力和艺术感染力。

一 朗诵学习要点

（一）节奏的概念

节奏在我们的生活中无处不在。在自然界中，四时变化，阴晴圆缺，潮涨潮落就是一种节奏；在音乐中，节拍回环是一种节奏；在人类的活动中，呼吸、心率，击鼓、鸣号等也是一种节奏。在朗诵中，节奏是朗诵表达的一种形式。《礼记·乐记》里说："文采节奏，声之饰也。"音乐讲究旋律，朗诵讲究韵律，"乐无定解""语无定势"。张颂先生在《朗读学》中给节奏定义为：由一定的思想感情的波澜起伏所造成的，在朗诵全篇作品中所显示的，抑扬顿挫、轻重缓急的声音形式的回环往复。

这个概念如何解读呢？这种抑扬与语势有什么关系？这种轻重是重音的呈现吗？这种缓急可以理解为语言的语速吗？

首先，节奏是以思想感情运动为依据的声音运动形式，不是人为的、随意制造出来的，而是依据文本本身和理解、感受文本的主客观把握的结合，生理与心理的统一。"随物以宛转""与心而徘徊"，那种没有运动的思想感情，纯粹的声音形式的大起大落，不是我们所说的节奏。

第二，节奏是通过声音形式得以实现的。朗诵中声音高低、强弱、快慢、顿挫等方面是组成朗诵节奏的基本要素。它们的承续、主次、分合、对比等，多层次、多侧面的立体变化，形成有序的律动，形成了朗诵节奏的存在形式。

第三，节奏的本质是声音的回环往复。怎么理解呢？在语流中，音节、词语、词组等通过表情达意的需要和行文规律的要求而形成序列、呼应、再现、反复的样式，在全篇文字作品中形成相似的语气的感情色彩、分量和语势，这种声音形式的重复就构成了节奏。简单的说，回环往复就是相似的语气的色彩、分量和语势有规律的重复，需要我们主动追求美的节奏，而不是单调的一成不变的。

第四，节奏由"全篇文字作品生发"，立足于全篇，由朗诵目的和文字作品整体统率，受基调制约。一篇文字作品的基本节奏具有相对稳定的鲜明个性，同时又具有变化性，寓变化于整齐中。全篇节奏峰谷相间，前后呼应，比语势中的峰谷来得宏观，纵横捭阖，一气呵成，从而才有助于全篇基调感情的达成。

（二）节奏的类型

从作品的基调和学习朗诵的需要出发，我们对节奏进行轮廓性、概括性的区分。根据节奏的基本特点、基本表现形式，我们把节奏分为六种类型。

1. 轻快型

多扬少抑，多轻少重，语流中顿挫少，且顿挫时间短，基本语气、基本转换都偏轻快，重点句、段更为明显。例如《赤壁赋》《春风》。

2. 凝重型

多抑少扬，多重少轻，语势较平稳、音强而着力、顿挫较多，时间长，语速偏慢，重点处的基本语气、基本转换都显得凝重，重点句、段更为明显。例如《出师表》《可爱的中国》。

3. 低沉型

语势多为落潮类，句尾落点多显沉重，音节多长，声音偏暗，基本语气、转换，都带有沉缓的感受，同样是在重点句、段表现更为明显。例如《团泊洼的秋天》《雷电颂(屈原独白)》。

4. 高亢型

语势多为起潮类，峰峰紧连，扬而更扬，势不可遏，声音多明亮高昂。重点处语气、转换都趋于高昂或爽朗，重点句、段更为突出。例如《离骚》《黄河之水天上来》。

5. 舒缓型

语势多扬而少坠，声较高而不着力，气流长而声清，语节内较疏但不多顿。语势、语气有跌宕但都较为舒展，语速徐缓，重点句、段更为明显。例如《散步》《核舟记》。

6. 紧张型

多扬少抑，多重少轻，语节内密度大，气较促，音较短。语气转换都较为急促、紧张，重点句、段更为突出。例如《琵琶行》《最后一只藏羚羊》。

以上所列举这些节奏类型，并不是说每一句话都要符合，也不是说每一种语气、转换都雷同，恰恰相反，每一种节奏类型都是全局性、整体性的概括。这六种类型基本把节奏立体化的形态描摹出来。在朗诵中不能是一种节奏，可能是以一种节奏类型为主(即主导节奏)，几种辅助节奏相互交叉、相互渗透，这样的朗诵才不会陷入到单调、刻板、平白的沼泽中。

(三)运用节奏的方法

1. 欲抑先扬、欲扬先抑

扬一般是指声音的趋势向上发展，抑一般是指声音的趋势向下发展。如果重点要扬，扬前要抑；如果重点要抑，抑前要扬。简单的说就是，要想使这一部分突出，就要使前一部分削弱。突出的方法既可以是较重、较高、较慢的声音形式，也可以是较轻、较低、较快的声音形式。扬抑之间的界限不是截然分开的，要避免僵硬的直线型。而且，抑和扬不是绝对的，分别都有各自的不同层次，什么层次的抑和什么层次的扬，相互转换都是水到渠成、顺其自然的。

例：

我激荡在这绵绵不息、滂沱四方的生命洪流中，我就应该追逐这洪流，而且追过它，自己去造更广更深的洪流。

我如果是一盏灯，这灯的用处便是照彻那多量的黑暗。我如果是海潮，便要鼓起波涛去洗涤海边一切陈腐的积物。

……

在这个时代，战士是最需要的。但是这样的战士并不一定要持枪上战场。他的武器也不一定是枪弹。他的武器还可以是知识、信仰和坚强的意志。他并不一定要流仇敌的血，却能更有把握地致敌人的死命。

——巴金《做一个战士》

前两段写作上用了排比，那么在朗诵的时候很容易一浪推过一浪，形成句子当中的语气的激扬，但是很明显这一层次的重点是在最后这一段的决心，所以不能一路高扬，这时前面就要留有余地，往后声音逐渐加强，去突出坚强意志的重要性。

2.欲慢先快、欲快先慢

慢就是指字音稍长、停顿多而时间长，快就是指字音短促、停顿少而时间短，连接较多。在人们的大脑中，速度的快慢最能体现语言的节奏。当语速发生快慢变化时，容易引起受众的注意，打破一成不变的节奏，消除枯燥单调。但是我们要注意，快慢的变化不是随意地想快就快、想慢就慢，它的变化必须符合语气的需要。快并不是像连珠炮似的，每个字音都很短促，一口气说一大段话，听上去气喘吁吁的，我们把这种现象叫做“促”。导致促的原因有很多，可能是平时说话的语言习惯，说的语速比较快；也可能是朗诵作品内容上所表现的语气很着急，朗诵者沉浸在这样的情景中，对节奏变化缺乏敏感度，而造成“一促到底”。慢也不是慢条斯理，拉长每一个音节，我们把这种现象叫做“抻”。造成抻的原因也很多，和促相反。在快慢的问题上要掌握“快而不乱、慢而不断”的原则，在舒缓的节奏中善于处理紧、疾；在紧张的节奏中善于用畅、缓的节奏。根据思想感情的需要，做到“快中有慢、慢中有快”。

例：

我想世界上再没有比她养得更多的孩子的母亲吧。至于说到中国天然风景的美丽，我可以说，不但是雄巍的峨嵋，妩媚的西湖，幽雅的雁荡，与夫“秀丽甲天下”的桂林山水，可以傲睨一世，令人称美；其实中国是无地不美，到处皆景，自城市以至乡村，一山一水，一丘一壑，只要稍加修饰和培植，都可以成流连难舍的胜景；这好像我们的母亲，她是一个天姿玉质的美人，她的身体的每一部份，都有令人爱慕之美。中国海岸线之长而且弯曲，照现代艺术家说来，这象征我们母亲富有曲线美吧。

……

听着！朋友！母亲躲到一边去哭泣了，哭得伤心得很呀！她似乎在骂着：“难道我四万万七千万的孩子，都是白生了吗？难道他们真像着了魔的狮子，一天到晚的睡着不醒吗？难道他们不知道自己的伟大的团结力量，去与残害母亲、剥削母亲的敌人斗争吗？难道他们不想将母亲从敌人手里救出来，把母亲也装饰起来，成为世界上一个最出色、最美丽、最令人尊敬的母亲吗？”

——方志敏《可爱的中国》

在本文中，前一段是在描写祖国秀丽壮美的河山，所以节奏相对舒缓，语速缓慢，以一种赞美的感情去细细讲述。但后段中三个“难道”，排比的推进，语速逐渐变得快而急促，愤懑情绪层层递进，而到最后一句的时候要注意与后面的语句情绪衔接，不能快马加鞭，一快到底。在这种转折过程中，尤其注意情绪的起承转合，不能像“变脸”说变就变。

3.欲重先轻、欲轻先重

虚实相间、轻重相间也是形成节奏的重要方法。虚实是轻重的不同程度，在语流推进过程中用虚表示轻时，并不是用全虚的声音，一般用半虚即可。也不要一虚到底，给人虚假、小气、故弄玄虚的感觉。在表达时要虚中有实、实中有虚、虚实结合，使语言充满灵性。

例：

途中我由于身体不适掉了队，落在后面休息，可就在这个时候，就在这个时候我听到远处响起了密集的枪声，我绝望地闭上了眼睛……

我俯下身体舔着我的丈夫，他的眼睛还是那么大，那么明亮，只是充满了恐惧；我又去亲吻我的小女儿，她的眼中只有惊诧与好奇；女儿啊！你还太小，妈妈知道你是至死也不明白发生了什么事情。

——彭波《最后一只藏羚羊》

实声去表达藏羚羊的疲劳、沉重，但是逐渐失去意识的时候，用一些气息使得听起来虚弱绝望。在藏羚羊内心独白的地方，要特别注意虚少实多，表达出情感上的巨大冲力让她悲愤万分，痛苦也无可奈何。

4. 欲高先低、欲低先高

高通常给人高亢、鲜明、亮丽、激烈的感觉。低常令人感到沉稳、压抑、扎实、厚重等氛围。高和低在语气和节奏上给人的印象通常是相对的，在语流中呈现起伏感和明暗感，调节语言的曲线和色彩。

例：

你们杀死一个李公朴，会有千百万个李公朴站起来！你们将失去千百万的人民！你们看着我们人少，没有力量？告诉你们，我们的力量大得很，强得很！看今天来的这些人，都是我们的人，都是我们的力量！

——闻一多《最后一次演讲》

这一小段的表达中每一句都可以形成语势高低的变化，波峰波谷层层推进，而情绪是一气呵成的，气不收敛。如果敛气收声，就会弱化语气，愤怒的感觉就会消失，所以我们就用高低变化来呈现回环往复的节奏。

5. 欲停先连、欲连先停

停连不仅区分语意、显示重音，而且体现语气。要区别运用少停多连和少连多停的方法。该一气呵成、一泻千里时，前后要找准停顿的位置；该停顿的时候，前后要找准连接的位置和时间。

例：

你们日本，在全世界面前偷了整个山东省，山东省的三千六百万人民该不该愤怒呢？四万万中国人该不该愤怒？我想请问，日本的这个行为算不算是盗窃？是不是无耻呀，是不是极端的无耻？

——电影《我的1919》台词

这里实际是一些设问、反问，要注意到背景场合，朗诵时需要一些停顿处理来让在场的人有时间给出反应，结束时的连续发问，更让人觉得有威慑力。

6. 凸显对比、控纵自如

在语流中，把抑扬、快慢、虚实、轻重、高低、停连等对比鲜明的声音形式用交替和转换的方式表现出来，使人感受到语流的波澜起伏、色彩变换、疾缓相间的变化。有些朗诵者容易犯的毛病是朗诵什么都是“一个味儿”或是极度夸张、一惊一乍、大起大落，我们一定要避免。

例：

如果我是枯叶，我要陪你飞旋，
如果我是行云，我会随你飘散，
如果我是浪花，我将在你神威下气喘吁吁；
我愿把你强大的脉搏分担，
只是难比你的自由、毫无羁绊，
我也不再是青春少年；
否则我会遨游太空，与你相伴，
即使超出你的疾驰也不希罕，
我也不至如此情急心烦。
祈求你满足我想要腾飞的心愿，
请你把我托起，如浪花、云朵、叶片！

让我跌落生活的荆棘，血迹斑斑！
戴上岁月沉重的铁链，
与你如此相似，桀骜、机敏、傲慢。

——雪莱《西风颂》

最典型的就是诗歌中整齐的句式，我们说相同句式不同语势。要自如地运用节奏，让它听起来层次分明、流动自然，而不是千篇一律、刻板枯燥。

（四）停连、重音、语气、节奏四者的关系

朗诵中我们经常用到这四种技巧，但它们不是孤立地各司其职，我们要学会立足全篇，立足于各语句之间的内在联系，深刻理解感受文本整体的基调，让这四者通力协作，表达最为准确的感情色彩和分寸。这样就会使停连、重音融入到语流中，贯通于语气之内。而节奏也就在重点语气的回环往复之中自然显露。在朗诵中，重点要抓语气的表达用以带动重音，用以统领停连，用以显露节奏。目前我们朗诵中明显的弱点就是语气不够鲜明、生动，突出的毛病是有固定腔调，这就集中表现在语气技巧的贫乏上。要想提高朗诵质量，必须在语气上下工夫。在语气上下工夫，就是要综合运用这四种基本技巧，而不要顾此失彼。朗诵节奏的运用相对来说是复杂的，接下来我们将结合具体的文本案例，通过示例分析来练习。

1. 轻快型：

绿

朱自清

原　　文	分　　析
梅雨潭是一个瀑布潭。仙岩有三个瀑布，梅雨瀑最低。走到山边，便听见哗哗哗哗的声音；抬起头，镶在两条湿湿的黑边儿里的，一带白而发亮的水便呈现于眼前了。我们先到梅雨亭。梅雨亭正对着那条瀑布；坐在亭边，不必仰头，便可见它的全体了。亭下深深的便是梅雨潭。这个亭踞在突出的一角的岩石上，上下都空空儿的；仿佛一只苍鹰展着翼翅浮在天宇中一般。三面都是山，像半个环儿拥着；人如在井底了。这是一个秋季的薄阴的天气。微微的云在我们顶上流着；岩面与草丛都从润湿中透出几分油油的绿意。而瀑布也似乎分外的响了。那瀑布从上面冲下，仿佛已被扯成大小的几绺；不复是一幅整齐而平滑的布。岩上有许多棱角；瀑流经过时，作急剧的撞击，便飞花碎玉般乱溅着了。那溅着的水花，晶莹而多芒；远望去，像一朵朵小小的白梅，微雨似的纷纷落着。据说，这就是梅雨潭之所以得名了。但我觉得像杨花，格外确切些。轻风起来时，点点随风飘散，那更是杨花了。这时偶然有几点送入我们温暖的怀里，便倏地钻了进去，再也寻它不着。	本段写梅雨瀑的景色。总体节奏轻快，语气明朗。先交代梅雨瀑最低，然后写梅雨瀑的远景：用微微上扬的语势，将景色在表达过程中流动起来，层层递进。望到的是“一带白而发亮的水”。接着写梅雨亭及其奇特的位置，最后写了梅雨瀑的近景和梅雨瀑的水花。这些景物，都为下边写梅雨潭的绿起到了烘托作用。
梅雨潭闪闪的绿色招引着我们；我们开始追捉她那离合的神光了。揪着草，攀着乱石，小心探身下去，又鞠躬过了一个石穹门，便到了汪汪一碧的潭边了。瀑布在襟袖之间；但我的心中已没有瀑布了。我的心随潭水的绿而摇荡。那醉人的绿呀，仿佛一张极大极大的荷叶铺着，满是奇异的绿呀。我想张开两臂抱住她；但这是怎样一个妄想呀。站在水边，望到那面，居然觉着有些远呢！这平铺着，厚积着的绿，着实可爱。她松松的皱缬着，像少妇拖着的裙幅，她轻轻的摆弄着；像跳动的初恋的处女的心，她滑滑的明亮着，像涂了“明油”一般，有鸡蛋清那样软，那样嫩，她又不杂些儿尘滓，宛然一块温润的碧玉，只清清的一色，但你却看不透她！	本段着重写梅雨潭潭水的绿。一些动词的虚实结合处理，可以使节奏更加灵动，听起来更美。分为三层：第一层交代到了“汪汪一碧的潭边”，去欣赏“梅雨潭闪闪的绿色”。第二层是直接写梅雨潭的绿，先是用“醉人的绿”“奇异的绿”发出总的赞叹；其次是大胆的异想，“想张开两臂抱住她”；最后是用了很多的比喻，极力把梅雨潭的绿加以形象化。用声上注意变化，虚实结合，轻重交织。

续 表

原　　文	分　　析
我曾见过北京什刹海拂地的绿杨，脱不了鹅黄的底子，似乎太淡了。我又曾见过杭州虎跑寺旁高峻而深密的“绿壁”，丛叠着无穷的碧草与绿叶的，那又似乎太浓了。其余呢，西湖的波太明了，秦淮河的水又太暗了。可爱的，我将什么来比拟你呢？我怎么比拟得出呢？大约潭是很深的、故能蕴蓄着这样奇异的绿；仿佛蔚蓝的天融了一块在里面似的，这才这般的鲜润呀。那醉人的绿呀！我若能裁你以为带，我将赠给那轻盈的舞女；她必能临风飘举了。我若能挹你以为眼，我将赠给那善歌的盲妹；她必明眸善睐了。我舍不得你；我怎舍得你呢？我用手拍着你，抚摩着你，如同一个十二三岁的小姑娘。我又掬你入口，便是吻着她了。我送你一个名字，我从此叫你“女儿绿”，好么？	用北京什刹海拂地的绿杨，杭州虎跑寺的绿壁，西湖的波和秦淮河的水做类比，以突出梅雨潭的绿的美。鲜明的节奏感和明朗、和谐的旋律，读起来琅琅上口，娓娓动听，能使读者陶醉在美妙的音乐之中，产生“既能悦耳，又可赏心，兼耳底而有之。”的审美效果。最后结尾时的问句回味久长，仿佛在等待一个美好的回音，饱含期待。

2.凝重型：

原　　文	分　　析
先帝创业未半而中道崩殂，今天下三分，益州疲弊，此诚危急存亡之秋也。然侍卫之臣不懈于内，忠志之士忘身于外者，盖追先帝之殊遇，欲报之于陛下也。诚宜开张圣听，以光先帝遗德，恢弘志士之气，不宜妄自菲薄，引喻失义，以塞忠谏之路也。	此段开篇分析形势，分析出不利的客观条件和有利的主观条件，语言注意表达严峻，深沉，色彩凝重。
宫中府中，俱为一体，陟罚臧否，不宜异同。若有作奸犯科及为忠善者，宜付有司论其刑赏，以昭陛下平明之理，不宜偏私，使内外异法也。 侍中、侍郎郭攸之、费祎、董允等，此皆良实，志虑忠纯，是以先帝简拔以遗陛下。愚以为宫中之事，事无大小，悉以咨之，然后施行，必能裨补阙漏，有所广益。 将军向宠，性行淑均，晓畅军事，试用于昔日，先帝称之曰能，是以众议举宠为督。愚以为营中之事，悉以咨之，必能使行阵和睦，优劣得所。	此部分提出了严明赏罚的建议，并向陛下推荐文臣、武将中的贤良，语气注意向陛下进言的态度，饱含着为复兴汉室而鞠躬尽瘁的良苦用心。
亲贤臣，远小人，此先汉所以兴隆也；亲小人，远贤臣，此后汉所以倾颓也。先帝在时，每与臣论此事，未尝不叹息痛恨于桓、灵也。侍中、尚书、长史、参军，此悉贞良死节之臣，愿陛下亲之信之，则汉室之隆，可计日而待也。	特别注重节奏突出语气情绪的变化。此段劝戒君主“亲贤臣，远小人”，此论暗含着作者对君主现在行事方式心怀不安之虑，但又要顾及君臣之礼，所以语气上“劝”多“戒”少，既要恳切，又不能缺乏君臣之礼的尊敬。
臣本布衣，躬耕于南阳，苟全性命于乱世，不求闻达于诸侯。先帝不以臣卑鄙，猥自枉屈，三顾臣于草庐之中，咨臣以当世之事，由是感激，遂许先帝以驱驰。后值倾覆，受任于败军之际，奉命于危难之间，尔来二十有一年矣。	本段回顾了自己身受三顾茅庐之恩，因此感激回报，在追忆中体现先帝礼贤下士之风，同时也表达了作者自己的忠诚。表达时注重叙事的流畅性，力度可适度降低，为下文做铺垫。
先帝知臣谨慎，故临崩寄臣以大事也。受命以来，夙夜忧叹，恐托付不效，以伤先帝之明，故五月渡泸，深入不毛。今南方已定，兵甲已足，当奖率三军，北定中原，庶竭驽钝，攘除奸凶，兴复汉室，还于旧都。此臣所以报先帝而忠陛下之职分也。至于斟酌损益，进尽忠言，则攸之、祎、允之任也。	此段表达了作者夙夜殚精竭虑以兴复汉室的决心，抒情之处真挚恳切。朗诵时要注意感受的变化及分寸的把握。
愿陛下托臣以讨贼兴复之效，不效，则治臣之罪，以告先帝之灵。若无兴德之言，则责攸之、祎、允等之慢，以彰其咎；陛下亦宜自谋，以咨诹善道，察纳雅言，深追先帝遗诏，臣不胜受恩感激。 今当远离，临表涕零，不知所言。	此段朗诵时要注意讨伐逆贼，恢复中原的使命感以及临行出征的担忧与期盼。

3. 低沉型：

团泊洼的秋天（节选）

郭小川

原　　文	分　　析
秋风象一把柔韧的梳子，梳理着静静的团泊洼； 秋光如同发亮的汗珠，飘飘扬扬地在平滩上挥洒。 高粱好似一队队的“红领巾”，悄悄地把周围的道路观察； 向日葵摇头微笑着，望不尽太阳起处的红色天涯。 矮小而年高的垂柳，用苍绿的叶子抚摸着快熟的庄稼； 密集的芦苇，细心地护卫着脚下偷偷开放的野花。	诗的开头用一大段描写“静静的团泊洼”。这里说它“静”，是指自然秋色很和谐、美好，表面上看不出斗争纷乱。巧妙地运用拟人和比拟。节奏稳且慢，为后文的心中压抑，奠定基调。
蝉声消退了，多嘴的麻雀已不在房顶上吱喳； 蛙声停息了，野性的独流减河也不再喧哗。 大雁即将南去，水上默默浮动着白净的野鸭； 秋凉刚刚在这里落脚，暑热还藏在好客的人家。 秋天的团泊洼啊，好象在香甜的梦中睡傻； 团泊洼的秋天啊，犹如少女一般羞羞答答。	情绪慢慢递进，节奏微微加快，与先前的美好不同，这里要开始慢慢发生转折，对它的赞美达到巅峰，为后文的急转直下做铺垫。
团泊洼，团泊洼，你真是这样静静的吗？ 全世界都在喧腾，哪里没有雷霆怒吼，风去变化！ 是的，团泊洼的呼喊之声，也和别处一样洪大； 听听人们的胸口吧，其中也和闹市一样嘈杂。 这里没有第三次世界大战，但人人都在枪炮齐发； 谁的心灵深处——没有奔腾咆哮的千军万马！ 这里没有刀光剑影的火阵，但日夜都在攻打厮杀； 谁的大小动脉里——没有炽热的鲜血流响哗哗！ 这里的《共产党宣言》，并没有掩盖在尘埃之下； 毛主席的伟大号召，在这里照样有最真挚的回答。	节奏低沉，内心压抑。朗诵要特别注重节奏突出语气情绪的变化。此段开始质问内心和群众，希望得到共鸣与支持。内心如同有伟大志向正在拔地而起。
在一排排红房之间，常常听见同志式温存的夜话。 ……至于战士的深情，你小小的团泊洼怎能包容得下！ 不能用声音，只能用没有声音的“声音”加以表达： 战士自有战士的性格：不怕污蔑，不怕恫吓； 一切无情的打击，只会使人腰杆挺直，青春焕发。 战士自有战士的抱负：永远改造，从零出发； 一切可耻的衰退，只能使人视若仇敌，踏成泥沙。 战士自有战士的胆识：不信流言，不受欺诈； 一切无稽的罪名，只会使人神志清醒，头脑发达。 战士自有战士的爱情：忠贞不渝，新美如画； 一切额外的贪欲，只能使人感到厌烦，感到肉麻。	表现出“战士”的不屈不挠的斗争精神，把壮阔的胸怀抒发得淋漓尽致，由静到动的笔势推向激愤的高潮。这样先静后动，以静显动，表面是静，暗里是动恰当地反映了当时斗争的态势，获得了“于无声处听惊雷”的强烈艺术效果。要注意同样的句式用不一样的轻重缓急，避免朗诵刻板，节奏单一。
战士的歌声，可以休止一时，却永远不会沙哑； 战士的明眼，可以关闭一时，却永远不会昏瞎。 请听听吧，这就是战士一句句从心中掏出的话。 团泊洼，团泊洼，你真是那样静静的吗？ 是的，团泊洼是静静的，但那里时刻都会轰轰爆炸！ 不，团泊洼是喧腾的，这首诗篇里就充满着嘈杂。 不管怎样，且把这矛盾重重的诗篇埋在坝下， 它也许不合你秋天的季节，但到明春准会生根发芽。	节奏总体高亢，慢慢回落，在结尾回到低沉，但满怀希望的情感。此段以诗人真挚炽热的革命激情表现出战士不屈不挠的斗争精神，是抒发战士情怀的激越的声音，也是战士预见胜利的欣喜的声音。

.高亢型：

离 骚

［战国］屈 原

原 文	分 析
长太息以掩涕兮，哀民生之多艰。 余虽好修姱以鞿羁兮，謇朝谇而夕替。 既替余以蕙纕兮，又申之以揽茝。 亦余心之所善兮，虽九死其犹未悔。	全诗运用美人香草的比喻、大量的神话传说和丰富的想象，形成绚烂的文采和宏伟的结构，表现出积极的浪漫主义精神。本段极度苦闷，难以排解，与周围格格不入，但独善其身，为下文的情绪抒发定下基调。
怨灵修之浩荡兮，终不察夫民心。 众女嫉余之蛾眉兮，谣诼谓余以善淫。 固时俗之工巧兮，偭规矩而改错。 背绳墨以追曲兮，竞周容以为度。 忳郁邑余侘傺兮，吾独穷困乎此时也。 宁溘死以流亡兮，余不忍为此态也。	愤慨，沉郁，仿佛暴风雨来临之前的酝酿，注意声音的力度，为后文的高亢做储备积蓄。
鸷鸟之不群兮，自前世而固然。 何方圜之能周兮，夫孰异道而相安？ 屈心而抑志兮，忍尤而攘诟。 伏清白以死直兮，固前圣之所厚。 悔相道之不察兮，延伫乎吾将反。 回朕车以复路兮，及行迷之未远。 步余马于兰皋兮，驰椒丘且焉止息。 进不入以离尤兮，退将复修吾初服。	内心挣扎，痛定思痛，奋起反击前表达出一个犹疑、彷徨、苦苦思索的诗人形象。本段可运用紧张型节奏穿插辅助。
制芰荷以为衣兮，集芙蓉以为裳。 不吾知其亦已兮，苟余情其信芳。 高余冠之岌岌兮，长余佩之陆离。 芳与泽其杂糅兮，唯昭质其犹未亏。 忽反顾以游目兮，将往观乎四荒。 佩缤纷其繁饰兮，芳菲菲其弥章。 民生各有所乐兮，余独好修以为常。 虽体解吾犹未变兮，岂余心之可惩。	全文情绪的高潮，表达自豪坚定的态度。反映出诗人热爱国家和人民的思想感情。

5.舒缓型：

散 步

莫怀戚

原 文	分 析
我们在田野散步：我，我的母亲，我的妻子和儿子。 母亲本不愿出来的。她老了，身体不好，走远一点就觉得很累。我说，正因为如此，才应该多走走，母亲信服地点点头，便去拿外套。她很听我的话，就像我小时候很听她的话一样。	开篇构建画面，节奏应温和平缓，渲染温馨氛围。
天气很好。今年的春天来得太迟，太迟了。有一些老人挺不住。但是春天总算来了。我的母亲又熬过了一个冬季。 这南方初春的田野，大块小块的新绿随意地铺着，有的浓，有的淡；树上的绿芽也密了；田野里的冬水也咕咕地起着水泡。这一切使人想起一样东西——生命。	节奏变化灵动有生气，这段话通过初春秀色的描绘，表现了春天蓬勃的生机，暗示熬过了严冬的母亲将会获得新的活力。

续 表

原　　文	分　　析
我和母亲走在前面,我的妻子和儿子走在后面。小家伙突然叫起来:“前面也是妈妈和儿子,后面也是妈妈和儿子。”我们都笑了。 后来发生了分歧:母亲要走大路,大路平顺;我的儿子要走小路,小路有意思。不过,一切都取决于我。我的母亲老了,她早已习惯听从她强壮的儿子;我的儿子还小,他还习惯听从他高大的父亲;妻子呢,在外面,她总是听我的。一霎时我感到了责任的重大,就像民族领袖在严重关头时那样。我想找一个两全的办法,找不出;我想拆散一家人,分成两路,各得其所,终不愿意。我决定委屈儿子,因为我伴同他的时日还长。我说:“走大路。” 但是母亲摸摸孙儿的小脑瓜,变了主意:“还是走小路吧。”她的眼随小路望去:那里有金色的菜花,两行整齐的桑树,尽头一口水波粼粼的鱼塘。“我走不过去的地方,你就背着我。”母亲对我说。	在舒缓的叙述中,要注意心境的变化,纠结、感动的情绪起伏,语句中的筋肉感要强,语速要有疏密变化,语势有高低起伏。语句中把握语气的色彩、分寸。描写母亲所望到的小路远处景物,这句话描绘了充满诗情画意的田园风光,揭示了“小路有意思”的内涵,点明了走小路的原因,展现了母亲充分理解孙儿愿望的内心世界。字里行间流露的是一种对生活的热爱,对生命的珍惜。
这样,我们在阳光下,向着那菜花、桑树和鱼塘走去。到了一处,我蹲下来,背起了母亲,妻子也蹲下来,背起了儿子。我的母亲虽然高大,然而很瘦,自然不算重;儿子虽然很胖,毕竟幼小,自然也轻。但我和妻子都是慢慢地,稳稳地,走得很仔细,好像我背上的同她背上的加起来,就是整个世界。	真挚,深情的语气,充满幸福感,含义深刻,它以轻衬重,突出了“尊老爱幼”的重大意义。

6.紧张型:

琵琶行

［唐］白居易

原　　文	分　　析
浔阳江头夜送客,枫叶荻花秋瑟瑟。主人下马客在船,举酒欲饮无管弦。醉不成欢惨将别,别时茫茫江浸月。 忽闻水上琵琶声,主人忘归客不发。寻声暗问弹者谁,琵琶声停欲语迟。移船相近邀相见,添酒回灯重开宴。千呼万唤始出来,犹抱琵琶半遮面。	开头娓娓道来,点明事件,相对平缓,环境烘染出秋夜送客的萧瑟落寞之感,琵琶女出场过程的描写历历在目,未见其人先闻其琵琶声,未闻其语先已微露其内心之隐痛,为下文制造悬念。
转轴拨弦三两声,未成曲调先有情。弦弦掩抑声声思,似诉平生不得志。低眉信手续续弹,说尽心中无限事。轻拢慢捻抹复挑,初为《霓裳》后《六幺》。 大弦嘈嘈如急雨,小弦切切如私语。嘈嘈切切错杂弹,大珠小珠落玉盘。间关莺语花底滑,幽咽泉流冰下难。冰泉冷涩弦凝绝,凝绝不通声暂歇。别有幽愁暗恨生,此时无声胜有声。银瓶乍破水浆迸,铁骑突出刀枪鸣。曲终收拨当心画,四弦一声如裂帛。东船西舫悄无言,唯见江心秋月白。	最经典的琵琶技巧的描写,要根据情景再现的技巧,用语言节奏精准表达琵琶声的急与缓,将气氛情感推向高潮。最后一句用环境描写作侧面烘托,给读者留下了回味的广阔空间。重点句速度加快,与辅助的节奏形成呼应,轻重缓急交织。
沉吟放拨插弦中,整顿衣裳起敛容。自言本是京城女,家在虾蟆陵下住。十三学得琵琶成,名属教坊第一部。曲罢曾教善才服,妆成每被秋娘妒。五陵年少争缠头,一曲红绡不知数。钿头银篦击节碎,血色罗裙翻酒污。今年欢笑复明年,秋月春风等闲度。弟走从军阿姨死,暮去朝来颜色故。门前冷落鞍马稀,老大嫁作商人妇。商人重利轻别离,前月浮梁买茶去。去来江口守空船,绕船月明江水寒。夜深忽梦少年事,梦啼妆泪红阑干。	用如怨如慕、如泣如诉的抒情表达方式描述琵琶女的半生遭遇,谱写了一曲扣人心弦的悲歌,与“说尽心中无限事”的乐曲互相补充,完成了女主人公的形象塑造。叙述的过程依然以紧张型节奏为主导,烘托出揪心的氛围。

续 表

原　文	分　析
我闻琵琶已叹息，又闻此语重唧唧。同是天涯沦落人，相逢何必曾相识！我从去年辞帝京，谪居卧病浔阳城。浔阳地僻无音乐，终岁不闻丝竹声。住近湓江地低湿，黄芦苦竹绕宅生。其间旦暮闻何物？杜鹃啼血猿哀鸣。春江花朝秋月夜，往往取酒还独倾。岂无山歌与村笛，呕哑嘲哳难为听。今夜闻君琵琶语，如听仙乐耳暂明。莫辞更坐弹一曲，为君翻作《琵琶行》。感我此言良久立，却坐促弦弦转急。凄凄不似向前声，满座重闻皆掩泣。座中泣下谁最多？江州司马青衫湿。	情感更进一层，多了一份豁达和感同身受，节奏放慢，稍稍轻松，将主题升华，发出“同是天涯沦落人”的感慨。

（五）朗诵的舞台表现

舞台是朗诵者的创作阵地，既然是阵地，它就是为我所用的，不能被它吓到，而是积极主动地认识它、了解它、驾驭它。

舞台上的语言都是夸张的。一方面，这夸张是相对于生活状态而言；另一方面，这夸张要受到场地现实性的影响，场地大，朗诵的辐射面就要大；场地小，朗诵的辐射面就要小。但是副语言一般比较稳定，它遵循“情发而动，情息而止；辅助引导、不夺内容；落落大方，非程式化”的原则。我们许多朗诵者在副语言方面的问题比较多，具体反映在以下几方面：

六神无主，神态与内容两张皮。在这方面，眼睛的神气是最直观的反映，许多朋友在朗诵时不是视野僵滞，就是眼神游离。视野僵滞多由于感情调动不积极；眼神游离多由于舞台经验不足，自信心弱。

肢体程式化，影响朗诵的传播效果。在朗诵创作中，其实肢体的运用并不多，只在情绪极为高涨的地方才起到辅助性的作用。很多平铺直叙的地方、无关紧要的地方根本不需要增加夸张的动作，这样一来会让观众觉得很多余，影响朗诵所承载感情的宣泄，太过的话还会引起受众的反感。肢体程式化，可能由于戏曲等专业背景下形成的积习。解决这一问题很简单，忘记肢体，关注语言。

调度的法则。我们不管是在单人朗诵，还是在多人朗诵中，一定要首先有这样一个意识——舞台要不要调度，视文本题材而定。如《一棵开花的树》《海棠花祭》这种抒情性文本，适合娓娓道来，最忌讳舞台上胡乱的走动，即便有也只是缓缓踱一两步；如《为祖国而歌》《木兰辞》这类情绪张力很强或是故事性强的文本，就要根据舞台灯光条件进行必要的调度设计。特别是在多人合诵时，要注意“视点打乱”的原则，忌讳“整齐划一、从一而终”的站位，互相之间的肢体辅助避免向内打架，应该外向支撑，互为补助。

腰的力量。舞台上的呈现，特别看重一个人的精气神，腰这个部位是整个人精气神的“气眼”。腰有力量，则整个舞台形象都是积极的、有张力的；腰无力量，不管是什么感情色彩的文本，从外在视觉上也使人觉得缺乏自信。腰的力量以下，臀部夹紧、双腿坚实挺拔，行走时或矫健生风，或庄重盈稳；腰的力量以上，腹壁站定，胸膛微扩，双肩自然下垂，手势自然而放松。不管是朗诵也好，大型晚会主持也好，舞台创作要在腰的力量上做足文章。

朗诵者需要了解的舞台远没有舞蹈、戏剧那么复杂。想要了解舞台，一方面靠天生的舞台自信的进一步培养，一方面靠后天的状态调整。善于驾驭舞台者，配合精妙的朗诵表达，势必会成为舞台的精灵。

二 自选考级篇目

1. 黄河之水天上来

光未然

黄河之水天上来，
排山倒海，

汹涌澎湃
奔腾叫啸
使人肝胆破裂！
它是中国的大动脉，
在它的周身，
奔流着民族的热血。
红日高照，
水上金光迸裂。
月出东山，
河面银光似雪。
它震动着
跳跃着，
像一条飞龙
日行千里，
注入浩浩的东海。
虎口龙门
摆成天上的奇阵；
人，
不敢在它的身边挨近，
就是毒龙
也不敢在水底存身。
在十里路外，
仰望着它的浓烟上升，
象烧着漫天大火，
使你感到热血沸腾；
其实
凉气逼来，
你会周身感到寒冷。
它呻吟着，
震荡着，
发出十万万匹马力，
摇动了地壳，
冲散了天上的乌云。
啊，黄河！
河河中之王！
它是
一匹疯狂的猛兽
发起怒来，
赛过千万条毒蟒
它要作浪兴波，
冲破人间的堤防；

于是黄河两岸
遭到可怕的灾殃：
它吞食了两岸的人民，
削平了数百里外的村庄，
使千百万同胞
扶老携幼
流亡他乡
挣扎在饥饿线上，
死亡线上！
如今
两岸的人民，
又受到了空前的灾难：
东方的海盗
在亚洲的原野
伸张着杀人的毒焰；
于是饥饿和死亡，
像黑热病一样，
在黄河的两岸传染！
啊，黄河！
你抚育着我们民族的成长：
你亲眼看见，
这五千年来的古国
遭受过多少灾难！
自古以来，
在黄河边上
展开了无数血战
让垒垒白骨
堆满你的河身，
殷殷鲜血
染红你的河面！
但你从没有看见
敌人的残暴
如同今天这般；
也从来没有看见
黄帝的子孙
像今天这样
开始了全国动员。
在黄河两岸
游击兵团
野战兵团
星罗棋布

散布在敌人后面；
在万山丛中，
在青纱帐里
展开了英勇血战！
啊，黄河！
你记载着我们民族的年代，
古往今来
在你的身边
兴起了多少英雄豪杰！
但是，
你从不曾看见
四万万同胞
像今天这样
团结得如钢似铁；
千百万民族英雄，
为了保卫祖国
洒尽他们的热血；
英雄的故事，
像黄河怒涛，
山岳般地壮烈！
啊，黄河！
你可曾听见
在你的身旁
响彻了胜利的凯歌？
你可曾看见
祖国的铁军
在敌人后方
布成了地网天罗？
他们把守着黄河两岸，
不让敌人渡过！
他们要把疯狂的敌人
埋葬在滚滚的黄河！
啊，黄河！
你奔流着，
怒吼着，
替法西斯的恶魔
唱着灭亡的葬歌！
你怒吼着，
叫啸着，
向着祖国的原野，
响应我们伟大民族的
胜利的凯歌！

2. 团泊洼的秋天(节选)

郭小川

秋风象一把柔韧的梳子,梳理着静静的团泊洼;
秋光如同发亮的汗珠,飘飘扬扬地在平滩上挥洒。
高粱好似一队队的"红领巾",悄悄地把周围的道路观察;
向日葵摇头微笑着,望不尽太阳起处的红色天涯。
矮小而年高的垂柳,用苍绿的叶子抚摸着快熟的庄稼;
密集的芦苇,细心地护卫着脚下偷偷开放的野花。
蝉声消退了,多嘴的麻雀已不在房顶上吱喳;
蛙声停息了,野性的独流减河也不再喧哗。
大雁即将南去,水上默默浮动着白净的野鸭;
秋凉刚刚在这里落脚,暑热还藏在好客的人家。
秋天的团泊洼啊,好像在香矩的梦中睡傻;
团泊洼的秋天啊,犹如少女一般羞羞答答。
团泊洼,团泊洼,你真是这样静静的吗?
全世界都在喧腾,哪里没有雷霆怒吼,风去变化!
是的,团泊洼的呼喊之声,也和别处一样洪大;
听听人们的胸口吧,其中也和闹市一样嘈杂。
这里没有第三次世界大战,但人人都在枪炮齐发;
谁的心灵深处——没有奔腾咆哮的千军万马!
这里没有刀光剑影的火阵,但日夜都在攻打厮杀;
谁的大小动脉里——没有炽热的鲜血流响哗哗!
这里的《共产党宣言》,并没有掩盖在尘埃之下;
在一排排红房之间,常常听见同志式温存的夜话。
……至于战士的深情,你小小的团泊洼怎能包容得下!
不能用声音,只能用没有声音的"声音"加以表达:
战士自有战士的性格:不怕污蔑,不怕恫吓;
一切无情的打击,只会使人腰杆挺直,青春焕发。
战士自有战士的抱负:永远改造,从零出发;
一切可耻的衰退,只能使人视若仇敌,踏成泥沙。
战士自有战士的胆识:不信流言,不受欺诈;
一切无稽的罪名,只会使人神志清醒,头脑发达。
战士自有战士的爱情:忠贞不渝,新美如画;
一切额外的贪欲,只能使人感到厌烦,感到肉麻。
战士的歌声,可以休止一时,却永远不会沙哑;
战士的明眼,可以关闭一时,却永远不会昏瞎。
请听听吧,这就是战士一句句从心中掏出的话。
团泊洼,团泊洼,你真是那样静静的吗?
是的,团泊洼是静静的,但那里时刻都会轰轰爆炸!
不,团泊洼是喧腾的,这首诗篇里就充满着嘈杂。
不管怎样,且把这矛盾重重的诗篇埋在坝下,
它也许不合你秋天的季节,但到明春准会生根发芽。……

3. 光的赞歌(节选)

艾　青

每个人的一生
不论聪明还是愚蠢
不论幸福还是不幸
只要他一离开母体
就睁着眼睛追求光明
世界要是没有光
等于人没有眼睛
航海的没有罗盘
打枪的没有准星
世界要是没有光
也就没有杨花飞絮的春天
也就没有百花争艳的夏天
也就没有金果满园的秋天
也就没有大雪纷飞的冬天
世界要是没有光
看不见奔腾不息的江河
看不见连绵千里的森林
看不见容易激动的大海
看不见象老人似的雪山
要是我们什么也看不见
我们对世界还有什么留恋
只是因为有了光
我们的大千世界
才显得绚丽多彩
人间也显得可爱
山野的篝火是美的
港湾的灯塔是美的
夏夜的繁星是美的
庆祝胜利的焰火是美的
一切的美都和光在一起
但是有人害怕光
有人对光满怀仇恨
因为光所发出的针芒
刺痛了他们自私的眼睛
历史上的所有暴君
各个朝代的奸臣
一切贪婪无厌的人
为了偷窃财富、垄断财富

千方百计想把光监禁
他们想把火扑灭在无边的黑暗里
在岩石所砌的城堡里
维持血腥的统治
他们占有权力的宝座
一手是勋章、一手是皮鞭
一边是金钱、一边是锁链
进行着可耻的政治交易
完了就举行妖魔的舞会
和血淋淋的人肉的欢宴
回顾人类的历史
曾经有多少年代
沉浸在苦难的深渊
黑暗凝固得象花岗岩
然而人间也有多少勇士
用头颅去撞开地狱的铁门
暴风雨中的雷声特别响
乌云深处的闪电特别亮
只有通过漫长的黑夜
才能喷涌出火红的太阳
每一个人都是
银河星云中的一粒微尘
即使是恒河岸边的细沙
也能反映出比本身更大的光
在这个茫茫的世界上
我曾经用嘶哑的喉咙歌唱
我曾经为被凌辱的人们歌唱
我曾经为受欺压的人们歌唱
我歌唱抗争,我歌唱革命
在黑夜把希望寄托给黎明
在胜利的欢欣中歌唱太阳
我们的祖先是光荣的
他们为我们开辟了道路
现在我们正开始新的长征
这个长征不只是二万五千里的路程
我们要逾越的也不只是十万大山
我们要攀登的也不只是千里岷山
我们要夺取的也不只是金沙江、大渡河
我们要抢渡的是更多更险的流口
我们在攀登中
将要遇到更大的风雪、更多的冰川……

但是光在召唤我们前进
光在鼓舞我们、激励我们
光给我们送来了新时代的黎明
我们的人民从四面八方高歌猛进
让信心和勇敢伴随着我们
武装我们的是最美好的理想
我们的心胸燃烧着希望
我们前进的道路铺满阳光
让我们以最高的速度飞翔吧
让我们以大无畏的精神飞翔吧
让我们从今天出发飞向明天
或许有一天，
总有一天
我们这个古老的民族
将接受光的邀请
却叩开那些紧闭的大门
访问我们所有的芳邻
让我们从地球出发
飞向太阳……

4. 大堰河——我的保姆

艾　青

大堰河，是我的保姆。
她的名字就是生她的村庄的名字，
她是童养媳，
大堰河，是我的保姆。

我是地主的儿子；
也是吃了大堰河的奶而长大了的
大堰河的儿子。
大堰河以养育我而养育她的家，
而我，是吃了你的奶而被养育了的，
大堰河啊，我的保姆。

大堰河，今天我看到雪使我想起了你：
你的被雪压着的草盖的坟墓，
你的关闭了的故居檐头的枯死的瓦菲，
你的被典押了的一丈平方的园地，
你的门前的长了青苔的石椅，
大堰河，今天我看到雪使我想起了你。

你用你厚大的手掌把我抱在怀里，抚摸我；
在你搭好了灶火之后，

在你拍去了围裙上的炭灰之后，
在你尝到饭已煮熟了之后，
在你把乌黑的酱碗放到乌黑的桌子上之后，
在你补好了儿子们的为山腰的荆棘扯破的衣服之后，
在你把小儿被柴刀砍伤了的手包好之后，
在你把夫儿们的衬衣上的虱子一颗颗地掐死之后，
在你拿起了今天的第一颗鸡蛋之后，
你用你厚大的手掌把我抱在怀里，抚摸我。

我是地主的儿子，
在我吃光了你大堰河的奶之后，
我被生我的父母领回到自己的家里。
啊，大堰河，你为什么要哭？

我做了生我的父母家里的新客了！
我摸着红漆雕花的家具，
我摸着父母的睡床上金色的花纹，
我呆呆地看着檐头的我不认得的“天伦叙乐”的匾，
我摸着新换上的衣服的丝的和贝壳的纽扣，
我看着母亲怀里的不熟识的妹妹，
我坐着油漆过的安了火钵的炕凳，
我吃着碾了三番的白米的饭，
但，我是这般忸怩不安！因为我
我做了生我的父母家里的新客了。

大堰河，为了生活，
在她流尽了她的乳液之后，
她就开始用抱过我的两臂劳动了；
她含着笑，洗着我们的衣服，
她含着笑，提着菜篮到村边的结冰的池塘去，
她含着笑，切着冰屑悉索的萝卜，
她含着笑，用手掏着猪吃的麦糟，
她含着笑，扇着炖肉的炉子的火，
她含着笑，背了团箕到广场上去，
　　　晒好那些大豆和小麦，

大堰河，为了生活，
在她流尽了她的乳液之后，
她就用抱过我的两臂，劳动了。
大堰河，深爱着她的乳儿；
在年节里，为了他，忙着切那冬米的糖，
为了他，常悄悄地走到村边的她的家里去，
为了他，走到她的身边叫一声“妈”，
大堰河，把他画的大红大绿的关云长

贴在灶边的墙上，
大堰河，会对她的邻居夸口赞美她的乳儿；
大堰河曾做了一个不能对人说的梦：
在梦里，她吃着她的乳儿的婚酒，
坐在辉煌的结彩的堂上，
而她的娇美的媳妇亲切地叫她“婆婆”。
……
大堰河，深爱着她的乳儿！

大堰河，在她的梦没有做醒的时候已死了。
她死时，乳儿不在她的旁侧，
她死时，平时打骂她的丈夫也为她流泪，
五个儿子，个个哭得很悲，
她死时，轻轻地呼着她的乳儿的名字，
大堰河，已死了，
她死时，乳儿不在她的旁侧。
大堰河，含泪地去了！
同着四十几年的人世生活的凌侮，
同着数不尽的奴隶的凄苦，
同着四块钱的棺材和几束稻草，
同着几尺长方的埋棺材的土地，
同着一手把的纸钱的灰，
大堰河，她含泪地去了。

这是大堰河所不知道的：
她的醉酒的丈夫已死去，
大儿做了土匪，
第二个死在炮火的烟里，
第三，第四，第五
在师傅和地主的叱骂声里过着日子。
而我，我是在写着给予这不公道的世界的咒语。
当我经了长长的漂泊回到故土时，
在山腰里，田野上，
兄弟们碰见时，是比六七年前更要亲密！
这，这是为你，静静地睡着的大堰河
所不知道的啊！

大堰河，今天，你的乳儿是在狱里，
写着一首呈给你的赞美诗，
呈给你黄土下紫色的灵魂，
呈给你拥抱过我的直伸着的手，
呈给你吻过我的唇，
呈给你泥黑的温柔的脸颜，

呈给你养育了我的乳房，
呈给你的儿子们，我的兄弟们，
呈给大地上一切的，
我的大堰河般的保姆和她们的儿子，
呈给爱我如爱她自己的儿子般的大堰河。

大堰河，
我是吃了你的奶而长大了的
你的儿子，
我敬你
爱你！

5.西去列车的窗口

贺敬之

在九曲黄河的上游，
在西去列车的窗口……
是大西北一个平静的夏夜，
是高原上月在中天的时候。
一站站灯火扑来，象流萤飞走，
一重重山岭闪过，似浪涛奔流……
此刻，满车歌声已经停歇，
婴儿在母亲怀中已经睡熟。
呵，在这样的路上，这样的时候，
在这一节车厢，这一个窗口——
你可曾看见：那些年轻人闪亮的眼睛
在遥望六盘山高耸的峰头？
你可曾想见：那些年青人火热的胸口
在渴念人生路上第一个战斗？
你可曾听到呵，在车厢里：
仿佛响起井冈山拂晓攻击的怒吼？
你可曾望到呵，灯光下：
好象举起南泥湾披荆斩棘的镢头？
呵，大西北这个平静的夏夜，
呵，西去列车这不平静的窗口！
一群青年人的肩紧靠着一个壮年人的肩，
看多少双手久久地拉着这双手……
他们呵，打从哪里来？又往哪里走？
他们属于哪个家庭？是什么样的亲友？
他呵，塔里木垦区派出的带队人——
三五九旅的老战士、南泥湾的突击手。
他们，上海青年参加边疆建设的大队——
军垦农场即将报到的新战友。

几天前，第一次相见——
是在霓虹灯下，那红旗飘扬的街头。
几天后，并肩拉手——
在西去列车上，这不平静的窗口。
从第一天，老战士看到你们呵——
那些激动的面孔、那些高举的拳头……
从第一天，年轻人看到你呵——
旧军帽下根根白发、臂膀上道道伤口……
呵，大渡河的流水呵，流进了扬子江口，
沸腾的热血呵，汇流在几代人心头！
你讲的第一个故事："当我参加红军那天"；
你们的第一张决心书："当祖国需要的时候……"
"呵，指导员牺牲前告诉我：
'想到呵，——十年后……百年后……'"
"呵，我们对母亲说：
'我们——永远、永远跟党走！……'"
第一声汽笛响了，告别欢送的人流。
收回挥动的手臂呵，紧攀住老战士肩头。
第一个旅途之夜。你把铺位安排就。
悄悄打开针线包呵，给"新兵们"缝缀衣扣……
呵！是这样的家庭呵，这样的骨肉！
是这样的老战士呵，这样的新战友！
呵，祖国的万里江山！……
呵，革命的滚滚洪流！……
一路上，扬旗起落——
苏州……郑州……兰州……
一路上，倾心交谈——
人生……革命……战斗……
而现在，是出发的第几个夜晚了呢？
今晚的谈话又是这样久、这样久……
看飞奔的列车，已驶过古长城的垛口，
窗外明月，照耀着积雪的祁连山头……
但是，"接着讲吧，接着讲吧！
那杆血染的红旗以后怎么样呵，以后？……"
"说下去吧，说下去吧！
那把汗浸的镢头开呵、开到什么时候？……"
"以后，以后……那红旗呵——
红旗插上了天安门的城楼……"
"以后，以后……那南泥湾的镢头呵——
开出今天沙漠上第一块绿洲……"
呵，祖国的万里江山！……

呵，革命的滚滚洪流！……
“现在，红旗和镢头，已传到你们的手。
现在，荒原上的新战役，正把你们等候！
看，老战士从座位上站起——
月光和灯光，照亮他展开的眉头……
看，青年们一起拥向窗前——
头一阵大漠的风尘，翻卷起他们新装的衣袖！
……但是现在，已经到必须休息的时候，
老战士命令：“各小队保证，一定睡够！”
立即，车厢里平静下来……
窗帘拉紧。灯光减弱。人声顿收。……
但是，年轻人的心呵，怎么能够平静？
——在这样的路上，在这样的时候！
是的，怎么能够平静呵，在老战士的心头？
——是这样的列车，是这样的窗口！
看那是谁？猛然翻身把日记本打开
在暗中，大字默写：“开始了——战斗！”
那又是谁呵？刚一入梦就连声高呼：
“我来了！我来了！——决不退后！……”
呵，老战士轻轻地走过每个铺位，
到头又回转身来，静静地站立在门后。
面对着眼前的这一切情景，
他，看了很久，听了很久，想了很久……
呵，胸中的江涛海浪！……
呵，满天的云月星斗！……
——该怎样做这次行军的总结呢？
怎样向党委汇报这一切感受？
该怎样估量这支年轻的梯队呵？
怎样预计这开始了的又一次伟大战斗？
……戈壁荒原上，你漫天的走石飞沙呵，
……革命道路上，你阵阵的雷鸣风吼！
乌云，在我们眼前……
阴风，在我们背后……
江山呵，在我们的肩！
红旗呵，在我们的手！
呵，眼前的这一切一切呵，
让我们说：胜利呵——我们能够！
……
……
呵！我亲爱的老同志！
我亲爱的新战友！

现在，允许我走上前来吧，
再一次、再一次拉紧你们的手！
西去列车这几个不能成眠的夜晚呵，
我已经听了很久，看了很久，想了很久……
我不能、不能抑止我眼中的热泪呵，
我怎能、怎能平息我激跳的心头?!
我们有这样的老战士呵，
是的，我们——能够！
我们有这样的新战友呵，
是的，我们——能够！
呵，祖国的万里江山、万里江山呵！……
呵，革命的滚滚洪流、滚滚洪流！……
现在，让我们把窗帘打开吧，
看车窗外，已是朝霞满天的时候！
来，让我们高声歌唱呵——
“鲜红的太阳照遍全球！……”

6. 西风颂

〔英〕雪　莱

啊，狂野的西风，把大地席卷，
你是秋神的气息，无形之中令草木枯干，
让它们如着魔的鬼魂四处逃串；
枯黄、猩红、苍白、暗淡，
满目无数染上瘟疫的叶片！
啊，你在冬日之床把插翅的种子撒满；
让它们躺在地下，冰凉、黑暗，
如同坟墓中的尸体一般，
等待你的妹妹那湛蓝的春天；
等待春的号角把梦中的世界呼唤，
催动芬芳的花朵争奇斗艳，
让生命的色彩、气息洋溢山岗、平原：
狂野的精灵，你八方吹遍，
听啊，听啊，你维护，你催残！
你穿过纷乱的空际，驾御气旋，
有如大地上枯萎的落叶，碎云飘散，
有如海天之间大树的枝条，云层震颤；
你是信使，预告风暴与雷鸣电闪！
散落在波涛汹涌的蓝色海面，
恰似暴躁的酒神祭司盛怒的容颜；
从地平线朦胧的边缘，
一直延伸到天穹的顶端，

她为风暴的来临把头发披散。
西风唱起挽歌送走残年，
你聚集神力把乱云驱赶，
摆出圆顶坟墓巨大的造型，就在岁末的夜晚。
听啊，从那郁积、浓重的云团，
即将爆发暗黑的雨柱、冰雹、火焰！
安躺的地中海一片碧蓝，
水晶般的浪花摧送入眠，
是你，猛然惊醒它夏日的梦幻。
岛浮石旁，巴亚海湾，
它梦见古老的塔楼、宫殿，
在天光明亮的波浪中摇撼。
青苔、花朵四处铺满，
如痴如醉，谁能描绘那芬芳灿烂！
为你开路，大西洋波浪滔天；
大海裂开，如深渊巨潭，
海底花草翻滚，泥中树丛纷乱，
枝叶如霜打雷劈，肃杀凄惨，
你的呼啸让他们脸色突变，
听啊，他们瑟瑟发抖，魂飞魄散！
如果我是枯叶，我要陪你飞旋，
如果我是行云，我会随你飘散，
如果我是浪花，我将在你神威下气喘吁吁；
我愿把你强大的脉搏分担，
只是难比你的自由、毫无羁绊，
我也不再是青春少年；
否则我会遨游太空，与你相伴，
即使超出你的疾驰也不希罕，
我也不至如此情急心烦。
祈求你满足我想要腾飞的心愿，
请你把我托起，如浪花、云朵、叶片！
让我跌落生活的荆棘，血迹斑斑！
戴上岁月沉重的铁链，
与你如此相似，桀骜、机敏、傲慢。
让我做你的竖琴，如树林等你奏弹：
哪怕只剩下无叶的枝干，
你定能奏响激昂的和弦！
凭借秋天深沉的意蕴，甜蜜、伤感；
愿你化作我的灵魂，威猛、强悍，
你我合而为一，气吞河山！
把僵化的思潮扫出人间，

如落叶催促生命重新回还！
也让我这诗句如符咒叨念；
如不灭的炉火金光飞溅，
我的词语是余烬和火花在世上流传，
经由我的双唇把大地呼唤；
啊，西风，这嘹亮的号角发出预言！
如果冬天来了，难道春天还会遥远？

7. 可爱的中国(节选)

方志敏

朋友！中国是生育我们的母亲。你们觉得这位母亲可爱吗？我想你们是和我一样的见解，都觉得这位母亲是蛮可爱蛮可爱的。以言气候，中国处于温带，不十分热，也不十分冷，好像我们母亲的体温，不高不低，最适宜于孩儿们的偎依。以言国土，中国土地广大纵横万数千里，好像我们的母亲是一个身体魁大、胸宽背阔的妇人，不像日本姑娘那样苗条瘦小。中国许多有名的崇山大岭，长江巨河，以及大小湖泊，岂不象征着我们母亲丰满坚实的肥肤上之健美的肉纹和肉窝？

咳！母亲！美丽的母亲，可爱的母亲，只因你受着人家的压榨和剥削，弄成贫穷已极，不但不能买一件新的好看的衣服，把你自己装饰起来；甚至不能买块香皂将你全身洗擦洗擦。

啊！我们的母亲太可怜了，一个天生的丽人，现在却变成叫化的婆子！站在欧洲、美洲各位华贵的太太面前，固然是深愧不如，就是站在那日本小姑娘面前，也自惭形秽得很呢！听着！朋友！母亲躲到一边去哭泣了，哭得伤心得很呀！她似乎在骂着："难道我四万万的孩子，都是白生了吗？难道他们真像着了魔的狮子，一天到晚的睡着不醒吗？难道他们不知道自己的伟大的团结力量，去与残害母亲、剥削母亲的敌人斗争吗？难道他们不想将母亲从敌人手里救出来，把母亲也装饰起来，成为世界上一个最出色、最美丽、最令人尊敬的母亲吗？"

朋友，听到没有母亲哀痛的哭骂？是的，是的，母亲骂得对，十分对！我们不能怪母亲好哭，只怪得我们之中出了败类，自己压制自己，眼睁睁地望着我们这位挺慈祥美丽的母亲，受着许多无谓的屈辱，和残暴的蹂躏！不错，目前的中国，固然是江山破碎，国弊民穷，但谁能断言，中国没有一个光明的前途呢？不，决不会的，我们相信，中国一定有个可赞美的光明前途。

中国在战斗之中一旦斩去了帝国主义的锁链，肃清自己阵线内的汉奸卖国贼得到了自由与解放，这种创造力，将会无限地发挥出来。到那时，中国的面貌将会被我们改造一新。所有贫穷和灾荒，混乱和仇杀，饥饿和寒冷，疾病和瘟疫，迷信和愚昧，以及那慢性的杀灭中国民族的鸦片毒物，这些等等都是帝国主义带给我们可憎的赠品，将来也要随着帝国主义的赶走而离去中国了。朋友，我相信，到那时，到处都是活跃跃的创造，到处都是日新月异的进步，欢歌将代替了悲叹，笑脸将代替了哭脸，富裕将代替了贫穷，康健将代替了疾苦，智慧将代替了愚昧，友爱将代替了仇杀，生之快乐将代替了死之悲哀，明媚的花园，将代替了凄凉的荒地！这时，我们民族就可以无愧色地立在人类的面前，而生育我们的母亲，也会最美丽地装饰起来，与世界上各位母亲平等地携手了。这么光荣的一天，决不在辽远的将来，而在很近的将来，我们可以这样相信的，朋友！

朋友，我的话说得太噜苏厌听了吧！好，我只说下面几句了。我老实地告诉你们，我爱护中国之热诚，还是如小学生时代一样的真诚无伪；我要打倒帝国主义为中国民族解放之心还是火一般的炽烈。不过，现在我是一个待决之囚呀！我没有机会为中国民族尽力了，我今日写这封信，是我为民族热情所感，用文字来作一次为垂危的中国的呼喊，虽然我的呼喊，声音十分微弱，有如一只将死之鸟的哀鸣。

啊！我虽然不能实际的为中国奋斗，为中国民族奋斗，但我的心总是日夜祷祝着中国民族在帝国主义羁绊之下解放出来之早日成功！假如我还能生存，那我生存一天就要为中国呼喊天；假如我不能生存——死了，我流血的地方，或者我瘗骨的地方，或许会长出一朵可爱的花来，这朵花你们就看做是我的精诚的寄托吧！在微风的吹拂中，如果哪朵花是上下点头，那就可视为我对于为中国民族解放奋斗的爱国志士们在致以热诚的敬礼；如果哪朵花是左右摇摆，那就可视为我在提劲儿唱着革命之歌，鼓励战士们前进啦！

亲爱的朋友们，不要悲观，不要畏馁，要奋斗！要持久地艰苦地奋斗！

8. 新纪元(节选)

李大钊

新纪元来，新纪元来！

今日是1919年的新纪元，现在的时代又是人类生活中的新纪元，所以我们要欢欣庆祝。

我们今日欢祝这新纪元，不是像那小儿女们喜欢过年；喜欢那灯光照旧明，爆竹照旧响，鱼肉照旧吃，春联照旧贴，恭喜的套话照旧说，新衣新裳照旧穿戴。那样陈陈相因的生活，就过了百千万亿年，也是毫无意义，毫无趣味，毫无祝贺的价值。人类的生活，必须时时刻刻拿最大的努力，向最高的理想扩张传衍，流转无穷，把那陈旧的组织、腐滞的机能一一的扫荡摧清，别开一种新局面。这样进行的发轫，才能配称新纪元；这样的新纪元，才有祝贺的价值。一个人的一生，包含无数的新纪元，才算能完成他的崇高生活。人类全体的历史，联结无数的新纪元，才算能贯达这人类伟大的使命。

1914年以来世界大战的血、1919年俄国革命的血、1918年德奥革命的血，好比作一场大洪水——诺阿以后最大的洪水——洗来洗去，洗出一个新纪元来。这个新纪元带来新生活、新文明、新世界，和1914年以前的生活、文明、世界，大不相同，仿佛隔几世纪一样。

看啊，从前讲天演进化的，都说是优胜劣败，弱肉强食，你们应该牺牲弱者的生存幸福，造成你们优胜的地位，你们应该当强者去食人，不要当弱者，当人家的肉。从今以后都晓得这话大错，知道生物的进化，不是靠着竞争，乃是靠着互助。人类若是想求生存，想享幸福，应该互相友爱，不该仗着强力互相残杀。从前研究解决人口问题的，都是说马尔查士说过，人口的增加是几何的，食物的增加是算术的，人口的增加没有限制，地球的面积只有这一定的大小，若不能自节生殖，不是酿成疾疫，就是惹起战争。这也是无可如何的事情。所以强大的国家都要靠着兵力，扩张领土；自尊的民族，也多执着人种的偏见，限制异种的工人入境。种种不公平背人道的事情，都起于这个学说。从今以后，大家都晓得生产制度如能改良，国家界线如能打破，人类都得一个机会同去作工，那些种种的悲惨、穷困、疾疫、争夺，自然都可以消灭。人类的衣食，没有少数强盗的侵夺暴掠，自然也可以足用了。从前的战争靠着单纯腕力，所以皇家、贵族、军阀、地主、资本家，可以拿他们的不正势力，驱使几个好身手的武士，作他们的爪牙，造出一个特别阶级，压服那些庶民，庶民也没有法子可以制裁他们，只有受他们的蹂躏。从今以后，人心渐渐觉醒。欧洲几个先觉，在那里大声疾呼，要求人民的平和，不要皇帝，不要常备兵，不要秘密外交，要民族自决，要欧洲联邦，做世界联邦的基础。这都是差强人意的消息。这些消息，都是这新纪元的曙光。在这曙光中，多少个性的屈枉、人生的悲惨、人类的罪恶，都可望象春冰遇着烈日一般，消灭渐净。多少历史上遗留的偶象，如那皇帝、军阀、贵族、资本主义、军国主义，也都象枯叶经了秋风一样，飞落在地。这个新纪元是世界革命的新纪元，是人类觉醒的新纪元。我们在这黑暗的中国，死寂的北京，也仿佛分得那曙光的一线，好比在沉沉深夜中得一个小小的明星，照见新人生的道路。我们应该趁着这一线的光明，努力前去为人类活动，作出一点有益人类工作。这点工作，就是贺新纪元的纪念。

9.做一个战士

巴　金

一个年轻的朋友写信问我："应该做一个什么样的人？"我回答他："做一个战士。"

另一个朋友问我："怎样对付生活？"我仍旧答道，"做一个战士。"

《战士颂》的作者曾经写过这样的话：

我激荡在这绵绵不息、滂沱四方的生命洪流中，我就应该追逐这洪流，而且追过它，自己去造更广更深的洪流。

我如果是一盏灯，这灯的用处便是照彻那多量的黑暗。我如果是海潮，便要鼓起波涛去洗涤海边一切陈腐的积物。

这一段话很恰当地写出了战士的心情。

在这个时代，战士是最需要的。但是这样的战士并不一定要持枪上战场。他的武器也不一定是枪弹。他的武器还可以是知识、信仰和坚强的意志。他并不一定要流仇敌的血，却能更有把握地致敌人的死命。

战士是永远追求光明的。他并不躺在晴空下享受阳光，却在暗夜里燃起火炬，给人们照亮道路，使他们走向黎明。驱散黑暗，这是战士的任务。他不躲避黑暗，却要面对黑暗，跟躲藏在阴影里的魑魅、魍魉搏斗。他要消灭它们而取得光明。战士是不知道妥协的。他得不到光明便不会停止战斗。

战士是永远年轻的。他不犹豫，不休息。他深入人丛中，找寻苍蝇、毒蚊等等危害人类的东西。他不断地攻击它们，不肯与它们共同生存在一个天空下面。对于战士，生活就是不停的战斗。他不是取得光明而生存，便是带着满身伤疤而死去。在战斗中力量只有增长，信仰只有加强。在战斗中给战士指路的是"未来"，"未来"给人以希望和鼓舞。战士永远不会失去青春的活力。

战士是不知道灰心与绝望的。他甚至在失败的废墟上，还要堆起破碎的砖石重建九级宝塔。任何打击都不能击破战士的意志。只有在死的时候他才闭上眼睛。

战士是不知道畏缩的。他的脚步很坚定。他看定目标，便一直向前走去。他不怕被绊脚石摔倒，没有一种障碍能使他改变心思。假象绝不能迷住战士的眼睛，支配战士的行动的是信仰。他能够忍受一切艰难、痛苦，而达到他所选定的目标。除非他死，人不能使他放弃工作。

这便是我们现在需要的战士。这样的战士并不一定具有超人的能力。他是一个平凡的人。每个人都可以做战士，只要他有决心。所以我用"做一个战士"的话来激励那些在彷徨、苦闷中的年轻朋友。

10.最后一只藏羚羊

彭　波

夕阳西下，晚霞轻柔地洒在可可西里的土地上，宁静而贫瘠的土地仿佛又多了几分生机。

我矗立在寒风中，影子拉的很远很远，我的脚下就是我刚刚死去的丈夫和女儿，他们已经被蹂躏得面目全非。四周满是我部族的尸体，他们的皮全部被扒光。空气中弥漫着血腥气，地上血流成河，在夕阳的照耀下，显得愈加惨烈。

我，这场大屠杀中唯一的幸存者，便成了可可西里最后一只藏羚羊。

就在几年前，我们藏羚羊还是个有着20万之多的种族，那时候啊，我们几个部族一起在荒无人烟的草原上驰骋，阴沉碧日，黄土漫天，其景极为壮观！每逢产子季节，身为妻子的我们便要跟丈夫告别，成群结队地去北方。当几千只小藏羚羊出世时，一派生机勃勃的景象！后来，我们带着孩子重返南方，我们的部族充满了生机与希望。我曾经无比自豪于自己是一只藏羚羊，我们生活在遥远的可可西里，那里气候恶劣，土地贫瘠，可我们却有着惊人的耐力。水草丰茂的地方，对我们没有任何吸引力，我们常常悠然地卧在雪中，或是在猛烈的冰雹中嬉戏。那时的可可西里只有我们，可可西里无疑于世外桃源。那梦一般的世界曾经是多么的美丽……

然而，一声枪响穿透了可可西里的黎明，我的梦被击得粉碎！当一辆辆吉普车在高原上奔驰的时候，我的同伴非要和他比个高低，追逐嘛，那是我们常玩的游戏，然而这一次我们却只猜对了开头，却猜不中这结局，一只只黑洞洞的枪口正悄悄地举起。

从那一刻起一场大屠杀便开始了，静谧的可可西里被枪声毁掉了。我清楚地记得，就在那个夏天，在我们产子的北方，人类早已准备好了一杆杆猎枪，使产子的圣地变成了血腥的屠宰场，我同伴的尸体几百只、几百只得躺在地上，他们的皮被全部剥光，有的甚至是被活生生地剥光。

我开始后悔自己是一只藏羚羊，其实我们长得并不美丽，我们只不过是有了一身价值连城的皮毛而已，可就是因这一身皮毛，几年来，不知多少兄弟姐妹惨遭杀戮，而且所有的尸体都被剥了皮呀！粉红色的肉上鲜血淋漓！现在的可可西里不再是美丽的少女，而成为恐怖的墓地。十几万只藏羚羊长眠在这里……

为了活命，我们这个在几次大屠杀中幸存下来的部族开始迁徙，几千只藏羚羊浩浩荡荡地向北方前进。途中我由于身体不适掉了队，落在后面休息，可就在这个时候，就在这个时候我听到远处响起了密集的枪声，我绝望地闭上了眼睛……

我俯下身体舔着我的丈夫，他的眼睛还是那么大，那么明亮，只是充满了恐惧；我又去亲吻我的小女儿，她的眼中只有惊诧与好奇；女儿啊！你还太小，妈妈知道你是至死也不明白发生了什么事情。其实，妈妈也不明白，为什么？为什么人类在自己的亲人死去时，悲痛欲绝，却能够坦然地去杀掉别人的亲人？难道他们在开枪时就没有一丝犹豫吗？难道他们动手时没有一丝怜悯吗？难道当他们的亲人惨遭杀害，他们却无力返击时，他们又会怎么样？

这时，一丝声响在我背后响起，我慢慢地转过身，眼前是乌黑的枪口，在惨烈的夕阳下，在同伴的尸体中，我竟露出了一丝惨淡的笑容，无知的人类呀！你们究竟还要愚昧到几时呀？你们毁灭了我们，其实正是在毁灭你们自己呀！尽管开枪啊，开枪啊！你们唯一的贡献就在灭绝动物的名单上又添了一笔。

枪响了，我睁大着双眼倒在地上，嘴角仍挂着微笑，而眼角却流下一颗浑浊的泪滴。

今晚的星星啊，真美，望着它，我仿佛又看到了我的丈夫和女儿，还有那梦中的可可西里，几万只藏羚羊在草原上奔驰着，尘土飞扬，阳光洒在他们的皮毛上，泛着金光！

11. 老人与海(节选)

〔美〕海明威

又一个夜晚到来了。老人趁鱼安静的时候睡了一觉。他梦到了漫长的黄色的海滩，梦见了狮子。突然，那根钓丝飞快地从他右手滑出去，他猛然醒来，急忙抓住钓丝，把它绷得紧紧的。只见那鱼猛地一跳，掀起巨大的浪花，然后猛地落下。接着它又一次次地跳起，落下。老人的右手勒出了血，他把手浸在水里，说道："不坏。痛苦对一个男子汉不算一回事儿。"第三天，那鱼开始打转儿了。老人拼命地拉紧钓丝，鱼每转一圈，他就把钓丝拉回一段。两个钟头以后，老人浑身被汗水浸透了，骨头也累酸了。他觉得眼前有黑点儿在晃动，汗水渍痛了眼睛和脸上的伤口。他不断地收紧钓丝，却突然感到眩晕起来。他用左手舀了些海水，洒在头上。老人拼命拉紧钓丝，看见鱼尾巴从水里露出来，鱼游到前面来，举止从容不迫，优美潇洒，老人用力去拽，想把它拽近些。鱼朝船边游来，嘴几乎要碰到船板。他忍住一切疼痛，高高地举起渔叉，使出全身的力气，把渔叉扎进鱼腰里。鱼往上一跳，把它的长度、宽度、威力和美，全都显示出来。它仿佛悬在空中，悬在老人的头顶。然后轰隆一声落到水里，浪花溅了老人一身，溅满一船。一会儿，那鱼仰面朝天，银白色的肚皮翻到水面上来，它终于死了。

老人树起桅杆，挂起风帆，开始往回划！他估记这鱼足有一千五百多磅，如果净得三分之二，卖三角钱一磅，该赚多少钱啊！谁知死鱼的血水招来了鲨鱼。这是一条巨大的鲨鱼，它顺着船的航线飞快地游来，老人看见鲨鱼到来，准备好渔叉。鲨鱼飞快地逼近船尾，张开大嘴，猛力朝那鱼的尾巴咬去，这一口咬去了大约四十磅。老人把渔叉朝鲨鱼的头刺去，鲨鱼在海里翻滚过去，死了，同时带走了渔叉。老头儿不忍心朝船边的死鱼多看一眼，它已经给咬得残缺不全了。他说："一个人并不是生来要给打败的，你尽可能把他消灭掉，可就是打不败他。"他想："自己把鱼弄死不仅仅是为了养活自己，是为了光荣，因为你是个打鱼的。说到底，这个总要杀死那个。鱼一方面养活我，一方面要弄死我。"这时，又有两条鲨鱼向他和死鱼袭来。他拿起绑着刀子的船桨向鲨鱼的头刺去。鲨鱼死的时候还吞着它咬下的鱼肉。另一条鲨鱼在船底蹂躏着死鱼，老人设法使鲨鱼露出来，把刀子朝鲨鱼身上扎去。一次，两次，最后终于扎死了鲨鱼。现在那条死鱼已经成了所有鲨鱼追踪的对象。鲨鱼每一次袭击，都从死鱼身上扯去很多肉。他想："这一回它们可把我打惨了，可是我只要有桨，有短棍，有舵把，就一定要揍死它们。"鲨鱼一次又一次冲来，老人用棍子揍。晚上，鲨鱼又成群窜来，老人只见它们身上的磷光，他不顾一切地用棍棒劈去。棍棒丢了，就拽下舵把，两手抱住，一次又一次劈下去，但是鲨包还是从棍棒、舵把下撕咬下一块块死鱼肉。

当船驶进渔港的时候，已经是半夜了，老人已经筋疲力尽了。他上了岸，摸进茅屋，躺在床上睡着了。第二天，许多渔夫围在船周围，望着死鱼的骨骼，一个人用绳子量了量说："从鼻子到尾巴足有十八英尺长。"

男孩儿来到茅棚，看见老人那双满是伤痕的手，哭了起来，然后给老人送来了热咖啡，并表示要跟他一起出海去打鱼。

一根又粗又长的雪白的脊骨扔在垃圾堆里，只等着潮水来冲走。在茅棚里，老人又睡着了，男孩儿坐在一旁守着他。老人正梦见狮子。

12. 红楼梦(节选)

曹雪芹

且说黛玉自那日弃舟登岸时，便有荣国府打发了轿子并拉行李的车辆久候了。这林黛玉常听得母亲说过，他外祖母家与别家不同。他近日所见的这几个三等仆妇，吃穿用度，已是不凡了，何况今至其家。因此步步留心，时时在意，不肯轻易多说一句话，多行一步路，惟恐被人耻笑了他去。自上了轿，进入城中，从纱窗向外瞧了一瞧，其街市之繁华，人烟之阜盛，自与别处不同。又行了半日，忽见街北蹲着两个大石狮子，三间兽头大门，门前列坐着十来个华冠丽服之人。正门却不开，只有东西两角门有人出入。正门之上有一匾，匾上大书"敕造宁国府"五个大字。黛玉想道：这必是外祖之长房了。想着，又往西行，不多远，照样也是三间大门，方是荣国府了。却不进正门，只进了西边角门。那轿夫抬进去，走了一射之地，将转弯时，便歇下退出去了。后面的婆子们已都下了轿，赶上前来。另换了三四个衣帽周全十七八岁的小厮上来，复抬起轿子。众婆子步下围随至一垂花门前落下。众小厮退出，众婆子上来打起轿帘，扶黛玉下轿。林黛玉扶着婆子的手，进了垂花门，两边是抄手游廊，当中是穿堂，当地放着一个紫檀架子大理石的大插屏。转过插屏，小小的三间厅，厅后就是后面的正房大院。正面五间上房，皆雕梁画栋，两边穿山游廊厢房，挂着各色鹦鹉、画眉等鸟雀。台矶之上，坐着几个穿红着绿的丫头，一见他们来了，便忙都笑迎上来，说："刚才老太太还念呢，可巧就来了。"于是三四人争着打起帘笼，一面听得人回话："林姑娘到了。"

黛玉方进入房时，只见两个人搀着一位鬓发如银的老母迎上来，黛玉便知是他外祖母。方欲拜见时，早被他外祖母一把搂入怀中，心肝儿肉叫着大哭起来。当下地下侍立之人，无不掩面涕泣，黛玉也哭个不住。一时众人慢慢解劝住了，黛玉方拜见了外祖母。——此即冷子兴所云之史氏太君，贾赦贾政之母也。当下贾母一一指与黛玉："这是你大舅母，这是你二舅母，这是你先珠大哥的媳妇珠大嫂子。"黛玉一一拜见过。贾母又说:"请姑娘们来。今日远客才来,可以不必上学去了。"众人答应了一声,便去了两个。

不一时,只见三个奶嬷嬷并五六个丫鬟,簇拥着三个姊妹来了。第一个肌肤微丰,合中身材,腮凝新荔,鼻腻鹅脂,温柔沉默,观之可亲。第二个削肩细腰,长挑身材,鸭蛋脸面,俊眼修眉,顾盼神飞,文彩精华,见之忘俗。第三个身量未足,形容尚小。其钗环裙袄,三人皆是一样的妆饰。黛玉忙起身迎上来见礼,互相厮认过,大家归了坐。丫鬟们斟上茶来。不过说些黛玉之母如何得病,如何请医服药,如何送死发丧。不免贾母又伤感起来,因说:"我这些儿女,所疼者独有你母,今日一旦先舍我而去,连面也不能一见,今见了你,我怎不伤心!"说着,搂了黛玉在怀,又呜咽起来。众人忙都宽慰解释,方略略止住。

众人见黛玉年貌虽小,其举止言谈不俗,身体面庞虽怯弱不胜,却有一段自然的风流态度,便知他有不足之症。因问:"常服何药,如何不急为疗治?"黛玉道:"我自来是如此,从会吃饮食时便吃药,到今日未断,请了多少名医修方配药,皆不见效。那一年我三岁时,听得说来了一个癞头和尚,说要化我去出家,我父母固是不从。他又说:'既舍不得他,但只怕他的病一生也不能好的。若要好时,除非从此以后总不许见哭声;除了父母之外,凡有外姓亲友之人,一概不见,方可平安了此一世。'疯疯癫癫,说了这些不经之谈,也没人理他。如今还是吃人参养荣丸。"贾母道:"正好,我这里正配丸药呢。叫他们多配一料就是了。"

13. 平凡的世界(节选)

路　遥

孙少安好不容易把家里和队里的事安排停当,才抽开身到城里来了。

前两天,他赶着把家里自留地的南瓜和西葫芦都种上了。为了赶时间,他还把他妈和他姐也叫到地里帮忙。父亲在基建会战工地,又被强制给他姐夫陪罪,请不脱假。他不能错过播种季节。南瓜西葫芦,这是全家人一年最重要的一部分粮食。他还在自留地利用阴雨天修起的那几畦水浇地里,种了点夏土豆,又种了两畦西红柿和黄瓜。这些菜一般家里不吃,是为了将来卖两个零用钱的。

至于队里的事,那就更多了。冬小麦已经返青,需要除草和施肥,尿素和硫酸铵比较简单,撒在地里就行了,但碳酸铵要用土埋住,否则肥效发挥不了作用。需要好好把这些事安顿给副队长田福高,不敢让社员应应付付了事。另外,还要赶紧开始种黑豆和小日月玉米……直到他坐在过路回家的金波父亲的汽车上往县城去的时候,还觉得有许多事没有安排妥当……现在,他已经到润叶的宿舍里了。

这是他头一次到城里单位来找她。尽管是老熟人,总还觉得有些拘束。

润叶已经给他打好了一盆洗脸水,水盆里泡了一条雪白的毛巾。

他犹豫地笑笑,说:"我不洗了……"

"快洗! 坐了半天车,洗洗脸清朗!"润叶命令他说。"这么白的毛巾,我一次就给你洗黑了。"他只好走到脸盆前。

"你看你! 这有个什么哩! 黑了我再洗嘛! 干脆,让我再提些水,你把头也洗一下!"

"不了,不了。"少安一边洗脸,赶忙拒绝让他洗头。他的头在这点脸盆里能洗干净吗?

少安洗完脸后,润叶立刻说:"走,咱们到街上食堂吃饭去!"

"我已经吃过了。"

"你大概早上吃过了!"

少安不好意思地笑了。她太熟悉他了,什么事也别想瞒她。

他们一块相跟着往街上走。少安现在才发现润叶身上有些变化,似乎一下子老成多了。他半天才留意到润叶已经不梳辫子,变成了剪发头。这倒使他感到对她有点陌生。是的,随着光阴荏苒，每个人都在变化。这又一次使他强烈地感到，他们的童年早已经流逝，两个人都成大人了。不知为什么，他猛然间又记起了那时候她给他补破裤子的情形，便忍不住“嘿嘿”地笑出了声。

“少安哥，你笑什么哩？”走在旁边的润叶问他。她白净的脸蛋上泛出兴奋的红晕，腼腆地微笑着。

“没什么……”他的脸也热烘烘的。

少安和润叶走在一起，就象他有时引着兰香在山里劳动一样，心中充满了亲切的兄妹感情。真的，他看待润叶就象看待自己的亲妹妹一样。人活着，这种亲人之间的感情是多么重要，即使人的一生充满了坎坷和艰辛，只要有这种感情存在，也会感到一种温暖的慰藉。假如没有这种感情，我们活在这世界上会有多么悲哀啊……他跟着润叶进了县城最大的国营食堂。午饭时间已经过了，食堂里现在没有什么人。

少安赶忙扑到售票处去买饭，结果被润叶一把扯住了。她把他硬拉在一张饭桌前，让他坐下，说：“你到我这里就是客人！怎么能让你买饭呢！”

少安有点窘。在这样的场合，他不买饭觉得有损自己男子汉的自尊。他现在身上带着钱，除过家里的拾元外，他还借了队里的二十元公款。他走时并没有准备在润叶这里吃饭。他对要去买饭的润叶说：“我听少平说，外国人男女一块上街吃饭，都是男人掏钱买……”

润叶笑了，一边转身去买饭，一边又扭过头对他说：“咱们中国男女平等！”她买回来一堆饭菜，摆了一大桌子。

少安说：“买得太多了，别说咱们两个人，就是四五个人也吃不完。”

“我已经吃过了，这都是你一个人的！”润叶坐在他旁边说。

“啊？”少安惊讶地看着她，说：“这……”

“不要紧，吃不完剩下算了。你快吃！现在已过了中午，你肯定饿了。”

他刚开始吃饭，润叶又站起来，说：“噢，我忘了给你买点酒！”

他赶忙说：“我不会喝酒！你快坐下，也吃一点。”

润叶坐在他旁边，没有动筷子，只是亲切地看着他吃。

他低头吃着饭，但感觉润叶一直在盯着看他，使他有点不好意思。他抬起头来，看见润叶把自己的头扭过去一点，脸红得像充了血似的。她似乎意识到了自己的脸色，赶忙给他解释说：“今天我二妈她爸过生日，我喝了几杯葡萄酒，上脸了……”

少安相信她的话，没在意地又低头吃他的饭。

尽管他吃了不少，但最后桌子上还是剩了一堆。如果是他一个人，他就会把这剩下的所有东西，都装进他那个毛巾布袋，或者带到中学送给少平，或者带回家让家里其他人吃——这都是些好东西啊！

但今天不能。这是润叶买的饭。就是他自己掏钱买的，只要润叶在，他也会象大方的城里人一样丢下不要了。他总算还念过几天书，不会俗气到可笑的程度。

14. 白鹿原(节选)

陈忠实

二月里一个平淡宁静的早晨，春寒料峭，街巷里又响起卖罐罐馍的梆子声。马驹和骡驹听见梆子声就欢叫起来，拽着奶奶的衣襟从上房里屋走出来。白赵氏被两个孙子拽得趔趔趄趄，脸上却洋溢着慈祥温厚的笑容，两只手在衣襟下掏着铜子和麻钱。嘉轩跷出厦屋门坎，在院庭里挡住了婆孙三人的去路：“妈，从今日往后，给他俩的偏食断了去。”白赵氏慈和的脸顿时沉阴下来，瞅着儿子，显然是意料不及而愣住了。嘉轩解释说：“人说‘财东家惯骡马，穷汉家惯娃娃’。咱们家是骡马娃娃都不兴娇惯。”白赵氏似有所悟，脸上泛出活色来，低头看看偎贴在腰上的两颗可爱的脑袋，扬起脸对儿子说："今个算是尾巴巴一回。"嘉轩仍然不改口："当断就断。算了，就从今个断起。"白赵氏把已经码到手心的铜子和麻钱又塞进大襟底下的口袋，愠怒地转过身去："你的心真硬！"马驹和骡驹窝火委屈得哭丧着脸，被奶奶拽着手怏怏地往上房里屋走去。

两个孩子已经长到该当入学的年龄。白嘉轩正在谋划确定给白鹿村创办一座学堂。白鹿村百余户人家，历来都是送孩子到七八里地的神禾村去念书，白嘉轩就是在那里早出晚归读了五年书。他想创办学堂不全是为了两个儿子就读方便，只是觉得现在应该由他来促成此举。学堂就设在祠堂里。那座祠堂年久失修，白嘉轩想出面把苍老的祠堂彻底翻修一新，然后在这里创办起本村的学堂来。他的名字将与祠堂和学堂一样不朽。

白嘉轩怀里揣着一个修复祠堂的详细周密的计划走进了鹿子霖家的院子。鹿子霖在厢房里听见一阵陌生的脚步声就走到庭院，看见白嘉轩进来，便忙拱手问候。白嘉轩停住脚说："我找大叔说件事。"鹿子霖回到厢房就有些被轻贱被压低了的不自在。白嘉轩走进上房的屏风门就叫了一声："叔哎！"鹿泰恒从上房里屋踱出来时左手端着一只黄铜水烟壶，右手捏着一节冒烟的火纸，摆一下手礼让白嘉轩坐到客厅的雕花椅子上。鹿泰恒坐在方桌另一边的椅子上，细长的手指在烟壶里灵巧地捻着金黄绵柔的烟丝，动作很优雅。白嘉轩说："大叔，咱们的祠堂该翻修了。"鹿泰恒吹着了火纸，愣怔了一下，燃起火焰的火纸迅速烧出一节纸灰。鹿泰恒很快从愣怔里恢复过来，优雅地把火纸按到烟嘴上，优雅地吸起来，水烟壶里的水的响声也十分优雅，直到"噗"地一声吹掉烟筒里的白色烟灰，说："早都该翻修了。"白嘉轩听了当即就品出了三种味道：应该翻修祠堂；祠堂早应该翻修而没有翻修是自己的父亲老族长白秉德的失职；自己这个新族长忙着娶媳妇埋死人现在才腾出手来翻修祠堂咧！白嘉轩不好解释，只是装作不大在乎，就说起翻修工程的具体方案和筹集粮款的办法。鹿泰恒听了几句就打断他的话说："这事你和子霖承办吧！我已经老了。"白嘉轩忙解释说："跑腿自然有我和子霖。你老得出面啊！"鹿泰恒说："你爸在世时，啥事不都是俺俩搭手弄的？现在该着你们弟兄搭手共事了。"随之一声唤，叫来了鹿子霖："嘉轩说要翻修祠堂了，你们弟兄俩商量着办吧。"

整个一个漫长的春天里，白鹿村洋溢着一种友好和谐欢乐的气氛，欢悦喜庆的气氛把白鹿两姓的人融合到一起了。翻修祠堂的工程已经拉开。整个工程由白嘉轩和鹿子霖分头负责。鹿子霖负责工程，每天按户派工。白嘉轩组织后勤。

15. 呼兰河传(节选)

萧　红

呼兰河这小城里边住着我的祖父。

我生的时候，祖父已经六十多岁了，我长到四五岁，祖父就快七十了。

我家有一个大花园，这花园里蜂子、蝴蝶、蜻蜓、蚂蚱，样样都有。蝴蝶有白蝴蝶、黄蝴蝶。这种蝴蝶极小，不太好看。好看的是大红蝴蝶，满身带着金粉。

蜻蜓是金的，蚂蚱是绿的，蜂子则嗡嗡地飞着，满身绒毛，落到一朵花上，胖圆圆地就和一个小毛球似的不动了。

花园里边明晃晃的，红的红，绿的绿，新鲜漂亮。

据说这花园，从前是一个果园。祖母喜欢吃果子就种了果园。祖母又喜欢养羊，羊就把果树给啃了。果树于是都死了。到我有记忆的时候，园子里就只有一棵樱桃树，一棵李子树，因为樱桃和李子都不大结果子，所以觉得他们是并不存在的。小的时候，只觉得园子里边就有一棵大榆树。

这榆树在园子的西北角上，来了风，这榆树先啸，来了雨，大榆树先就冒烟了。太阳一出来，大榆树的叶子就发光了，它们闪烁得和沙滩上的蚌壳一样了。

祖父一天都在后园里边，我也跟着祖父在后园里边。祖父戴一个大草帽，我戴一个小草帽，祖父栽花，我就栽花；祖父拔草，我就拔草。当祖父下种，种小白菜的时候，我就跟在后边，把那下了种的土窝，用脚一个一个地溜平，哪里会溜得准，东一脚地，西一脚地瞎闹。有的菜种没被土盖上，反而给踢飞了。

小白菜长得非常之快，没有几天就冒了芽了，一转眼就可以拔下来吃了。

祖父铲地，我也铲地；因为我太小，拿不动那锄头杆，祖父就把锄头杆拔下来，让我单拿着那个锄头的“头”来铲。其实哪里是铲，也不过趴在地上，用锄头乱勾一阵就是了。也认不得哪个是苗，哪个是草。往往把韭菜当做野草一起割掉，把狗尾草当做谷穗留着。

等祖父发现我铲的那块满留着狗尾草的一片，他就问我：

“这是什么？

我说：

“谷子。”

祖父大笑起来，笑得够了，把草摘下来问我：

只是天空蓝悠悠的，又高又远。

可是白云一来了的时候，那大团的白云，好像洒了花的白银似的，从祖父的头上经过，好像要压到了祖父的草帽那么低。

我玩累了，就在房子底下找个阴凉的地方睡着了。不用枕头，不用席子，把草帽遮在脸上就睡了。

16. 海洋时代

——纪录片《大国崛起》

绝大多数历史学家认为：公元1500年前后是人类历史的一个重要分水岭，从那个时候开始，人类的历史才称得上是真正意义上的世界史。在此之前，人类生活在相互隔绝而又各自独立的几块陆地上，没有哪一块大陆上的人能确切地知道，地球究竟是方的还是圆的，而几乎每一块陆地上的人都认为自己生活在世界的中心。

公元1500年前后，中国正处在明朝统治之下。郑和的船队七下西洋，但不是为了开拓贸易，而是为了宣扬皇帝的德威。郑和死后，中国人的身影就在海洋上消失了。

阿拉伯和印度的商人与欧、亚、非大陆继续着商业往来，但他们的活动范围基本上局限在印度洋沿岸。

这是当时欧洲人笔下的世界，已知的三块大陆——欧洲、亚洲和非洲，分别由三个信奉基督教的国王统治，其他地方都是混沌未开。

但就在公元1400年以后的两百年间，欧洲绘图人笔下的几大块陆地宛如正在成长的胚胎，逐渐由模糊的团状，演变成我们今天所熟悉的清晰可见的模样。

正是从那个时候起，割裂的世界开始连接在一起，经由地理大发现而引发的国家竞争，拉开了不同的文明间相互联系、相互注视，同时也相互对抗和争斗的历史大幕。

不可思议的是，开启人类这一历史大幕的，并不是当时欧洲的经济和文化中心，而是偏居在欧洲大陆西南角上两个面积不大的国家——葡萄牙和西班牙。五百年前，他们相继成为称雄全球的霸主，势力范围遍及欧洲、亚洲、非洲和美洲。

那么，究竟是什么力量推动小小的伊比利亚半岛征服海洋、进而主宰世界长达一个多世纪呢？

17. 自然的馈赠

——纪录片《舌尖上的中国1》

中国拥有世界上最富戏剧性的自然景观，高原，山林，湖泊，海岸线。这种地理跨度有助于物种的形成和保存,任何一个国家都没有这样多潜在的食物原材料。为了得到这份自然的馈赠,人们采集,捡拾,挖掘,捕捞。穿越四季,本集将展现美味背后人和自然的故事。

香格里拉,松树和栎树自然杂交林中,卓玛寻找着一种精灵般的食物——松茸。松茸保鲜期只有短短的两天,商人们以最快的速度对松茸的进行精致的加工,这样一只松茸24小时之后就会出现在东京的市场中。松茸产地的凌晨3点,单珍卓玛和妈妈坐着爸爸开的摩托车出发。穿过村庄,母女俩要步行走进30公里之外的原始森林。雨让各种野生菌疯长,但每一个藏民都有识别松茸的慧眼。松茸出土后,卓玛立刻用地上的松针把菌坑掩盖好,只有这样,菌丝才可以不被破坏,为了延续自然的馈赠,藏民们小心翼翼地遵守着山林的规矩。为期两个月的松茸季节,卓玛和妈妈挣到了5000元,这个收入是对她们辛苦付出的回报。老包是浙江人,他的毛竹林里,长出过遂昌最大的一个冬笋。冬笋藏在土层的下面,从竹林的表面上看,什么也没有,老包只需要看一下竹梢的叶子颜色,就能知道笋的准确位置,这完全有赖于他丰富的经验。

18. 有容乃大

——纪录片《故宫100》

它是紫禁城里最大的门,它矗立在紫禁城中轴线的开端,开启宫城的冷峻威严;它的布局、结构和形制表达着中国人对神圣的理解;它所处的方位和拥有的形态,昭示着一种古老的和谐;它的造型和凤凰有关;它在曾经的国家仪式中,总是接受万人的跪拜;它就是午门,紫禁城正式的大门。

正午的太阳,总是出现在正南方向,所以南门叫做午门。坐北朝南的是天子,所以正南方向的午门就是紫禁城里最尊贵的大门。午门的形制,好像中国古代木建筑中一个关键的连接部件——榫卯。方位上,属性至阳的午门,却采取了带着阴性意象的凹形形制,这其中充满中国古代哲学意味。榫卯与它的外部空间形成的凹凸结构,指向阴阳和谐,表明有界与无形其实相对存在,印证和象征中国人对天、地、人关系的理解。有容乃大,是它的气魄。

古代典籍《周礼》中规定,皇宫的正门叫做雉门。雉,也叫朱雀,是传说中一种火红的神鸟。午门凹字台墩上,五座屋脊微翘的楼阁,形似五只举翅的大鸟。朱雀到底是怎样的,没有人知道,倒是凤凰好像近一些,所以民间往往称这里叫做五凤楼。

门虽设而常关,熟练掌握开合之道,才是真正的帝王。

公元1760年,一场惨烈的战争后,战败者被千里迢迢押解到京师,当做战俘献给皇帝,这个仪式叫献俘礼,明清两代都在午门上演。成千上万的战俘颤抖着跪在广场上,不敢抬头。午门城楼的最高处,皇帝端坐。在这个位置俯望,战俘皆匍匐于视线下方的地平线上。威严的气势中,君王忽然粲然一笑,下令赦免,一切罪罚与恐惧、忠诚与背叛都化作乌有。

这,就是午门。开合之间,威严与宽厚瞬间转换。

19. 在水一方

——纪录片《江南》

就从这里开始吧。

周庄、同里或者乌镇,水乡的古镇在江南生长。

在古镇上走一走,以这样的方式体会江南,我们细致而明确地感受到了江南的精神和风采。

水流在水里,风淡淡地吹着风。

在这里,流水和流水,不就是江南翻飞的水袖吗?不就是把江南舞动得风姿绰绰、灵秀飘逸的水袖吗?

在朴实无华中超凡脱俗,在超凡脱俗中返璞归真,这水做的江南,这江南的流水啊。

"小桥、流水、人家",这是江南最灿烂的风花雪月,这是江南最根本的从前以来。

十多年前，古镇的农民耕田的时候，掘到了一些石斧陶器和玉镯玉瑗，这一个发现，引起了文物管理部门的注意和重视，考古学家们从各地赶来，仔细看过了这些石斧陶器和玉镯玉瑗以后说道，这是崧泽、良渚文化时期的文物，离开现在，应该有五千五百年了吧。

五千多年前的古镇是什么样子，我们不能知道，我们只能知道，五千多年前，我们的先人，曾经在这里编织着生活，在这里的山下，在这里的水边，他们随意地唱着自己作的歌曲，一些鱼儿，悠闲地从他们身边游过。

我们不能知道，我们的先人从何而来，他们是千里迢迢赶来还是风尘仆仆路过，我们只知道，当他们和这一片山水相遇的时候，就毫不犹豫地留了下来，他们在这里开荒种田，纺纱织布，然后生儿育女，这一片山水，是我们的先人最初的家园。

我们也不能十分清晰地勾划出五千多年以来春夏秋冬的交替和风花雪月的演变，我们还是只能从古镇的一山一水一砖一石中，领略岁月浩渺和沧海桑田。

20. 最后一次讲演(节选)

闻一多

这几天，大家晓得，在昆明出现了历史上最卑劣最无耻的事情！李先生究竟犯了什么罪，竟遭此毒手？他只不过用笔写写文章，用嘴说说话，而他所写的，所说的，都无非是一个没有失掉良心的中国人的话！大家都有一支笔，有一张嘴，有什么理由拿出来讲啊！有事实拿出来说啊！为什么要打要杀，而且又不敢光明正大地来打来杀，而偷偷摸摸地来暗杀！这成什么话？

今天，这里有没有特务？你站出来！是好汉的站出来！你出来讲！凭什么要杀死李先生？杀死了人，又不敢承认，还要诬蔑人，说什么“桃色事件”，说什么共产党杀共产党，无耻啊！无耻啊！这是某集团的无耻，恰是李先生的光荣！李先生在昆明被暗杀，是李先生留给昆明的光荣！也是昆明人的光荣！

去年“一二・一”昆明青年学生为了反对内战，遭受屠杀，那算是青年的一代献出了他们最宝贵的生命！现在李先生为了争取民主和平而遭受了反动派的暗杀，我们骄傲一点说，这算是像我这样大年纪的一代，我们的老战友，献出了最宝贵的生命！这两桩事发生在昆明，这算是昆明无限的光荣！

反动派暗杀李先生的消息传出以后，大家听了都悲愤痛恨。我心里想，这些无耻的东西，不知他们是怎么想法，他们的心理是什么状态，他们的心怎样长的！其实很简单，他们这样疯狂地来制造恐怖，正是他们自己在慌啊！在害怕啊！所以他们制造恐怖，其实是他们自己在恐怖啊！特务们，你们想想，你们还有几天？你们完了，快完了！你们以为打伤几个，杀死几个，就可以了事，就可以把人民吓倒了吗？其实广大的人民是打不尽的，杀不完的！要是这样可以的话，世界上早没有人了。

你们杀死一个李公朴，会有千百万个李公朴站起来！你们将失去千百万的人民！你们看着我们人少，没有力量？告诉你们，我们的力量大得很，强得很！看今天来的这些人，都是我们的人，都是我们的力量！此外还有广大的市民！我们有这个信心：人民的力量是要胜利的，真理是永远存在的。历史上没有一个反人民的势力不被人民毁灭的！希特勒，墨索里尼，不都在人民之前倒下去了吗？翻开历史看看，你们还站得住几天！你们完了，快了！快完了！我们的光明就要出现了。我们看，光明就在我们眼前，而现在正是黎明之前那个最黑暗的时候。我们有力量打破这个黑暗，争到光明！我们的光明，就是反动派的末日！

李先生的血不会白流的！李先生赔上了这条性命，我们要换来一个代价。“一二・一”四烈士倒下了，年青的战士们的血换来了政治协商会议的召开；现在李先生倒下了，他的血要换取政协会议的重开！我们有这个信心！

"一二·一"是昆明的光荣,是云南人民的光荣。云南有光荣的历史,远的如护国,这不用说了,近的如"一二·一",都属于云南人民的。我们要发扬云南光荣的历史!

反动派挑拨离间,卑鄙无耻,你们看见联大走了,学生放暑假了,便以为我们没有力量了吗?特务们!你们错了!你们看见今天到会的一千多青年,又握起手来了,我们昆明的青年决不会让你们这样蛮横下去的!

反动派,你看见一个倒下去,可也看得见千百个继起的!

正义是杀不完的,因为真理永远存在!

历史赋予昆明的任务是争取民主和平,我们昆明的青年必须完成这任务!

我们不怕死,我们有牺牲的精神!我们随时像李先生一样,前脚跨出大门,后脚就不准备再跨进大门!

21. 就任北京大学校长之演说

蔡元培

五年前,严几道先生为本校校长时,余方服务教育部,开学日曾有所贡献于同校。诸君多自预科毕业而来,想必闻知。士别三日,刮目相见,况时阅数载,诸君较昔当必为长足之进步矣。予今长斯校,请更以三事为诸君告。

一曰抱定宗旨。诸君来此求学,必有一定宗旨,欲知宗旨之正大与否,必先知大学之性质。今人肄业专门学校,学成任事,此固势所必然。而在大学则不然,大学者,研究高深学问者也。外人每指摘本校之腐败,以求学于此者,皆有做官发财思想,故毕业预科者,多入法科,入文科者甚少,入理科者尤少,盖以法科为干禄之终南捷径也。因做官心热,对于教员,则不问其学问之浅深,惟问其官阶之大小。官阶大者,特别欢迎,盖为将来毕业有人提携也。现在我国精于政法者,多入政界,专任教授者甚少,故聘请教员,不得不聘请兼职之人,亦属不得已之举。究之外人指摘之当否,姑不具论。然弭谤莫如自修,人讥我腐败,问心无愧,于我何惧?果欲达其做官发财之目的,则北京不少专门学校,入法科者尽可肄业法律学堂,入商科者亦可投考商业学校,又何必来此大学?所以诸君须抱定宗旨,为求学而来。入法科者,非为做官;入商科者,非为致富。宗旨既定,自趋正轨,诸君肄业于此,或三年,或四年,时间不为不多,苟能爱惜光阴,孜孜求学,则其造诣,容有底止。若徒志在做官发财,宗旨既乖,趋向自异。平时则放荡冶游,考试则熟读讲义,不问学问之有无,惟争分数之多寡;试验既终,书籍束之高阁,毫不过问,敷衍三四年,潦草塞责,文凭到手,即可借此活动于社会,岂非与求学初衷大相背驰乎?光阴虚度,学问毫无,是自误也。且辛亥之役,吾人之所以革命,因清廷官吏之腐败。即在今日,吾人对于当轴多不满意,亦以其道德沦丧。今诸君苟不于此时植其基,勤其学,则将来万一因生计所迫,出而任事,但任讲席,则必贻误学生;置身政界,则必贻误国家。是误人也。误己误人,又岂本心所愿乎?故宗旨不可以不正大。此余所希望于诸君者一也。

二曰砥砺德行。方今风俗日偷,道德沦丧,北京社会,尤为恶劣,败德毁行之事,触目皆是,非根基深固,鲜不为流俗所染。诸君肄业大学,当能束身自爱。然国家之兴替,视风俗之厚薄。流俗如此,前途何堪设想。故必有卓绝之士,以身作则,力矫颓俗。诸君为大学学生,地位甚高,肩此重任,责无旁贷,故诸君不惟思所以感已,更必有以励人。苟德之不修,学之不讲,同乎流俗,合乎污世,己且为人轻侮,更何足以感人。然诸君终日伏首案前,营营攻苦,毫无娱乐之事,必感身体上之苦痛。为诸君计,莫如以正当之娱乐,易不正当之娱乐,庶于道德无亏,而于身体有益。诸君入分科时,曾填写愿书,遵守本校规则,苟中道而违之,岂非与原始之意相反乎?故品行不可以不谨严。此余所希望于诸君者二也。

三曰敬爱师友。教员之教授,职员之任务,皆以图诸君求学便利,诸君能无动于衷乎?自应以诚相待,敬礼有加。至于同学共处一室,尤应互相亲爱,庶可收切磋之效。不惟开诚布公,更宜道义相勖，盖同处此校，毁誉共之。同学中苟道德有亏，行有不正，为社会所訾詈，己虽规行矩步，亦莫能辨，此所以必互相劝勉也。余在德国，每至店肆购买物品，店主殷勤款待，付价接物，互相称谢，此虽小节，然亦交际所必需，常人如此，况堂堂大学生乎？对于师友之敬爱，此余所希望于诸君者三也。

余到校视事仅数日，校事多未详悉，兹所计划者二事：一曰改良讲义。诸君既研究高深学问，自与中学、高等不同，不惟恃教员讲授，尤赖一己潜修。以后所印讲义，只列纲要，细微末节，以及精旨奥义，或讲师口授，或自行参考，以期学有心得，能裨实用。二曰添购书籍。本校图书馆书籍虽多，新出者甚少，苟不广为购办，必不足供学生之参考。刻拟筹集款项，多购新书，将来典籍满架，自可旁稽博采，无虞缺乏矣。今日所与诸君陈说者只此，以后会晤日长，随时再为商榷可也。

22. 为人民服务

毛泽东

我们的共产党和共产党所领导的八路军、新四军，是革命的队伍。我们这个队伍完全是为着解放人民的，是彻底地为人民的利益工作的。张思德同志就是我们这个队伍中的一个同志。

人总是要死的，但死的意义有不同。中国古时候有个文学家叫作司马迁的说过："人固有一死，或重于泰山，或轻于鸿毛。"为人民利益而死，就比泰山还重；替法西斯卖力，替剥削人民和压迫人民的人去死，就比鸿毛还轻。张思德同志是为人民利益而死的，他的死是比泰山还要重的。

因为我们是为人民服务的，所以，我们如果有缺点，就不怕别人批评指出。不管是什么人，谁向我们指出都行。只要你说得对，我们就改正。你说的办法对人民有好处，我们就照你的办。"精兵简政"这一条意见，就是党外人士李鼎铭先生提出来的；他提得好，对人民有好处，我们就采用了。只要我们为人民的利益坚持好的，为人民的利益改正错的，我们这个队伍就一定会兴旺起来。

我们都是来自五湖四海，为了一个共同的革命目标，走到一起来了。我们还要和全国大多数人民走这一条路。我们今天已经领导着有九千一百万人口的根据地，但是还不够，还要更大些，才能取得全民族的解放。我们的同志在困难的时候，要看到成绩，要看到光明，要提高我们的勇气。中国人民正在受难，我们有责任解救他们，我们要努力奋斗。要奋斗就会有牺牲，死人的事是经常发生的。但是我们想到人民的利益，想到大多数人民的痛苦，我们为人民而死，就是死得其所。不过，我们应当尽量地减少那些不必要的牺牲。我们的干部要关心每一个战士，一切革命队伍的人都要互相关心，互相爱护，互相帮助。

今后我们的队伍里，不管死了谁，不管是炊事员，是战士，只要他是做过一些有益的工作的，我们都要给他送葬，开追悼会。这要成为一个制度。这个方法也要介绍到老百姓那里去。村上的人死了，开个追悼会。用这样的方法，寄托我们的哀思，使整个人民团结起来。

23. 魁格舰长独白

——话剧《哗变》(节选)

〔美〕赫尔曼·沃克

那好。你听清楚，我就先说那个草莓事件，整个事件的经过就是，我被人家整了，欺骗了，出卖了。干这件事的就是玛瑞克上尉，再加上那为可爱的凯斯先生。结果呢，全船的人都反对我，我手下的军官没有一个人支持我。就是这个"草莓"事件——太明显了嘛，明目张胆地搞阴谋，就为了保护罪犯不受惩罚——玛瑞克费处心积虑要掩盖的那个小小的事实，那是我运用逻辑学的排他律已经无可辩驳地证明了有人手里掌握了冰箱的钥匙。呃，可是照他说，草莓是炊事班吃的。呵呵，我如果肯花这点功夫，我可以用几何学的定律向法庭证明，根本不可能是他们吃的。这就跟那个"淡水"事件是一样的。我的那些少爷水兵们一天恨不得洗七次澡，我的储水罐里头老是储备不足呀。啊，我要贯彻的无非是个简单的节水原则。可是不行，我们的大英雄玛瑞克继续哄孩子，惯孩子，还要——呃，我还可以举那个“咖啡壶”事件作例子——哦，不！对，我还是先说这个“草莓”事件——整个事件的关键就在于搜寻那把钥匙。恰恰在这个问题上，玛瑞克在凯斯的配合之下搞的一塌糊涂。这两位装模作样地搞了一通调查，结果呢，不了了之了。就跟那个“咖啡壶”事件是一模一样的。一而再、再而三地烧坏咖啡壶，那是公家的东西，在你们呢就是哈哈一笑。以玛瑞克为首的都是这态度，毫无责任心。尽管我一再提醒，不管三年，五年，战争总有一天要结束吧。所有这些问题都要算总帐的。可是在我们那个地方，就是一场没完没了的斗争，回回都一样。玛瑞克跟凯斯老是在背后破坏我的威信，一天到晚争论不休。作为个人，我喜欢凯斯，我一直在培养他，结果他在背后还捅了我一刀。好了，关于“草莓”事件，该说的我都说了。呃，对，食堂的帐目问题。我必须严格监督他们。请放心，我就是这么干的。这些人不是不想做手脚，是因为有我在，他们没有得逞！你们从来不肯把帐目搞清楚嘛，害得我一遍又一地查，不是少几分钱，就是多几毛。呃，在你们看来，这有什么呢？谁管帐目清不清，让舰长一个人伤脑筋去吧。这个脑筋我他妈伤定了！我现在敢说这个大话，任何人，包括正式的会计师在内，你来查我的伙食账好了。你要是能查出来美国海军“凯恩”号上的伙食账有一分钱的差错，我负责任！怎么样？还有什么？玛瑞克那个宝贝日志里的七八糟的东西实在是太多了——哦，对了，“电影”事件。“凯恩”号上所有问题集中起来就是一条，不尊重长官。我们舰上的那个放映员，他整天噘着个嘴，烦人不理的样子。那天不等我到场他大大咧咧地把电影放起来了。你们都在嘛，军官、士兵，有一个人喊停的吗？有一个人站起来说指挥官还没有到场吗？其实我比他们更想看电影，但是我下令，禁演了！再出这种事，我还要禁。啊，不然怎么办？难道因为你们无缘无故地侮辱了长官，我还给你们发奖章吗？这不是我个人受到什么侮辱，这是个原则问题。尊重长官，这是一条原则。我来到这条舰上的时候，这条原则没了。我喊，我吼，我叫，我把它恢复了！我当一天舰长，我他妈就坚持！就说那个电咖啡壶事件吧。那仅仅是几个电壶吗，这是个尊重问题。我给你提出问题，你就要直截了当地回答我，想对我支支吾吾，蒙混过关，你他妈要后悔的，我他妈就给你开一个星期的调查会！草莓，草莓有什么？原则问题嘛，小偷小摸你也是偷嘛，你在我的舰上，敢？！——再说，一年到头我们才能打几次牙祭呀？可现在，那些负责食品供应的慢条斯理的老爷们——那跟我在后勤当少尉的时候可不一样，我那时候，没错，长官一叫，我“是”，马上就跳起来了。好不容易太阳从西边出来了，给了我们一点鲜草莓，怎么着，我想再添一份儿？没了！我决不放过你们——在我的舰上还他妈的了得！——我一共说了几个事件了，我也只能凭记忆大概地说说了。不过你可以提具体的问题，我一个个驳斥。

24. 蔡文姬独白

——话剧《蔡文姬》(节选)

郭沫若

父亲，大家都睡了，我现在又来看你来了。你怕会责备我吧？曹丞相苦心孤诣地姨取我回来，这总该是一件天大的喜事。但我真不应该啊，我总是一心想念着我留在南匈奴的儿女。他们总是一时一刻都离不开我的心。(起立屏营)我离开他们已经一月了，差不多每晚上都睡不好觉。我总想在梦里看见他们一眼，但奇怪的是他们总不来入梦。我是多么想念他们。他们天天都在哭吧，哎，我一听见小孩儿的声音，就好像他们的声音。我一看见别人的小孩儿，就好像他们来到了我的眼前。但是，一个月了，我总不能梦见他们一次啊！

啊，爹爹，该不是孩子们生了病吧？该不是碰到什么灾害吧？该不是……哎，我真不敢想象啊，但我的心却一刻也不让我停止想象。我无时无刻都在想啊，饭也不想吃觉也不能睡。像这样，我到底能做些什么呢？啊，我辜负了曹丞相，我辜负了你啦，爹爹！曹丞相要我学那班昭，让我回来继承父亲的遗业，帮助撰修《续汉书》。但我现在已经成了一个废人。我有什么本领能够做那班昭？我有什么力量能够撰修《续汉书》呢？我为什么一定要回来？我为什么一定要回来呵？……

25.雷电颂

——话剧《屈原》(节选)

郭沫若

风！你咆哮吧！咆哮吧！尽力地咆哮吧！在这暗无天日的时候，一切都睡着了，都沉在梦里，都死了的时候，正是应该你咆哮的时候，应该你尽力咆哮的时候！

尽管你是怎样的咆哮，你也不能把他们从梦中叫醒，不能把死了的吹活转来，不能吹掉这比铁还沉重的眼前的黑暗，但你至少可以吹走一些灰尘，吹走一些沙石，至少可以吹动一些花草树木。你可以使那洞庭湖，使那长江，使那东海，为你翻波涌浪，和你一同地大声咆哮啊！

啊，我思念那洞庭湖，我思念那长江，我思念那东海，那浩浩荡荡的无边无际的波澜呀！那浩浩荡荡的无边无际的伟大的力呀！那是自由，是跳舞，是音乐，是诗！

啊，这宇宙中的伟大的诗！你们风，你们雷，你们电，你们在这黑暗中咆哮着的，闪耀着的一切的一切，你们都是诗，都是音乐，都是跳舞。你们宇宙中伟大的艺人们呀，尽量发挥你们的力量吧。发泄出无边无际的怒火，把这黑暗的宇宙，阴惨的宇宙，爆炸了吧！爆炸了吧！

雷！你那轰隆隆的，是你车轮子滚动的声音？你把我载着拖到洞庭湖的边上去，拖到长江的边上去，拖到东海的边上去呀！我要看那滚滚的波涛，我要听那鞺鞺鞳鞳的咆哮，我要漂流到那没有阴谋、没有污秽、没有自私自利的没有人的小岛上去呀！我要和着你，和着你的声音，和着那茫茫的大海，一同跳进那没有边际的没有限制的自由里去！

啊，电！你这宇宙中最犀利的剑呀！我的长剑是被人拔去了，但是你，你能拔去我有形的长剑，你不能拔去我无形的长剑呀。电，你这宇宙中的剑，也正是，我心中的剑。你劈吧，劈吧，劈吧！把这比铁还坚固的黑暗，劈开，劈开，劈开！虽然你劈它如同劈水一样，你抽掉了，它又合拢了来，但至少你能使那光明得到暂时的一瞬的显现，哦，那多么灿烂的，多么眩目的光明呀！

光明呀，我景仰你，我景仰你，我要向你拜手，我要向你稽首。我知道，你的本身就是火，你，你这宇宙中的最伟大者呀，火！你在天边，你在眼前，你在我的四面，我知道你就是宇宙的生命，你就是我的生命，你就是我呀！我这熊熊地燃烧着的生命，我这快要使我全身炸裂的怒火，难道就不能迸射出光明了吗？

炸裂呀，我的身体！炸裂呀，宇宙！让那赤条条的火滚动起来，像这风一样，像那海一样，滚动起来，把一切的有形，一切的污秽，烧毁了吧！烧毁了吧！把这包含着一切罪恶的黑暗烧毁了吧！

把你这东皇太一烧毁了吧！把你这云中君烧毁了吧！你们这些土偶木梗，你们高坐在神位上有什么德能？你们只是产生黑暗的父亲和母亲！

你，你东君，你是什么个东君？别人说你是太阳神，你，你坐在那马上丝毫也不能驰骋。你，你红着一个面孔，你也害羞吗？啊，你，你完全是一片假！你，你这土偶木梗，你这没心肝的，没灵魂的，我要把你烧毁，烧毁，烧毁你的一切，特别要烧毁你那匹马！你假如是有本领，就下来走走吧！

什么个大司命，什么个少司命，你们的天大的本领就只有晓得播弄人！什么个湘君，什么个湘夫人，你们的天大的本领也就只晓得痛哭几声！哭，哭有什么用？眼泪，眼泪有什么用？顶多让你们哭出几笼湘妃竹吧！但那湘妃竹不是主人们用来打奴隶的刑具么？你们滚下船来，你们滚下云头来，我都要把你们烧毁！烧毁！烧毁！

哼，还有你这河伯……哦，你河伯！你，你是我最初的一个安慰者！我是看得很清楚的呀！当我被人们押着，押上了一个高坡，卫士们要息脚，我也就站立在高坡上，回头望着龙门。我是看得很清楚，很清楚的呀！我看见婵娟被人虐待，我看见你挺身而出，指天画地有所争论。结果，你是被人押进了龙门，婵娟她也被人押进了龙门。

但是我，我没有眼泪。宇宙，宇宙也没有眼泪呀！眼泪有什么用呀？我们只有雷霆，只有闪电，只有风暴，我们没有拖泥带水的雨！这是我的意志，宇宙的意志。鼓动吧，风！咆哮吧，雷！闪耀吧，电！把一切沉睡在黑暗怀里的东西，毁灭，毁灭，毁灭呀！

三 抽选考级篇目

1. 孔雀东南飞（节选）

佚　名

鸡鸣外欲曙，新妇起严妆。著我绣夹裙，事事四五通。足下蹑丝履，头上玳瑁光。腰若流纨素，耳著明月珰。指如削葱根，口如含朱丹。纤纤作细步，精妙世无双。

上堂拜阿母，阿母怒不止。“昔作女儿时，生小出野里，本自无教训，兼愧贵家子。受母钱帛多，不堪母驱使。今日还家去，念母劳家里。”却与小姑别，泪落连珠子。“新妇初来时，小姑始扶床；今日被驱遣，小姑如我长。勤心养公姥，好自相扶将。初七及下九，嬉戏莫相忘。”出门登车去，涕落百余行。

府吏马在前，新妇车在后，隐隐何甸甸，俱会大道口。下马入车中，低头共耳语：“誓不相隔卿，且暂还家去；吾今且赴府，不久当还归，誓天不相负！”

新妇谓府吏：“感君区区怀！君既若见录，不久望君来。君当作磐石，妾当作蒲苇，蒲苇纫如丝，磐石无转移。我有亲父兄，性行暴如雷，恐不任我意，逆以煎我怀。”举手长劳劳，二情同依依。

……

府吏闻此变，因求假暂归。未至二三里，摧藏马悲哀。新妇识马声，蹑履相逢迎。怅然遥相望，知是故人来。举手拍马鞍，嗟叹使心伤：“自君别我后，人事不可量。果不如先愿，又非君所详。我有亲父母，逼迫兼弟兄，以我应他人，君还何所望！”

府吏谓新妇：“贺卿得高迁！磐石方且厚，可以卒千年；蒲苇一时纫，便作旦夕间。卿当日胜贵，吾独向黄泉！”

新妇谓府吏：“何意出此言！同是被逼迫，君尔妾亦然。黄泉下相见，勿违今日言！”执手分道去，各各还家门。生人作死别，恨恨那可论？念与世间辞，千万不复全！

2. 琵琶行

［唐］白居易

浔阳江头夜送客，枫叶荻花秋瑟瑟。主人下马客在船，举酒欲饮无管弦。醉不成欢惨将别，别时茫茫江浸月。

忽闻水上琵琶声，主人忘归客不发。寻声暗问弹者谁，琵琶声停欲语迟。移船相近邀相见，添酒回灯重开宴。千呼万唤始出来，犹抱琵琶半遮面。转轴拨弦三两声，未成曲调先有情。弦弦掩抑声声思，似诉平生不得志。低眉信手续续弹，说尽心中无限事。轻拢慢捻抹复挑，初为《霓裳》后《六幺》。大弦嘈嘈如急雨，小弦切切如私语。嘈嘈切切错杂弹，大珠小珠落玉盘。间关莺语花底滑，幽咽泉流冰下难。冰泉冷涩弦凝绝，凝绝不通声暂歇。别有幽愁暗恨生，此时无声胜有声。银瓶乍破水浆迸，铁骑突出刀枪鸣。曲终收拨当心画，四弦一声如裂帛。东船西舫悄无言，唯见江心秋月白。

沉吟放拨插弦中，整顿衣裳起敛容。自言本是京城女，家在虾蟆陵下住。十三学得琵琶成，名属教坊第一部。曲罢曾教善才服，妆成每被秋娘妒。五陵年少争缠头，一曲红绡不知数。钿头银篦击节碎，血色罗裙翻酒污。今年欢笑复明年，秋月春风等闲度。弟走从军阿姨死，暮去朝来颜色故。门前冷落鞍马稀，老大嫁作商人妇。商人重利轻别离，前月浮梁买茶去。去来江口守空船，绕船月明江水寒。夜深忽梦少年事，梦啼妆泪红阑干。

我闻琵琶已叹息，又闻此语重唧唧。同是天涯沦落人，相逢何必曾相识！我从去年辞帝京，谪居卧病浔阳城。浔阳地僻无音乐，终岁不闻丝竹声。住近湓江地低湿，黄芦苦竹绕宅生。其间旦暮闻何物？杜鹃啼血猿哀鸣。春江花朝秋月夜，往往取酒还独倾。岂无山歌与村笛？呕哑嘲哳难为听。今夜闻君琵琶语，如听仙乐耳暂明。莫辞更坐弹一曲，为君翻作《琵琶行》。

感我此言良久立，却坐促弦弦转急。凄凄不似向前声，满座重闻皆掩泣。座中泣下谁最多？江州司马青衫湿。

3. 出师表

［三国］诸葛亮

先帝创业未半而中道崩殂，今天下三分，益州疲弊，此诚危急存亡之秋也。然侍卫之臣不懈于内，忠志之士忘身于外者，盖追先帝之殊遇，欲报之于陛下也。诚宜开张圣听，以光先帝遗德，恢弘志士之气，不宜妄自菲薄，引喻失义，以塞忠谏之路也。

宫中府中，俱为一体，陟罚臧否，不宜异同。若有作奸犯科及为忠善者，宜付有司论其刑赏，以昭陛下平明之理，不宜偏私，使内外异法也。

侍中、侍郎郭攸之、费祎、董允等，此皆良实，志虑忠纯，是以先帝简拔以遗陛下。愚以为宫中之事，事无大小，悉以咨之，然后施行，必能裨补阙漏，有所广益。

将军向宠，性行淑均，晓畅军事，试用于昔日，先帝称之曰能，是以众议举宠为督。愚以为营中之事，悉以咨之，必能使行阵和睦，优劣得所。

亲贤臣，远小人，此先汉所以兴隆也；亲小人，远贤臣，此后汉所以倾颓也。先帝在时，每与臣论此事，未尝不叹息痛恨于桓、灵也。侍中、尚书、长史、参军，此悉贞良死节之臣，愿陛下亲之信之，则汉室之隆，可计日而待也。

臣本布衣，躬耕于南阳，苟全性命于乱世，不求闻达于诸侯。先帝不以臣卑鄙，猥自枉屈，三顾臣于草庐之中，咨臣以当世之事，由是感激，遂许先帝以驱驰。后值倾覆，受任于败军之际，奉命于危难之间，尔来二十有一年矣。

先帝知臣谨慎，故临崩寄臣以大事也。受命以来，夙夜忧叹，恐托付不效，以伤先帝之明，故五月渡泸，深入不毛。今南方已定，兵甲已足，当奖率三军，北定中原，庶竭驽钝，攘除奸凶，兴复汉室，还于旧都。此臣所以报先帝而忠陛下之职分也。至于斟酌损益，进尽忠言，则攸之、祎、允之任也。

愿陛下托臣以讨贼兴复之效；不效，则治臣之罪，以告先帝之灵。若无兴德之言，则责攸之、祎、允等之慢，以彰其咎。陛下亦宜自谋，以咨诹善道，察纳雅言，深追先帝遗诏，臣不胜受恩感激。今当远离，临表涕零，不知所言。

4. 滕王阁序

［唐］王　勃

豫章故郡，洪都新府。星分翼轸，地接衡庐。襟三江而带五湖，控蛮荆而引瓯越。物华天宝，龙光射牛斗之墟；人杰地灵，徐孺下陈蕃之榻。雄州雾列，俊采星驰。台隍枕夷夏之交，宾主尽东南之美。都督阎公之雅望，棨戟遥临；宇文新州之懿范，襜帷暂驻。十旬休暇，胜友如云；千里逢迎，高朋满座。腾蛟起凤，孟学士之词宗；紫电清霜，王将军之武库。家君作宰，路出名区；童子何知，躬逢胜饯。

时维九月，序属三秋。潦水尽而寒潭清，烟光凝而暮山紫。俨骖騑于上路，访风景于崇阿；临帝子之长洲，得天人之旧馆。层峦耸翠，上出重霄；飞阁流丹，下临无地。鹤汀凫渚，穷岛屿之萦回；桂殿兰宫，即冈峦之体势。

披绣闼，俯雕甍，山原旷其盈视，川泽纡其骇瞩。闾阎扑地，钟鸣鼎食之家；舸舰弥津，青雀黄龙之舳。云销雨霁，彩彻区明。落霞与孤鹜齐飞，秋水共长天一色。渔舟唱晚，响穷彭蠡之滨；雁阵惊寒，声断衡阳之浦。

遥襟甫畅，逸兴遄飞。爽籁发而清风生，纤歌凝而白云遏。睢园绿竹，气凌彭泽之樽；邺水朱华，光照临川之笔。四美具，二难并。穷睇眄于中天，极娱游于暇日。天高地迥，觉宇宙之无穷；兴尽悲来，识盈虚之有数。望长安于日下，目吴会于云间。地势极而南溟深，天柱高而北辰远。关山难越，谁悲失路之人？萍水相逢，尽是他乡之客。怀帝阍而不见，奉宣室以何年？

嗟乎！时运不齐，命途多舛。冯唐易老，李广难封。屈贾谊于长沙，非无圣主；窜梁鸿于海曲，岂乏明时？所赖君子见机，达人知命。老当益壮，宁移白首之心？穷且益坚，不坠青云之志。酌贪泉而觉爽，处涸辙以犹欢。北海虽赊，扶摇可接；东隅已逝，桑榆非晚。孟尝高洁，空余报国之情；阮籍猖狂，岂效穷途之哭！

勃，三尺微命，一介书生。无路请缨，等终军之弱冠；有怀投笔，慕宗悫之长风。舍簪笏于百龄，奉晨昏于万里。非谢家之宝树，接孟氏之芳邻。他日趋庭，叨陪鲤对；今兹捧袂，喜托龙门。杨意不逢，抚凌云而自惜；钟期既遇，奏流水以何惭？

呜乎！胜地不常，盛筵难再，兰亭已矣，梓泽丘墟。临别赠言，幸承恩于伟饯；登高作赋，是所望于群公。敢竭鄙怀，恭疏短引，一言均赋，四韵俱成。请洒潘江，各倾陆海云尔。

滕王高阁临江渚，佩玉鸣鸾罢歌舞。
画栋朝飞南浦云，朱帘暮卷西山雨。
闲云潭影日悠悠，物换星移几度秋。
阁中帝子今何在？槛外长江空自流。

5. 核舟记

［明］魏学洢

明有奇巧人曰王叔远，能以径寸之木，为宫室、器皿、人物，以至鸟兽、木石，罔不因势象形，各具情态。尝贻余核舟一，盖大苏泛赤壁云。

舟首尾长约八分有奇，高可二黍许。中轩敞者为舱，箬篷覆之。旁开小窗，左右各四，共八扇。启窗而观，雕栏相望焉。闭之，则右刻“山高月小，水落石出”，左刻“清风徐来，水波不兴”，石青糁之。

船头坐三人，中峨冠而多髯者为东坡，佛印居右，鲁直居左。苏、黄共阅一手卷。东坡右手执卷端，左手抚鲁直背。鲁直左手执卷末，右手指卷，如有所语。东坡现右足，鲁直现左足，各微侧，其两膝相比者，各隐卷底衣褶中。佛印绝类弥勒，袒胸露乳，矫首昂视，神情与苏、黄不属。卧右膝，诎右臂支船，而竖其左膝，左臂挂念珠倚之——珠可历历数也。

舟尾横卧一楫。楫左右舟子各一人。居右者椎髻仰面，左手倚一衡木，右手攀右趾，若啸呼状。居左者右手执蒲葵扇，左手抚炉，炉上有壶，其人视端容寂，若听茶声然。

其船背稍夷，则题名其上，文曰“天启壬戌秋日，虞山王毅叔远甫刻”，细若蚊足，钩画了了，其色墨。又用篆章一，文曰“初平山人”，其色丹。

通计一舟，为人五；为窗八；为箬篷，为楫，为炉，为壶，为手卷，为念珠各一；对联、题名并篆文，为字共三十有四。而计其长曾不盈寸。盖简桃核修狭者为之。嘻，技亦灵怪矣哉！

6. 师　说

［唐］韩　愈

古之学者必有师。师者，所以传道受业解惑也。人非生而知之者，孰能无惑？惑而不从师，其为惑也，终不解矣。生乎吾前，其闻道也固先乎吾，吾从而师之；生乎吾后，其闻道也亦先乎吾，吾从而师之。吾师道也，夫庸知其年之先后生于吾乎？是故无贵无贱，无长无少，道之所存，师之所存也。

嗟乎！师道之不传也久矣！欲人之无惑也难矣！古之圣人，其出人也远矣，犹且从师而问焉；今之众人，其下圣人也亦远矣，而耻学于师。是故圣益圣，愚益愚。圣人之所以为圣，愚人之所以为愚，其皆出于此乎？爱其子，择师而教之；于其身也，则耻师焉，惑矣。彼童子之师，授之书而习其句读者，非吾所谓传其道解其惑者也。句读之不知，惑之不解，或师焉，或不焉，小学而大遗，吾未见其明也。巫医乐师百工之人，不耻相师。士大夫之族，曰师曰弟子云者，则群聚而笑之。问之，则曰："彼与彼年相若也，道相似也，位卑则足羞，官盛则近谀。"呜呼！师道之不复，可知矣。巫医乐师百工之人，君子不齿，今其智乃反不能及，其可怪也欤！

圣人无常师。孔子师郯子、苌弘、师襄、老聃。郯子之徒，其贤不及孔子。孔子曰：三人行，则必有我师。是故弟子不必不如师，师不必贤于弟子，闻道有先后，术业有专攻，如是而已。

李氏子蟠，年十七，好古文，六艺经传皆通习之，不拘于时，学于余。余嘉其能行古道，作《师说》以贻之。

7. 赤壁赋

［宋］苏　轼

壬戌之秋，七月既望，苏子与客泛舟游于赤壁之下。清风徐来，水波不兴。举酒属客，诵明月之诗，歌窈窕之章。少焉，月出于东山之上，徘徊于斗牛之间。白露横江，水光接天。纵一苇之所如，凌万顷之茫然。浩浩乎如冯虚御风，而不知其所止；飘飘乎如遗世独立，羽化而登仙。

于是饮酒乐甚，扣舷而歌之。歌曰："桂棹兮兰桨，击空明兮溯流光。渺渺兮予怀，望美人兮天一方。"客有吹洞箫者，倚歌而和之。其声呜呜然，如怨如慕，如泣如诉，余音袅袅，不绝如缕。舞幽壑之潜蛟，泣孤舟之嫠妇。

苏子愀然，正襟危坐而问客曰："何为其然也？"客曰："'月明星稀，乌鹊南飞'，此非曹孟德之诗乎？西望夏口，东望武昌，山川相缪，郁乎苍苍，此非孟德之困于周郎者乎？方其破荆州，下江陵，顺流而东也，舳舻千里，旌旗蔽空，酾酒临江，横槊赋诗，固一世之雄也，而今安在哉？况吾与子渔樵于江渚之上，侣鱼虾而友麋鹿，驾一叶之扁舟，举匏樽以相属。寄蜉蝣于天地，渺沧海之一粟。哀吾生之须臾，羡长江之无穷。挟飞仙以遨游，抱明月而长终。知不可乎骤得，托遗响于悲风。"

苏子曰："客亦知夫水与月乎？逝者如斯，而未尝往也；盈虚者如彼，而卒莫消长也。盖将自其变者而观之，则天地曾不能以一瞬；自其不变者而观之，则物与我皆无尽也，而又何羡乎！且夫天地之间，物各有主，苟非吾之所有，虽一毫而莫取。惟江上之清风，与山间之明月，耳得之而为声，目遇之而成色，取之无禁，用之不竭，是造物者之无尽藏也，而吾与子之所共适。"

客喜而笑，洗盏更酌。肴核既尽，杯盘狼籍。相与枕藉乎舟中，不知东方之既白。

8. 长恨歌(节选 1)

［唐］白居易

汉皇重色思倾国，御宇多年求不得。
杨家有女初长成，养在深闺人未识。
天生丽质难自弃，一朝选在君王侧。
回眸一笑百媚生，六宫粉黛无颜色。
春寒赐浴华清池，温泉水滑洗凝脂。
侍儿扶起娇无力，始是新承恩泽时。

云鬓花颜金步摇，芙蓉帐暖度春宵。
春宵苦短日高起，从此君王不早朝。
承欢侍宴无闲暇，春从春游夜专夜。
后宫佳丽三千人，三千宠爱在一身。
金屋妆成娇侍夜，玉楼宴罢醉和春。
姊妹弟兄皆列土，可怜光彩生门户。
遂令天下父母心，不重生男重生女。
骊宫高处入青云，仙乐风飘处处闻。
缓歌慢舞凝丝竹，尽日君王看不足。
渔阳鼙鼓动地来，惊破《霓裳羽衣曲》。
九重城阙烟尘生，千乘万骑西南行。
翠华摇摇行复止，西出都门百余里。
六军不发无奈何，宛转蛾眉马前死。
花钿委地无人收，翠翘金雀玉搔头。
君王掩面救不得，回看血泪相和流。

9. 长恨歌(节选 2)

［唐］白居易

黄埃散漫风萧索，云栈萦纡登剑阁。
峨嵋山下少人行，旌旗无光日色薄。
蜀江水碧蜀山青，圣主朝朝暮暮情。
行宫见月伤心色，夜雨闻铃肠断声。
天旋地转回龙驭，到此踌躇不能去。
马嵬坡下泥土中，不见玉颜空死处。
君臣相顾尽沾衣，东望都门信马归。
归来池苑皆依旧，太液芙蓉未央柳。
芙蓉如面柳如眉，对此如何不泪垂。
春风桃李花开夜，秋雨梧桐叶落时。
西宫南苑多秋草，落叶满阶红不扫。
梨园弟子白发新，椒房阿监青娥老。
夕殿萤飞思悄然，孤灯挑尽未成眠。
迟迟钟鼓初长夜，耿耿星河欲曙天。
鸳鸯瓦冷霜华重，翡翠衾寒谁与共。
悠悠生死别经年，魂魄不曾来入梦。
临邛道士鸿都客，能以精诚致魂魄。
为感君王辗转思，遂教方士殷勤觅。
排云驭气奔如电，升天入地求之遍。
上穷碧落下黄泉，两处茫茫皆不见。
忽闻海上有仙山，山在虚无缥渺间。
楼阁玲珑五云起，其中绰约多仙子。
中有一人字太真，雪肤花貌参差是。

金阙西厢叩玉扃，转教小玉报双成。
闻道汉家天子使，九华帐里梦魂惊。
揽衣推枕起徘徊，珠箔银屏迤逦开。
云鬓半偏新睡觉，花冠不整下堂来。
风吹仙袂飘飖举，犹似霓裳羽衣舞。
玉容寂寞泪阑干，梨花一枝春带雨。
含情凝睇谢君王，一别音容两渺茫。
昭阳殿里恩爱绝，蓬莱宫中日月长。
回头下望人寰处，不见长安见尘雾。
惟将旧物表深情，钿合金钗寄将去。
钗留一股合一扇，钗擘黄金合分钿。
但令心似金钿坚，天上人间会相见。
临别殷勤重寄词，词中有誓两心知。
七月七日长生殿，夜半无人私语时。
在天愿作比翼鸟，在地愿为连理枝。
天长地久有时尽，此恨绵绵无绝期。

10. 阿房宫赋

［唐］杜　牧

六王毕，四海一，蜀山兀，阿房出。覆压三百余里，隔离天日。骊山北构而西折，直走咸阳。二川溶溶，流入宫墙。五步一楼，十步一阁；廊腰缦回，檐牙高啄；各抱地势，钩心斗角。盘盘焉，囷囷焉，蜂房水涡，矗不知其几千万落。长桥卧波，未云何龙？复道行空，不霁何虹？高低冥迷，不知西东。歌台暖响，春光融融；舞殿冷袖，风雨凄凄。一日之内，一宫之间，而气候不齐。

妃嫔媵嫱，王子皇孙，辞楼下殿，辇来于秦，朝歌夜弦，为秦宫人。明星荧荧，开妆镜也；绿云扰扰，梳晓鬟也；渭流涨腻，弃脂水也；烟斜雾横，焚椒兰也。雷霆乍惊，宫车过也；辘辘远听，杳不知其所之也。一肌一容，尽态极妍，缦立远视，而望幸焉。有不见者，三十六年。燕赵之收藏，韩魏之经营，齐楚之精英，几世几年，剽掠其人，倚叠如山。一旦不能有，输来其间。鼎铛玉石，金块珠砾，弃掷逦迤，秦人视之，亦不甚惜。

嗟乎！一人之心，千万人之心也。秦爱纷奢，人亦念其家。奈何取之尽锱铢，用之如泥沙？使负栋之柱，多于南亩之农夫；架梁之椽，多于机上之工女；钉头磷磷，多于在庾之粟粒；瓦缝参差，多于周身之帛缕；直栏横槛，多于九土之城郭；管弦呕哑，多于市人之言语。使天下之人，不敢言而敢怒；独夫之心，日益骄固。戍卒叫，函谷举；楚人一炬，可怜焦土！

呜呼！灭六国者六国也，非秦也；族秦者，秦也，非天下也。嗟乎！使六国各爱其人，则足以拒秦；使秦复爱六国之人，则递三世可至万世而为君，谁得而族灭也？秦人不暇自哀，而后人哀之；后人哀之而不鉴之，亦使后人而复哀后人也。

11. 陈情表

［西晋］李　密

臣密言：臣以险衅，夙遭闵凶。生孩六月，慈父见背；行年四岁，舅夺母志。祖母刘愍臣孤弱，躬亲抚养。臣少多疾病，九岁不行，零丁孤苦，至于成立。既无叔伯，终鲜兄弟，门衰祚薄，晚有儿息。外无期功强近之亲，内无应门五尺之僮，茕茕孑立，形影相吊。而刘夙婴疾病，常在床蓐，臣侍汤药，未曾废离。

逮奉圣朝，沐浴清化。前太守臣逵察臣孝廉，后刺史臣荣举臣秀才。臣以供养无主，辞不赴命。诏书特下，拜臣郎中，寻蒙国恩，除臣洗马。猥以微贱，当侍东宫，非臣陨首所能上报。臣具以表闻，辞不就职。诏书切峻，责臣逋慢；郡县逼迫，催臣上道；州司临门，急于星火。臣欲奉诏奔驰，则刘病日笃；欲苟顺私情，则告诉不许：臣之进退，实为狼狈。

伏惟圣朝以孝治天下，凡在故老，犹蒙矜育，况臣孤苦，特为尤甚。且臣少仕伪朝，历职郎署，本图宦达，不矜名节。今臣亡国贱俘，至微至陋，过蒙拔擢，宠命优渥，岂敢盘桓，有所希冀。但以刘日薄西山，气息奄奄，人命危浅，朝不虑夕。臣无祖母，无以至今日；祖母无臣，无以终余年。母、孙二人，更相为命，是以区区不能废远。

臣密今年四十有四，祖母今年九十有六，是臣尽节于陛下之日长，报养刘之日短也。乌鸟私情，愿乞终养。臣之辛苦，非独蜀之人士及二州牧伯所见明知，皇天后土实所共鉴。愿陛下矜悯愚诚，听臣微志，庶刘侥幸，保卒余年。臣生当陨首，死当结草。臣不胜犬马怖惧之情，谨拜表以闻。

12. 离　骚（节选 1）

［战国］屈　原

帝高阳之苗裔兮，朕皇考曰伯庸。摄提贞于孟陬兮，惟庚寅吾以降。皇览揆余初度兮，肇锡余以嘉名。名余曰正则兮，字余曰灵均。纷吾既有此内美兮，又重之以修能。扈江离与辟芷兮，纫秋兰以为佩。汩余若将不及兮，恐年岁之不吾与。朝搴阰之木兰兮，夕揽洲之宿莽。日月忽其不淹兮，春与秋其代序。惟草木之零落兮，恐美人之迟暮。不抚壮而弃秽兮，何不改此度？乘骐骥以驰骋兮，来吾道夫先路！

昔三后之纯粹兮，固众芳之所在。杂申椒与菌桂兮，岂惟纫夫蕙茝！彼尧、舜之耿介兮，既遵道而得路。何桀纣之昌披兮，夫唯捷径以窘步。惟夫党人之偷乐兮，路幽昧以险隘。岂余身之惮殃兮，恐皇舆之败绩。忽奔走以先后兮，及前王之踵武。荃不查余之中情兮，反信谗而齌怒。余固知謇謇之为患兮，忍而不能舍也。指九天以为正兮，夫唯灵修之故也。

曰黄昏以为期兮，羌中道而改路。初既与余成言兮，后悔遁而有他。余既不难夫离别兮，伤灵修之数化。余既滋兰之九畹兮，又树蕙之百亩。畦留夷与揭车兮，杂杜衡与芳芷。冀枝叶之峻茂兮，愿俟时乎吾将刈。虽萎绝其亦何伤兮，哀众芳之芜秽。

众皆竞进以贪婪兮，凭不厌乎求索。羌内恕己以量人兮，各兴心而嫉妒。忽驰骛以追逐兮，非余心之所急。老冉冉其将至兮，恐修名之不立。

朝饮木兰之坠露兮，夕餐秋菊之落英。苟余情其信姱以练要兮，长颇颔亦何伤。擥木根以结茝兮，贯薜荔之落蕊。矫菌桂以纫蕙兮，索胡绳之缅缅。謇吾法夫前修兮，非世俗之所服。虽不周于今之人兮，愿依彭咸之遗则。

13. 离　骚（节选 2）

［战国］屈　原

长太息以掩涕兮，哀民生之多艰。余虽好修姱以鞿羁兮，謇朝谇而夕替。既替余以蕙纕兮，又申之以揽茝。亦余心之所善兮，虽九死其犹未悔。怨灵修之浩荡兮，终不察夫民心。众女嫉余之蛾眉兮，谣诼谓余以善淫。固时俗之工巧兮，偭规矩而改错。背绳墨以追曲兮，竞周容以为度。忳郁邑余侘傺兮，吾独穷困乎此时也。宁溘死以流亡兮，余不忍为此态也。鸷鸟之不群兮，自前世而固然。何方圜之能周兮，夫孰异道而相安？屈心而抑志兮，忍尤而攘诟。伏清白以死直兮，固前圣之所厚。

悔相道之不察兮，延伫乎吾将反。回朕车以复路兮，及行迷之未远。步余马于兰皋兮，驰椒丘且焉止息。进不入以离尤兮，退将复修吾初服。制芰荷以为衣兮，集芙蓉以为裳。不吾知其亦已兮，苟余情其信芳。高余冠之岌岌兮，长余佩之陆离。芳与泽其杂糅兮，唯昭质其犹未亏。忽反顾以游目兮，将往观乎四荒。佩缤纷其繁饰兮，芳菲菲其弥章。民生各有所乐兮，余独好修以为常。虽体解吾犹未变兮，岂余心之可惩？

14. 逍遥游

［战国］庄　周

北冥有鱼，其名为鲲。鲲之大，不知其几千里也；化而为鸟，其名为鹏。鹏之背，不知其几千里也；怒而飞，其翼若垂天之云。是鸟也，海运则将徙于南冥，——南冥者，天池也。《齐谐》者，志怪者也。《谐》之言曰："鹏之徙于南冥也，水击三千里，抟扶摇而上者九万里，去以六月息者也。"野马也，尘埃也，生物之以息相吹也。天之苍苍，其正色邪？其远而无所至极邪？其视下也，亦若是则已矣。且夫水之积也不厚，则其负大舟也无力。覆杯水于坳堂之上，则芥为之舟，置杯焉则胶，水浅而舟大也。风之积也不厚，则其负大翼也无力。故九万里，则风斯在下矣，而后乃今培风；背负青天，而莫之夭阏者，而后乃今将图南。蜩与学鸠笑之曰："我决起而飞，抢榆枋而止，时则不至，而控于地而已矣，奚以之九万里而南为？"适莽苍者，三餐而反，腹犹果然；适百里者，宿舂粮；适千里者，三月聚粮。之二虫又何知！

小知不及大知，小年不及大年。奚以知其然也？朝菌不知晦朔，蟪蛄不知春秋，此小年也。楚之南有冥灵者，以五百岁为春，五百岁为秋；上古有大椿者，以八千岁为春，八千岁为秋，此大年也。而彭祖乃今以久特闻，众人匹之，不亦悲乎！汤之问棘也是已。穷发之北，有冥海者，天池也。有鱼焉，其广数千里，未有知其修者，其名为鲲。有鸟焉，其名为鹏，背若泰山，翼若垂天之云，抟扶摇羊角而上者九万里，绝云气，负青天，然后图南，且适南冥也。斥鴳笑之曰："彼且奚适也？我腾跃而上，不过数仞而下，翱翔蓬蒿之间，此亦飞之至也。而彼且奚适也？"此小大之辩也。

故夫知效一官，行比一乡，德合一君，而征一国者，其自视也，亦若此矣。而宋荣子犹然笑之。且举世誉之而不加劝，举世非之而不加沮，定乎内外之分，辩乎荣辱之境，斯已矣。彼其于世，未数数然也。虽然，犹有未树也。夫列子御风而行，泠然善也，旬有五日而后反。彼于致福者，未数数然也。此虽免乎行，犹有所待者也。若夫乘天地之正，而御六气之辩，以游无穷者，彼且恶乎待哉？故曰：至人无己，神人无功，圣人无名。

15. 送东阳马生序

［明］宋　濂

余幼时即嗜学。家贫，无从致书以观，每假借于藏书之家，手自笔录，计日以还。天大寒，砚冰坚，手指不可屈伸，弗之怠。录毕，走送之，不敢稍逾约。以是人多以书假余，余因得遍观群书。既加冠，益慕圣贤之道。又患无硕师名人与游，尝趋百里外，从乡之先达执经叩问。先达德隆望尊，门人弟子填其室，未尝稍降辞色。余立侍左右，援疑质理，俯身倾耳以请；或遇其叱咄，色愈恭，礼愈至，不敢出一言以复；俟其欣悦，则又请焉。故余虽愚，卒获有所闻。

当余之从师也，负箧曳屣行深山巨谷中。穷冬烈风，大雪深数尺，足肤皲裂而不知。至舍，四支僵劲不能动，媵人持汤沃灌，以衾拥覆，久而乃和。寓逆旅，主人日再食，无鲜肥滋味之享。同舍生皆被绮绣，戴朱缨宝饰之帽，腰白玉之环，左佩刀，右备容臭，烨然若神人；余则缊袍敝衣处其间，略无慕艳意，以中有足乐者，不知口体之奉不若人也。盖余之勤且艰若此。今虽耄老，未有所成，犹幸预君子之列，而承天子之宠光，缀公卿之后，日侍坐备顾问，四海亦谬称其氏名，况才之过于余者乎？

今诸生学于太学，县官日有廪稍之供，父母岁有裘葛之遗，无冻馁之患矣；坐大厦之下而诵诗书，无奔走之劳矣；有司业、博士为之师，未有问而不告、求而不得者也；凡所宜有之书，皆集于此，不必若余之手录，假诸人而后见也。其业有不精，德有不成者，非天质之卑，则心不若余之专耳，岂他人之过哉？

东阳马生君则，在太学已二年，流辈甚称其贤。余朝京师，生以乡人子谒余，撰长书以为贽，辞甚畅达，与之论辨，言和而色夷。自谓少时用心于学甚劳，是可谓善学者矣？其将归见其亲也，余故道为学之难以告之。谓余勉乡人以学者，余之志也；诋我夸际遇之盛而骄乡人者，岂知予者哉？

16. 游天台山赋

［汉］孙　绰

天台山者，盖山岳之神秀者也。涉海则有方丈、蓬莱，登陆则有四明、天台。皆玄圣之所游化，灵仙之所窟宅。夫其峻极之状、嘉祥之美，穷山海之瑰富，尽人神之壮丽矣。所以不列于五岳、阙载于常典者，岂不以所立冥奥，其路幽迥。或倒景于重溟，或匿峰于千岭；始经魑魅之途，卒践无人之境；举世罕能登陟，王者莫由禋祀，故事绝于常篇，名标于奇纪。然图像之兴，岂虚也哉！非夫遗世玩道，绝粒茹芝者，乌能轻举而宅之？非夫远寄冥搜、笃信通神者，何肯遥想而存之？余所以驰神运思，昼咏宵兴，俯仰之间，若已再升者也。方解缨络，永托兹岭，不任吟想之至，聊奋藻以散怀。

太虚辽阔而无阂，运自然之妙有，融而为川渎，结而为山阜。嗟台岳之所奇挺，实神明之所扶持，荫牛宿以曜峰，托灵越以正基。结要弥于华岱，直指高于九疑。应配天以唐典，齐峻极于周诗。

邈彼绝域，幽邃窈窕。近智以守见而不之，之者以路绝而莫晓。哂夏虫之疑冰，整轻翮而思矫。理无隐而不彰，启二奇以示兆：赤城霞起而建标，瀑布飞流以界道。

睹灵验而遂徂，忽乎吾之将行。仍羽人于丹丘，寻不死之福庭。苟台岭之可攀，亦何羡于层城？释域中之常恋，畅超然之高情。被毛褐之森森，振金策之铃铃。披荒榛之蒙茏，陟峭崿之峥嵘。济楢溪而直进，落五界而迅征。跨穹窿之悬磴，临万丈之绝冥。践莓苔之滑石，搏壁立之翠屏。揽樛木之长萝，援葛藟之飞茎。虽一冒于垂堂，乃永存乎长生。必契诚于幽昧，履重险而逾平。既克济于九折，路威夷而修通。恣心目之寥朗，任缓步之从容。藉萋萋之纤草，荫落落之长松。觌翔鸾之裔裔，听鸣凤之嗈嗈。过灵溪而一濯，疏烦想于心胸。荡遗尘于旋流，发五盖之游蒙，追羲农之绝轨，蹑二老之玄踪。

陟降信宿，迄于仙都。双阙云竦以夹路，琼台中天而悬居。朱阁玲珑于林间，玉堂阴映于高隅。彤云斐亹以翼棂，皦日炯晃于绮疏。八桂森挺以凌霜，五芝含秀而晨敷。惠风伫芳于阳林，醴泉涌溜于阴渠。建木灭景于千寻，琪树璀璨而垂珠。王乔控鹤以冲天，应真飞锡以蹑虚。驰神变之挥霍，忽出有而入无。

于是游览既周，体静心闲。害马已去，世事都捐。投刃皆虚，目牛无全。凝思幽岩，朗咏长川。尔乃羲和亭午，游气高褰，法鼓琅以振响，众香馥以扬烟。肆觐天宗，爰集通仙。挹以玄玉之膏，嗽以华池之泉；散以象外之说，畅以无生之篇。悟遣有之不尽，觉涉无之有间；泯色空以合迹，忽即有而得玄；释二名之同出，消一无于三幡。恣语乐以终日，等寂默于不言。浑万象以冥观，兀同体于自然。

17. 六国论

［宋］苏　洵

六国破灭，非兵不利，战不善，弊在赂秦。赂秦而力亏，破灭之道也。或曰：六国互丧，率赂秦耶？曰：不赂者以赂者丧。盖失强援，不能独完。故曰：弊在赂秦也。

秦以攻取之外，小则获邑，大则得城。较秦之所得，与战胜而得者，其实百倍；诸侯之所亡，与战败而亡者，其实亦百倍。则秦之所大欲，诸侯之所大患，固不在战矣。思厥先祖父，暴霜露，斩荆棘，以有尺寸之地。子孙视之不甚惜，举以予人，如弃草芥。今日割五城，明日割十城，然后得一夕安寝。起视四境，而秦兵又至矣。然则诸侯之地有限，暴秦之欲无厌，奉之弥繁，侵之愈急。故不战而强弱胜负已判矣。至于颠覆，理固宜然。古人云："以地事秦，犹抱薪救火，薪不尽，火不灭。"此言得之。

齐人未尝赂秦，终继五国迁灭，何哉？与嬴而不助五国也。五国既丧，齐亦不免矣。燕赵之君，始有远略，能守其土，义不赂秦。是故燕虽小国而后亡，斯用兵之效也。至丹以荆卿为计，始速祸焉。赵尝五战于秦，二败而三胜。后秦击赵者再，李牧连却之。洎牧以谗诛，邯郸为郡，惜其用武而不终也。且燕赵处秦革灭殆尽之际，可谓智力孤危，战败而亡，诚不得已。向使三国各爱其地，齐人勿附于秦，刺客不行，良将犹在，则胜负之数，存亡之理，当与秦相较，或未易量。

呜呼！以赂秦之地封天下之谋臣，以事秦之心礼天下之奇才，并力西向，则吾恐秦人食之不得下咽也。悲夫！有如此之势，而为秦人积威之所劫，日削月割，以趋于亡。为国者无使为积威之所劫哉！

夫六国与秦皆诸侯，其势弱于秦，而犹有可以不赂而胜之之势。苟以天下之大，下而从六国破亡之故事，是又在六国下矣。

18.过秦论

［汉］贾　谊

秦孝公据崤函之固，拥雍州之地，君臣固守以窥周室，有席卷天下，包举宇内，囊括四海之意，并吞八荒之心。当是时也，商君佐之，内立法度，务耕织，修守战之具，外连衡而斗诸侯。于是秦人拱手而取西河之外。

孝公既没，惠文、武、昭襄蒙故业，因遗策，南取汉中，西举巴、蜀，东割膏腴之地，北收要害之郡。诸侯恐惧，会盟而谋弱秦，不爱珍器重宝肥饶之地，以致天下之士，合从缔交，相与为一。当此之时，齐有孟尝，赵有平原，楚有春申，魏有信陵。此四君者，皆明智而忠信，宽厚而爱人，尊贤而重士，约从离衡，兼韩、魏、燕、楚、齐、赵、宋、卫、中山之众。于是六国之士，有甯越、徐尚、苏秦、杜赫之属为之谋，齐明、周最、陈轸、召滑、楼缓、翟景、苏厉、乐毅之徒通其意，吴起、孙膑、带佗、倪良、王廖、田忌、廉颇、赵奢之伦制其兵。尝以十倍之地，百万之众，叩关而攻秦。秦人开关延敌，九国之师，逡巡而不敢进。秦无亡矢遗镞之费，而天下诸侯已困矣。于是从散约败，争割地而赂秦。秦有余力而制其弊，追亡逐北，伏尸百万，流血漂橹；因利乘便，宰割天下，分裂山河。强国请服，弱国入朝。延及孝文王、庄襄王，享国之日浅，国家无事。

及至始皇，奋六世之余烈，振长策而御宇内，吞二周而亡诸侯，履至尊而制六合，执敲扑而鞭笞天下，威振四海。南取百越之地，以为桂林、象郡；百越之君，俯首系颈，委命下吏。乃使蒙恬北筑长城而守藩篱，却匈奴七百余里；胡人不敢南下而牧马，士不敢弯弓而报怨。于是废先王之道，焚百家之言，以愚黔首；隳名城，杀豪杰；收天下之兵，聚之咸阳，销锋镝，铸以为金人十二，以弱天下之民。然后践华为城，因河为池，据亿丈之城，临不测之渊，以为固。良将劲弩守要害之处，信臣精卒陈利兵而谁何。天下已定，始皇之心，自以为关中之固，金城千里，子孙帝王万世之业也。

始皇既没，余威震于殊俗。然陈涉瓮牖绳枢之子，氓隶之人，而迁徙之徒也；才能不及中人，非有仲尼、墨翟之贤，陶朱、猗顿之富；蹑足行伍之间，而倔起阡陌之中，率疲弊之卒，将数百之众，转而攻秦；斩木为兵，揭竿为旗，天下云集响应，赢粮而景从。山东豪俊遂并起而亡秦族矣。

且夫天下非小弱也，雍州之地，崤函之固，自若也。陈涉之位，非尊于齐、楚、燕、赵、韩、魏、宋、卫、中山之君也；锄櫌棘矜，非铦于钩戟长铩也；谪戍之众，非抗于九国之师也；深谋远虑，行军用兵之道，非及乡时之士也。然而成败异变，功业相反，何也？试使山东之国与陈涉度长絜大，比权量力，则不可同年而语矣。然秦以区区之地，致万乘之势，序八州而朝同列，百有余年矣；然后以六合为家，崤函为宫；一夫作难而七庙隳，身死人手，为天下笑者，何也？仁义不施而攻守之势异也。

19.归去来兮辞

［东晋］陶渊明

余家贫，耕植不足以自给。幼稚盈室，瓶无储粟，生生所资，未见其术。亲故多劝余为长吏，脱然有怀，求之靡途。会有四方之事，诸侯以惠爱为德，家叔以余贫苦，遂见用于小邑。于时风波未静，心惮远役，彭泽去家百里，公田之利，足以为酒。故便求之。及少日，眷然有“归欤”之情。何则？质性自然，非矫厉所得。饥冻虽切，违己交病。尝从人事，皆口腹自役。于是怅然慷慨，深愧平生之志。犹望一稔，当敛裳宵逝。寻程氏妹丧于武昌，情在骏奔，自免去职。仲秋至冬，在官八十余日。因事顺心，命篇曰《归去来兮》。乙巳岁十一月也。

归去来兮，田园将芜胡不归？既自以心为形役，奚惆怅而独悲？悟已往之不谏，知来者之可追。实迷途其未远，觉今是而昨非。舟遥遥以轻飏，风飘飘而吹衣。问征夫以前路，恨晨光之熹微。

乃瞻衡宇，载欣载奔。僮仆欢迎，稚子候门。三径就荒，松菊犹存。携幼入室，有酒盈樽。引壶觞以自酌，眄庭柯以怡颜。倚南窗以寄傲，审容膝之易安。园日涉以成趣，门虽设而常关。策扶老以流憩，时矫首而遐观。云无心以出岫，鸟倦飞而知还。景翳翳以将入，抚孤松而盘桓。

归去来兮，请息交以绝游。世与我而相违，复驾言兮焉求？悦亲戚之情话，乐琴书以消忧。农人告余以春及，将有事于西畴。或命巾车，或棹孤舟。既窈窕以寻壑，亦崎岖而经丘。木欣欣以向荣，泉涓涓而始流。善万物之得时，感吾生之行休。

已矣乎！寓形宇内复几时？曷不委心任去留？胡为乎遑遑欲何之？富贵非吾愿，帝乡不可期。怀良辰以孤往，或植杖而耘耔。登东皋以舒啸，临清流而赋诗。聊乘化以归尽，乐夫天命复奚疑！

20.说　难

［战国］韩　非

凡说之难：非吾知之有以说之之难也，又非吾辩之能明吾意之难也，又非吾敢横失而能尽之难也。凡说之难：在知所说之心，可以吾说当之。所说出于为名高者也，而说之以厚利，则见下节而遇卑贱，必弃远矣。所说出于厚利者也，而说之以名高，则见无心而远事情，必不收矣。所说阴为厚利而显为名高者也，而说之以名高，则阳收其身而实疏之；说之以厚利，则阴用其言显弃其身矣。此不可不察也。

夫事以密成，语以泄败。未必弃身泄之也，而语及所匿之事，如此者身危。彼显有所出事，而乃以成他故，说者不徒知所出而已矣，又知其所以为，如此者身危。规异事而当，知者揣之外而得之，事泄于外，必以为己也，如此者身危。周泽未渥也，而语极知，说行而有功，则德忘；说不行而有败，则见疑，如此者身危。贵人有过端，而说者明言礼义以挑其恶，如此者身危。贵人或得计而欲自以为功，说者与知焉，如此者身危。强以其所不能为，止以其所不能已，如此者身危。故与之论大人，则以为间己矣；与之论细人，则以为卖重。论其所爱，则以为借资；论其所憎，则以为尝己也。径省其说，则以为不智而拙之；米盐博辩，则以为多而久之。略事陈意，则曰怯懦而不尽；虑事广肆，则曰草野而倨侮。此说之难，不可不知也。

凡说之务，在知饰所说之所矜而灭其所耻。彼有私急也，必以公义示而强之。其意有下也，然而不能已，说者因为之饰其美，而少其不为也。其心有高也，而实不能及，说者为之举其过而见其恶，而多其不行也。有欲矜以智能，则为之举异事之同类者，多为之地，使之资说于我，而佯不知也以资其智。欲内相存之言，则必以美名明之，而微见其合于私利也。欲陈危害之事，则显其毁诽而微见其合于私患也。誉异人与同行者，规异事与同计者。有与同污者，则必以大饰其无伤也；有与同败者，则必以明饰其无失也。彼自多其力，则毋以其难概之也；自勇之断，则无以其谪怒之；自智其计，则毋以其败穷之。大意无所拂悟，辞言无所系縻，然后极骋智辩焉。此道所得，亲近不疑而得尽辞也。伊尹为宰，百里奚为虏，皆所以干其上也。此二人者皆圣人也；然犹不能无役身以进加，如此其污也！今以吾言为宰虏，而可以听用而振世，此非能仕之所耻也。夫旷日离久，而周泽既渥，深计而不疑，引争而不罪，则明割利害以致其功，直指是非以饰其身，以此相持，此说之成也。

昔者郑武公欲伐胡，故先以其女妻胡君以娱其意。因问于群臣，“吾欲用兵，谁可伐者？”大夫关其思对曰：“胡可伐。”武公怒而戮之，曰：“胡，兄弟之国也。子言伐之何也？”胡君闻之，以郑为亲己，遂不备郑。郑人袭胡，取之。宋有富人，天雨，墙坏。其子曰：“不筑，必将有盗。”其邻人之父亦云。暮而果大亡其财。其家甚智其子，而疑邻人之父。此二人说者皆当矣，厚者为戮，薄者见疑，则非知之难也，处知则难也。故绕朝之言当矣，其为圣人于晋，而为戮于秦也，此不可不察。

昔者弥子瑕有宠于卫君。卫国之法：窃驾君车者罪刖。弥子瑕母病，人间往夜告弥子，弥子矫驾君车以出。君闻而贤之，曰：“孝哉！为母之故忘其刖罪。”异日，与君游于果园，食桃而甘，不尽，以其半啖君。君曰：“爱我哉！忘其口味，以啖寡人。”及弥子色衰爱弛，得罪于君，君曰：“是固尝矫驾吾车，又尝啖我以余桃。”故弥子之行未变于初也，而以前之所以见贤而后获罪者，爱憎之变也。故有爱于主，则智当而加亲；有憎于主，则智不当见罪而加疏。故谏说谈论之士，不可不察爱憎之主而后说焉。

夫龙之为虫也，柔可狎而骑也；然其喉下有逆鳞径尺，若人有婴之者则必杀人。人主亦有逆鳞，说者能无婴人主之逆鳞，则几矣。

后 记

《朗诵艺术考级教程》(以下简称"《教程》")的出版,得益于浙江省文化广电和旅游厅各位领导的关心和鼓励,得益于浙江省朗诵协会第一届常务理事会全体常务理事们的正确决策和大力支持,更得益于为本教材任劳任怨、尽职尽责的编委团队,在《教程》编撰过程中,大家兢兢业业、相互支持,齐心协力,使本教材得以顺利完成。《教程》凝聚了全体编委成员的智慧、热情和心血,同时也见证了大家共同的理想和珍贵的友情,希望能对热爱朗诵的朋友有所帮助和指导。

朗诵根性上与其他有声语言艺术形式的差别是很大的。起码我们现在可以肯定朗诵不同于戏剧表演、播音主持、广播剧、演讲、辩论、说大白话……随着朗诵艺术理论的不断精进,会有更多同仁从不同角度、不同层次找出更多独立于有声语言大家庭的朗诵艺术风格特质,到时候也更有益于我们提高朗诵水平,体悟朗诵的美感。

喜欢、热爱朗诵的朋友们,本教材还为大家提供了名家朗诵示范,欢迎搜索微信公众号"浙江省朗诵协会",关注后可点击"考级教材"专栏,逐一聆听和学习。后续我们也将出版考级配套的辅导教材,敬请期待。

在成书过程中,我们深深感到:艺无止境。限于编写时间匆忙、水平有限,差错在所难免,欢迎行内专家不吝赐教、及时指正,以便于我们再版时修订、完善,我们的联系方式是:zjslsxh2017@163.com。

需要说明的是,本书选入的部分朗诵素材为民间流传的佚名作品,无法确定其原创者,故在选篇时未予署名,如有读者掌握原创者信息或相关线索,可联系我们补充更正。

最后,我们要真挚地感谢所有为本书出版提供支持的老师和所有的工作人员,特别感谢浙江大学出版社柯华杰编辑为本书的完善和出版所付出的努力!

《朗诵艺术考级教程》编委会

编委简介

刘忠虎

刘忠虎，男，浙江省朗诵协会会长，专家委员会委员中国诗歌学会朗诵演唱专业委员会委员，著名主持人、朗诵艺术家，原海军东海舰队文工团话剧演员。曾获“中国电视主持人第三届金话筒奖”“中国电视主持人 50 年 50 人”“中国电视主持人 30 年年度风云人物”等中国主持界最高奖项及“浙江省十佳电视艺术家”“全国百佳电视艺术工作者”等荣誉称号。

王福生

王福生（江昊），男，浙江省朗诵协会执行会长、专家委员会主任，国家文旅部社会艺术水平考级语言艺术朗诵专业，浙江省考区专家指导委员会主任、专家委员会主任，国家文旅部社会艺术水平考级语言艺术朗诵专业浙江考区专家指导委员会主任、文旅部高级考官；国家级普通话水平测试员；浙江传媒学院播音主持艺术学院原副院长，教授、播音指导、硕士研究生导师；吉林大学等多家大学客座教授、研究生导师；中国传媒大学高级访问学者；英国考文垂大学高级访问学者。出版专著《诗歌朗诵艺术》，几十篇播音作品获国家政府级、省级优秀播音一、二等奖。主持参与多项国家级、省级教改项目，获国家级、省级教学成果一、二等奖多项。

张继娅

张继娅（朱力），女，浙江省朗诵协会副会长、专家委员会委员，国家级普通话水平测试员，社会艺术考级高级测评员，播音主持艺术专业副教授。全国播音员主持人上岗证考评专家，曾任浙江播音主持高级职称评委，受聘于浙江大学、四川电影电视学院、西藏民族大学、杭州师范大学等若干学院担任特聘教授，及多个省市级团体艺术指导、顾问，播音主持作品多次获国家及省、市播音主持作品一等奖、曾获原广播电影电视部高校科研成果二等奖、中宣部精神文明“五个一工程”奖、获浙江传媒学院首届教学一等奖、杭州市广播文艺长篇连播一等奖等。发表 30 多篇专业论文及若干视频教程。参与编著的《语言交际艺术》已由中国社会科学出版社出版并再版。

王一婷

王一婷，女，浙江省朗诵协会会员，戏剧与影视学副教授，硕士研究生导师，国家级普通话水平测试员，现任浙江传媒学院播音主持艺术学院基础教学部主任。主持首批国家级线上线下混合式一流课程《播音主持创作基础》、省级精品在线开放视频课《朗读艺术入门》。获首届全国高校教师教学创新大赛特等奖，浙江省第十一届高校青年教师教学竞赛文科组特等奖，浙江省首届本科院校“互联网＋教学”优秀案例特等奖，浙江省网络教育名师。主持、参与省部级课题、厅局级课题多项，核心期刊发表论文十余篇，编著《播音主持创作基础实训教程》。

彭远方

彭远方，男，浙江工业大学人文学院播音与主持艺术系教授，硕士研究生导师，“部校共建”新闻学院办公室主任，“播音与主持艺术”国家级一流本科专业建设点执行主任，国家级普通话水平测试员，浙江省语言文字工作者协会常务理事，浙江省大学生中华经典诵读竞赛专家委员会委员。中宣部、教育部高等院校与新闻单位互聘“千人计划”首批入选专家、国家社科基金重大项目“百年中国播音史”(项目批准号:20&ZD326)专家组成员。先后发起并创办大型文化品牌活动“西湖诗会”和全国性学术交流平台“播音主持·媒体语言西湖论坛”和“西湖青年纪录片论坛”。

李聪聪

李聪聪，女，浙江省朗诵协会理事、专家委员会委员，杭州师范大学文化创意与传媒学院传媒系主任，副教授，硕士研究生导师；中国电视艺术家协会会员，浙江省电视艺术家协会理事、播音主持专业委员会副主任；曾赴美国肯尼索州立大学访问学习。研究方向：播音主持艺术理论与实践，口语传播理论与实践。

于　舸

于舸，女，浙江省朗诵协会常务理事、专家委员会委员，浙江传媒学院播音主持艺术学院教授，硕士研究生导师，国家级普通话水平测试员，美国密苏里大学新闻学院访问学者，入选中宣部、教育部行业互聘“千人计划”，浙江省文联电视艺术家协会会员。出版专著《主持语言与艺术展望》《新媒体语境下的主持人即兴口语表达》，教材《播音主持创作基础实训教程》。在核心期刊发表多篇论文，主持省部级课题多项。

孙　越

孙越，女，浙江省朗诵协会常务理事、专家委员会委员，浙江广播电视集团交通之声播音指导，中国电视艺术家协会主持人专业委员会委员，浙江省电视艺术家协会主持人专业委员会理事，浙江传媒学院、浙江工业大学特聘教授。播音主持作品多次获得浙江省政府奖，演播、制作的广播剧，多次获浙江省和中宣部精神文明“五个一工程奖”。

姜天航

姜天航，男，浙江省朗诵协会理事、副秘书长，毕业于浙江传媒学院、中国孔子基金会声动经典美读大会专家指导委员会委员，浙江省电视艺术家协会播音主持专业委员会委员。曾荣获浙江省精神文明建设“五个一工程”奖，中国国际动漫声优大赛二等奖、中国微广播剧大赛最佳作品奖、杭州首届高校朗诵挑战赛特等奖、全国中学生演讲大赛优秀指导教师等荣誉。

郎　君

郎君，男，浙江省朗诵协会会员，浙江传媒学院播音主持艺术专业专任教师，第二届中华经典诵读大赛教师组三等奖，“信仰的力量”浙江省广播电视和网络视听行业青年演讲比赛三等奖。

皇甫俊杰

皇甫俊杰，男，浙江省朗诵协会理事，毕业于浙江传媒学院，浙江电视台少儿频道主持人、制片人，浙江电视台中国蓝少儿艺术团团长，国家一级播音员，美国纽约大学硕士，浙江省电视艺术家协会播音主持专委会副秘书长，第六批杭州市青年人才大使，第五届全国大学生演讲大赛冠军。

乔英明

乔英明，男，浙江省朗诵协会会员，浙江新闻广播主持人，曾荣获动漫声优大赛特等奖、全国齐越朗诵艺术节个人三等奖。

王式琨

王式琨，女，浙江省朗诵协会副会长兼秘书长，毕业于浙江传媒学院，先后任杭州电视台房产频道、影视频道主持人，浙江电视台《午夜说亮话》等节目嘉宾，中国城市专家网朗诵专家，多次主持浙江省大型文艺晚会，在全国及省市大型朗诵会中担纲独诵。

董海楠

董海楠，女，浙江省朗诵协会秘书处办公室主任，社会工作师，浙江省公共图书馆优秀阅读推广人。

参考书目

[1] 国家语言文字工作委员会普通话培训测试中心.普通话水平测试实施纲要[M].北京:商务印书馆,2004.
[2] 付程,鲁景超,陈晓鸥.实用播音教程第2册[M].北京:中国传媒大学出版社,2018.
[3] 张颂.朗读学[M].北京:北京广播学院出版社,2010.
[4] 张颂.中国播音学[M].北京:北京广播学院出版社,2003.
[5] 张颂.播音创作基础(第三版)[M].北京:中国传媒大学出版社,2011.
[6] 张颂.朗读美学(修订版)[M].北京:中国传媒大学出版社,2010.
[7] 张颂,乔石.论播音艺术[M].北京:北京广播学院出版社,1999.
[8] 付程.播音主持教学法十二讲[M].北京:中国传媒大学出版社,2005.
[9] 李静,于舸,王一婷.播音主持创作基础实训教程[M].杭州:浙江大学出版社,2019.
[10] 林鸿.普通话语音与发声[M].杭州:浙江大学出版社,2014.
[11] 中国传媒大学播音主持艺术学院.播音主持语音与发声[M].北京:中国传媒大学出版社,2014.
[12] 吴弘毅.实用播音教程第一册:普通话语音和播音发声[M].北京:北京广播学院出版社,2002.
[13] 王福生.诗歌朗诵艺术[M].北京:中国广播电视出版社,2008.